【湖湘诉讼法学论坛】

诉讼制度改革与理论探索

SUSONG ZHIDU GAIGE YU LILUN TANSUO

◎主编 廖永安

（2023年卷）

湘潭大学出版社
XIANGTAN UNIVERSITY PRESS

国家社科基金项目
“中国式现代化视域下的诉源治理体系创新研究”
（22VRC029）的阶段性成果

湘潭大学法学学部出版资助项目

序　言

习近平总书记指出，深化司法体制改革，建设公正高效权威的社会主义司法制度，是推进国家治理体系和治理能力现代化的重要举措。司法改革作为全面深化改革的重要组成部分，是全面依法治国的必然要求。2023 年是全面贯彻落实党的二十大精神的开局之年，这一年里，在党的领导下，全国司法领域开展了一系列改革探索，并取得了斐然的成绩。在民事诉讼领域，《中华人民共和国民事诉讼法》（以下简称《民事诉讼法》）于 2023 年 9 月 1 日进行了第五次修订。此次修法旨在统筹国内程序和涉外程序，着重对第四编“涉外民事诉讼程序的特别规定”的内容进行修改完善，扩大了人民法院对涉外民事案件的管辖权，完善了涉外民事案件的送达、司法协助等制度。同时，此次修法在特别程序部分增设了指定遗产管理人的特别程序，并加强对单方虚假诉讼的法律规制。此外，针对当前执行领域的突出问题，围绕《中华人民共和国民事强制执行法（草案）》（以下简称《民事强制执行法（草案）》）的相关条款展开深入讨论，持续推进民事强制执行体制改革，更好地实现执行难综合治理、源头治理。在刑事诉讼领域，进一步深化以审判为中心的刑事诉讼制度改革，完善认罪认罚从宽制度，探索建立轻微犯罪前科封存和消灭制度，制定《关于进一步规范暂予监外执行工作的意见》等规范性文件，完善刑罚执行制度。2023 年 9 月，全国人大常委会将刑事诉讼法修改纳入国家立法计划，刑事诉讼法即将迎来第四次修改。在行政诉讼领域，四级法院审级职能定位改革试点已经结束，最高人民法院在充分总结试点经验的基础上，制定了《最高人民法院关于加强和规范案件提级管辖和再审提审工作的指导意见》，并积极探索行政诉讼管辖改革方案，优化行政诉讼管辖格局。

为深入探讨当前诉讼领域的新情况、新问题，湖南省法学会诉讼法学研究会于2023年12月16日在湖南省张家界市召开2023年学术年会，会议的承办单位为湖南省张家界市人民检察院。此次年会征文以检察侦查理论与实践研究、国家和社会治理现代化与刑事司法、构建中国自主性的行政诉讼法学知识体系、中国特色的行政诉讼与行政复议功能分工、个人信息的行政诉讼保护、民事诉讼法修改、民事强制执行法草案、互联网与数字司法等内容为主题，向学界与实务界专家学者共征集学术论文393篇。经研究会学术委员会严格评审与规范性审查，最终评选出第九届湖南省优秀诉讼法论文一等奖5篇、二等奖10篇、三等奖26篇。这些学术成果聚焦诉讼领域的热点议题，从不同的视角进行了深入剖析与研究，并提出了建设性的见解，为当前司法改革提供了参考与指导。鉴于这些成果的学术价值与应用价值，研究会从中遴选出了部分论文，并根据文章主题与内容进行了体系化的编排、整理，予以结集出版。全书共收录学术论文25篇，其中民事诉讼法学论文9篇，刑事诉讼法学论文12篇，行政诉讼法学论文4篇。

一、民事诉讼

当前，人类社会正在迈向智治时代，人工智能技术与司法活动的不断融合，为优化司法服务、提升司法效能、增强司法公信提供了有力的技术支撑，司法智能化水平在不断提升。《人工智能嵌入类案裁判的困境及破解进路——基于协同价值链和知识图谱的链点重构》一文从人工智能嵌入类案裁判的事实评价切入，通过运用协同价值链分析法对类案裁判的数据供给、算法生产、结果售后等关键链点进行分析，进而在识别技术滞碍的基础上，提出构建分布式数据池与制定数据规范、强化程序指引与明确功能边界、明确责任划分与监管审查机制等关键链点重构策略，并最终从构建知识图谱、演化路径训练两个方面实现人工智能与类案裁判的深度融合。《生成式人工智能辅助司法裁判的可能及边界限度》一文通过对类案推送、智能化裁判、智能化证据审核等生成式人工智能辅助司法裁判的技术样态进行分析，进而在审思算法黑箱、算法歧视与算法偏见、无法兼顾实质正义以及对司法责任制的冲击等风险的基础上，最终从数据治理、算法治理、控制治理三个维度探讨相应的风险纾解进路。《基于 ANP 方法的司法调解成效评价指标设计与应用展开》一文针对当前以“调解成功率”作为衡量我国司法调解成效的唯一标准的现实问题，运用 ANP 方法，构建包括纠纷解决环节、纠纷解决时长和自动履行情况在内的评价指标，进而通过 ANP 影响网络的搭建、加权判断矩阵的构建与权重结果的计算，实现司法调解成效的科学评价与机制优化。

“执行难”一直以来都是我国司法领域的痼疾。如何通过执行体制改革、审判权和执行权的优化配置，促进执行公正公信，提高执行权威和效率，是当前极具研究价值的系统性议题。《民事强制执行法（草案）》的出台与审议，旨在解决当前“执行难”的问题，规范约束执行权，强化执行监督，推动执行体系和执行能力的现代化。《被执行人为法人时变更追加被执行人事由的完善——以〈民事强制执行法（草案）〉相关规定为中心》一文通过对《民事强制执行法（草案）》与现有规范的比较分析，挖掘其对现行规定缺陷的补正之处，并在检视《民事强制执行法（草案）》规定仍存在不足的基础上，从构建“一般规则—具体事由”的规则体系、厘清《民事强制执行法（草案）》规定的内涵与外延等方面，对被执行人为法人时变更追加被执行人的事由进行完善。《公司法定代表人身份变更登记执行的规则构建——以刺破公司面纱为视角》一文聚焦公司法定代表人身份变更登记执行中“刺破公司面纱”制度未能得到充分适用的现实问题，通过分析当前执行适用主体难以确定、执行举证责任分配规则缺失、协助执行程序衔接不畅、救济途径失灵等司法困局，进而探讨公司法定代表人身份变更登记执行中规则构建的必要性、原则指引以及具体的规则构建。《论实体与程序之维的查封财产处分》一文从实体与程序双重视角出发，对处分查封财产的效力演变与清偿原则、债务人处分查封财产的路径选择与债权人利益保障、赋予查封债权人优先受偿权的必要性、赋予查封债权人担保物权的实施路径等内容进行了体系化研究。《不动产强制执行中租赁权保护的检视与完善》一文以不动产承租人的权益保护为切入点，从实证分析角度探讨了不动产强制执行中租赁权保护的现实困境与制度缺陷，并在明晰比例原则、人权保障原则、善意文明执行原则的基础上，提出客观化租赁权影响力的判断标准、允许变更、追加承租人为执行当事人等保护租赁权的完善建议。

指定遗产管理人案件的特别程序是此次《民事诉讼法》修订的一大亮点，其在具体适用过程中仍面临诸多问题，亟待进一步研究。《论指定遗产管理人程序启动的优化》一文通过对指定遗产管理人程序启动的法律规范进行解读，指出其存在利害关系人范围不明、启动程序的条件不明、在诉讼程序中可否指定遗产管理人不明等问题，进而在分析其内在成因的基础上提出相应的优化对策。《实体与程序交互视阈下指定遗产管理人的规则完善》一文探讨了指定遗产管理人的程序规定与实体制度的不相契合，进而在归因分析的基础上，提出细化审查核实内容规范司法实践、探索建立公告搜寻程序、明确尊重继承人意愿原则等完善对策。

二、刑事诉讼

在数字司法场域，公安机关和其他刑事司法机关在不当处理未成年人个人信息时，仍然存在着显而易见的权利侵害风险。《数字司法场域未成年人个人信息保护研究——以刑事程序法为视角》一文指出，数字司法场域未成年人个人信息的刑事程序法保护，面临着个人信息权利保护相对缺位以及干预行为规制不足的现实困境。立法亟待构建刑事诉讼领域未成年人个人信息权利保护机制，健全刑事诉讼领域未成年人信息干预行为程序规范，在《个人信息保护法》与《刑事诉讼法》的衔接过程中完善未成年人信息处理规则。

中国式司法现代化具体到检察工作领域，乃是中国法治现代化建设的应有之义。《制约与协同：检察机关法律监督路径现代化探析》一文指出，在审视当前检察机关法律监督路径问题的基础之上，检察机关法律监督路径现代化的内涵与理念亟待重塑。进而，在侦查监督、行政监督、审判监督场域构建法律监督的具体模式乃是未来发展方向所在。以“制约型监督+协同型监督”的现代化为路径，擘画检察工作现代化的章节绘制蓝图。

立足于国家监察体制改革背景，检察机关原有的反贪、反渎和职务预防部门整体转隶至监察委员会，检察机关侦查权仍保留了直接侦查、机动侦查、自行（补充）侦查“三位一体”的侦查权体系。《检察机关直接侦查权的基本理论与运行研究》一文认为，保留检察机关在诉讼活动中对司法人员相关职务犯罪的直接侦查权，具有强化法律监督刚性的现实需要及优化侦查资源配置的现实意义。但是，在运行过程中，直接侦查权存在职责定位不明，侦查线索匮乏，人员素质、机构配置不适以及强制措施适用受限的问题。立法亟需树立检察侦查独立监督地位的理念，坚持“侦查一体化”。借助大数据技术赋能检察侦查全过程，以充分发挥检察侦查职能的应然效能。

作为未来五年我国发展的主要目标任务之一，党的二十大报告强调要继续深入推进“国家治理体系和治理能力现代化”。随着我国轻罪案件数量不断上升，轻罪治理已经成为社会治理现代化的重要组成部分。《社会治理现代化背景下的轻罪治理与检察实践》一文指出，在当前的检察实践中，轻罪治理可为认罪认罚从宽制度的完善起到积极的影响。这主要包括：修复社会关系，依托侦查监督与协作实现分工配合要求，强化羁押必要性审查，用好不起诉裁量权确保“三个效果”统一，协同治理推进犯罪预防等方面。但依然存在着如下问题：司法理念转变不足、非羁押措施监管不足、“刑行”反向衔接机制落实难、刑罚附随效果针对性不强以及协同治理不足等问题。在轻罪治理视域下，需要树立“轻、快、宽”的办案理念，这主要包括：加强非羁押措施监管，完善“刑行”反向衔接机制，探索前科消灭制度，加强协同治理以及推动轻罪的教育改造与犯罪预防。

数字时代到来，检察监督数字化成为时代发展的必然趋势。树立全面化、主动化、合作化的积极监督观，更有利于检察监督活动的开展。《未成年人保护检察监督机制数字化研究》一文指出，当前未成年人保护检察监督机制面临检警数据监督低效，家校不良环境存在监督空白，社会不良行为缺乏检察监督方式等现实困境。检察监督机制的数字化为推进未成年人保护以及法律监督工作提供了新思路和新方案。主要包括：一是要确立好未成年人检察的监督者、普法者及引领者定位，二是要提高侦监协作办公室的内部权限，三是构建家校检警数据融通平台。

跨境反腐追赃工作亟须国际通力合作，然而因主权国家在文化背景、司法制度等方面存在地域差异，腐败分子通常利用本国法律漏洞和国际刑事司法衔接错位来转移腐败资产。《境外追赃有限引入资产分享制度的思辨与构建

——基于“超额利润分享理论”的路径设计》一文指出，我国现有的境外追赃模式面临着司法协助模式协调脱节、刑事没收违法所得程序适用范围有限以及民事诉讼程序标准不一的困境。借鉴域外司法协作经验，当前的资产追缴收益分配制度为我国境外追赃提供了可供参考的制度范本。在构建我国境外资产追缴收益分享机制时，以管理学领域的超额利润分享机制为参考，此类资产分享制度在制度理念和构建逻辑上具有关联性和耦合性。

刑事申诉是公民申诉权利在刑事诉讼中的具体体现。该制度既是人民法院发现刑事冤假错案的重要信息来源，又是中国特色社会主义法治的重要组成部分。《人民法院刑事申诉信访案件困境之解——基于“诉—访—诉”复归路径的考量》一文检视了人民法院刑事申诉信访案件的实践样态。在此基础上，文章深入剖析刑事申诉制度运转困境的缘由，具体包括“诉—访”模式权衡中的“趋利选择”、自治模式抉择下的场域效应、行政化审查模式下的“信息孤岛”以及法治环境转型下的“正义追求”。未来立法亟须通过细化申诉审查流程规范以及强化错案救济监督机制，从而实现刑事申诉的法治化回归。

《电子言词证据参照适用电子数据证据规则之限缩》一文发现，《关于办理刑事案件收集提取和审查判断电子数据若干问题的规定》第 1 条第 3 款乃为限缩性解读，即电子言词证据应参照适用电子数据证据规则。从方法论层面观之，只有性质类似的制度才有参照适用的基础。从实践层面观之，该准用性法条存在待参照条款过多、不确定法律概念堆积以及加剧言词证据庭审审查形式化的弊端。为发挥准用性法条的应有功能，未来立法需从适用条件、适用范围、适用效果等方面作限缩解释。

职务犯罪案件中存在着大量的只有被调查人等极少数人群可能知情的隐蔽信息。《职务犯罪案件中隐蔽性证据的运用及风险防范研究》一文指出，隐蔽性证据能够突破职务犯罪案件证据缺乏、被调查人口供真实性较低以及被调查人易翻供的监察实践难题。然而，隐蔽性证据的不当运用，同样可能引发冤假错案或者隐蔽性证据的排除风险。其成因在于，监察机关的调查取证行为存在不当，调查人员受证实性的偏差引导以及被调查人针对诱供、指供等救济路径相对缺乏。基于此，未来立法须规范监察机关调查取证行为，重视证据的全面收集以克服证实性偏差，通过全程录音录像以保证隐蔽性证据来源的真实性和有效性。

在数据时代，大数据证据在司法实践中得以广泛运用。《刑事诉讼中大数据证据的审查问题研究》一文界定了大数据证据的实质内涵。在此基础上，基于法律维度对大数据证据予以检视，深入分析大数据证据的证据种类与证据属性，进而通过明确审查主体及审查内容以期完善大数据证据的审查路径。随着人工智能技术的不断成熟，人工智能与司法领域的结合度日渐紧密。《技术赋能：人工智能的司法适用及路径优化》一文指出，人工智能具有广泛的司法适用前景，发挥着协助证据开示、辅助规范量刑、释放司法活力的作用。然而，人工智能在司法适用时也面临着算法难题、消解法律人主体地位、司法数据的泄露隐患等问题，对此可从算法公开与算法监管、人工智能司法适用的二元分割以及强化数据管理等层面进行优化，进而提高人工智能的司法适用效能。此外，数字技术的不断革新，数字化赋能法律监管也逐步被运用到刑事诉讼中，数字化非羁押监管系统在全国各地均有实践。《涉罪流动人口数字化非羁押监管模式探索》聚焦于涉罪流动人口的非羁押监管困境，认为传统的取保候审监管与涉罪流动人口的流动性不相匹配且流于形式，监视居住的监管措施存在两极分化的问题。数字化非羁押监管为涉罪流动人口的非羁押强制措施适用提供了新思路：在实践层面能够契合公安机关的监管需要以及适应被监管人的生活需要，具有可行性；在理论层面符合强制措施适用的基本原则、平等权以及比例原则的要求，具有合法性与合理性。为推进数字化非羁押监管的完善与发展，未来需加强数字化监管基础性、技术性工程建设，深入构建多层次、低风险监管模式。

三、行政诉讼

尽管《最高人民法院关于审理行政协议案件若干问题的规定》从行政协议的定义、受案范围、诉讼主体资格、管辖规则、举证责任分配、法律效力等方面对行政协议案件的审理进行了系统规定，但有关行政机关单方解除行政协议纠纷案件的司法审查的规定仍相对缺失。《行政协议解除权的司法审查：基于不同类型的规则完善》一文聚焦行政机关对行政协议的单方解除权，在区分优益性解除权和合同性解除权两大基本类型及其内部结构的基础上，从诉讼类型、行使期限与起诉期限、举证责任、司法审查范围、标准与法律适用、裁判方式等方面完善相应的司法审查规则。《论高空抛物行政诉讼原告主体资格的认定》一文从《民法典》第 1254 条第 3 款所规定的高空抛物案件中公安机关的职责切入，着力探讨公安机关履职不当的情形下，利益主体就公安机关的行政行为提起行政诉讼的原告主体资格问题。文章通过对该类诉讼原告主体资格认定的现实需求进行分析，阐明其面临的理论困境，进而从规定公安机关调查义务的法规范、个人利益保护目的、公安机关履职是否对该利益造成实际影响，明确高空抛物行政诉讼的原告主体资格。《审判管理现代化视域下行政诉讼集中管辖的改革优化——以 H 省一审行政案件为样态分析》一文对 H 省行政诉讼集中管辖的改革实践进行检视，并在客观评价其改革成效的基础上，指出当前存在的不足，进而提出加强管辖改革顶层设计、配齐配强保障机制、建立行政诉讼复议衔接机制、加强沟通协调、复杂疑难案件交叉管辖等一系列优化建议。《工伤行政确认类案件中排除合理怀疑证明标准的适用》一文指出工伤行政确认类案件中证明标准适用存在裁判者适用证明标准不一、证明标准认证说理不充分等问题，并在原因分析与理性回归的基础上，提出厘清排除合理怀疑标准的适用规则、明确证明对象的认定规则、发挥配套制度的辅助作用等具体的适用路径。

本书由湖南省法学会诉讼法学研究会会长廖永安教授担任主编，湘潭大学法学学部夏先华老师和王译老师担任执行主编进行编辑与统稿，湘潭大学刘玲姿、李林志、王林逸、舒玲、来显卓、袁心晴、扶紫媛、唐旭美、王圣坤、武嘉仪、周甜同学协助参与全书的编辑与校对工作，在此表示感谢。

目　录

【民事诉讼】

【刑事诉讼】

【行政诉讼】

【民事诉讼】

人工智能嵌入类案裁判的困境及破解进路

——基于协同价值链和知识图谱的链点重构

李家成　钟　婷

类案裁判规范化、标准化是智慧法院建设的重要内容，也是人工智能技术在司法领域的典型应用。各地法院在逐步探索人工智能与类案裁判结合的具体实践中存在运用意愿“两极分化”、实际运用浮于浅层等诸多问题，由此影响类案智能裁判的发展。为使人工智能深度嵌入类案裁判、有效运行，关键在于从前述两个层面予以重构，通过“构建分布式数据池+制定数据规范”“强化程序指引+明确功能边界”和“明确责任划分+监管审查机制”实现“数据+算法”的融合与优化，消除隐忧，并通过知识图谱的“正向构建”与“反向排除”，形成司法案例数据识别和解析的法律知识图谱，使类案裁判真正实现“智能化”，进而推动审判体系和审判能力现代化。

将人工智能应用于司法裁判能够实现司法效率的有效提升，对案件卷宗、庭审过程等非结构化、半结构化数据进行分析和模型化推导，有助于实现“类案类判”的功能定位。伴随着大数据、区块链、人工智能等技术和理论取得重大突破，《最高人民法院关于规范和加强人工智能司法应用的意见》和《人工智能法（示范法）》等文件就生成式人工智能监管这一议题从法律和技术标准层面提供了中国视角和中国经验，更好地推动建成较为完备的司法人工智能技术应用体系和理论体系，各地法院也纷纷开启探索中国特色的司法人工智能建设步伐。人工智能介入类案裁判领域，将法律规定、裁判规则进行要素化和类型化分类，进而对案件相关联的法律事实和证据材料输入后进行提取与匹配，形成结构化表达，从而得出符合法律逻辑的结果。这一函数映射过程与人工智能的数学逻辑颇为契合，且其与人工智能技术的驱动能够形成价值强化，使两者具有天然耦合性。

一、现状扫描：人工智能嵌入类案裁判的事实评价

目前，部分类案裁判平台在推送系统的法律规则指引、事实证据校验、量刑参考、案件评议等方面发挥了“搜索”和分析的能力，但类案“匹配”的广度和精度不够，类案裁判系统适用性不强、知识更新能力弱、人工智能技术与法律理论结合程度不足。

（一）运用意愿的“两极分化”

1. 不同法官接受度“大相径庭”

笔者向 H 省三级人民法院员额法官、法官助理和司法辅助人员发放电子问卷，在收回的 984 人的问卷中，愿意接受类案裁判系统的法官数量不多（占 39.4%），且主要集中于年轻群体，年长法官的选择意愿普遍不强。且在愿意使用的法官群体中，更多的只是为了自动识别、提取起诉书和庭审笔录，搜索类似案例。多位法官甚至坦言，现有的系统操作难以实现对复杂案件事实的认定，系统从事的只是存储、检索等类似于“图书馆”式的机械工作，与传统的“类案检索系统”并无实质区别，类案裁判成为“累”案检索。

2. 不同法院响应度“渐次降温”

最高人民法院大力推进人工智能与司法审判的深度融合，先后出台《最高人民法院关于规范和加强人工智能司法应用的意见》等相关规范性文件，推动人工智能技术在提升司法公信力、提高司法效率、增强司法协同能力、服务经济社会治理等方面的探索应用。各省市法院虽然针对类案裁判系统广泛开展了积极探索，相关的应用系统多达数百个，如杭州法院“法务云”系统、上海法院“智审”系统等，但也仅在高院和部分法院试点，尚未全面应用。而与省市法院的积极态度相反，基层法院呈现出不愿探索的消极态度，少有基层法院主动探索建立或使用融入人工智能的类案裁判系统。

（二）整体应用的“两阶分区”

1. 应用范围较为狭窄

人工智能的发展层次可分为机械型、学习型和生成式三种类型。机械型

人工智能只专注于完成某个特别设定的任务，如语音识别、图像识别和翻译。学习型人工智能包括学习、语言、认知和推理，通过数据运算和逻辑推理，以事务性和任务性应用为主。生成式人工智能是指模拟人类智慧，形成自主思维意识，具有一定的情感交互与共情能力的人工智能。域外人工智能技术在司法领域的应用突破了对案件裁判结果的预测，已然被广泛运用于辅助量刑、羁押必要性审查等。① 现阶段我国类案智能裁判系统的开发和应用还普遍处于学习型人工智能阶段。以 H 省的类案裁判系统为例，其操作水平仍停留在理论探讨或产品的初步尝试适用阶段，较为成熟的应用主要为电子卷宗的自动扫描、语音文字的自动转化、类案检索等，对事实认定和结果智能判定的应用技术还未完全成熟。②

2. 应用内容浮于表层

多地法院依托类案智能推送系统、法信、智审等大数据平台，参阅裁判规则，提取类似的案例资源进行判决。现有的类案智能裁判系统技术，尚未实现精准识别案件核心点，运行逻辑仍停留在依靠两种模式关联“关键词”命中司法案例内容的初级阶段：一种是对法条内容设置关键词检索，一种是对案件事实设置关键词关联检索。例如，安徽省高院开发试用的“类案指引项目”，可实现对离婚纠纷、民间借贷、机动车交通事故责任纠纷等简易案由的要素式审判和判决指引功能。③ 还有诸如广州白云区法院“云法讼宝”智慧机器人、上海 206 系统等，提高了法官的办案效率（见表 1）。但此类系统都是借助关键词、法条进行类比关联，对数据的归纳提取较为粗糙，匹配的信息检索技术查询能力有限、信息之间缺乏语义关联，难以满足法律信息爆炸时期对法律知识的管理要求，容易导致推送结果的准确度和完整度与检索目标产生较大偏差，在词语向量算法方面比不过商业搜索引擎，使得类案智能系统成为“鸡肋”。④

---

① 钱大军：《司法人工智能的中国进程：功能替代与结构强化》，载《法学评论》2018 年第 5 期。

② 陈琨：《类案推送嵌入“智慧法院”办案场景的原理和路径》，载《中国应用法学》2018 年第 4 期。

③ 冯洁：《大数据时代的裁判思维》，载《现代法学》2021 年第 3 期。

④ 张欣：《生成式人工智能的算法治理挑战与治理型监管》，载《现代法学》2023 年第 3 期。

表 1　国内现有类案裁判智能系统的功能

各系统	原理	特色功能
类案智能专审平台	类案指引项目、案件场景分析	1. 实现同类案例、对裁判结果进行智能评析，为法官办案提供参考； 2. 进行裁判文书语义分析，并根据搜索关键字自动推送“典型案例”
类案批量智审系统	全流程在线批量审理系统、区块链技术	1. 在线批量提交证据、发起立案申请批量送达、批量送审、生成裁判文书； 2. 送达全程区块链批量留痕，可实时追踪送达时间、地点、签收人等关键节点信息
量刑规范化智能辅助办案系统	图文语音识别、司法要素自动提取、法条和类案的智能推送	1. 识别提取犯罪事实和量刑情节； 2. 自动推送关联法条和类案，依据历史量刑数据推荐量刑； 3. 自动生成程序性法律文书和框架性裁判文书
206 系统	图文语音识别、实体关系分析、司法要素自动提取	1. 证据标准、证据规则和办案指引体系； 2. 智能辅助审讯和庭审系统； 3. 公检法司刑事办案信息数据互联互通； 4. 提供风险预警和社会危险性评估
睿法官	知识图谱和实体识别技术	1. 识别并自动提取起诉书、裁判文书、庭审笔录中的关键要素，匹配推送关联案例、法条； 2. 对裁判文书中的事实校准复核、提取裁量因素、量刑研判分析

（三）具体实践的“双重瓶颈”

1. 数据库供给质量低导致适用偏见

精准类案裁判效果的实现，需要高阈值文书数据库和高标准检索规则的协同配合。① 高质量文书是发挥裁判指引作用的基础，但目前类案智能裁判系统推送的文书质量参差不齐，“类案”的价值尚未完全发挥，司法案例信息化

① 高翔：《智能司法的辅助决策模型》，载《华东政法大学学报》2021 年第 1 期。

检索不精准、不便捷。而用户在体验观感上较差，存在检索数据不够精确，关键词检索范围过大或过小两极化严重，检索结果缺乏裁判要旨，法条更新不及时，法官最需要的类案推送功能较少，检索结果受限于数据来源等各种因素。

2. 数据非结构化引发机械判断

现有类案裁判系统的数据主要以文本记录模式为主，尚未实现包含图片、视频、音频等内容的组合记录，无法完整、精细地呈现案件过程，且机器对案件中“非结构化”特征难以精准呈现，更多的是形式外化的表达，对人类语言场景中的感情色彩、情绪起伏等信息无法平移运用，数据内容面临着信息衰减、失真的风险。①

二、现实隐忧：基于协同价值链的人工智能嵌入类案裁判关键链点分析

协同价值链分析法是管理学上通过分析影响协同效应最核心的运行活动，即价值链点，进而对此类核心运行活动予以检视，寻找其不足，通过对此类核心运行活动的不断完善、增强，以实现企业协同效率提升的一种分析方法。② 而将价值链的分析方法作为理论工具审视人工智能嵌入类案裁判，即从“原料供给—生产运行—售后保障”三个链点的角度寻找其内在协同失衡、价值未能实现的成因，深入解析人工智能嵌入类案裁判的现实隐忧。

（一）类案裁判数据“供给”之隐忧

人工智能技术依赖于海量、高质、结构化的数据作为输入和学习的基础，这是其发挥价值作用的“原料”基础，因而要在类案裁判中运用人工智能，则必须保证裁判文书本身的数据质量和内容信息完整准确。在类案裁判数据“供给”，其存在两方面的阻碍。

① 喻国明：《ChatGPT 浪潮下的传播革命与媒介生态重构》，载《探索与争鸣》2023 年第 3 期。

② 〔美〕迈克尔·波特：《竞争战略》，陈丽芳译，中信出版社 2014 年版，第 127 页。

1. 数据滞流

人工智能技术必须以数据为驱动，其分析、理解、决策均依赖于高质量、大数量的优质数据样本。然不同机构的数据库建设标准不同，数据收集和分类的依据各异，数据库安全问题成为司法机关无法回应的痛点，数据对外流转过程中可能产生的信息泄露也是不容忽视的现状。[①] 因此无论是上下级法院，还是不同地区间法院的数据均多呈现“全频带阻塞”孤岛状分布，很难对数据样本进行有效的“控制”，存在数据容量不够、不符合目标需求、针对性和准确性弱等问题，由此各级法院建设之难度增大，实践运用之范围亦被限制。

2. 数据低质

当前法律文书的非结构化格式、中文词汇中较多的一词多义现象等使得我国的司法大数据还不够结构化，遑论实现精准标识，这对于人工智能的深度学习造成了极大阻碍，在数据分析、使用和解读的过程中浪费大量人力、物力和财力，造成内部出现一个“隐形数据加工工厂”，如分类和清理冗杂信息、更正错误信息等。提高审判工作效率本应为人工智能引入之核心价值，而数据低质无形中引发数据处理的谬误，导致效率降低、损失产生，具体实践运用陷入瓶颈，系统运用的积极性被消解。

（二）类案裁判算法“生产”之隐忧

算法是人工智能应用落地的基础，算法的精准度影响着系统功能的实现，于类案裁判而言，其亦是结果生成的核心环节。在当前嵌入类案裁判的人工智能仍未“逃离”出传统的“算法偏见”“算法囚徒”困境。

1. 算法偏见

有研究者指出，程序设计中，因开发人员的主观意愿造成偏见或数据本身的局限，都会导致带有偏见的程序结果产生。基于算法的内容生产可能天然伴随着内容提供者或者程序设计者的某些偏见，这也会影响到算法决策的

① 雷磊：《司法裁判中的推理与说理》，载《中国应用法学》2022 年第 3 期。

公正性。出于技术保密和商业利益的考量，智能裁判的算法原理并不公开，其对应的专业话语与技术话语也长期表现出外部排斥的倾向。① 在此情况下，法官对人工智能技术容易产生疏离感，算法的隐秘性使法官因条文偏向而畏首畏尾，背离了司法的中立裁判规则，形成了实际使用主体即员额法官运用意愿不强的现况。②

2. 算法囚徒

算法可能使人沉浸于个性化算法带来的“幸福感”中，失去自制力。从个体认知角度来说，算法设计会顺应人类认知心理中惰性的一面，帮助人们以最小成本获取与需求更吻合的信息，但同时也限制了人类的解答视角，把思维束缚在信息茧房的拟态环境中。恰如类案检索的结论在为办案法官提供参考、规范自由裁量权的同时，承办法官为避免复杂的检索不一致申报复核程序以及可能产生的责任风险而放弃自由裁量，以人工智能提供结论为准，导致法官独立审判权弱化，产生技术依赖心理，引发了诸多法院的担忧。

（三）类案裁判结果“售后”之隐忧

人工智能嵌入类案裁判绝不止于计算结果的产出，最为重要的在于其“售后”由人类法官综合运用的决策过程，这是人类与机器交互的核心步骤，然目前尚未厘定两者决策之关系，未能实现充分利用各自的决策优势发挥制度最大效益。

1. 价值判断难题

人工智能技术通过利用大数据分析训练以总结司法裁判既往案例中的客观规律，为类似案件提供裁判预测。人工智能通过技术要素可以促进司法裁判提升效力，发挥数据整合作用，但智能技术在法律规则的演进与应用层面，还是有其受限之处。③ 人工智能只能实现对共识性的审判经验和普适性的适用规则的甄别和梳理，无法结合个案背后的深邃法理、价值观念来综合衡量。

① 郑曦：《人工智能技术在司法裁判中的运用及规制》，载《中外法学》2020 年第 3 期。

② 刘艳红：《人工智能的可解释性与 AI 的法律责任问题研究》，载《法制与社会发展》2022 年第 1 期。

③ 李成：《人工智能歧视的法律治理》，载《中国法学》2021 年第 2 期。

司法裁判结论的作出依赖的是法律规则而非数据规律，具言之，对法律规则背后的价值争议作出考量和判断是司法裁判必不可少的内容，而这种价值评判已经远远超出了以数据和模型为专长的人工智能的能力范畴，只有将其与人类法官的亲历心证相结合才能实现。

2. 责任认定难题

法官心证结果和机器运算结论共同作用形成决策将逐渐成为人工智能嵌入类案裁判后的常态，然而人机混合决策系统中权责的分配将权利与枷锁的张力推向了极致。法律责任的本质是答责，人工智能不能自我答责，因此其无法承担法律责任。① 如由法官全权承担责任，此种归责方式必然引发法官对技术系统的不信任，降低法官对智能技术的应用意愿，也阻碍了智慧司法的建设和发展。若完全由智能产品的设计者或生产者承担责任，则极有可能导致司法机关对人工智能技术的滥用。② 此种情形下导致责任认定存疑、问责对象模糊，进而易导致司法责任制落空，最终对司法质效产生损害。

三、技术滞碍：基于协同价值链的类案裁判人工智能运用协同过程分析

协同效应的实现，应该从其价值链组成要素之间的相互作用开始，这些相互作用过程中的微观要素自身的共享或相互结合，实现了企业的战略协同。基于“价值链”模型，目前类案裁判运用人工智能仍处于初级阶段，核心协同过程为“识别案件事实—比对核心要素—匹配关键词—推导类案裁判结论”，而机制运行陷入困境也是因为这一过程中的技术阻碍。

（一）识别案件事实过程滞碍

企业价值链活动的归类、加工有利于决策者和各级管理人员进行沟通交流，提升企业的战略管理水平。识别案件事实也是连接法律数据库与法官检索需求之间的重要纽带。案件的整体裁判过程包括“事实认定”与“法律适

① 姜启波：《数据权益纠纷司法裁判的价值准则》，载《中国应用法学》2022 年第 6 期。

② 张凌寒：《智慧司法中技术依赖的隐忧及应对》，载《法制与社会发展》2022 年第 4 期。

用”两部分。案件事实的认定，对法律的适用起决定性作用。想要实现类案裁判的精准推送，首要步骤是对案件事实做好精准识别。“案件事实”的精确提取，可以清晰地定义和呈现案件基本情况。类案裁判系统通过法律本体库和自然语义技术可以对案件事实进行识别和认定，包括检索诉讼请求、认定要件事实、整理关键证据等任务，但在证据能力形式要件的审查上无法代替法官。对于非法证据的排除及证明力大小的评价，依赖于人类的生活经验、对人类行为的合理性评估，这恰是人工智能的局限所在。同时，案件事实的识别还可能陷入自证循环的误区中：待决案件与已生效裁判的案件事实不可能完全相同，因此待决案件无法简单复制类案的说理论证，案件事实的相似性判断是为了参考适用正确的法律，但案件事实类似并不一定适用相同的法律和量刑。因此，在对样本数据进行案件事实识别的基础上，需要进行主观判断和修正，避免陷入以偏概全的错误。

（二）比对核心要素过程滞碍

确定战略环节是为了让企业经营过程中的分析与决策具有针对性，相对应的案件“争议焦点”的核心指引则决定了类案裁判结果的准确度，案件相似性的判断需要比对事实争点和法律争点，即我们所指的“争议焦点”。需要比对的争议焦点包括寻找基础规范、分解规范要件、法律信息抽取等任务，其目的是找寻待决案件与样本案件各要素之间的逻辑关联，识别文本数据中的争议性成分。争议焦点是当事人冲突的焦点所在，也是裁判者判决指向的问题核心；争议焦点在横向上能联结案件的事实与法律的适用，在纵向上能对接待决案件与已生效裁判。但现有的类案裁判系统将争议焦点作为检索标准，效果并不理想。这主要是由于各个案件的争议焦点表述各异，核心比对要素模糊，数据库内部诸多文书没有实现案件争议焦点的概括，检索系统难以判定是否属于类案，导致检索结果较为粗糙。① 同时，上述原因导致检索结果适配度不高但数量较多，裁判者仍需逐案判断与待决案件的相似度，无法

① 〔英〕罗杰·布朗斯沃德：《法律 3.0：规则、规制和技术》，毛海栋译，北京大学出版社 2023 年版，第 37 页。

发挥类案适用的整体性指导作用，这也使得类案裁判系统的应用受阻。

（三）匹配关键词过程滞碍

关键词的匹配就相当于企业战略过程中根据实施情况对工作重点进行调整，也是对每类关系的层级架构。类案裁判主要包括两个环节：案件事实匹配与法律适用匹配，前者指提取关键事实和证据中的类似特征并从精准到模糊进行排列组合，后者是基于事实结论或运用相似法律规范进行审判。[①] 类案裁判系统的目标就是根据前述步骤标签出类似的法律与事实，输出相应的演绎结果。既可将对不同案件的相同特征进行归纳，称为“同类案件”，也可设定既有标准，对符合相同构成要件的案件分为“类型化案件”。遗憾的是，焦点事实指向性不明的案件，机械地形式演绎难以为继，将机器裁判路径直接运用于司法裁判说理略显草率。依靠算法的智能裁判不能详尽地展现类案必须援引的既定因素和理由，也无法揭示司法裁判所必需的论证要求和形式。[②]

四、消除隐忧：人工智能嵌入类案裁判的关键链点重构

承前所述，人工智能嵌入类案裁判的关键链点均存在隐忧，此类隐忧是深度影响实际使用意愿、运行实效最根本的原因，由此，有必要对此类链点予以重构。

（一）“原料供给”的突破：构建分布式数据池与制定数据规范

高质量、大数量的优质数据供给是人工智能嵌入类案裁判的基础，缺乏数据的人工智能将沦为“无本之木”，由此有必要从打破数据壁垒构建分布式数据池、制定数据规范提高数据质量两方面突破，强化“原料的供给”。

1. 构建分布式数据池

结合全国法院“一张网”和案例数据库建设工作，构建跨层级、跨地域、

① 熊晓彪：《概率推理：实现审判智能决策的结构化进路》，载《中外法学》2022 年第 5 期。
② 杨知文：《类案适用的司法论证》，载《法学研究》2022 年第 5 期。

跨部门、跨业务的数据池，打通网络互联、业务互通、数据共享的通道，实现所有案件全流程网上规范流转。同时，摒弃以往先转移数据再进行处理和分析的做法，改为利用分布式技术进行数据存储和运算，并在流程中都保持数据的加密状态。再将经过验证的算法前置到数据端，不移动数据而只提供安全的分析结果，实现在从数据中获得有价值的洞察的同时，有效保证数据安全与流程合规，消除数据流通、存储的安全顾虑。

2. 制定数据规范

提高数据质量的关键是定义一套标准化的数据规范，要对案件基本数据项的定义、口径、格式、取值、单位等进行规范说明，形成对该数据项的具体质量要求，并以此作为衡量和提高数据质量的标尺，可在数据采集、加工和应用的各环节对关键数据项进行预防性或监测性的核检。同时，深度开展数据库挖掘与拓展工作，积极探索电子卷宗随案同步生成与深度应用，提高数据信息共享水平。对案例的级别、效力来源进行明确标注，加强非结构化司法数据的管理与分析，避免案例推送结果上出现混乱。

（二）“生产运行”的纠正：强化程序指引与明确功能边界

以算法运算为技术根基的类案裁判系统不可避免地会存在算法偏见、算法囚徒等风险壁垒，在对算法权力进行法律规制时，既要考虑其功能定位，明确其权力边界，同时还要通过明确程序指引增强算法技术本身的透明度和算法权力运行的开放性，纠正偏见，增强结论的可解释性。

1. 强化程序指引

一方面，是明确原则性的禁止性规范和义务性规范，督促人工智能运营方及时消除算法决策危险，推动算法的持续优化，并预先明确其使用环境和应用场景，定义人工智能技术的应用实例，明确人工智能司法信息系统的技术架构、部署场景、运行环境、运行权限、操作流程、潜在风险因素等。另一方面，围绕数据筛选、代码嵌套、推理逻辑等构建算法中“司法平等”的设计框架，设计配套的审判规则。① 譬如，对于法律法规检索、证据标准指引

① 任颖：《算法规制的立法论研究》，载《政治与法律》2022 年第 9 期。

的功能，可由法官、审判辅助人员、监督部门全程选择适用；对于具有裁判结果预测、量刑参考决策的功能严格限定为承办法官“自查校验”的一种手段，严格与司法管理者和监督部门的权限区分开来，以防遭受“机械司法”的侵蚀。

2. 明确功能边界

司法裁判不是简单地将案件事实和法律规则进行叠加，更需要对法律的适用条件和价值位阶进行甄别，否则整个司法过程会处于一种基于规则的“封闭运作”困境中。无自主意识的人工智能系统没有共情能力，仅靠海量数据库的训练和模仿，无法跳脱“搜索—比对—整合”的框架形成自主理解，难以模拟法官对案件进行完整且复杂逻辑证成和价值判断。[①] 因此，应把准人工智能“辅助工具”的定位，作为法官研判司法案件提供技术辅助功能的工具，最终的审判结果应由法官综合作出判断，确保法官在享受“技术红利”的同时防止人工智能逐步侵蚀法官的理性决策，实现在司法领域，人类法官仍拥有最高决策权，司法算法作为一种技术策略，通过预测正义来推动司法案件的最优结果。[②]

（三）“售后保障”的完善：明确责任划分与监管审查机制

为了防范人工智能介入司法场域所引发的法理风险，有必要细化责任划分，建立监督审查机制，避免出现技术以“技术中立”的借口来回避裁判责任。

1. 明确责任划分

在法官运用人工智能进行类案裁判的过程中，实际已将部分司法决策权赋予了人工智能，根据权责一致原则，有必要明确责任划分以保证司法责任制的落实。一方面，应当明确人工智能的算法设计者、实际运营者等主体的责任，对机器与人工混合决策的结果，如因算法等技术层面问题导致决策犯罪，应由此类主体承担责任。另一方面，应当明确人类法官的主体责任，人

① 王禄生：《司法大数据与人工智能技术应用的风险及伦理规制》，载《法商研究》2019年第2期。
② 左卫民：《如何通过人工智能实现类案类判》，载《中国法律评论》2018年第2期。

工智能的引入不代表法官责任的削弱，也不能成为法官逃避和转移责任的工具。如前所述，人工智能的功能定位为“辅助工具”，无法完成类案判断的全流程操作，法官应当享有对案件是否采纳人工智能决策意见的最终决定权，并作为最终的责任主体。

2. 构建监管审查机制

一是成立由院、庭长和审判业务专家组成的审查专业委员会，坚持以法官为最高决策者，将人工智能技术作为一种技术策略嵌入司法领域的“权力—话语—知识”结构进行深度融合，依靠司法算法预测司法案件的“最优解”。二是明确审查权利即“算法解释权”，授权当事人在质疑智能决策时，有权要求算法开发者和数据用户进行分析，避免价值误导和算法偏差，甚至要求决策者对重大决策进行重新审查和重新决策。

五、深度融合：生成式人工智能嵌入类案裁判的协同路径优化

如何推动类案裁判与人工智能的深度融合，其关键路径在于“从模拟法律推理的外在逻辑形式转变为探求法官的内在思维结构”。[①] 相较于目前学习型人工智能与类案裁判系统的初级应用，生成式类案裁判系统在技术功能上更具有延展性，能够促进各价值链点要素良性互动、作用。笔者拟以生成式人工智能技术为基础，以人工智能的知识图谱构建和演化路径训练为核心，重构人工智能嵌入类案裁判的协同路径，强化对案件审理的法律关系和法律事实拟人化识别、标注和分析，实现人工智能与类案裁判的深度融合。

（一）构建知识图谱：类案判断要素标注点的分类

生成式类案裁判的知识图谱本质上是通过对裁定文书进行系统的梳理，通过语义网络对法律文书进行数据挖掘和信息处理，对类型案件进行自动的要件识别和文本标注，推动法律规则辅助法官作出案件裁判。[②] 人工智能嵌入

① 左卫民：《关于法律人工智能在中国运用前景的若干思考》，载《清华法学》2018 年第 2 期。

② 张吉豫：《人工智能良性创新发展的法制构建思考》，载《中国法律评论》2018 年第 2 期。

司法裁判必须先对学习对象进行图谱构建，知识图谱技术可以为类案类判提供具体思路和可行性路径：首先进行精准识别，即各种信息的抽取；其次提取案件情节中的关键词，对比出相关类案的数据；再次通过设定的裁判算法对案件中的法律事实和关键证据进行综合分析；最后通过数据整合推导出裁判结果，自动对比案件裁判的偏离程度，设立预警阈值自动提醒，确保实现合理裁判。①

第一步，请求权基础识别标注。因为案件事实“涵摄”于当事人的诉讼请求中，法官审理的起点是基于请求权归类所审案件的法律关系，再基于所涉法律关系作事实认定。整个审理过程都需要围绕原告是否具有相应的请求权基础开展，竞合的请求权基础是最终裁判正当性的理由。

第二步，要件分析与解构标注。案件的检索和审理的最佳连接点就是要件事实的分析与识别。要件识别的基本过程是：对案件事实的添加关系标注，将事实分解成如 A、B、C 等最基础的若干要素作为信息提取点，与待决案件所包含的要素 A、B、C、D 进行对比，若高度吻合或者类似，则可适用同类规则。

第三步，诉讼证明活动标注。首先，根据证明责任分配和证明标准进行分类标注。② 标注原告对其主张事实的证明责任和高度盖然性证明标准。其次，被告就原告主张提出抗辩时，标注被告对事实抗辩承担证明责任和高度盖然性的证明标准。再次，被告提出间接否认即反证成立时，标注原告的举证证明责任。

第四步，要件事实提取标注。对法律实体规范要件和待证事实进行匹配标注，以证明目的为前提，以实体法规范的适用为终点，通过数据训练和处理，深入分析不同类型案件之间的矛盾及其表现形式，提取关键事实和证据，分层次将要件事实的选择与评价解构成“主张—抗辩—再抗辩”的模式，以便于能被机器模拟和学习。

第五步，要件事实对比标注。按照类比推理的逻辑要求，将提取的待决

① 张凌寒：《商业自动化决策的算法解释权研究》，载《法律科学（西北政法大学学报）》2018 年第 3 期。

② 王利明：《生成式人工智能侵权的法律应对》，载《中国应用法学》2023 年第 5 期。

案件要件事实与已决案件要件事实进行比对标注，分别对相似点和不同点进行标注。参照法律规定和数据库中的类似判决，套用函数公式将数据映射到预定义类别中，对各种分散性的线性数据进行分层式的整合，自动生成符合法律规定和个案需求的诉讼文书，形成系统性的类案谱系和标准化构建。

（二）演化路径训练：类案相似性判断逻辑的植入

类案类判认定标准的规范化可以为法官“类案同判”提供裁判思路，还能为类案类判制度的程序设计和质量控制提供法理支撑。类案确定标准的认定直接影响着案件推送的效果，类似案件判断的前提是寻找“类似性”维度背后的认定规则，笔者将其分解成三个层次。

1. 核心事实提取和类比

分析待决案件，寻找与类案之间的异同处，两者进行识别和类比。如前所述，类案相似性的判断需要围绕当事人的具体诉讼请求、事实行为和争议焦点进行对比。一般而言，相对应的要素差异愈大，适用同一法律规范的可能性愈小；类似的要素越多，裁判结论的趋同性则越大。

2. 异同点的权重衡量

对相似点数量进行比对，相似的案件要素越多，得出相同裁判结论的可能性就越高。[①] 类案的判断要求待决案件与之在相关性事实特征之间相互对应。当然，分析异同的权重不能仅凭数量的多寡，不需要对差异性特征之间进行绝对的量化，但是需要将案件的事实与结果之间形成逻辑推导关系。还需要将案件事实投射到法律规范上，从法律规则的适用理由和社会的价值评价进行甄别。[②]

3. 边际事实逆向检验

司法审判的过程不是简单的“三段论”的演绎，还需要结合法官的审判经验和社会公共政策进行参照，对个案进行“分量”判断，避免法律适用的僵化，排除机器裁判产生偏差的可能。类案裁判的最终步骤要落脚于实质性

① 刘东亮：《新一代法律智能系统的逻辑推理和论证说理》，载《中国法学》2022 年第 3 期。

② 宋旭光：《论司法裁判的人工智能化及其限度》，载《比较法研究》2020 年第 5 期。

的检视。作为通过算法和模型训练实现类案智能推送的人工智能技术，无法感知到法律条文背后立法者对于法律价值的追求，也无法共情于裁判文书背后法官对社会道德和民众意向的理解。人工智能可以高效地辅助裁判者完成“类案类判”的操作，但最终需要通过人类智慧的检验和论证，才能真正实现司法正义。

结 语

司法裁判是一项复杂的逻辑证成工作。类案智能裁判可以帮助法官有效地简化司法裁判程序，但也要清醒地认识到科技对司法的异化和消解价值作用，明确人工智能的辅助工具定位，防止法官成为技术的“俘虏”而沦为司法裁判的附庸，增强法官在类案裁判中的主体性和自主性，变被动支配为主动应用，真正发挥人工智能在推进我国法院工作实现审判能力现代化、智能化发展中的杠杆作用。

（李家成：湖南省高级人民法院；钟婷：湖南省益阳市赫山区人民法院）

生成式人工智能辅助司法裁判的可能及边界限度

徐　辉　李俊强

一、问题的引出：生成式人工智能辅助司法裁判的时代契机

生成式人工智能（Generative AI）是指基于算法、模型、规则生成具有相关性、精确性、创造性的文本、图片、声音、视频、代码等内容，从而实现类似人类创造力的技术。从 2014 年第一个通过“图灵测试”的人工智能尤金·古斯特曼（Eugene Goostman）至 2022 年 11 月，OpenAI 公司推出生成式人工智能 ChatGPT，并仅仅间隔 4 个月就完成 GPT-4 的迭代改进，其展示的显著性能改进以及多模态生成能力，短时间内就吸引了超 1 亿用户，总访问量超 90 亿次。[①] ChatGPT 的成功，也引发了新一轮的 AI 科技竞赛，继 ChatGPT、谷歌的 Bard 和微软的 Copilot 后，我国百度、华为也相继推出了“文言一心”和“鲲鹏”等生成式人工智能工具。总的来说，以大语言模型为代表的生成式人工智能的崛起得益于三个要素的组合，分别是海量数据优势、强化学习算法优势和持续超强算力优势。[②] 其技术原理可以用“海量数据投喂+深度学习+模拟训练+微调变换+加工输出”予以简单概括。[③]

随着数字司法改革的逐步推进，以 ChatGPT 为代表的生成式人工智能凭

---

① 贝壳财经：《数读：上线 2 个月月活跃用户数量破亿什么是 ChatGPT?》，载腾讯网，https://new.qq.com/rain/a/20230213A05OVA00，2023 年 9 月 15 日最后访问。

② 张新新、丁靖佳：《生成式智能出版的技术原理与流程革新》，载《图书情报知识》2023 年第 5 期。

③ 龙柯宇：《生成式人工智能应用失范的法律规制研究——以 ChatGPT 和社交机器人为视角》，载《东方法学》2023 年第 4 期。

借其深度合成领域的重大技术革新和强大算力，给传统司法裁判实践的理念、构造和运行带来了新的发展机遇与风险挑战，也为司法裁判实践的适应性调整创造了历史性契机。2023年1月30日，哥伦比亚的一名法官首次借助ChatGPT作出了一份裁决，被誉为“全球AI审判第一案”，该法官表示通过ChatGPT可以生成通俗易懂的判决文书，并且可以根据以往的相似案例对本次法院判决进行预测，能够极大地缩短司法的反应时间。①

事实上，有关人工智能应用于司法领域的实践，早有先例可循。在20世纪60年代末，联邦德国就着手开展计算机在法律实务中应用的可能性研究，并于1973年构建出了名为JURIS的司法数据系统。我国最初将人工智能应用于司法裁判领域是在1986年，朱华荣、肖开权主持建立了盗窃罪量刑数学模型。1993年，赵延光教授开发的计算机辅助量刑系统，具有检索、咨询法律规范和对刑事个案进行推理判断、定性量刑的功能，被多家法院、检察院采用。② 近年来，随着人工智能技术的发展，数字司法改革也加快进度。2015年最高人民法院首次提出建设“智慧法院”。2022年12月8日，最高人民法院发布《关于规范和加强人工智能司法应用的意见》指出，要建成具有规则引领和应用示范效应的司法人工智能技术应用和理论体系，为司法为民、公正司法提供全流程高水平智能辅助支持。在实践中，北京高院的“睿法官”、上海高院的“206”系统以及宁波的“AI法官助理”等审判智能辅助办案系统建设取得了积极效果，减轻了法官30%以上事务性工作，庭审效率提升20%以上。③

与此同时，伴随着人工智能技术在司法裁判领域的应用场景和范围不断拓宽，在提高了司法效率，缓和了诉讼案件与法官人员比例失调的关系，减轻了法官的工作量，实现技术赋能的同时，也引起了学者对司法公正的担忧。艾伦教授很早就对人工智能在司法裁判领域的应用表示了担忧，认为其存在相

---

① Janus Rose，A Judge Just Used ChatGPT to Make a Court Decision，https：//www. vice. com/en/article/k7bdmv/judge-used-chatgpt-to-make-court-decision，2023年9月16日最后访问。

② 《“电脑量刑”之梦——赵廷光教授和他的量刑辅助系统》，载民主与法制网，http：//www. mzyfz. com/news/mag/a/20071222/110234. shtml，2023年9月17日最后访问。

③ 粟裕：《最高法：智能审判辅助系统减轻法官事务性工作30%以上》，载腾讯网，https：//new. qq. com/rain/a/20221013A03SLD00，2023年7月10日最后访问。

当的不确定性、模糊性和开放性。王禄生教授指出，人工智能在司法领域的应用，可能导致司法改革陷入“技治主义”的困境，司法改革的复杂性被化约为简单计算，司法改革的难题被通过技术性手段回避，最终导致司法改革发生“目标被替代”的风险。①孙海波教授也认为，生成式人工智能在司法裁判中只能发挥一种有效的辅助型角色，过度夸大甚至神化其作用都不可取。②

笔者认为，从发展角度来看，生成式人工智能辅助司法裁判是一种无法回避的客观事实，因而在探讨其应用于司法领域的可能时，亦要详尽剖析其风险，在人工智能的技术理性与司法裁判的价值理性之间找到平衡点，控制技术治理的工具主义缺陷，为其辅助司法裁判建立必要限度与价值边界，以提高智能化司法裁判迈的可信度。

二、机制探析：生成式人工智能辅助司法裁判的技术样态

根据2023年上半年人民法院司法审判工作数据，2023年上半年，全国法院新受各类案件1696万件，同比增长11.01%；审结案件1526.2万件，同比增长9.65%。③伴随着立案登记制和法官员额制改革，案件数量的激增与法官数量的比例失调，以及司法资源的错配，造成“案多人少”，出现案件的质与量无法兼顾的情况。因此，通过生成式人工智能工具辅助实现类案推送、证据认定、偏离度预警，能够有效提升司法效率，把法官从机械劳动中解放出来，缓解当前法律适用不统一、案多人少等难题。

（一）智能化类案推送，实现类案同判

制定法本身隐含着产生司法裁判冲突的风险。④法律适用统一是司法裁判的一种重要的现实约束和目标状态，也是法律效力具有一致性和普遍性的逻

① 王禄生：《司法大数据与人工智能技术应用的风险及伦理规制》，载《法商研究》2019年第2期。

② 孙海波：《反思智能化裁判的可能及限度》，载《国家检察官学院学报》2020年第5期。

③ 最高人民法院：《常态化！最高法按季度对外公布司法审判工作主要数据》，载最高人民法院官网，https://www.court.gov.cn/zixun/xiangqing/408422.html，2023年9月10日最后访问。

④ 陈杭平：《论“同案不同判”的产生与识别》，载《当代法学》2012第5期。

辑所在。随着社会经济的快速发展和急剧转型，日益复杂的社会矛盾和裁判文书经由互联网的“放大效应”，导致对司法裁判的争议频发。因此，法律适用不统一成为困扰我国司法的突出问题。[①]“类似案件类似对待”是“正义的最简单形式”。让人民群众在每一件案件中感受到公平正义，是法律适用统一的最终价值目标。运用生成式人工智能技术辅助类案同判、保证刑罚裁量的一致性和实现类案裁判标准的普遍化是当前数字司法改革的方向之一。

生成式人工智能辅助智能化类案推送，实现类案同判的技术路径是通过接入关键信息、案件事实等数据，然后系统自动匹配检索案件专题库，进行类案比较智能标引，从而实现精准类案推送，并以海量的类案裁判数据为坐标系，模仿法官对待决案件进行预测判决，提供相对规范、一致的量刑建议，辅助法官进行量刑。智能化类案推送不仅可以使法官从重复的机械劳动中解放出来，节省法官在案件检索过程中的劳动，提高审判效率，缓解“案多人少”的问题，还限制了法官在司法裁判过程中的权力任性，避免同案不同判、司法腐败和司法不公的情况发生。

（二）智能化裁判偏离度预警机制，降低法官职业风险

《中共中央关于全面深化改革若干重大问题的决定》在论及“推进法治中国建设”时指出，落实司法责任制，“让审理者裁判，让裁判者负责”。当前我国对错案实行终身负责制，既要保质又要保量，无形中会给法官造成巨大的心理压力，而智能化司法裁判技术的出现能够为法官提供可视化的类案裁判结果参考，通过“中间线标准”“平均值标准”对存在较大偏离度的司法判决进行及时预警，以便法官对其所作出的司法裁判进行修正，纾解法官的审判压力，降低法官的职业风险。

（三）智能化证据审核，辅助证据认定

生成式人工智能技术本身的中立性、客观性、明确性和经验性（大数据

---

① 刘磊：《通过类案比较实现“类案同判”——以司法场域分析为视角》，载《地方立法研究》2022 年第 2 期。

分析）能够在一定程度上弥补甚至替代主观性较强、相对不确定的经验法则的判断，减轻刑事印证证明模式下法官的印证压力。① 作为一种科学证据，生成式人工智能对证据能力和证明力的审查内容主要受真实性、关联性和合法性三个属性以及《中华人民共和国刑事诉讼法》规定的相关证据规则的影响。当前，生成式人工智能对证据智能审核经由四个阶段。阶段一：对案件事实、人员、证据等信息的采集、存储、检索、挖掘分析与归集，建立相应的业务专题库，包括案件卷宗库、证据标准库、案件证据模型库等；阶段二：借助生成式人工智能的深度机器学习和强大算力，进行场景文字识别、证据瑕疵手动标注等分析校验；阶段三：针对诉讼文书卷、证据材料卷等证据文书材料生成若干项校验规则，通过规则模型生成、关键要素分析、逻辑推理等技术方式，构建证据规则校验引擎，实现上述校验规则的自动校验，分析推断证据的真实性、合法性、关联性；阶段四：智能构建可视化、系统化、数据化的案件完整证据链条、案件知识图谱，辅助法官进行证据认定。

智能化证据审核的优势在于能够将司法证明的认知过程构筑于科学证据的数学语言的表达之上，将数学话语上的概率关系与待证案件事实在主观上的信念程度表达为一组数字；通过统一证据的认定标准，辅助法官相对准确、高效地运用证据获得对案件事实的确信，以纠正“真实故合法”“印证故合法”“稳定故合法”等不当行为。但是，由于算法可解释性存在不足，如果严格执行生成式人工智能的证据标准追求形式正义，亦有可能会陷入形而上学的“法定证据制度”误区。因此，这种认知也存在着不足之处，需要法官在对人工智能证据的证据能力进行实质性审查时，起到“守门人”作用。

三、理性审思：生成式人工智能辅助司法裁判的风险研判

当探讨生成式人工智能给司法裁判领域带来技术性变革时，不能不谈“方式”，生成式人工智能的计算机模型评估事实和预测判决是一种技术活动，其算法黑箱、算法歧视和算法偏见等技术隐患是技术使用不规范所造成的；

① 龙宗智：《刑事证明中经验法则运用的若干问题》，载《中国刑事法杂志》2021 年第 5 期。

也不能只谈“方式”，正是因为生成式人工智能无限的创造力和指数级的进化可能，使我们见识到算法伟力的同时，易忽视司法裁判的本质，进而陷入康德的“纯粹理性批判”的危机。

（一）算法黑箱引发司法公信力遭受质疑

正义不能隐居，不能示人之处更容易藏污纳垢。① 司法裁判是法官在与双方当事人的论辩过程中，通过法律论证、法律推理对其作出的司法决策进行释法说理，中立解决当事人的矛盾纠纷，进而修复社会关系，维护法的安定性。从这个角度出发，司法的功能在于通过推理或论证的方式制定关于特定正义的解决方案，实现定分止争。② 膨胀会导致贬值，对司法公信力也是一样，无法被充分理解的司法裁判将成为不会被充分遵守的司法裁判，导致社会的不安定性大大增加。职是之故，就需要法官对生成式人工智能辅助司法裁判的技术、过程，以及结果的有效性、可靠性进行合理解释。但是，受制于算法的复杂性、技术性及专属所有权的存在，“输入—输出”的算法决策过程中存在着我们无法窥探的隐秘，因而智能化裁判面临着司法决策的透明度与可解释性风险。例如，在 2016 年“卢米斯诉威斯康星州”一案中，被告埃里克·卢米斯以 COM-PAS 量刑算法侵犯其正当程序权力为由抗辩，但是该算法的母公司北点以受商业秘密的专有权保护为由成功拒绝披露该算法的评分计算方式。③ 这一开创性的案例引发了算法黑箱如何影响司法裁判透明度的思考。

算法黑箱的存在，不仅使得当事人、辩护人的知情权与抗辩权无法得到保障，也导致法官无法充分地对其所作出的裁判结论进行公平性和准确性的权衡与说明，使得生成式人工智能辅助司法裁判的正当性、有效性、可靠性更具有挑战性，也引发了对司法公信力的质疑。

（二）算法歧视与算法偏见引发司法公正危机

大数据和深度机器学习算法为生成式人工智能技术辅助司法裁判提供了

---

① 章安邦：《司法改革背景下司法权的权威塑造》，载《浙江社会科学》2021 第 9 期。

② 孙海波：《反思智能化裁判的可能及限度》，载《国家检察官学院学报》2020 年第 5 期。

③ 朱体正：《人工智能辅助刑事裁判的不确定性风险及其防范——美国威斯康星州诉卢米斯案的启示》，载《浙江社会科学》2018 年第 6 期。

客观性、中立性和经验性的参考或者决策依据的可行性，但是随着时间的推移，已有批判性学者的研究证明，机器学习算法再现了“算法压迫”的形式。[①] 当前，生成式人工智能的算法歧视与算法偏见来源于两个层面。一是后天性算法偏见，输入的预训练数据存在偏见或歧视引发了算法歧视与算法偏见。例如，算法在刑事案件中对罪犯量刑时考虑的法定情节和酌定情节，以及适用缓刑时对罪犯再犯罪的风险等进行计算预测时，忽视了罪犯在社会中“暴露的风险”往往是过分歧视和劣势的结果。这些数据往往与风险变量相关，从而带来“更高”的风险评分，尤其是对社会的边缘化群体更是如此。二是先天性算法偏见，算法本身存在歧视与偏见。当前智能裁判工具通常是法院外包给其他企业，如果企业通过技术手段在算法底层逻辑上故意“夹带私货”，预先人工标注算法歧视与算法偏见，法官又不容易察觉出其错误，无疑将会进一步引发司法公正的危机。这种算法歧视与算法偏见对于生活其他方面而言似乎并无大碍，但对当事人的权利与义务造成实质性影响的司法裁判而言，这种歧视与偏见却十分有害，它在客观上会强化“智能化裁判”的错误可能，导致当事人的处境更加不利，进一步造成法律主体之间的诉讼地位不平等。[②]

（三）智能化司法裁判无法兼顾实质正义

在法律与司法的语境中，正义的概念已然超出了计算机以及统计学科中通常使用的数学计算或定义，正义不仅仅是一种客观认识，更是一种主观感受。[③] 事实上，正义不仅仅是一种客观认识，更是一种主观感受。司法裁判仅仅宣示正义是不够的，还需要让民众感受到正义。如何实现个案中的实质正义？这离不开价值判断及法律原则的运用与理解。事实上，法的适用不仅仅是事实判断的过程，也是价值判断的过程，不光包含了法律规则的适用，也

---

① 〔荷〕马克·舒伦伯格、里克·彼得斯：《算法社会 技术、权力和知识》，王延川、栗鹏飞译，商务印书馆 2023 年版，第 142 页。

② 刘东亮：《技术性正当程序：人工智能时代程序法和算法的双重变奏》，载《比较法研究》2020 第 5 期。

③ 姜涛：《刑法解释的价值判断》，载《中国社会科学》2023 年第 7 期。

包含了法律原则的适用。虽然为了法的安定性，应该优先适用具体的法律规则而不是抽象的法律原则，但是当适用具体的法律规则将导致个案不正义时，为了实现个案正义就需要优先考虑适用法律原则。例如，美国的“里格斯诉帕尔默案”一案中，法官就援引了“任何人都不得从其错误行径中受益”的法律原则，剥夺了帕尔默的继承权。① 近年来，我国司法实践中频发存在较大争议的案件，如深圳鹦鹉案、许霆案、赵春华案及王力军案等。这些案件的审理结果为何难以被社会公众所认可和接受，难以产生理想的司法和社会效果，很大程度上就是因为法官在司法裁判中施展的价值判断太少，而机械适用法律规则的情形太多，忽视了法律原则的运用，导致了结构性的失衡，即法条主义。但遗憾的是，在当前司法实践中，还是以法律规则适用为主要的司法裁判方式。因此，就目前来说，智能化司法裁判还无法真正地兼顾实质正义，体现在如下四个方面。

其一，从法律条文本身来看，相较于逻辑上拥有完整的假定条件、行为模式和法律后果的法律规则，逻辑上缺少明确的假定条件、行为模式和法律后果的法律原则对于生成式人工智能而言更难以理解与运用，尤其是拥有明确的法律规范三要素是法“可计算性”理想的前提。另外，由于人类语言自身的多样性，在不同的语境、上下文中完全可能呈现出不同的含义、用法，导致立法语言的语义在一定程度上也是模糊的、不确定的。总的来说，立法所使用之语言不可避免地具有一个“语义空间”。这就容易导致人工智能对规范背后的立法目的和意旨产生误解。

其二，从价值判断来看，生成式人工智能无法进行理解与价值判断。正如海德格尔所指出的那样，真理的本质和存在解释是由作为真正主体的人来规定的。② 作为规范人们行为总和的法律制度，必然要以人性作为其存在的土壤，③ 但对于人工智能来说法律就是一串“0”和“1”二进制的排列分布组成，所谓的法律推理是一种纯粹的数学推理公式。从这个角度出发，人工智

---

① 林来梵、张卓明：《论法律原则的司法适用：从规范性法学方法论角度的一个分析》，载《中国法学》2006 年第 2 期。

② 〔德〕马丁·海德格尔：《尼采（下册）》，孙周兴译，商务印书馆 2002 年版，第 824 页。

③ 李伟：《亲属法价值取向中的人性根基》，载《法学杂志》2017 年第 9 期。

能不能感知，也不能理解，其能起到的作用就是事实层面的判断，即“真”“假”之分，无关乎“善”“美”的价值判断。[①] 因此，人工智能面对价值判断时要么选择回避，要么将其转化为事实判断。然而，正如康德所指出的，从实然当中不能推导出应然。也就是说，从一个单独的事实当中，不能获得何为实质上正当或不正当的根据。一言以蔽之，通过智能化司法裁判固然能够实现形式正义的价值追求，但是如果过度地依赖人工智能追求类案同判，必然会回到“机械主义法学”的老路上来，走向实质正义的对立面，严重背离司法与法治的目的。

其三，从案件事实的认定来看，生成式人工智能不能理解新型、疑难、复杂案件。不可否认，生成式人工智能辅助司法裁判在一些简易案件上，如在盗窃、诈骗、民间借贷等案件中，确实能够起到相当大的作用。但是，随着社会和经济的快速发展，各种新型、复杂的疑难案件也层出不穷。面对层出不穷的新型、疑难、复杂案件，法律本身也不可能是全面、清楚、确定的，规范之间的内容存在冲突也在所难免。两者共同导致了法律在个案中的指引出现中断，甚至面对新型、疑难、复杂案件这种指引会被用尽。[②] 生活的丰富多样性不允许法律为所有的个别情景都提供抽象、明确，同时又适当的规整。[③] 这种“开放性的结构”从法的安定性（也即法的可计算性）角度来看乃是一种缺陷，但是从法的适应性角度来看却是一种优势。它使一般的立法语句对于被规整之生活情景具有一定的适应能力。然而，这种“开放性的结构”对于AI来说却是致命的，Open AI大语言模型的核心成员Jack Rae在《压缩带来通用人工智能》（Compression for AGI）一文中指出，生成式人工智能的“智能”是一种压缩（即简化）。面对无规范适用的新型、疑难、复杂案例时，[④] 生成式人工智能的计算过程有两个必经步骤，一是基于语言“统计概率”对案件事实进行压缩、抽取案件要素并转化为相应的数字代码；二是

① 〔德〕马丁·海德格尔：《演讲与论文集》，孙周兴译，商务印书馆2018年版，第7页。

② 孙海波：《反思智能化裁判的可能及限度》，载《国家检察官学院学报》2020年第5期。

③ 〔德〕莱茵荷德·齐佩利乌斯：《法哲学》，金振豹译，北京大学出版社2013年版，第15页。

④ 〔荷〕阿尔诺·R·洛德：《对话法律：法律证成和论证的对话模型》，魏斌译，中国政法大学出版社2016年版，第4页。

从相同语言模型里根据概率大小强制性匹配相对符合的法律规范进行关联，预测裁判结果的概率分布。这种“强制性”的修正、压缩还原以及概率判断必然会扭曲事实，机械地推导出不合理的裁判结论，这本质上是一种“随机正义”，与抛硬币、掷骰子并无二致。申言之，对于生成式人工智能而言，输出结果的正确与否并不重要，最重要的是保持与提示词在统计学上的一致性。凯尔森就曾先明确指出具体规范无法按照逻辑或数学原理从根本规范演绎出来。① 波斯曼也独具慧眼，对滥用统计学的现象予以批判。②

其四，从法官的自由裁量权来看，生成式人工智能不可避免地会侵蚀法官的自由裁量空间。司法裁判需要法官的目光在事实与规范之间往返，正确对待存在与当为之间的对应关系，寻找具体的、真实的法，而这离不开法官的自由裁量。如前文所述，智能化裁判这一技术的核心主要是通过全数据定量分析的方式对量的整体进行把握，进而统一司法裁量基准，抑制权力寻租、司法腐败以及克服裁量的随意性。③ 这虽然形式上满足了“法律规则面前人人平等”的普适性要求，但也不可避免地造成了司法的僵化、创新性的贫乏以及实质上的不平等，陷入“自动售货机式法官”的陷阱。正如庞德所指出的，没有一个法制体系能够做到仅仅通过规则而不依靠自由裁量来实现正义，不论该法制体系的规则系统如何缜密，如何具体。所有的实施正义的过程都涉及自由裁量与规则两方面。另外，当面对无规范适用的场景时，在“禁止拒绝裁判原则”下，法官的自由裁量也能够进行“法律续造”，填补制定法的漏洞，弥补法律滞后的缺陷。然而生成式人工智能的“幻觉”缺陷，使其根本无法担当如此大任。此外，司法裁判不仅要放眼于案件事实、法律规则等可以“量化”的信息，还要超越规范与事实，对那些埋藏在规范与事实之下的道德伦理、善良风俗、惯例等非量化的信息予以考虑，这都离不开法官的自由裁量。这些“非量化”的信息对于人工智能而言，是一种无法理解的奢望。

---

① 季卫东：《计算法学的疆域》，载《社会科学辑刊》2021 年第 3 期。

② 〔美〕尼尔·波斯曼：《技术垄断：文化向技术投降》，何道宽、蔡金栋、梁薇译，中信出版社 2019 年版，第 129 页。

③ 王天思：《大数据中的因果关系及其哲学内涵》，载《中国社会科学》2016 年第 5 期。

（四）算法权力对司法责任制的冲击

风险与责任之间具有必然的因果联系，当社会向一个人为的不确定性风险以及利益博弈下所支配的未知领域移动时，就必然出现对责任的讨论。① 在风险现实与治理规则无法调和的现实矛盾下，人工智能成为司法工作人员转移和分担责任的对象，为司法卸责提供了便利。

在司法责任制的总体构架中，法官依法独立行使司法裁判权是确保可问责性的前提和基础。随着人工智能越来越多地被使用在司法实践中，在诉讼爆炸、年底考核、审限制度刚性规定等多重压力的影响下，势必会形成法官过度依赖生成式人工智能的倾向。法官一旦在司法决策中产生技术依赖，“算法权力”的风险就无法避免，进而造成司法权独立性的权力配置和运行机制分崩离析。此外，生成式人工智能辅助司法裁判也势必会造成审判主体适格性的异化，以及庭审结构的坍塌，事实层面会出现算法的设计者和法官共同作出司法裁判的局面。当审判权转移给其他人或物时，审判主体不能确定，那么责任链条的分配就会产生追责难题，出现“动因迁移”的可能性就大幅提高，致使司法责任制难以得到落实。

四、迈向可信：生成式人工智能辅助司法裁判的风险纾解

智能化裁判在提高司法效率，实现类案同判和审判可预测性的同时，亦不可避免地引起公众对司法公信力与司法公正的质疑。针对生成式人工智能工具存在的算法黑箱、算法歧视及算法偏见等技术性风险，可以从数据治理、算法治理、控制治理三个维度予以缓解。

（一）数据治理

海量、准确、一致、规范的司法数据集是生成式人工智能预训练和微调的“富矿”，也是生成式人工智能更智能化地辅助司法裁判的先决条件。已有

---

① 王亚琪：《风险社会视域下全球治理的不确定性探析》，载《东北亚论坛》2022 年第 3 期。

研究证明，生成式人工智能基础模型的生成内容与训练数据存在相关关系。[①]

1. 开源增量：拓宽司法数据来源

当前，中国裁判文书网、北大法宝、威科先行数据库等案件信息检索数据库为生成式人工智能深度学习训练提供了较为全面、系统的司法数据来源，但是距离全面数据化的要求仍然具有较大的差距。有学者指出，当前我国裁判文书公开具有“伪公开”的现象，例如，涉及国家秘密、个人隐私的案件以及调解结案、离婚案件等无法完全公开。[②] 除了“伪公开”的问题之外，当前，裁判文书公开的数量上也呈现急剧下降的趋势，可能只有审结案件的一半。[③] 笔者统计，仅就民事案件而言，2022年全国民事裁判一审文书公开量为4388998份，相较于2021年8155478份，下降了46.18%。因此，当前亟须全面、及时地提升裁判文书的公开量，拓宽司法数据的来源。第一，就特定不宜公开的裁判文书可以采取隐名条款措施，通过隐去、删除相关信息后予以公开。第二，出台相关裁判文书公开实施细则，通过细化裁判书、裁定书与决定书之间的差异，列出详细的公开类目、具体情况及标准等方式，强化裁判文书上网的可操作性。第三，在司法数据流通上，通过完善不同地域、不同层级法院之间的案件数据信息及时共享机制，以便生成式人工智能即时联动响应处理数据信息。

2. 提质增效：提升司法数据质量

保障数据质量是正义的要求，保障正义能预防人工智能带来的极端分化。[④] 裁判文书形式的规范化、格式化以及实质的充分说理有助于生成式人工智能对司法行为的分析、学习和理解，有助于智能化裁判结果更加精准、公平、公正。司法数据的质量可以通过形式与实质两种途径予以提升：一是统

---

① 陈昌凤、张梦：《由数据决定？AIGC的价值观和伦理问题》，载《新闻与写作》2023年第4期。

② 吕升运、水娟：《论裁判文书上网“伪公开”现象的防范》，载《网络法律评论》2013年第2期。

③ 马超、于晓虹、何海波：《大数据分析：中国司法裁判文书上网公开报告》，载《中国法律评论》2016年第4期。

④ 李晓辉：《如何面对“无用阶层”：人工智能与未来正义》，载《华东政法大学学报》2019年第6期。

一裁判文书内容的表达形式，避免生成式人工智能的错误理解。通过统一裁判文书内容的表达形式，不断提升裁判文书的格式化、规范化程度，从源头上减少少录、错录的现象。例如，字词、标点、表述、语法等错误。二是明确裁判文书理由阐述的具体要求，加深生成式人工智能对司法规律的学习把握。裁判文书说理必须坚持以事实为依据，以法律为准绳。针对具体对象与问题，做到思路清晰、层次分明，符合案件客观事实，充分地论证、阐明法律规范与案件证据事实之间认定过程的正当性与合法性，加强裁判文书说理的法理性、逻辑性，实现理由、事实及判决结果一致。

（二）算法治理

1. 元规制：算法伦理的嵌入

伦理先行是智能算法应用于社会生活领域的首要条件，也是科学技术健康发展的重要保障。① 在算法设计上嵌入算法伦理规范，有助于判断算法行为是否符合伦理道德的标准，进而从价值层面将算法歧视、算法偏见等算法风险列为禁止行为，进行矫正与规训，实现“元规制”。具体要求应该包括以下几个层面：一是研发层面，虽然在技术层面算法是价值中立的，但算法自研发之初就掺杂了算法设计者的价值取向，具有明显主体属性。因此，需要加强对人工智能研发相关活动的约束机制，强化研发人员的自我管理、自我约束意识，规制其不从事违背伦理道德规约的算法研发。二是理论层面，监管部门或行业协会出台具有一定前瞻性、兜底性、灵活性的算法伦理标准，揭示其中可能侵犯的实际利益，以应对日新月异的算法风险变化，弥补算法伦理标准滞后的缺陷，加强实际应用，引导算法向善。三是制度层面，通过建立算法备案、算法安全评估、算法问责、算法治理、第三方监管等具体制度，明确算法设计者的义务边界和权责定位，从内到外实现对算法伦理的全方位审查，以避免算法滥用。

2. 内核优化：从算法黑箱到算法可释

有学者指出，相对于算法的透明度，算法的可解释性才是目的。② 不难理

① 李林：《智能算法伦理审查进路的完善策略》，载《学术交流》2023 年第 4 期。

② 姜涛：《刑法解释的价值判断》，载《高等学校文科学术文摘》2023 年第 5 期。

解，算法的透明度固然很重要，但是考虑到参与诉讼的当事人面对如“天书”一般的复杂代码，算法的透明度所起到的作用甚微，根本无法打消社会公众对智能化裁判司法公信力的质疑。但是，通过恰当的算法解释方式，至少能够实现大部分智能化司法决策环节的信息留痕，最大程度地复现智能化司法决策的过程、结果和应用，从技术层面揭开算法内部的歧视与偏见的面纱，实现算法的“去黑箱化”。因此，增强算法的可解释性是当下提高智能化裁判可信度，获得公众“算法信任”的关键。

一是以问题为靶向的局部解释。一般情况下对司法裁判的不认同往往集中于其中某个点，很少情况下会出现对整个判决的否定，因此相较于动辄将整个算法背后的复杂逻辑及其系统的工作机制进行全面详解的公式化全局解释，以“问题为靶向”的局部解释则更为直观、简洁、省力，更能够提升公众的理解程度。其基本思路是在生成模型预测结果的同时，同步设计一个模型生成对该结果的说明。常见的局部解释方法包括敏捷性分析解释、局部近似解释、梯度方向传播解释，以及激活映射解释等。①

二是根据不同的受众进行区别解释。专业知识、公众预期、工作背景等均可能对算法的理解和信任产生影响，因而面向不同的主体强调算法解释的不同方式，是提升算法解释效果的必然选择。② 例如，对缺乏相关技术知识认知背景的当事人可以采取模型蒸馏解释法，可视化的图片解释法等被视为技术上不完备、不彻底的解释方法，反而可能更有效果。

（三）控制治理

当前，无论是学术界还是实务界已经形成了统一的共识：司法的效率绝对不能以牺牲司法公正为代价。无论人工智能如何发展，其永远无法代替法官。在这场机器与法官对司法决策权力的“逐鹿”中，以人类大获全胜告终。因此，为了合理确定生成式人工智能工具辅助司法裁判的边界，保障智能化裁判健康发展，应始终以彰显与强化法官的主体地位、统筹案件繁简分流机

---

① 纪守领、李进锋、杜天宇、李博：《机器学习模型可解释性方法、应用与安全研究综述》，载《计算机研究与发展》2019 年第 10 期。

② 周翔：《算法可解释性：一个技术概念的规范研究价值》，载《比较法研究》2023 年第 3 期。

制下分层应用、严格落实司法责任制为出发点。

1. 以人为本：彰显与强化法官的主体地位

司法活动的本质是人类实践理性的具体应用。从这个角度来看，司法裁判不可能也不能成为纯粹的技术，过分盲从、依赖、不加节制地使用人工智能技术必然会动摇法官的地位，进一步压缩法律议论的空间。事实上，依据法理、人情、伦理道德，以及对案件事实细致入微的洞察，并通过法官的自由心证与“法感”形成内心确信，最终作出妥善处理的司法裁判实际上是一种超凡“艺术”，不亚于写作、绘画与演奏等艺术活动。即使生成式人工智能具有强大的深度学习能力，也无法完全替代法官独立作出兼顾法律效果、社会效果和政治效果统一的司法裁判，并且数字司法改革的初衷也不是让生成式人工智能代替法官独立裁判，而是让生成式人工智能在司法决策领域中扮演辅助性的角色，辅助法官依法、全面、规范地收集和审查证据，统一法律适用标准，保障司法公正，实现法律面前人人平等。特别是当前，生成式人工智能仍有许多技术难题需要克服，司法改革也处于稳步扎实推进的阶段。因此，就需要始终彰显与强化法官的主体地位，把握好智能化裁判的尺度，确立法官对司法裁判的最终话语权。

2. 程序分流：统筹案件繁简分流机制下分层应用

生成式人工智能辅助司法裁判在法律关系明确、事实清楚的简单案件中展现出强大的效率优势。但是如前文所述，其在疑难案件中存在着无法识别、理解的困难。因此，在当前繁简分流机制下，根据简单案件与疑难案件的性质分层适用人工智能辅助司法裁判，能够更好地平衡司法公正与效率之间的关系。一是突出简单案件的效率要求。简单案件的法律关系相对单一、明确，事实清楚，且诉讼程序上一般都为速裁程序、简易诉讼程序、小额诉讼程序，所以生成式人工智能可以凭借其指数级的算法处理能力和反应速度，辅助法官进行要素化审判，包括证据审核、案例分析、预测判决等，实现了案件全流程快速审理，同时亦尽可能地减少错误。二是削弱疑难案件的标准化控制。疑难案件的法律关系、案件事实，以及相关证据材料相较于简易案件更为复杂，对此生成式人工智能存在类案识别困难，造成无法实现精准的推送和预测判决。因此，在疑难案件中应当弱化人工智能在司法裁判中的标准化控制，适度运用智能化。[①]

3. 揭开人工智能面纱：落实司法责任制

韦伯认为，一个人或很多人在一种共同体行动中哪怕遇到其他参加者的反抗也能贯彻自己意志。[②] 现阶段，生成式人工智能还不具备具有责任能力的现实基础，还不能实现法律意义上的“人格化”。从审判地位来看，生成式人工智能亦不可能挑战法官的主体地位，用与不用、接受或不接受完全取决于法官的自我意志和选择，法官依旧把控着司法审判的全过程。因此，需要揭开人工智能面纱，严格落实司法责任制，“让审理者裁判，让裁判者负责”。此外，严格落实司法责任制也能使法官更加审慎地依赖人工智能，“有思考地服从”人工智能，加强法官对裁判结果的自我检验与审查，增强法官的责任担当意识，保障司法的公正。

在明确了严格贯彻司法责任制后，还需要结构化地分析智能化裁判致损时的状态与原因，进一步划分司法责任与司法豁免权之间的边界，明确法官的责任范围，构建权责一致的责任分担机制。若是由生成式人工智能运算逻辑错误引起的决策错误，法官尽到合理的审查注意义务之后，仍未发现错误的，则法官不用承担责任；若是由法官自身过失或者渎职致使生成式人工智能决策错误的，则由法官承担主要责任；若是由生成式人工智能的设计者引起的决策错误，则由设计者承担主要责任，法官不用承担责任。

结　语

随着生成式人工智能发展“奇点”的到来，生成式人工智能与司法裁判领域的融合注定是无法回避的客观事实，但我们应当始终保持“技术谦虚”的态度，即要有全局意识，既不要断定，也不要妨碍技术的具体功能。一方

① 帅奕男：《人工智能辅助司法裁判的现实可能与必要限度》，载《山东大学学报（哲学社会科学版）》2020 年第 4 期。

② 〔德〕马克斯·韦伯：《经济与社会（上册）》，林荣远译，商务印书馆 1997 年版，第 246 页。

面，生成式人工智能辅助司法裁判在一定程度上确实能够通过类案推送、辅助证据认定、偏离度预警等方式实现形式正义的可视化与提升司法效率，具有积极的一面；另一方面，生成式人工智能现阶段仍有许多技术风险需要攻关，其算法黑箱、算法歧视、算法偏见等依旧是无法绕过的客观存在，且其“诱人的正义”不可避免地会造成法官过度依赖生成式人工智能，导致人被机器所“奴役”。

正如魏泽堡竭力指出的“人的智能是不能移植的”。① 反思司法裁判是以人的情感、理性、经验为基础的价值判断。因此，在司法裁判这样开放的场域中，不应完全放手由生成式人工智能去操作，法官在司法裁判领域的主体地位始终不能动摇，需要审慎地应对技术权力与司法权力的共建，避免“人在环中”的情况发生。

（徐辉　李俊强：湘潭大学法学学部）

① 〔英〕罗斯玛丽·卢金、栗浩洋：《智能学习的未来》，徐烨华译，浙江教育出版社 2020 年版，第 93 页。

基于ANP的司法调解成效评价指标设计与应用展开

石桐赫

司法调解无法实现“案结事了”的情形普遍存在，究其原因，乃评价标准唯“调解成功率”论所致。“调解成功率”难以作为衡量我国司法调解成效的唯一标准，而是要综合考虑纠纷解决环节、纠纷解决时长与自动履行情况等结构性因素。ANP（网络层次分析法）是一种将定性评价与定量评价相结合的方法，适合评价司法调解成效。实现司法调解后的“案结事了”有赖重视司法调解成效的合理评估与监管，并根据评价结果不断推进调解措施的科学完善。“案结事了”的实现是一个复杂的系统工程，只有司法调解内外形成合力，评估与监管并行，才能真正实现这一目的。

一、问题的提出

在传统道德逐渐解体，法治秩序逐渐确立的今天，为了缓和“案多人少”的矛盾，调解成为既能回应人民的需求，又能推进社会治理体系和治理能力现代化的重要举措。这一社会共识激发了法院的创新，2010年6月最高人民法院发布的《关于进一步贯彻“调解优先、调判结合”工作原则的若干意见》进一步确立了“调解优先，调判结合”的工作原则。[①] 随后，《中华人民共和国民事诉讼法》也增加了司法调解制度。司法调解成为我国减少对国家

① 陈慰星：《法院调解悖论及其化解——一种历时性大数据的分析进路》，载《法律科学（西北政法学院学报）》2018年第2期。

权力及强制性、对抗性和高成本诉讼程序依赖的有效机制。[①]

出于对自身利益的考虑，也出于对司法政策的迎合，司法调解已成为法官处理案件的“最佳选择”。尽管如此，从实践效果来看，“最佳选择”并没有产生“最佳效果”。[②] 虽然近年来各级法院调解结案率大幅度提升，甚至出现了“零判决”的情形，但大量案件并没有自动履行，而是再次进入诉讼程序或者转化为其他形式的纠纷。[③] 继续分析并完善法院调解制度，使其发挥出应有作用，是这个时代的重大课题。

学界逐渐意识到，描摹法院调解的真实面貌是改变上述问题的核心。学界主要存在两种研究方式：一种方式是实证调查法，基于从法院获得的一手办案经验，针对调解优先政策背景和动因进行论述。[④] 另一种方式是统计数据分析法，通过对法院内部司法调解结案率的统计客观分析，阐述司法调解成效的真实情况。[⑤] 整体而言，司法调解成效研究成果很多，已然将目光转向无法实现“案结事了”背后的司法绩效考核因素。然而，囿于依据司法调解结案率的评价维度单一，难以全面评价调解的真实情况，故能回应上述问题的研究很少。鉴于此，本文选择从纠纷解决环节、纠纷解决时长及自动履行情况三个维度对司法调解成效进行全面评估。

二、ANP与司法调解成效评价的内在耦合

司法调解成效评价是法院使调解成效与调解目标保持一致的过程，是法院管理的核心。理想的司法调解成效评价体系可以及时掌握该调解方式在实施中存在的问题及实施后对纠纷化解、关系修复等方面的成效。但长久以来，司法调解领域存在着偏重调解成功率与调解总数的情况。在“人案矛盾”突

① 范愉：《诉讼社会与无讼社会的辨析和启示——纠纷解决机制中的国家与社会》，载《法学家》2013年第1期。

② 钱大军、刘明奎：《论司法调解制度的功能超负》，载《学术交流》2017年第2期。

③ 田平安、吕辉：《“调解优先”质疑论》，载《河南大学学报（社会科学版）》2013年第1期。

④ 吴英姿：《“调解优先”：改革范式与法律解读——以O市法院改革为样本》，载《中外法学》2013年第3期。

⑤ 张嘉军：《民事诉讼调解结案率实证研究》，载《法学研究》2012年第1期。

出和落实“把非诉讼纠纷解决机制挺在前面”的新时代背景下，非常有必要讨论当下司法调解成效评价指标以及它与科学指标构建方法之间耦合的必要性与可能性。

（一）当下司法调解成效评价指标的局限性

一方面，司法调解成效的评价指标主要为调解成功率与调解总数。调解成功率即调解成功数与调解总数之比，其虽是纠纷解决有效性的客观反映，却也受到不同地区调解案件总数的影响。若单纯以调解率判定各地区的调解情况，显然不具有合理性。① 而调解总数指标虽然可以全面反映各地区调解的工作量，但是缺少对调解效果的评价。重数量、轻质量的调解是当下调解案件强制执行率高的主要原因。

另一方面，缺乏清晰具体的评价标准。如北京市丰台区法院以“诉前调解案件的自动履行率”为指标；北京市密云区法院则视诉前调解的“数量”和“效果”在考核中酌情加1分至10分；北京市延庆区法院则规定凡诉前调解取得“良好社会效果”且“有据可查的”在考核评估中给予单项加分。② 为了准确地评价司法调解的成效，调动司法调解的积极性，有必要设计科学的评价指标体系，量化司法调解成果。现有评价体系对不同指标评价标准不一是目前面临的主要问题。目前不同指标间权重系数的确定主要有两种方法：一是依据专家打分主观赋权，二是结合数学的方法客观赋权。其中，利用数学方法赋予指标权重可以尽可能减少专家打分的主观性。

（二）ANP评价司法调解成效的科学性

为了获得令人信服的指标权重，本文在以座谈会的方式向律师、学者、法官等领域专家进行实证调查后，引入ANP。ANP是一种将定性和定量相结

① 于平平、王萍：《平衡记分卡视域下医疗纠纷第三方调解法律绩效评估指标体系的构建》，载《医学与社会》2018年第11期。

② 陈文洁、尹海萍：《“量化”诉前调解——以司法绩效评估为视角》，载《全国法院系统第二十二届学术讨论会论文集》2011年。

合的多准则决策方法，在各种评价工作中发挥了不可替代的作用。[①] 专家运用 ANP 对纠纷解决环节、纠纷解决时长及自动履行情况三个指标分别评价，可以得到三者间的科学比重。最后，采用 python 软件对指标权重进行归一化处理，提出覆盖纠纷解决环节、纠纷解决时常及自动履行情况三个维度的考核方法，从而促使调解案件真正实现“案结事了”。

本文运用 ANP 方法量化不同指标间的相关重要性程度，并据此构建一个多维度可细化的司法调解成效评价体系。ANP 方法首先将影响司法调解成效的指标系统地划分为两大部分。第一部分称为控制因素层，包括直接影响司法调解成效的指标。第二部分是网络层，它由所有受控制层支配的二级指标组成，其内部是互相影响的网络结构。ANP 方法通过两两对比的方式量化指标权重，更适合司法调解中各指标间相互依存的情形。[②] ANP 可以采用德尔菲法给出的判断矩阵对影响司法调解成效的指标进行判断，并根据判断矩阵计算其超矩阵、极限矩阵和加权超矩阵，在此基础上得到司法调解成效评价指标间的相关重要性程度。[③]

（三）ANP 评价司法调解成效的优势

在 ANP 中，评价的主体是法院，作用对象是司法调解的成效。运用 ANP 方法评价司法调解成效的优势主要体现在以下四个方面。

1. 有助于提升司法调解质量

众所周知，我国法院内部的行政性管理机制是法院运作的支柱，司法的贯彻通常是通过各种激励机制及工作指标实现的，因此一套科学的评价体系对推动司法调解质量尤为重要。[④] 评价司法调解成效的过程也是发现调解问题的过程，只有评价司法调解成效的方法科学，发现的问题准确，才能不断激

① 贺纯纯、王应明：《网络层次分析法研究述评》，载《科技管理研究》2014 年第 3 期。

② 王莲芬：《网络分析法（ANP）的理论与算法》，载《系统工程理论与实践》2001 年第 3 期。

③ 赵国杰、赵红梅：《基于网络层次分析法的城市竞争力评价指标体系研究》，载《科技进步与对策》2006 年第 11 期。

④ 范愉：《调解的重构（上）——以法院调解的改革为重点》，载《法制与社会发展》2004 年第 2 期。

励司法调解形成良性评价体系。因此，良性评价体系的形成显然有助于提升司法调解质量。[①] 过往的调解率指标往往掩盖了强制调解、以判压调、以判促调及久调不决的情形。一方面，这种做法无法保证调解协议真正体现当事人的真实意思表示，影响司法公正；另一方面，当事人在不愿等待的情况下接受调解，既忽视了当事人的利益，又降低了司法效率。[②] 故通过设计涵盖纠纷解决时长，自动履行情况等多维指标的指标体系，可以引导司法调解朝人民期待的方向发展，成为一种有效的解纷工具。

2. 有助于司法调解政策的规范制定

目前我国并设有统一的司法调解检查监督政策，最高人民法院出台的法院评估政策也限于法院自行申报、自行检查。统一、科学、便捷的司法评价体系可以反映不同地区的调解现状，改善司法调解成功率单一评价指标下不同地区法院资源配置不合理的现象，促使司法资源的合理分布。

3. 有助于定性与定量评价相结合

定性与定量相结合，是保证司法调解成效评价指标客观与全面的基础。在过往的评价中，往往注重对调解结果的定性评估与调解比率的定量评估，而未将二者统一在同一个维度上综合评价。定性评价的方式和定量评价的方式也往往有所不同，定性评价更多以结果的方式出现，定量评价则更多地以数据的方式呈现。只有将定量与定性的方法同时置于司法调解成效评价指标体系之中，才能充分发挥调解途径与调解效果的优势，使司法调解成效评价更加具有合理性。

4. 有助于各指标权重的合理厘定

在各指标相互独立时，ANP 通常是衡量各指标间权重的首选方法。但司法调解往往受到多种因素的影响，其效果的评判也往往包含多个相关联的因素。当评价指标彼此不完全独立时，如何对各个指标科学赋权成为新的问题。

---

① 何阳、汤志伟：《政府评估人民调解绩效的发生机理与政策回应》，载《理论月刊》2019 年第 11 期。

② 李杰：《调解率说明什么——对“调解率与和谐正相关”命题的分析》，载《法律适用》2008 年第 10 期。

ANP中的元素大多是网络结构的形式，而非递进层次结构的形式，更能在互相影响的因素间实现指标权重的合理厘定。①

三、司法调解成效评价的指标维度

评价指标选择是推动整个评价体系优化的核心内容，是司法调解成效评价维度的集中反映。司法调解成效评价指标的不同角度，体现了纠纷化解的预期。司法调解成效评价体系既要包含体现司法调解过程的指标，又要构建反映矛盾化解结果的标准，还要凸显当事人对司法调解的满意度。为了使指标的选取更为准确可靠，我们结合国内外司法调解的相关研究成果，对影响司法调解的因素按照调解过程、调解结果和调解满意程度进行梳理。然后邀请长期从事司法调解的法官、律师及学者，对指标进行筛选，最后决定从纠纷解决环节、纠纷解决时长和自动履行情况三个层面评价司法调解成效。

首先，纠纷解决环节指标代表争议解决资源耗损。纠纷解决历经的环节越少，前端解纷程序的有效性就越大，解纷资源的利用率就越高。通常来讲，纠纷解决环节指标可能最常涉及仲裁调解环节、仲裁裁决环节、民事一审调解环节、民事一审判决环节、民事二审调解环节及民事二审判决环节。而纠纷在前端化解的程度越高，前端的程序有效率就越高，后面的程序无需启动，可以在很大程度上节省解纷资源。调解本身具有灵活性、非对抗性，与遵循“对抗—判定”的诉讼与裁决相比，更能够为当事人提供充分的协商和交流平台，解决纠纷的同时还能修复当事人感情。相较于调解成功率等衡量标准，纠纷解决环节能够充分反映调解工作的有效性。此外，纠纷解决环节也影响着后续指标。比如，纠纷解决所经过的环节越少，纠纷解决的总时长越少。如果纠纷经历多个环节，从当事人将此纠纷诉诸解纷机关，再诉诸另一个纠纷解决机关，既耗费了精力，又增加了解纷时长。

① 赵国杰、赵红梅：《基于网络层次分析法的城市竞争力评价指标体系研究》，载《科技进步与对策》2006年第11期。

其次，纠纷解决时长指标通常代表纠纷解决效率。司法效率的危机已成为各国司法面临的首要难题。根据效率的定义可知，时间成本和效率紧密相关。一般而言，纠纷解决时长和纠纷解决效率呈反比例关系，即纠纷解决时长越短，效率越高。对于法院而言，司法调解的效率是司法调解成效的重要关注对象。纠纷解决时长主要受到调解活动本身耗时的影响。而对于当事人而言，纠纷解决时长是当事人解决纠纷中的隐性成本。当事人对纠纷解决时长的考量是影响司法调解方案选择和调解效果的重要因素。据调查，在同意司法调解结案的原因中，选择“想尽快结案”的比例高达 40. 8%；在接受司法调解方案的原因中，选择“不想继续耗时间和精力”的比例高达 39. 4%。[①] 故纠纷解决时长是一个既能体现评估司法调解成效，又能体现当事人满意程度的指标维度。

自动履行情况指标是衡量是否真正实现“案结事了”的关键。结果履行情况代表着当事人对解纷结果的满意程度。与营利性机构将经济效益作为核心效益不同，调解是最能体现人民意志的纠纷解决方法，其评价的核心标准也应是人民的满意程度。而自动履行情况虽然与当事人主观感受关联度比较大，且是否自动履行也与债务人自身经济实力有关系，但履行与否是人民群众是否满意的综合性反映。调解成功不应局限于达成调解协议，而应在各方机构的介入下，及时督促当事人履行调解协议，真正实现“案结事了”的终极目的。调解协议并非没有成本，而是另一种隐含的机会成本。如果当事人仅达成了调解协议，而没有履行，其高昂的机会成本将降低当事人对司法调解的评价。而不断对调解协议进行强制执行，也增加了司法运行中的资源消耗。因此，案件的自动履行情况是评价司法调解成效的重要指标维度。自动履行情况的确定主要包含两种途径：一是从强制执行数据中，确定当事人双方是否在司法调解后进入强制执行程序；二是鼓励在司法调解后做好案件的跟踪回访工作，不断督促当事人及时履行，确保“案结事了”。

---

① 宋明：《司法调解的法社会学分析——以实证研究为视角》，载《比较法研究》2014 年第 3 期。

四、基于 ANP 的司法调解成效评价体系构建

由于 ANP 计算复杂，实践中多使用软件辅助计算。Yannp 软件基于 ANP 理论，已成功实现 ANP 的计算程序化并完整表达计算结果。本文利用 Yannp 软件实现基于 ANP 的司法调解成效评价。其基本流程是：首先分析司法调解成效评价指标间的相关性，构建影响网络。其次两两比较相关组间及组内的判断矩阵，既考虑指标施加的影响，也考虑指标接受的影响，更为客观地反映指标间的联系。最后根据多次两两比较，计算出指标权重。①

（一）构建司法调解成效评价的 ANP 影响网络

通过在软件中自定义“cluster”与“node”及其相关关系，构建司法调解成效评价指标的 ANP 影响网络。由于实践中纠纷解决环节和纠纷解决时长指标通常包括多项二级指标，因此本文以劳动争议为例构建司法调解成效评价体系。在纠纷解决环节指标下设置仲裁调解、仲裁裁决、法院调解、一审判决及二审判决五个指标。在纠纷解决时长指标下设置劳动仲裁调解天数、劳动仲裁裁决天数、民事法院调解天数及民事判决天数四个指标。网络层的各指标间存在相互影响的关系。②

（二）加权判断矩阵的构建与权重结果的计算

考虑到劳动纠纷中司法调解的实际情况，本文邀请到 4 位有多年学术研究及司法实务经历的专家进行访谈，获取他们的评分意见。这 4 位专家分别是调解领域的学者、负责调解及审判的法官、调解员和律师。4 位专家均有多年的调解经验，并且兼顾了法官、律师、调解员与学者四类群体，具有很强的代表性。Yannp 软件提供了判断矩阵、问卷和直接输入三种形式确定指标

① 安结：《移动网络环境下高校图书馆学科服务评价的新思考——基于用户视角和网络层次分析法》，载《情报资料工作》2018 年第 5 期。

② 徐光、白明莹、田也壮、杨洋：《基于网络层次分析法的技术创新项目评估体系研究》，载《科学管理研究》2015 年第 3 期。

的判断值。本文采用判断矩阵的形式，并运用1～9标度法建立ANP判断矩阵。在1～9标度法中，1表示同样重要，3表示略重要，5表示比较重要，7表示明显重要，9表示绝对重要。[①] 在1～9标度法下，对凡是存在相互依存关系和反馈关系的指标都进行两两比较，[②] 然后运用特征根法计算判断矩阵，并对其进行一致性检验。在随机一致性 CR = CI/CR<0.1时，认为判断矩阵具有满意的一致性，否则重新调整判断矩值。[③] 通过对4位专家的评分取平均分后，可得到劳动争议中司法调解成效评价体系的各指标权重。

在劳动争议下三个一级指标的网络层权重值分别是：纠纷解决环节为0.396426，纠纷解决时长为0.255467，自动履行情况为0.349793。网络层中的纠纷解决环节对劳动争议下司法调解成效评价的影响较大，这说明学者、法院和律师三个领域的专家都注重争议解决经历的环节。司法调解毋庸置疑是目前通用的纠纷解决机制，是解决司法资源匮乏、审判成本高昂和司法效率危机最有效的纠纷解决方式。[④] 中国司法调解制度未来发展仍需在继续保持优良调解经验的基础上，促进更多案件流向调解。自动履行情况指标排在第二位，体现出除了要在调解环节尽快解决纠纷外，还要能推进调解协议的真正执行，这充分体现出司法调解的新特点，不光要达成调解协议，还要高质量地实现调解协议内容。这也说明了注重案件履行情况是当前司法调解发展的必然趋势和方向，法院应加强对调解质量的控制和管理，以有效降低调解协议的强制执行并提高案件的自动履行率。

（三）以劳动争议为示例的司法调解成效评价机制优化

本文以X市两级法院作出的司法调解协议为研究对象，调取2021年审理

① 安结：《移动网络环境下高校图书馆学科服务评价的新思考——基于用户视角和网络层次分析法》，载《情报资料工作》2018年第5期。

② 窦新华、潘慧玲：《基于网络层次分析法（ANP）的高校创新人才综合评价研究》，载《科学·经济·社会》2012年第3期。

③ 李碧珍、叶琪：《福建省低碳物流发展的影响因子评价——基于网络层次分析法》，载《福建师范大学学报（哲学社会科学版）》2014年第3期。

④ 宋明：《司法调解的法社会学分析——以实证研究为视角》，载《比较法研究》2014年第3期。

的全部劳动争议案件文书，其中包括仲裁裁决书、仲裁调解书、民事一审调解书、民事一审判决书、民事二审判决书及民事强制执行书在内的法律文书。将法律文书结果带入指标体系中，进而评价其调解成效。为了便于对司法调解情况的计算，将仲裁调解情况与法院调解情况分别以调解率的情况计算，即调解纠纷除以劳动争议纠纷总数；纠纷解决时长按照调解的平均天数计算；自动履行情况按照自动履行率计算。最后得到 2021 年的仲裁调解案件为 29 件，法院调解案件为 120 件，劳动仲裁调解的平均天数为 1 天，法院调解的平均天数为 12.55 天，案件的自动履行率为 0.97%。最后对上述评分运用 Python 做归一化处理，可得出 2021 年法院司法调解成效的评分为 0.2127 分。总体来看，该院调解水平一般，主要是在案件的自动履行情况方面得分较低，是今后要改善的重要方向。但从整体的司法评价效果角度来看，目前在对司法调解成效评价影响较大的关键指标中，在纠纷处理时长上控制得较好，这可能与案由紧密相关。劳动争议大多较为简单，并且具有较多的解纷途径，因而往往不需要过多的调解时间。在纠纷解决环节上评分一般，这与劳动争议仲裁前置，劳动仲裁同样具有较好的解纷功能有关。因此，结合司法调解成效评价结果，有针对性地提升调解质量的路径包括：首先，可考虑对调解案件定时回访，不断跟进案件的履行情况。当事人作为调解的对象，对于案件是否能够履行起着至关重要的作用。① 因此，建立有效的调解后监管机制，对达成调解协议的当事人进行自动履行的引导势在必行。

结　语

近年来，司法调解的开展如火如荼，相较于调解成功的数量，调解的质量更应成为学术界关注的重点。纵观现有的研究成果，针对司法调解成效评价方法的研究并不多见。本文在整理现有零散的评价指标的基础上，从纠纷解决环节、纠纷解决时长及自动履行情况三个方面构建了包含 10 个指标的司法调解成效评价指标体系，运用 ANP 逐步确定司法调解成效评价指标的相对

① 胡毅：《民事案件调解结案后又强制执行现象防范》，载《人民论坛》2013 年第 35 期。

权重。该指标体系既有对现有指标的继承，如自动履行情况，也有对原有指标的重新阐释，如纠纷解决环节，更有从当事人角度出发引入的新指标，如纠纷解决时长。ANP 的融入使看待各指标的角度从孤立转向考虑指标间的相互影响，进而更贴合实践情况。本文根据法官、调解员、律师及学者等专家的打分计算指标权重，不仅为司法调解提供了可操作的评价方法，更为系统性地分析司法调解提供了相应的理论支持。

（石桐赫：上海交通大学法学院）

被执行人为法人时变更追加被执行人事由的完善

——以《民事强制执行法（草案）》相关规定为中心

谭婉静

2022年6月，全国人大公布《中华人民共和国民事强制执行法（草案）》（以下简称《草案》）。《草案》第19条第2款第5项明确“法人财产不足以清偿债务时依法对该债务承担清偿责任的出资人”可以被变更追加为被执行人（以下简称《草案》规定）。《草案》规定基于法人的特殊性，以原则性的立法方式，明确了对被执行人为法人时，可以变更追加被执行人的事由。这并非被执行人为法人时变更追加被执行人事由第一次出现，此前在最高人民法院起草的六稿“强制执行法草案”中，涉及被执行人为法人时变更追加被执行人事由的规定始终存在。遗憾的是，其未能稳定延续，起草者的态度摇摆不定。这在一定程度上体现了被执行人为法人时变更追加被执行人事由的实践和理论难题。被执行人为法人时变更追加被执行人事由的现行规定经过了一个较长时间的法律演变过程。2020年《最高人民法院关于民事执行中变更、追加当事人若干问题的规定》（以下简称2020年《变更追加规定》）为目前唯一生效的涉及法人为被执行人主体时，对变更追加被执行人事由的规定。然而从效用来看，2020年《变更追加规定》中的规定难以解决实践中的问题。

《草案》规定是对法人为被执行人时，变更追加被执行人事由设置的一次新尝试，虽然囿于法律文本简洁性之限制，该规定具有较大的解释空间，但其在一定程度上体现了立法者的利益衡量和价值选择，也提供了一种新的研究视角。因此，本文将立足于《草案》规定，并从穿透式的角度对被执行人为法人时变更追加被执行人事由进行研究。

一、规范比较：《草案》规定对现行规定的衔接和修改

《草案》规定立足于现行规定，与现行规定既有继承、吸收，也存在部分修改。目前，在法人为被执行人时，变更追加被执行人领域能够发挥指引作用，且立足于法人特殊性而出现的规则为司法解释所确立。本文所称“现行规定”即指2020年《变更追加规定》。

（一）衔接：立足于具体事由上的一般性规则

《草案》规定是在现行规定的基础上逐级提取“公因式”而形成的，是立足于现行规定之上的一般性规则。在法律位阶上，《草案》规定生效后为法律层级的规范，而现行规定为司法解释，两者处于不同的法律位阶。在具体内容上，《草案》规定具有较大的不确定性，存在诸多需进行解释的不确定法律概念。故《草案》规定与现行规定应为并行关系。《草案》规定具有较高的法律位阶，故在其生效后，现行规定中与《草案》规定不相符的内容都应当依据《草案》规定进行修改，以保证规则的统一。

《草案》规定与现行规定在规则上存在较大共性。如表1所示，现行规定中的六种具体事由在主体、变更追加前提条件、责任承担方式和范围方面虽各有不同，但也存在共性。《草案》规定即以这些共性为出发点，通过提取“公因式”，在法律层面对被执行人为法人时变更追加被执行人事由作出了原则性规定。其一，《草案》规定与现行规定在设定变更追加被执行人事由时，均将法人为被执行人主体的情况置于重要地位，作出单独规定。其二，《草案》规定与现行规定均设置了变更追加的前提条件，限制其适用范围。现行规定的法人为被执行人时变更追加被执行人的六种事由中，其中四种均将前提条件明确为“财产不足以清偿生效法律文书确定的债务”，而其也在《草案》规定中有所体现。其三，《草案》规定与现行规定均对债务清偿的事由采取了较为严格的“不足以”清偿之标准，而非“不能”清偿债务。

表 1　2020 年《变更追加规定》中法人为被执行人主体时变更追加规定

具体条文	被执行主体	变更追加前提条件	被变更追加主体	责任承担范围
第 15 条第 2 款	法人	直接管理的责任财产不能清偿生效法律文书确定债务	该法人分支机构	/
第 17 条	营利法人	财产不足以清偿生效法律文书确定的债务	未缴纳或未足额缴纳出资的股东、出资人或依公司法规定对该出资承担连带责任的发起人	在尚未缴纳出资的范围内
第 18 条	营利法人	财产不足以清偿生效法律文书确定的债务	抽逃出资的股东、出资人	在抽逃出资的范围内
第 19 条	公司	财产不足以清偿生效法律文书确定的债务	股东未依法履行出资义务即转让股权的原股东或依公司法规定对出资承担连带责任的发起人	在未依法出资的范围内
第 20 条	一人有限责任公司	财产不足以清偿生效法律文书确定的债务	不能证明公司财产独立于自己财产的股东	连带责任
第 21 条	公司	未经清算即办理注销登记，导致公司无法进行清算	有限责任公司的股东、股份有限公司的董事和控股股东	连带责任

（二）修改：对规则形式和具体条件的调整

《草案》规定虽然是立足于现行规定的一般性规则，但其在变更追加事由类型、事由规则形式、被变更追加的责任主体、被变更追加主体承担责任范围等方面均作出一定的调整。

1. 事由类型：从多种情形到单一规定

现行规定中，在涉及法人为被执行人时，依据前提条件可以将执行程序中变更追加被执行人事由分为三类：一为在营利法人财产不足以清偿生效法律文书确定的债务时，变更追加股东、出资人、发起人为被执行主体；二为在法人直接管理的财产不足以清偿生效法律文书确定的债务时，追加该法人的分支机构为被执行主体；三为公司未经清算即办理注销登记导致公司无法清算时，变更追加股东和董事为被执行主体。其中，第一类事由基本为《草案》规定所吸收，现行规定中的“股东、出资人、发起人”与《草案》规定中的“出资人”在逻辑构造上一致，可以通过体系解释将现行规定嵌入《草案》规定。第二类事由虽然在《草案》规定中没有体现，但法人分支机构不能独立承担责任，分支机构与其法人可以视为同一责任主体，故该条虽然未出现在新规定中，也并未实质上改变变更追加被执行人事由规则体系的构建。第三类事由则被《草案》规定完全排除在外，既无法被解释进《草案》规定的范围，也未在《草案》的其他条款得见。

2. 规则形式：从正面列举到一般性规定

现行规定为司法解释，是对实践争议较大的具体问题的正面列举式规定。《草案》规定为追求整部法典结构的系统性，在立法技术上尽可能地减少条文数量，[①] 采取的是一般性规则的立法方式，通过对现行规定提取共性，寻求一种将现行具体规定以简洁的条文囊括的可能性。主体上，这种一般性的规则将法人作为一个整体，未区分法人类别，从文义解释上来看，可以涵盖《民法典》所规定的三类法人，即营利法人、非营利法人和特别法人。变更追加前提下，《草案》规定不同于现行规定的细致列举，而是概括性地表述为“财产不足以清偿债务”。

3. 责任主体：从多个主体限制至“出资人”

法人为被执行人时变更追加被执行人的责任主体是指，在满足变更追加前提条件时，可以被变更追加为被执行人的主体。现行规定的责任主体包括法人的分支机构、营利法人的股东、出资人和连带发起人、一人有限责任公司的股东、股份有限公司的董事和控股股东。而在《草案》规定中，此种主体被统一表述为“出资人”。单从语义上来看，此处的“出资人”和2020年《变更追加规定》第17条和第18条的“出资人”采用相同表述，但两者在体系上应作不同理解。在2020年《变更追加规定》中，“出资人”“股东”“发

① 周强：《关于〈中华人民共和国民事强制执行法（草案）〉的说明》，载最高人民法院官网，https：//www. court. gov. cn/zixun/xiangqing/363381. html，2024年3月11日最后访问。

起人”应为同一位阶上的并列概念，《草案》规定拟通过“出资人”这一简洁的表述涵盖更多内容，故此处的“出资人”属于上位概念，涵盖现有的“股东”“出资人”“发起人”。[①] 但也应当注意，即使作最广义的理解，“出资人”这一概念也难以包含“法人的分支机构”和“董事”。

4. 承担范围：从特定范围到规定缺失

法人为被执行人时，变更追加被执行人后，被变更追加的主体应在何种范围内承担责任，是否存在特定的范围限制，此即责任承担范围需要讨论的问题。现行规定为部分事由设置了特定的责任承担范围，包括对全部债务承担责任，在未缴纳出资、抽逃出资、未依法出资的范围内承担责任，而此部分内容也并未在《草案》中规定。

二、补缺分析：《草案》规定对现行规定缺陷的有效补正

《草案》在当前“执行难”问题仍未解决的大背景下公布，关注实践，将法律适用难题作为起草重点。[②] 仅就《草案》规定而言，其中的诸多内容确实可以有效应对现实困境。

笔者于2023年9月1日在“北大法宝案例检索系统”以“法人”“变更”“追加”“被执行人”为关键词进行检索，共得到裁判文书113185份，其中最高人民法院裁判文书331份，对这331份裁判文书进行抽样后得到100份文书，其中执行裁定书72份、民事裁定书24份、民事判决书3份。本文拟以这100份最高人民法院的裁判文书为研究对象进行深入分析。

（一）现行规定的司法适用困境

变更追加被执行人事由虽通过2020年《变更追加规定》予以明确，但现

---

① 事实上，《民法典》中对“出资人”也应是在广义上进行理解的，《民法典》第76条在定义营利法人时即提出，营利法人是“以取得利润并分配给股东等出资人为目的成立的法人”，将“股东”置于“出资人”的下位概念中。

② 周强：《关于〈中华人民共和国民事强制执行法（草案）〉的说明》，载最高人民法院官网，https：//www.court.gov.cn/zixun/xiangqing/363381.html，2024年3月11日最后访问。

行规定下，被执行人为法人时变更追加被执行人事由的适用存在一定的困难。在实践中，法院态度消极，被执行人为法人时变更追加被执行人事由效果不佳，法院认定率较低，该问题在上下级法院中争议较大，在规范上，正面列举的立法形式难以穷尽所有情形，且在被执行人为非营利法人和特别法人时，存在立法空白。

1. 司法适用效果不佳

在实践中，涉及被执行人为法人时变更追加被执行人时，“执行难”“执行乱”问题突出，现行规定实践适用效果不佳。一方面，即便已有明确规定，法院对变更追加态度消极；另一方面，对同一种事由是否可以变更追加，上下级法院持不同态度。在实践中，法院倾向于对变更追加被执行人不予认定。在这 100 份裁判文书中，仅有 15 份裁判文书的法院裁定，依债权人申请，将案外第三人变更追加为被执行人，占比 15%。虽然在个案中需要考虑是否符合变更追加的构成要件，但除去确实不符合条件的部分情形，如此低的变更追加率依然可以反映该制度在实践中被置于过于谨慎的位置。

法院的改判率在一定程度上可以反映某一制度的司法适用现状。在同一案件中，是否能够变更追加被执行人，上下级法院存在不同观点。在这 100 份裁判文书中，法院前后认定不一致的裁判文书有 26 份。且这仅考虑了在终审程序与上一审级间的差异，在部分经过三次审理的案件中，前两次结果不一致未予以考察，若将该因素也纳入考虑，则体现的矛盾将更突出。

2. 存在一定的立法空白

一般来看，营利法人在市场活动中更活跃，被列为被执行人的可能性更大，但这并不意味着非营利法人和特别法人就不可能成为被执行人。实践中也证明了并非只有营利法人作为被执行人时存在变更追加被执行人的问题。在上述 100 份裁判文书中，虽然 93 份为营利法人，占总文书较大比例，但也有 5 份文书中被执行主体为特别法人，2 份文书中被执行主体为非营利法人，实践中依然存在针对主体为非营利法人和特别法人立法的需求。与此相对，非营利法人和特别法人作为被执行人时，变更追加被执行人事由判断存在立法空白，且现行规定是同一位阶上对可以变更追加事由的正面列举，此种立法空白在填补时缺乏指导，存在一定难度。

3. 以无法定事由驳回申请的比例较大

2020年《变更追加规定》以正面列举的方式明确在出现了特定事由时，可以变更追加被执行人，此种立法方式应对新情况、新问题的能力较弱。前述100份裁判文书中，法院以无法定情形驳回债权人变更追加被执行人的申请文书有24份。在这24份文书中，法院均直接以不存在法定事由驳回债权人的申请，而未实质性地考量个案的特殊情况。

（二）《草案》规定对现行规定的有效补正

《草案》规定作为解决“执行难”而制定的规则，在应对实践困境时具有一定的生命力，可以解决部分被执行人为法人时变更追加被执行人事由现行规定的司法适用困境。

1. 提高规则法律位阶

目前在法人为被执行人时，变更追加被执行人领域能够发挥指引性作用的规则多为司法解释。

在这100份裁判文书中，引用数量居前列的法条均为司法解释层级的规定，而以较低的法律层级作出的规定对法院的约束力较小，这加剧了实践中变更追加被执行人规则的适用无序。如前所述，我国法人为被执行人时变更追加被执行人存在效用难以发挥、上下级法院认定差异较大等问题。《草案》规定在法律层面规定了法人为被执行人时变更追加被执行人的规则，具有较高效力。可以预见，在法律原则性规定的统领下，加之以司法解释的具体规定，将形成一套自上而下的规则体系，更有效地指引法院的法律适用。

2. 构建变更追加一般规则

法人为被执行人时，变更追加事由的现行规定仅体现了对实践中发生频率较高、争议较大的具体问题的解决，以正面列举的方式进行，不存在一般性的规则。理论上，通说认为变更追加被执行人事由只能由法律预先规定，不能由法官自由裁量扩张。[①] 在实践中，法院亦严格遵循“法定主义原则”，多份裁判文书中在此部分具有清晰的说理。[②] 因此，若没有法律规定，则不能变更追加被执行人，而法律的正面列举式的规定难免存在遗漏的问题。法院未对案件进行实质性审查，也未通过分析其背后的作用原理进行合理性判断，而仅通过“无法定情形”径直排除债权人的变更追加申请。

面对此种困境，《草案》规定在法律层面构建了一种一般性规则。一方面，这种一般性规则虽然囿于其原则性和抽象性，无法直接作用于实践，但其为法官进行实质审理留下了自由裁量的空间，可以应对实践中不断出现的新问题、新情况。另一方面，其划出的特定范围，使得围绕该规定进行的司法解释均在其框架下进行，推动法人为被执行人时变更追加被执行人事由在规则体系上更为稳定。

3. 填补两类主体为被执行人的立法空白

在变更追加被执行人领域，营利法人作为被执行人的情形更多，也更容易反映出问题。在实践中，并非只有营利法人作为被执行人主体；规范上，法律也并未禁止非营利法人和特别法人作为市场主体参与市场经济活动。故目前的法人为被执行人时，变更追加被执行人事由中只有涉及营利法人的规定，将使非营利法人和特别法人作为被执行人时无法可依，申请执行人权利难以实现。如在包某景等诉×村村民委员会案[③]中，包某景申请追加的被执行人即为村民委员会。

《草案》规定的出现有效地填补了这一空白，将法人作为一个整体，未区分营利法人、非营利法人和特别法人，此种法律层面的整体立法模式提供了一种新的解释空间，一定程度上填补了非营利法人和特别法人立法上的空白。如此，即便非营利法人和特别法人作为被执行人时，没有特定的变更追加规则，司法机关也可以通过对一般性规则的解释判断能否变更追加被执行人。

---

① 时永才、徐军等：《变更和追加被执行主体问题研究》，载《法律适用》2008 年第 10 期。

② （2012）执复字第 30 号执行裁定书、（2016）最高法执监 266 号执行裁定书、（2018）最高法执监 88 号执行裁定书等。

③ （2017）最高法执监 421 号执行裁定书。

三、问题检视：《草案》规定仍存在不足

如上所述，《草案》规定解决了实践中的诸多问题，这是对构建被执行人为法人时变更追加被执行人制度的有益尝试，在完善该制度时应当充分吸收。但也应当看到，《草案》规定仍存在诸多可待商榷之处。

（一）"依法"承担责任的法律范围尚不明确

《草案》规定明确，在法人财产不足以清偿债务时，只有"依法"对其债务承担清偿责任的主体才能被变更追加为被执行人。《草案》第19条第2款规定了多种可以变更追加被执行人的事由，其中第4项、第5项、第6项分别规定了被执行主体为非法人组织、法人和有限合伙企业时，变更追加的特定事由，但是只有在法人为被执行人时，出现了"依法"的表述。这可以在一定程度上反映出立法者的价值取向，即责任的承担主体"依法"确定的这一规则是基于法人特殊性作出的考量。《草案》规定对于"依法"之限定是在现行规定的基础上新增的内容。

从法律层级来看，此处"依法"的范围是仅包含法律层级之规定，还是将范围扩充至司法解释的规定，抑或继续向下扩张至行政法规、规范性文件等，还需进一步讨论。从法律规定的内容来看，此处的"依法"是否应仅限制为强制执行领域的法律及司法解释。

"依法"为《草案》规定新增表述，对此处依据法律范围的限定将实际影响着变更追加被执行人制度的运行规则，应当予以明确。但单从《草案》规定的文本来看，难以推知立法者设定的范围。

（二）"承担清偿责任"方式规定缺失

《草案》规定明确了被变更追加主体承担的是一种补充责任，因而只有在法人财产不足以清偿债务时，该程序才会启动。但对于责任主体被变更追加为被执行人时，应当在何种范围内承担相应责任，在《草案》中没有规定。

现行规定中，被变更追加主体责任承担方式大致可以分为两种：一为有限责任，将责任限制在特定范围内，如被变更追加的主体在尚未缴纳出资、抽逃出资、未依法出资的范围内承担责任。二为无限责任，未限制特定的变更追加责任范围，应对债权的全部承担责任。现行规定中的无限责任体现为连带责任。实体法领域根据情形不同对责任承担方式也有不同的规定。《公司法》及其司法解释中将责任分为连带责任和补充赔偿责任，未缴纳出资和抽逃出资的股东对公司债务不能清偿的部分承担补充赔偿责任①，其他情形的主体则需承担连带责任。②

理论上，对被变更追加的主体应承担的责任范围尚未形成定论，且直接讨论承担责任范围的研究较少，对责任承担的范围的讨论更多围绕连带责任展开。有学者认为，法人变更追加的依据在于，因主体间存在连带责任，故法院可以变更追加执行依据未涉及的连带责任主体为被执行人。③ 也有学者直接就变更追加连带责任主体进行类型化的分析。④

承担清偿责任的范围在《草案》中没有规定，其在理论与实践中也均没有形成定论，而责任范围对于债权人和被变更追加主体而言影响重大，应当在立法层面予以明确。

（三）责任承担主体“出资人”外延过窄

《草案》第 19 条第 2 款第 5 项将主体范围限制于出资人。“出资人”这一概念在《民法典》《公司法》《企业破产法》中均有体现，但这些法律并未对何谓“出资人”进行解释，且在不同的法律规定中，这一概念存在细微的区别。依据《民法典》第 76 条规定，出资人属于股东的上位概念；而依据《公司法》第 64 条，出资人与股东又是作为平行概念出现的，有限责任公司和股份有限公司对应“股东”，国有独资企业对应“出资人”。⑤ 实践和理论均倾

① 有学者将此处的补充赔偿责任与按份责任、连带责任并列，作为第三种责任承担方式。参见张新宝：《我国侵权责任法中的补充责任》，载《法学杂志》2010 年第 6 期。

② 《公司法司法解释三》第 13 条、第 14 条、第 19 条，《公司法司法解释二》第 20 条。

③ 张海燕：《执行程序中被执行人配偶追加问题研究》，载《当代法学》2019 年第 1 期。

④ 黄忠顺：《变更追加连带责任主体为被执行人的类型化分析》，载《法治研究》2020 年第 3 期。

⑤ 《公司法》第 3 条、第 64 条。

向于将“出资人”这一概念视为简单概念直接适用，而未对其内涵和外延进行解读。①

若是单纯从文义出发，“出资人”可以理解为“拿出资金的主体”。但实践中并非只有营利法人可以作为被执行主体，如机关法人等特别法人作为被执行主体时，并不具有相应的出资人，其资金来源主体不能被定义为规范上的出资人。如此，上文所论证的《草案》对非营利法人、特别法人规定空白的填补便名存实亡了。

将责任主体限制在“出资人”这一范围，且未设置兜底规定，缩小了可以被变更追加为被执行人的主体范围。相较于现行规定，《草案》规定对主体范围做了较为明显的限缩。此种限缩使其主体外延狭窄，解释空间有限，难以实际发挥变更追加被执行人的制度效用。

四、规则优化：被执行人为法人时变更追加被执行人事由的完善建议

《草案》规定对解决被执行人为法人时变更追加被执行人事由实践困境起到了有益作用，但其自身还存在诸多问题。以《草案》规定为中心讨论被执行人为法人时变更追加被执行人事由时，应当注重对有益经验进行吸收、对不足之处进行弥补。对此，可以尝试构建一种“一般规则—具体事由”被执行人为法人时变更追加被执行人事由体系。本部分将对此种事由体系的整体构建进行讨论，在此基础上，对一般规则和具体事由分别进行明确。

（一）发展方向：构建“一般规则—具体事由”的规则体系

体系化对一项制度的创设而言应必不可少。《草案》第 19 条第 2 款第 5 项在狭义的法律层面为法人为被执行人时变更追加被执行人事由提供依据，应当以此为契机，构建从一般规定至具体事由的规则体系，并辅之以一定的标准，以便两者之间可以相互推导。

① “出资人”这一概念在理论探讨中通常不是单独出现的，其多在“实际出资人”“名义出资人”的讨论中体现，而涉及公司法人的讨论，则更多集中于股东，而非出资人。

1. 以《草案》规定为蓝本构建“一般规则”

变更追加被执行人规则目前主要由司法解释规定，该规定在于回应现实，体现的皆为实践中常见的、问题较突出的事由。但这种在法律中呈点状的分布，有“头痛医头，脚痛医脚”之嫌。被执行人为法人时变更追加被执行人事由的规定皆属于同一层面的规则，没有形成自上而下的体系。《草案》规定创设了一种可以适用于所有法人的一般规则，不仅有利于规则体系的构建，也填补了非营利法人和特别法人为被执行人时现行规定存在的空白。虽然该规则因不确定概念较多而不能直接适用，但其限制出了特定范围，在更高位阶上对法人为被执行人时变更追加被执行人事由进行一般性的规定，使得法人为被执行人时变更追加被执行人事由获得实质上的稳定。

我国执行程序具有一定的特殊性，这种特殊性成了被执行人为法人时变更追加被执行人事由一般规则在我国的生长根基。在德日等实行执行文制度的国家，执行依据所载义务能否及于案外人需要通过执行文赋予机关确认[①]，执行机关仅承担单一的实现债权之职能。但我国执行程序还承载了一定的解决纠纷功能，可以审查判断实体性的争议[②]，且若法院变更追加被执行人出现错误，当事人可以轻易将非讼程序转入争讼程序。[③] 在此情形下，可以允许具有一定解释空间的一般规则之设立。

因此，以《草案》规定为蓝本，可以构建出一条法人为被执行人时变更追加被执行人事由的一般规则，通过对《草案》规定内涵与外延的明确，对该一般规则进行填补和优化。

2. 以正面列举方式明确争议较大的具体事由

在被执行人为法人时变更追加被执行人事由体系构建中，应当在一般规则之下，对实践中争议较大、亟须在法律层面确认的情形，通过正面列举的方式予以明确。在此过程中，应当以法人类型为基本区分，依据《民法典》

---

① 肖建国：《中国民事强制执行法专题研究》，中国法制出版社2020年版，第117页。

② 陈杭平：《中国民事强制执行法重点讲义》，法律出版社2023年版，第46-47页。

③ 黄忠顺：《“执行力主观范围扩张”的深度透析》，载《中国政法大学学报》2023年第2期。

的规定，区分营利法人、非营利法人和特别法人进行讨论。一方面，法人是一种目的性的创造物，其通过三种要素联结而成：社会组织、具有民事权利能力和行为能力、能独立承担民事责任。[①] 营利法人、非营利法人和特别法人在构造和职能上存在很大差别，作为被执行主体时，涉及的法律关系存在较大区别，以同一条文囊括规定的难度较大。另一方面，若不以法人类型为区分，而仅考量适用可能性和实践困境，则在实践中出现较少的非营利法人和特别法人为被执行人时的事由构建容易被忽略。

现行规定对被执行人为法人时变更追加被执行人事由的构建基本按照法人类型进行划分，分别为法人、营利法人、公司法人、一人有限责任公司等主体设定不同的变更追加被执行人事由。如上所述，《草案》规定与现行规定间并非替代关系，现行规定经过修改与生效的《草案》进行衔接后，其所构建的变更追加被执行人的具体事由依然有效。加之现行规定本身体现了法律层面对实践困境的回应，其在一定程度上可以反映何种情形在实践中争议较大。因此，可以以现行规定为蓝本，明确变更追加被执行人的具体事由。但应当注意的是，现行规定也存在诸多不足，故在明确具体事由时，应当以一般规则为指引，在此基础上注重对现行规定缺陷之补正。

3. 以“实质合理性”为二者之间的推导桥梁

在“一般规则—具体事由”的规则体系构建完成后，从一般规则推导出具体规则时，需构建一座桥梁，使得一般规则可以在同一标准下推导出具体事由，经推导的具体规则也可以顺畅地回溯至一般规则。这座桥梁即为“实质合理性”的判断标准。“实质合理性”标准既可以在一般规则至具体事由的推导的立法过程中适用，也可以在不具有特殊规则时，将其作为连接一般规则与具体事实的工具，即通过其实质是否合理判断是否可以通过一般规则变更追加被执行人。

对“实质合理性”判断的核心有二：其一，被变更追加的被执行人所应承担的责任能否不经审判即确定。[②] 此种判断符合变更追加被执行人制度的本

---

① 最高人民法院民法典贯彻实施工作领导小组：《中华人民共和国民法典总则编理解与适用》，人民法院出版社 2020 年版，第 297-230 页。

② 陈杭平：《中国民事强制执行法重点讲义》，法律出版社 2023 年版，第 47-48 页。

质，即为了执行债权实现的经济、迅速①，使未经审判的第三人被动地加入债务。其二，第三人是否实施了有责的行为。法人为被执行人时，变更追加被执行人事由设置的正当性在于第三人的自我行为责任。具体而言，第三人实施了某种有责行为，而此种行为削弱了必须通过审判保障其权利的必要性。此种情形下，申请执行人的权利实现利益更优。总之，是否变更追加被执行人是基于特殊状态下，对第三人的程序保障利益和申请执行人债权实现利益的衡量，第三人应承担的责任能否不经审判即确定和第三人实施的有责行为均是在这种利益衡量中的重要因素。

将“实质合理性”作为推导桥梁，一方面，可以使一般规则与具体事由两者间的转换顺畅，通过该标准检验具体事由的设置是否合理，以及实践中对一般规则的适用是否准确。另一方面，也可以作为指导变更追加被执行人的原则，从而保障该制度的运行不脱离其设立目的。

（二）规则校准：厘清《草案》规定的内涵与外延

《草案》第 19 条第 2 款第 5 项作为一般规则，存在较大解释空间。若要构建法人为被执行人时变更追加被执行人事由的制度体系，应当明确《草案》规定的内涵和外延，修正部分不合理之处。

1. 以执行领域规范限定范围并辅之以综合判断

《草案》规定中对“依法”的限制为新增表述，且仅在法人为被执行人时有此规定，因此对于所依据法律范围的理解至关重要。纵向上所能依据的法律范围相对明确，因“一般规则—具体事由”规则体系的构建是通过法律与司法解释的合力形成的，此处的“依法”在纵向的法律层级中，应当包括狭义的法律与司法解释。且因变更追加被执行人涉及案外人的重大利益，故应当以具有较高层级的法律规定为依据，在司法解释之下的法律层级，如地方性法规等，不应当被纳入依据范围。

对于横向上所能依据的法律范围，可以变更追加的特定事由，只能依据强制执行领域的法律与司法解释。变更追加被执行人对案外人具有较大影响，

---

① 肖建国：《中国民事强制执行法专题研究》，中国法制出版社 2020 年版，第 108 页。

剥夺了其在审判程序中的权利，故变更追加被执行人的范围应当被严格限制。对于可以变更追加被执行人的特定事由，只能依据强制执行领域的法律与司法解释确定。而对于其他辅助性判断标准，可以在民事强制执行领域的法律及司法解释构建出的变更追加逻辑框架内，结合实体法规定进行具体的判断。以追加抽逃出资的股东为执行人为例，执行领域的规定仅限于该种事由下可以变更追加被执行人，但如认定股东是否存在抽逃出资的行为，则必须依照《公司法》及其司法解释进行判断。

2. 依据责任主体过错程度确定承担责任范围

责任承担范围的不同体现了被变更追加主体责任的轻重，应当予以明确。实体法领域的划分与变更追加被执行人现行规定的分类基本一致。《公司法》及其司法解释将责任分为有限责任和无限责任，未缴纳出资股东和抽逃出资的股东在未缴纳出资和抽逃出资的范围内承担责任[①]，其他情形的主体则需承担无限责任，如滥用公司法人独立地位和股东有限责任损害债权人利益的股东。[②] 不同情形下责任范围的不同是依据股东等主体的过错程度确定的。虽然未缴纳出资和抽逃出资损害了公司和债权人的利益，但其过错程度较滥用法人独立地位的情形轻，实体法的规定在前种情形下保护公司的法人格独立，仅要求股东等主体在其侵害公司利益的特定范围内承担责任。

在确定被执行人为法人时，被变更追加主体的责任范围过程中，也可以参照实体法的规定，依据被变更追加主体的不同过错程度设置不同的责任范围，而非在所有情形下一概而论。因案外人被变更追加为被执行人制度的创设前提在于，被变更追加的主体存在一定的过错，否则不经审判程序直接剥夺其权利的合法性和合理性难以证成。现行规定也体现了这一点，为过错较轻的未缴纳出资和抽逃出资的股东设定特定范围，而对一人有限责任公司滥用法人独立地位的股东设置连带责任。在完善被执行人为法人时变更追加被执行人事由构建的过程中，应当对此种有益经验充分吸收。

---

① 《公司法解释三》第 13 条、第 14 条。

② 《公司法》第 20 条。

3. 设置兜底规定将被变更追加的主体范围扩大

《草案》第 19 条第 2 款第 5 项通过提取公因式，将被变更追加的责任主体限定为“出资人”。若将“出资人”作广义的理解，其可以涵盖实践中出现较多、争议较大的股东、发起人等主体。在此基础上，使用“出资人”这一表述作为义务主体存在一定的合理性。但将“出资人”单独作为被变更追加的责任主体明显范围过窄。一方面，诸多在实践中具有良好运行效果的现行规定难以被“出资人”这一主体涵盖，其被变更追加为被执行人的原因也并不在于其对法人“出资”过程中的过错。另一方面，非营利法人和特别法人的根本特征并不涉及出资，尤其是如机关法人等特别法人为被执行人时，难以认定其出资主体。因此，可以考虑为主体作出兜底性规定或者其他并列性规定，如将“出资人”变更为“出资人等主体”，如此，既保留了该规定最根本的特征和法律文本的简洁性，也拓宽了责任主体的范围以充分发挥变更追加被执行人的制度效用。

但应当注意的是，此种拓宽并非没有界限，应当遵循《草案》规定的基本指向。具体而言，《草案》规定目前限制的主体为“出资人”，此种主体是基于纵向上的考虑，从法人的内部寻找责任主体。一方面，纵向上主体被变更追加往往是由于其与法人间存在特殊关系，该主体基于此种特殊关系实施了有责行为，这种情况在实践中认定难度相对较低。而横向上主体的责任较复杂，若不加限制，则执行程序将实际行使审判程序的功能，执行效率难以提高。另一方面，横向的主体也并非完全不受规制，其可以依据《草案》第 19 条第 2 款第 1 项规定的权利义务承受人被变更追加为被执行人。

结　语

《草案》规定立足于现行规定，对被执行人为法人时变更追加被执行人事由的一般性规则予以明确，体现了法人作为被执行主体的特殊性。该规定可以有效应对现行规定的不足，虽然囿于法律文本简洁性之限制，该规定具有较大的解释空间，但此种原则性立法的方式，填补了现行规定的空白，也为被执行人为法人时变更追加被执行人事由规则的体系构建留下了空间。受到

《草案》规定的启发，本文初步提出构建一种“一般规则—具体事由”的规则体系，并在文中分别对一般规则和具体事由进行了较为细致的讨论，以期对立法和实践有所裨益。虽然《草案》规定并不完满，但可以预见，在其推动下，被执行人为法人时变更追加被执行人事由规则体系将得以构建，并不断趋于完善。

（谭婉静：湘潭大学法学学部）

公司法定代表人身份变更登记执行的规则构建

——以刺破公司面纱为视角

杨　帆

行为请求权的执行作为实现非金钱债权的终局执行内容之一，其在一般情况下依靠被执行人的主动履行，因此，案件执行难度普遍高于金钱债权的终局执行，需要花费更长的时间。从我国已出台的法律法规来看，主要是对行为请求权执行问题中各项强制执行的措施进行规定。公司法定代表人身份变更登记执行作为行为请求权执行的一种，陷于执行困境的原因是被执行人的实际控制人、控股股东不配合法院执行工作，“刺破公司面纱”制度在执行中未能得到充分适用。2022 年 6 月 27 日，全国人大公布的《中华人民共和国民事强制执行法（草案）》的第 199 条对行为请求权意思表示的实现程序作了规定，但该规定依然将行为请求权的执行依靠被执行人的自觉。① 公司法定代表人身份变更登记执行已经成为执行实务中的难点，但无论是立法还是理论研究，对该执行问题均未给予足够的重视，执行实务中也未形成成熟的经验和做法。对此，本文以实证研究的方法，分析公司法定代表人身份变更登记的现实困境，论证构建公司法定代表人身份变更登记执行规则的逻辑动因，从诚信原则、禁止权利滥用等基本原则出发，阐释公司法定代表人身份变更登记执行的理论基础，同时结合“刺破公司面纱”制度，尝试构建适合我国国情的公司法定代表人身份变更登记的执行规则。

---

① 《中华人民共和国民事强制执行法（草案）》第 199 条规定：“生效法律文书确定被执行人协助申请执行人办理的有关事项，需要被执行人向国家机关、事业单位等有关组织和个人提出申请或者作出同意等意思表示的，申请执行人向有关组织和个人出示该文书时，有关组织和个人应当按照被执行人已提出申请或者作出该意思表示办理。”

一、公司法定代表人身份变更登记执行的司法困局

随着优化营商环境改革的不断推进，涉企矛盾凸显，法定代表人请求退出公司的纠纷时有发生，通常是以拒绝担任公司法定代表人、公司依法去相关部门办理法定代表人变更手续作为诉讼请求。因法定代表人的变更不仅属于公司内部事项，同时在商事外观主义要求下登记机关需变更并公示相应信息，以便对外发生法律效力。因此，法定代表人的变更实际上就是法定代表人登记事项的涤除。在中国裁判文书网中，以“请求变更公司登记纠纷”为案由，时间为“2013 年至今”，关键词“变更法定代表人”为限定条件，共搜索到 1643 篇裁判文书。此类纠纷在民事案件上呈现逐年上升的趋势，且从 2019 年开始数量剧增；在执行案件上总体数量不多，近几年案件数量开始增加。

根据《中华人民共和国公司法》（以下简称《公司法》）的规定，公司法定代表人依照公司章程的规定，由董事长、执行董事或者经理担任，并依法登记，也就是说公司无法担任法定代表人，不在本文讨论的范围之内。在实践中，自然人成为公司法定代表人的原因主要有三种情况：（1）冒名法定代表人，大部分是因居民身份证遗失或被偷等，而被恶意登记为公司法定代表人，与公司无实质关系；（2）挂名法定代表人，大多是公司实际控制人的亲朋好友或者公司员工，出于情谊或金钱交易同意登记为公司法定代表人，不参与公司实际的经营管理决策；（3）与公司有实质关联的法定代表人，大多在公司担任管理职务，对公司享有实际的控制权。在上述三种情况中，除第一种情况公司法定代表人的登记是在当事人本人不知情的情况下被动登记的，其产生本身就违法，不在本文讨论范围之内，其余两类公司法定代表人无论对公司是否有实际控制经营权，他们的产生均是出于本人自愿进行的商事登记，产生具有合法性。他们如以未实际参加公司生产经营或已解除与公司的劳动关系并备案等为由退出公司，需以“请求变更公司登记纠纷”向法院提起诉讼，这属于本文讨论的情形，故本文对司法实务尤其是执行中相关问题进行梳理后对这两种情形展开讨论。

通过对案件的梳理发现，法院处理法定代表人变更登记的困境贯穿于立案、审判、执行的各个阶段。由于法官具有自由裁量权，在法定代表人变更登记的困境还未得到解决时，往往不同法院会对类似事实的案件作出不同的处理，且所依据的理由也各有不同。在立案阶段存在两种做法：支持的法院认为，法定代表人变更登记纠纷属于平等主体之间的纠纷，法定代表人与公司之间属于委托关系，应当有案必立，这符合我国立案登记制的要求。① 反对的法院认为，法定代表人变更登记应根据公司章程规定或者股东（大）会等意思表示机关决定，属于公司内部自治范畴，法院无权管辖。② 在审判阶段亦存在两种做法，支持的法院以法定代表人与公司已解除委托法律关系，并且穷尽公司治理的内部救济途径或者公司股东滥用股东权利为由，支持原告法定代表人变更登记的诉讼请求。③ 反对的法院通常出于责任自负原则，以法定代表人应对自愿挂名的行为负责或未经公司内部法定变更程序，亦无证据证明公司治理已失灵为由，驳回原告法定代表人的诉讼请求。④ 另外，在商事登记部门协助执行生效判决的执行案件中，除江浙等发达地区在公司不配合登记机关按照法院生效文书进行法定代表人变更时登记部门会采取撤销原法定代表人，并在公示系统中以“＊＊＊”隐去法定代表人姓名的做法，其他地区的登记机关均以无新法定代表人接替为由拒绝变更登记，导致法院只能作出终结本次执行的裁定。⑤ 这种做法将法定代表人变更视为公司内部自治事项，虽体现了登记机关对公司内部自治的尊重及对程序规则的遵守，但忽视了公司内部治理失灵与实际控制人、股东等滥用有限责任的现实情况，放弃了法院执行权在内部自治失灵时的责任担当，未能保障法定代表人的胜诉权益。通过对立、审、执阶段案件的梳理归纳，能发现反对法院的理由基本可总结为：公司面纱难以刺破，且公司内部表意机关或实际控制人不配合工作。对此，本文试图以刺破公司面纱为视角，探寻一条合适的法定代表人身份变

① （2020）最高法民再88号民事裁定书、（2023）辽12民终653号民事裁定书。

② （2023）辽07民终1341号民事裁定书、（2021）豫民申3407号民事裁定书。

③ （2022）最高法民再94号民事判决书、（2023）新01民终1672号民事判决书。

④ （2023）京01民终3792号民事判决书、（2022）沪02民终698号民事判决书。

⑤ （2021）苏1102执677号之一执行裁定书、（2021）浙0106执208号执行通知书、（2021）沪0114执5699号执行裁定书、（2021）沪0107执4646号执行裁定书。

更登记的执行路径，分析执行中法定代表人身份变更登记难的原因，并找出解决问题的办法，以便维护胜诉法定代表人的合法权益。

（一）“面纱”背后的执行适用主体难以确定

最高人民法院于2016年11月8日就执行财产的行为颁布了《关于民事执行中变更、追加当事人若干问题的规定》（以下简称《变更追加规定》），创新性地在执行程序中建立了“刺破公司面纱”的相关规则，债权人在执行公司财产时，在满足特定情形下，可以直接追加公司股东为被执行人。但在不可替代履行行为的强制执行中，并未引入“刺破公司面纱”规则，对追加实际控制人或股东为被执行人进行规定，使得在法定代表人身份变更登记执行的实务中，在公司被执行人丧失其法人独立地位，公司实际控制人、控股股东怠于行使权利，不召开股东（大）会确定法定代表人的承继人时，胜诉法定代表人或法院无法将其纳入执行程序之中，这降低了执行的效率，增加了法定代表人身份变更登记执行的难度。

（二）“刺破面纱”缺失执行举证责任分配规则

从执行标的角度分析，法定代表人身份变更登记属于不可替代履行行为的强制执行。根据法律法规的相关规定，在被执行公司无法配合执行时，可以对其采取限制消费、信用惩戒等间接强制执行措施督促其履行。在执行实务中，法定代表人身份变更登记案件中所涉及的法定代表人具有特殊性，虽因非自身原因对外还未进行变更登记，但实际在法律上已不再属于该公司的法定代表人，作为强制执行对象亦于法无据，这就需要找到被执行人公司背后的人——即公司的实际控制人或控股股东等相关责任人员。目前，执行中的刺破公司面纱举证责任并未作特殊规定，但对于胜诉法定代表人如还需遵循“谁主张谁举证”的原则显然不公平，这提升了胜诉法定代表人的操作及举证难度，不利于确定实际控制人或控股股东等相关责任人员的实际身份，容易使法院在面对该类执行案件时形成执行僵局。

（三）“面纱”难破致协助执行程序衔接不畅

生效法律文书的执行仅靠人民法院是难以到位的，需要相关自然人和单位（公司、国家机关、事业单位等）等主体的助力，才能更好地维护胜诉原告的合法权益。根据《中华人民共和国民事诉讼法》及《最高人民法院关于适用〈行政诉讼法〉的解释》的相关规定，行政机关根据人民法院已经生效的裁判文书、协助执行通知书等法律文书有协助司法机关执行的义务，登记机关依法负责管辖范围内公司的相关工作。公司法定代表人变更，应当向原公司登记机关申请办理变更登记。[①] 公司法定代表人变更登记执行难的本质是在行为请求权执行中缺乏适用“刺破公司面纱”规则，“面纱”难破导致无法解决无新法定代表人接替的执行困境。在法定代表人变更执行的实务中仅有小部分案件（大部分为江浙地区），对于法定代表人变更的执行案件，在被执行人不配合变更法定代表人时，市场监督管理局通常采取的是在公示系统中以“＊＊＊”隐去法定代表人姓名，并注明法院涤除。80%以上的案件在人民法院向登记机关送达协助执行通知书后，登记机关以被执行人未至登记机关登记，登记机关无权直接变更法定代表人为由告知人民法院无法协助执行，人民法院只能采取与申请执行人约谈，申请人申请撤回本次执行或者终结执行的方式对此类执行案件结案，从而导致胜诉法定代表人对外仍为公司法定代表人，合法权益无法得到保障。在我国，虽然不少法律法规、规章和其他规范性文件都对行政协助司法有所规定，比如湖南省人民代表大会常务委员会《关于推进人民法院切实解决执行难的决议》。[②] 但这些条文规定的内容过于原则化，缺乏实操性，无法提供在公司不配合变更法定代表人时，登记机关协助执行司法程序保障胜诉法定代表人合法权益的解决方案。需要说明的是，本文所涉“协助执行”专指法院要求相关单位、个人的协助执行，不涉及法院之间的协助执行。

（四）“刺破公司面纱”制度适用后救济途径失灵

挂名法定代表人以及与公司有实际关系的法定代表人在胜诉后，除了请求市场监督管理局协助执行外，并未见有其他救济途径或惩罚措施来保障执

① 《公司法》第 13 条和《公司登记管理条例》第 4 条、第 26 条。

② 该规范性文件于 2019 年 5 月 30 日经湖南省第十三届人民代表大会常务委员会第十一次会议审议通过。

行。这就使通过刺破公司面纱找到被执行人公司背后的实际控制人或控股股东等相关责任人员后，无法采取有效的手段保障胜诉法定代表人及时完成变更登记或对外公示。法人登记公示制度是公示公信原则实务化的表现，是公司从设立到注销的整个过程都必须遵循的制度，指特定国家机关依法将公司法人的法定登记事项予以登记备案，并且以法定形式向社会公示的制度。该制度以保障善意第三人合法权益、维持商业秩序为前提，通过登记能被一般公众知悉的事项，保障因信赖外观权利而与公司法人进行交易的相对人。赵旭东认为，公示力作为商事登记的核心效力之一，由公信力与对抗力组成。[①]目前，刺破面纱后的公司法定代表人身份变更登记的执行案件，缺少在生效判决确定变更法定代表人后登记机关可在接到法院通知后直接进行公示的制度。登记公示回应了社会公众的知情权，及时处理被执行人公司主体信息的变更并对外公示，不仅及时保障了胜诉法定代表人的胜诉权，同时使得善意债权人能掌握真实有效的商事主体信息，减少司法资源的浪费。

二、公司法定代表人身份变更登记执行规则构建的必要性

（一）解决现行规则与实务需要的矛盾

执行工作是胜诉当事人胜诉权得以保障的最后一道防线，该工作的完成事关公平正义、事关整个营商环境质量。企业作为营商环境中的重要主体，保障其合法高效的运行是营造良好营商环境的必然要求。目前，除江浙地区法院面对公司不配合确定法定代表人的承继人的法定代表人变更登记执行的案件，采取在公示系统以“＊＊＊”隐去法定代表人的姓名外，其余地区基本在无法执行时会作出终结本次执行的裁定。而江浙地区的做法也仅在当地适用，在其他地区缺乏适用依据。目前，我国法律法规未对法定代表人身份变更登记的行为请求权执行作出规定，无法满足实务需要。如果无法解决胜诉法定代表人身份变更登记的问题，不仅会损害其合法权益，使其陷入失信

① 赵旭东：《“中国商事法律制度研究”专题》，载《浙江工商大学学报》2019 年第 5 期。

惩戒、限制高消费等困局，更会一定程度地扰乱营商环境，破坏市场经济秩序，降低司法权威，加剧履行不能的窘迫情况。故以营造法治化营商环境为前提，从刺破公司面纱的角度出发，寻求一条公司法定代表人身份变更登记执行的路径，从而助力民营经济的健康发展，具有相当的必要性。

（二）契合公司认缴资本制的本质属性

我国传统公司法秉持严格的法定资本制度。在 2014 年 3 月 1 日实施的《公司法》中确定了公司注册资本认缴登记制度，该制度的确定降低了公司设立的门槛，放宽了公司注册资本到位的时间，使公司无须在成立时就一次性缴纳全部注册资本，提高了公司的灵活性及资金的周转效率。但新公司法仍保留了大量强制性规范，政府干预公司自治因素仍存在，公司组织形式和治理结构并无实质性变动，我国公司资本制度仍然是法定资本制。[①] 由此可知，认缴资本制最核心的要素便在于认缴，股东以公司章程确定的全部认缴出资额为限承担责任，并在其中约定认缴出资的时间，时间届满应依法缴足全部认缴的出资额。因此，在强制执行程序中被执行人公司不配合变更法定代表人的，追加控股股东或实际控制人为被执行人并要求其召开股东大会并未超出其责任范围。

（三）满足执行工作开展的客观需要

1. 提供执行救济的具体途径

目前，公司法定代表人身份变更登记案件在理论研究和司法实践中，多是将重点放在审判阶段，对执行阶段的研究甚少，总是简单地把审判理论或与之相适应的诉讼理论无脑适用于强制执行中。久而久之，即便审判合法有效，如果执行不能、缺失合适的执行救济路径，也会导致胜诉法定代表人的权益受损，让当事人产生“就算胜诉权利也得不到保障”的消极想法，降低司法权威。公司法定代表人身份变更登记的执行规则构建，是为胜诉法定代

---

① 龚鹏程、臧公庆：《论我国公司资本制度改革的法律逻辑及问题应对》，载《南京社会科学》2016 年第 10 期。

表人实现其诉求建设“指路灯塔”，给予胜诉法定代表人明确的救济路径指引，发挥保障胜诉当事人权益的功能。

2. 明确执行法官的职责定位

执行案件的处理需要具体的法官来承办，而个别承办法官在办理法定代表人身份变更的执行案件中，机械地使用常用的执行手段，比如仅向相关登记机关送达协助执行通知书等，更有甚者埋怨审判法官的判决内容不明确而无法执行。这种缺乏主动性的“懒政”做法，与当前司法精神是不相符的。法定代表人身份变更登记的执行路径构建就是帮助法官找准“下刀”的地方，创新更多执行方式以便胜诉法定代表人的变更登记执行到位。

三、公司法定代表人身份变更登记执行的原则指引

（一）诚实信用原则

诚实信用一直被视为中华民族的优秀传统，其最早被确定为原则出现在罗马法中，之后逐渐被确定在各个国家的法律之中，演变成民商事领域中的“帝王条款”。我国在《中华人民共和国民法典》《中华人民共和国民事诉讼法》中也将诚实信用原则确定为基本原则之一，这不仅是对当事人的约束，也是对法官的约束。法定代表人身份变更登记的执行往往是刺破公司面纱后，发现公司实际控制人、股东实际对公司享有控制权，拒不配合变更引起的。实际控制人、控股股东作为民事主体，不得为了逃避民事责任谋取自身不正当利益恶意不配合执行，损害胜诉法定代表人及善意第三人的应有权益，应该遵循诚实信用原则，体现诚实、善意，履行应尽义务，积极配合胜诉法定代表人或法院变更法定代表人登记。实际控制人、控股股东若违反诚实信用原则，不及时变更法定代表人也会损害善意债权人的信赖利益，应当予以相应处罚。因此，以诚实信用原则为基础构建公司法定代表人身份变更登记执行规则，不仅发挥了原则应有的保障教化作用，更是让实际控制人、控股股东感受到在法律处罚下所带来的不利影响，从而能够有效地督促其配合执行。

（二）禁止权利滥用原则

禁止权利滥用原则多被认为是诚实信用原则一部分核心领域的反向规定，是在权利行使领域的具体表现，[①] 它的出现调节了公民追求自身权利最大化背景下引发的冲突与混乱。《中华人民共和国民法典》在总则第五章部分对该原则进行了规定，除此之外，《中华人民共和国民事诉讼法》《中华人民共和国民事强制执行法（草案）》也都在立法精神与立法目的中体现了禁止权利滥用原则的内涵。具体来说，禁止权利滥用条款应包括“滥用”的主观要件和“损害”的客观要件，即权利主体主观上存在滥用的故意和客观上存在损害事实、造成了损害结果，两者不可或缺。[②] 我国尚未有法律对实际控制人权利的具体内容进行详细规定，在揭开公司面纱后，会发现实际控制人拥有“事实权利”，即事实上支配和控制公司的经营、对公司的经营决策权享有事实上的权利。[③] 而胜诉法定代表人大多只是“傀儡”，是作为实际控制人或控股股东逃避法律责任的工具，故实际控制人对于事实权利的行使必须受到禁止权利滥用原则的限制。尤其是在作为最后一道防线的执行上，实际控制人、控股股东不得滥用自身对公司的支配地位，对于损害胜诉法定代表人和他人权利的行为应该及时制止，情节严重的，可以要求其承担相应的惩罚。

（三）责任自负原则

所谓责任自负，又被称为自己责任原则，最早出现在《汉穆拉比法典》中，行为人要对自己所实施的行为负责。公司作为民事主体具有独立人格，能够作出独立的意思表示。在实际控制人、控股股东滥用控制权导致公司丧失法人人格独立地位的情况下，公司实际已变成“提线木偶”，其意思形成机构沦为实际控制人控制公司满足自身不当利益的工具。在此情况下，法定代表人未参与公司经营决策，仅为国家公示系统载明的名义法定代表人，公司

---

① 于飞：《公序良俗原则与诚实信用原则的区分》，载《中国社会科学》2015 年第 11 期。

② 刘权：《权利滥用、权利边界与比例原则——从〈民法典〉第 132 条切入》，载《法制与社会发展》2021 年第 3 期。

③ 郭富青：《论公司实际控制权：性质 · 渊源 · 法律导向》，载《甘肃政法学院学报》2011 年第 1 期。

也失去独立人格。根据责任自负原则，实际控制人、控股股东作为背后掌权者，应该对“公司行为”承担责任，在法定代表人请求变更登记时也应该配合，而不应该让公司与无代表权的法定代表人成为背锅侠。对此，在胜诉法定代表人请求变更登记执行时，应查明是不是由于实际控制人、控股股东滥用法人独立地位，导致公司意思形成机构无法形成意思表示，如果是就应当刺破公司的面纱，让实际控制人、控股股东为自己的滥用行为承担相应责任。不被限制的权利就会被滥用，实际控制人、控股股东只有在需承担法律责任时，才会审慎行使自己的权利。

（四）公示公信原则

公示公信原则在《公司法》中具体体现为公司登记制度，其贯穿于公司法人设立登记到注销登记的全过程，不仅要求公司法人在存续期间将公司法中规定的法定事项、章定事项或约定事项及时记载于登记簿交给登记机构进行公示，也要求登记机关应当依法及时公示法人登记的有关信息。如未及时进行登记公示，不会产生任何对抗相对人的公信力。在法定代表人变更登记的案件中，往往存在法定代表人胜诉却遭遇登记机关以公司内部未推选新法定代表人为由拒绝变更法定代表人的问题，胜诉法定代表人向法院申请强制执行，登记机关依旧以此为由拒绝。这种败诉公司不依法向公司注册地登记机关提交变更申请，以及相关文件或在执行阶段登记机关未采取相应办法将法定代表人变更登记信息在国家企业信用信息公开系统进行公示的行为，导致胜诉法定代表人在被支持身份变更登记后仍对外登记公示为公司法定代表人，亦使债权人无法通过公示系统查询了解企业法定代表人的状态，导致在与公司相关诉讼中胜诉法定代表人被限制高消费、追加为共同执行人等，严重加剧了企业的信用风险，给胜诉法定代表人生活造成了实际影响，损害了胜诉法定代表人及债权人的合法权益，与公示公信原则的内涵背道而驰。

四、公司法定代表人身份变更登记执行的规则构建

在满足特定情形的执行程序中，当公司财产不足以清偿生效法律文书确

定的债务时，债权人可以直接追加公司股东为被执行人，这是最高人民法院以颁布《变更追加规定》的形式确定的，该规定不仅创新性地在执行程序中建立了“刺破公司面纱”的相关规定，也指出了保障公司债权人的合法债权得以实现的途径。但《变更追加规定》仅在执行财产方面为债权人揭开公司面纱提供了一双更强有力的“手腕”，缺乏对公司法定代表人身份变更登记执行行为的保障，导致实务中此类执行行为存在大量“执行难”问题。为此，本文认为可以在参照江苏省公司法定代表人身份变更登记执行模式的基础上，进一步对公司法定代表人身份变更登记执行规则进行构建。

（一）刺破公司面纱的适用主体

在涉及法定代表人身份变更请求的变更公司登记纠纷中，往往是由于公司现登记的法定代表人为挂名法定代表人或曾与公司有实质关联的法定代表人，他们均不是公司的实际控制人，因而无法进行公司决策。《公司法》第216条第3项对实际控制人的含义进行了界定，由于《公司法》对实际控制人作出了“非股东”身份的界定，控股股东虽是公司的实际控制人，但需将实际控制人与控股股东进行区分，而明晰刺破公司面纱在执行中的适用主体，有利于更好地推动法定代表人身份变更登记的执行。[①]

1. 实际控制人

《公司法》第20条第3款[②]刺破公司面纱在法律条文中的体现，该条款将公司人格否认规则的主体限定为股东，忽视了实际控制人在公司生产经营中的地位。这是由于在传统的公司治理中，公司的所有权和控制权都由股东掌握，有机会滥用公司法人独立地位的主体基本上只有股东。而在现实生活中，实际控制人滥用法人独立地位损害债权人利益的行为与股东滥用法人独立地位损害债权人利益的行为本质上并无区别，甚至实际控制人滥用法人独立地位的行为造成的不良后果比起公司股东有过之而无不及。且实际控制人滥用

① 《公司法》第216条第3项规定：“实际控制人，是指虽不是公司的股东，但通过投资关系、协议或者其他安排，能够实际支配公司行为的人。”

② 《公司法》第20条第3款规定：“公司股东滥用公司法人独立地位和股东有限责任，逃避债务，严重损害公司债权人利益的，应当对公司债务承担连带责任。”

公司法人独立地位具有隐蔽性，股东往往能够通过国家企业信用信息公示网进行查询，但实际控制人的信息不一定能查询到，这也为胜诉法定代表人、债权人举证证明实际控制人滥用公司法人地位增加了难度。《全国法院民商事审判工作会议纪要》（以下简称《九民纪要》）第 11 条第 2 款①是最高人民法院在实务审理过程中发现了在公司人格否认制度中存在实际控制人规制的漏洞，将实际控制人滥用公司法人地位及自身有限责任的行为纳入公司人格否认制度的适用范围。

2. 控股股东②

作为对股东（大）会决议产生重大影响的股东，其一直是公司人格否认制度的适用主体，也对法定代表人身份变更有着深刻影响。在实务审理及执行中，很多由于控股股东不进行配合，导致公司内治理失范，法定代表人在与公司已无实际关联的情况下，无法通过以公司内部程序推选出新法定代表人的方式变更地位，涤除登记事项。

（二）刺破公司面纱的前提条件

1. 胜诉法定代表人与公司已无实际关联性

法院强制行使涤除登记裁判权的实质是成全当事人的理性意思自治，并通过强制涤除登记确保这种真实合法道德的意思自治获得对抗非善意相对人、保护善意相对人合理信赖的公示公信效力。③ 不论成为公司法定代表人的原因是挂名法定代表人，还是与公司有实质关联的法定代表人，在审判程序中，均是经过法院实体裁判后，确定向公司送达有效意思表示等手段切断与公司

---

① 《全国法院民商事审判工作会议纪要》第 11 条第 2 款规定："控制股东或实际控制人控制多个子公司或者关联公司，滥用控制权使多个子公司或者关联公司财产边界不清、财务混同，利益相互输送，丧失人格独立性，沦为控制股东逃避债务、非法经营，甚至违法犯罪工具的，可以综合案件事实，否认子公司或者关联公司法人人格，判令承担连带责任。"

② 《公司法》第 216 条第 2 项规定："控股股东，是指其出资额占有限责任公司资本总额百分之五十以上或者其持有的股份占股份有限公司股本总额百分之五十以上的股东；出资额或者持有股份的比例虽然不足百分之五十，但依其出资额或者持有的股份所享有的表决权已足以对股东会、股东大会的决议产生重大影响的股东。"

③ 刘俊海：《论董事、监事辞职难困境中的强制涤除登记之诉》，载《人民司法》2022 年第 20 期。

的实际关联。法院据此支持原告（执行程序中的申请执行人）涤除登记的诉讼请求，这是进入法定代表人身份变更登记执行的敲门砖。

2. 胜诉法定代表人已穷尽公司内部救济

胜诉法定代表人在法院出具的裁判文书生效后，以此为依据要求公司配合涤除法定代表人地位。法律规定更换法定代表人需要由股东（大）会或者董事会召开会议作出决议，而胜诉法定代表人无法实际控制公司，不能行使职权使股东（大）会或者董事会依照法定程序召开，且法院执行部门通过执行手段亦不能或缺乏依据让公司实际控制人或控股股东配合工作，即依照法定程序召开会议作出变更法定代表人的决议。

3. 胜诉法定代表人已竭尽公司外部登记机关救济程序

登记机关在公司自治失灵时，享有行政指导权、强制涤除登记权等权利。但由于现行法律均要求公司变更法定代表人登记事项时，应当基于公司内部作出变更的决议。在执行中，登记机关除了需要法院出具的协助执行通知书、生效裁判文书外，还需要公司内部决议确认的法定代表人的承继人才能进行变更。公司如果愿意配合作出内部决议，法定代表人变更登记就不会进入法院强制执行阶段。如果登记机关协助执行涤除法定代表人地位一定需要公司内部决议，该协助执行只能沦为应付胜诉法定代表人的一种手段。

（三）协助执行责任部门

现有制度下，我国执行措施主要分为三大类：第一类是对财产的执行措施，主要包括查封、扣押、冻结等；第二类是对行为的执行措施，主要包括强制被执行人迁出房屋或者退出土地、强制履行法律文书指定的行为等；第三类是保障性执行措施，主要包括查询被执行人身份信息和财产信息、搜查被执行人的财产、办理财产权证照转移手续、纳入失信名单、媒体公布不履行义务信息、限制高消费等，其中大部分执行措施的实施都需要行政机关的协助，行为形态丰富，影响范围广泛。本文所指协助执行责任部门为《中华人民共和国市场主体登记管理条例》（以下简称《市场主体登记条例》）所确定的登记机关，即各级市场监督管理部门，其管理辖区内的市场主体登记管理工作，系法定代表人身份变更登记执行中重要一环，此类协助行为是一种行政管理行为，其实施主要依靠登记机关完成。因而在执行中，法院必须以遵守行政行为的程序要求为前提，进而寻求法定代表人身份变更登记的方法。

（四）举证责任分配

把握好证据这个关键点，才能在执行中刺破公司面纱抓出被执行公司背后的相关责任人，达到变更登记的目的。在实务中，举证难已经成为一种普遍现象，胜诉法定代表人虽在公示系统上被登记为法定代表人，但由于其未实际参加公司生产经营，在取得公司及实际控制人、股东的相关证据以便证明它们存在滥用权利、人格混同等情形时困难重重，为在强制执行中适用刺破公司面纱制度造成了阻碍。我国除在《公司法》第63条对一人有限责任公司中适用公司人格否认制度有关财产混同的问题确立了举证责任倒置的原则，其余在案件中均遵循“谁主张谁举证”的原则。[①] 本文认为，可以参照一人有限责任公司的举证责任倒置程序，减轻胜诉法定代表人的举证责任，即由胜诉法定代表人提供被执行公司不配合变更登记及公司法人背后存在实际控制人或控股股东的初步证据，然后由被执行公司的实际控制人、控股股东承担其不存在滥用公司独立人格、股东有限责任及自身行为的正当性等举证责任。该举证责任的分配既能确保刺破公司面纱制度不被滥用，又有利于规范公司实际控制人、控股股东的相关行为，确保符合相关法律原则。

（五）特殊执行方法的设置

1. 引入公司代表人代表权冻结制度

对于公司法定代表人以生效文书向法院申请强制执行，变更其法定代表人地位的迫切需求，在公司不配合登记机关导致无法进行法定代表人变更时，必然导致胜诉法定代表人正当利益受损，并且随着时间的推移，其损失会不

---

① 《公司法》第63条规定：“一人有限责任公司的股东不能证明公司财产独立于股东自己的财产的，应当对公司债务承担连带责任。”

断扩大。为了及时止损，我们可以参考日本公司立法中关于公司代表人代表权冻结的立法内容，在法定情形下通过紧急冻结公司法定代表人的代表权，同时启动候补公司法定代表人制度，由候补公司法定代表人暂时代为行使公司法人代表权，来弥补公司代表权行使的空白。① 而候补的公司法定代表人选的确认，本文认为可以引用"刺破公司面纱"，由胜诉法定代表人在执行中向法院举证证明公司治理的权力在实际控制人或控股股东手上，法定代表人在生产经营活动中无法享有对外概括代表公司签订各类经营合同的签字权或代表公司参加诉讼活动等权利，对内也不能掌控公司事务。一旦胜诉法定代表人提供初步证据对事实进行证明，法院执行部门就可以此为依据，让登记机关将胜诉法定代表人的法定代表人地位涤除，并将公司背后的实际掌权人——实际控制人或控股股东作为候补法定代表人在国家企业信用信息公示网上显示，倒逼实际控制人、控股股东通过公司内部程序作出生效决议确定公司新的法定代表人。

2. 制定公司法定代表人身份变更登记执行公示制度

信息公示制度以信息透明的方式缓和个体之间的紧张对立，是增进社会理性和社会信任的基础路径。②《中华人民共和国民法典》第66条是对登记制度中信息公示原则的规定。③ 在营商环境下，对抗效力与公示公信效力是法人登记公示制度最重要的两大效力，既能保护善意第三人的信赖利益，又能对怠于登记、虚假不实登记的登记人给予"惩罚"，为市场交易安全、交易公平给予了最低限度的保障。而在执行中，法定代表人变更登记未能实现并非由于申请执行人的原因，即便已有生效裁判文书，但由于公司内部救济途径失灵，无法推选新的法定代表人而导致登记机关拒绝变更法定代表人的登记事项，对外不能对抗善意第三人，往往仍需承担法定代表人的诉讼责任，比如：限制高消费、追加为共同执行人等，这对胜诉法定代表人是极不公平的。对此，本文认为，登记机关在收到法院的协助执行通知书后，可采取在国家企

① 〔日〕近藤光男：《最新日本公司法》，梁爽译，法律出版社2016年版，第354页。

② 王妍：《商事登记基础理论研究——以权力与权利为视角》，黑龙江大学2010年博士学位论文，第194页。

③ 《中华人民共和国民法典》第66条规定："登记机关应当依法及时公示法人登记的有关信息。"

业信用信息公示系统中以“＊＊＊”隐去法定代表人的姓名，并在该系统的变更信息中公示涤除信息，方便善意第三人在查询企业信息时能够及时看到法定代表人变更的信息，也能够及时保护原法定代表人的合法权益免受侵害。

（六）惩罚措施的引入

对于明知法院已对请求变更公司登记纠纷作出涤除法定代表人身份生效判决的实际控制人与控股股东，在进入执行阶段后仍不配合执行、故意逃避“法定代表人”本应负法律责任的，绝不能置之不理。对此，我们可以将被执行公司纳入失信被执行人名单，并在“刺破公司面纱”后，对执行中不作为的实际控制人与控股股东均适用限制高消费予以惩罚。除此之外，法院还可联合其他部门，将实际控制人或控股股东执行不作为纳入个人征信体系，以强制性规定督促被执行公司或实际控制人、控股股东积极配合法院执行部门履职，严格履行企业信息变更登记公示义务，杜绝虚假公示行为。

结　语

在理性的治理下，我们的全部知识都不允许是什么狂想曲，而必须构成体系，只有这样它们才能支持和推进理性的基本目的。[①] 目前，法定代表人身份变更登记执行还未形成统一规范，实务中矛盾已经凸显，但理论界很少对此问题进行讨论。为了避免实际控制人、控股股东对公司独立法人地位及其有限责任的滥用，维护胜诉法定代表人的合法权益，需要刺破公司面纱，构建一个制度体系用以解决现行立法下法定代表人身份变更登记执行难的问题，并促进执行工作规范化。而对该问题更细节性的考证和研究，如实际控制人、控股股东怠于行使权利的证明责任分配、惩罚措施的落实、执行错误的事后救济等，仍需进一步深入探讨。

（杨帆：湖南省益阳市赫山区人民法院）

① 〔德〕康德：《纯粹理性批判》，王玖兴译，商务印书馆 2018 年版，第 654 页。

论实体与程序之维的查封财产处分

尹　远　伍富坤

一、问题的提出

就债务人得否处分查封财产的问题，一方面，自1982年《中华人民共和国民事诉讼法（试行）》（以下简称《民诉法（试行）》）第77条第3项规定法院可以对擅自处分查封财产的债务人进行训诫、处以罚款等措施后，1991年及此后颁布或修订的《中华人民共和国民事诉讼法》（以下简称《民诉法》）均沿袭了该规定，继续保留法院对擅自处分查封财产债务人的处罚权力。另一方面，从《民诉法》第114条第1款第3项文义观之，立法上似乎禁止被查封债务人/被执行人（为便于行文，以下统称“债务人”）处分查封财产，但未明确处分行为是否对查封债权人/申请执行人（为便于行文，以下统称“债权人”）生效。而依据2004年及此后不断修改的《最高人民法院关于人民法院民事执行中查封、扣押、冻结财产的规定》（以下简称《查封规定》）第24条第1款之规定，债务人处分查封财产的，不得对抗债权人，由此不难发现，立法与司法解释间似有不协调之处，这便引发债务人处分查封财产是否有效的疑问。

更关键的是，司法实践基于查封行为能否享有优先受偿权也存在意见分歧。结合《民诉法》第106条第2款关于禁止重复查封的规定、《查封规定》第26条关于轮候查封的规定以及《最高人民法院关于人民法院执行工作若干问题的规定（试行）（2020年修正）》（以下简称《执行规定》）第55条第1款关于执行程序中非担保债权受偿顺序的规定，似乎可以认为查封在先的债权人可以在执行程序中优先受偿。但若对该问题进行深入分析，则面临债权人执行程序中的在先受偿是否为法定的优先权、是否属实体权利、是否可在破产程序中优先受偿等诘问。

目前，民事强制执行法立法工作正有条不紊地推进，因此，就债务人处分查封财产时债务人与债权人各自利益保障，以及执行过程中查封债权人受偿等系列问题进行讨论兼具理论和现实价值。本文从实体与程序双重视角出发，对上述问题进行分析，以期有助于我国民事强制执行法的立法研究。

二、处分查封财产的效力演变与清偿原则

查封财产的处分涉及多方主体利益。在公法层面，债务人擅自处分查封财产对以法院为代表的国家机关的强制力、公信力具有影响；在私法领域，查封财产的处分事关债权人、债务人以及第三人间的利益平衡。

（一）司法查封效力识别

1. 查封财产生效要件

第一，查封需有生效裁定作为依据。根据《民诉法》第 103 条、第 104 条之规定，查封应当有生效查封裁定作为执行依据，否则不得采取查封措施。这不仅是贯彻《中华人民共和国宪法》第 13 条第 1 款、第 2 款公民合法财产不受侵犯的必然要求，也是《中华人民共和国民法典》（以下简称《民法典》）第 3 条、第 207 条对民事主体财产权利予以保障的体现。除非有明确的法律依据，公民或法人的合法财产原则上不受侵犯，因此查封他人财产首先需取得生效裁定。

第二，查封需完成公示程序。查封作为保全或执行的措施需完成法律规定的公示程序，包括财产控制与履行登记公示程序。《民诉法》第 252 条规定了查封应当履行的程序性要求，本条可视为法院依据财产线索在找到查封财产后对相应财产采取的控制性措施，为了完成对特定财产的查封，《查封规定》第 7 条明确规定查封应当完成相应的公示程序，本条应当理解为法院控制查封财产后应当履行的必要控制与公告程序，不仅在于要求债务人不得任

意处分查封财产，而且还有提示社会公众存在交易风险的作用。

2. 司法查封效力简述

（1）司法查封之公法效力

根据《民诉法》第114条之规定，债务人擅自处分查封财产的，法院可以进行处罚，同时根据《中华人民共和国刑法》第314条之规定，若擅自处分查封财产情节严重的可能构成非法处置查封、扣押、冻结的财产罪。由此可见，在公法层面，擅自处分查封财产的，轻则被处以罚款，重则可能构成犯罪。

（2）司法查封之私法效力

第一，查封生效要求法院控制查封财产，这便引发了查封是否剥夺或限制处分权的疑惑。

首先，对于查封是否剥夺处分权，存在不同意见。赞同者认为，基于擅自处分将承担公法上之制裁的不利法律效果因而丧失对查封财产的处分权；[①] 反对者则认为，查封并不足以剥夺所有权人的处分权。[②] 本文认为，尽管擅自处分查封财产可能引发不利之公法后果，但查封并未改变归属状态，也不足以产生剥夺所有权人处分权之效力。以不动产查封为例，查封裁定不会裁定被查封之不动产物权需进行变更登记或直接认定物权归属，毫无疑问被查封不动产登记状态中载明的所有权人仍为被查封人，只是登记状态栏会注明相关财产已被查封。

其次，对查封能否产生限制处分权的效果也存在不同见解。本文认为，查封不产生限制处分权的效果。一方面，处分权只存在有或无的状态。根据《查封规定》第24条第1款之规定，债务人处分查封财产的，第三人可以取得查封财产之物权，仅无法对抗债权人，第三人之所以能取得物权，究其根本是债务人仍享有对查封财产之处分权。另一方面，物权变动的相对性与处分权相对性之间不是充分必要关系。例如，根据《民法典》第380条之规定，作为限定物权的地役权在土地承包经营权或建设用地使用权被转让时仍对受让人产生效力，此时供役地物权人的处分权不受限制是显而易见的。

---

① 刘哲玮：《论民事司法查封的效力》，载《国家检察官学院学报》2019年第4期。

② 张静：《论处分查封之物的法律效力》，载《交大法学》2022年第2期。

最后，关于查封财产的取得是否能够参照适用善意取得的规定，也存在不同的观点。尽管最高人民法院及不少观点认为，根据《查封规定》第 24 条第 3 款的规定，在债务人擅自处分查封财产情形下可以参照适用善意取得规则，但依《民法典》第 311 条第 1 款之规定，处分人欠缺处分权乃适用善意取得制度的前提，但如上文所言，查封并不导致债务人丧失处分权，因此对查封财产的取得不应参照适用善意取得规范。

第二，多数查封皆因债权人申请而启动，故查封对债权人而言发生何种效力？

我国现行法律对查封使债权人产生何种效力缺乏明确规定，但结合《民诉法》第 106 条第 2 款关于禁止重复查封以及《最高人民法院关于适用〈中华人民共和国民事诉讼法〉的解释（2022 年修正）》（以下简称《民诉法解释》）第 508 条就参与分配的规定，普遍认为债权人基于查封而取得执行程序中的优先受偿顺位，本文认为债权人基于查封存在取得查封担保物权的可能性，具体原因下文详述。[①]

（二）司法实践对债务人处分查封财产效力的态度转变

1. 处分查封财产的合同效力转变

司法实践对处分查封财产合同效力的态度经历了从否定到区分识别合同效力与物权变动效力，体现出对处分查封财产认识的持续深化。具体而言，早期司法实践中法院通常基于以下理由否认债务人擅自处分查封财产合同的效力。

（1）狭义法律层面

首先，原《中华人民共和国合同法》（以下简称原《合同法》）第 51 条关于无权处分合同效力的规定直接影响着法院对擅自处分查封财产合同效力的判断。此前的司法实践不仅就原《合同法》第 51 条规定存在不同理解，而且理论界也对如何认定无权处分合同效力问题存在重大分歧，[②] 直至《最高人

① 葛行军、刘文涛：《关于执行财产分配的立法思考》，载《法学研究》2001 年第 2 期。

② 王利明：《论无权处分》，载《中国法学》2001 年第 3 期。

民法院关于审理买卖合同纠纷案件适用法律问题的解释》（以下简称《买卖合同解释》）颁布施行，争论才逐渐平息，裁判尺度逐步统一，而在此之前的司法实践大都否认处分查封财产的合同效力。其次，在原《中华人民共和国担保法》（以下简称原《担保法》）第 37 条第 5 项规定查封财产不得设置抵押后，原《中华人民共和国物权法》（以下简称原《物权法》）第 184 条第 5 项沿袭了该规定。既然查封财产不得设置抵押，则更不得进行物权转让，加之此时原《合同法》第 51 条的错误规定尚未得到纠正，因此原《物权法》的规定事实上影响着法院对处分查封财产合同效力的判断。再次，在特别法方面也存在查封财产不得转让的规范，例如《中华人民共和国城市房地产管理法》（以下简称《城市房地产管理法》）第 38 条第 2 项便规定被查封房产不得转让，类似的规范也影响着法院对合同效力的态度。最后，自原《民诉法（试行）》以来，在诉讼法层面，尽管查封的相对效力得到越来越多的支持，但我国仍禁止债务人擅自处分查封财产，违背者将面临处罚或刑事制裁，此公法上的效果同样影响着法院的态度。

（2）*司法解释层面*

相关司法文件对法院认定处分查封财产合同的效力产生影响。例如，最高人民法院在《关于转卖人民法院查封房屋行为无效问题的复函》中认为北京亚运特需供应公司在此后擅自将其已被查封的房产转卖给北京沃克曼贸易开发有限责任公司的行为是违法的，所订立的房屋买卖合同系无效合同。该观点是原《合同法》颁布施行前否认处分查封财产合同效力的主要依据。再如，最高人民法院联合自然资源部以及原建设部发布的《关于依法规范人民法院执行和国土资源房地产管理部门协助执行若干问题的通知》第 21 条更是明确指出，法院应当确认处分被查封的土地使用权、房屋的行为无效。

自《买卖合同解释》第 3 条纠正了原《合同法》第 51 条的规定以来，加之相当数量的观点认为原《物权法》第 184 条系倡导性规定，《城市房地产管理法》第 38 条系管理性规定，[①] 司法实践对处分查封财产合同效力的态度出

① 吴光荣：《论违反让与禁止的法律后果——兼论〈房地产管理法〉第 38 条与〈担保法〉第 37 条的规范性质》，载《法律科学（西北政法大学学报）》2014 年第 5 期。

现变化，逐渐认可其效力。[①]

2. 处分查封财产的物权变动效力坚守

自2004年《查封规定》第26条第1款规定债务人的处分行为不得对抗债权人以来，《查封规定》虽历经修订，却始终完整保留该条规定，从文义解释角度来看，该款规定应理解为第三人可以取得查封财产的物权。根据《民法典》第209条第1款的规定，不动产物权的变动模式以登记生效为原则，不登记为例外，而例外情形需由法律加以规定，问题的关键集中表现为对“法律”的解释，目前大多数观点认为对“法律”的理解应摒弃狭义理解，而采取较为宽泛的理解，司法解释应包含在内。如此，我国不动产物权变动规则以司法解释的方式得到有效补充。根据《查封规定》第15条之规定，对第三人而言，若其对需办理过户登记的财产支付全部价款并实际占有的，其有权排除法院采取的查封措施，无独有偶，《最高人民法院关于人民法院办理执行异议和复议案件若干问题的规定（2020修正）》（以下简称《执行复议规定》）第28条、第29条同样规定两种可以排除执行的情形。上述规定之所以能排除法院查封或执行，究其原因是第三人已取得相关财产的物权。[②] 不难发现，司法实践自始便不排斥第三人取得查封财产的物权。

（三）执行竞合时债权受偿现状及其原因探究

1. 受偿比例的立法考察

发生执行竞合时，由于尚未确立一般破产制度，因而需区分被执行人是法人还是自然人或其他组织。[③] 当被执行人为法人时，财产足以清偿全部债务的，按“先来后到”原则确定清偿顺序，不足以全部清偿的，原则上需转入破产程序，普通债权在破产程序平等受偿，但对未转入破产程序的，依据《民诉法解释》第514条之规定，可以参照适用参与分配制度进行分配，按

① 参见（2021）最高法民申7728号民事判决书、（2020）最高法民申1627号民事判决书、（2019）最高法民申2258号民事判决书。

② 孙宪忠、杨丽美：《房屋交易已交付但未登记的确权问题》，载《中国应用法学》2020年第3期。

③ 葛行军、刘文涛：《关于执行财产分配的立法思考》，载《法学研究》2001年第2期。

“先来后到”原则进行受偿。

当被执行人为自然人或其他组织时，财产足以清偿全部债务的，根据《执行规定》第 55 条第 1 款之规定，原则上按“先来后到”确定清偿顺序，而不足以清偿全部债权的，受制商人破产主义，此时需借助《民诉法解释》第 506 条第 1 款参与分配制度进行分配，而对受偿的比例，则应当遵守《民诉法解释》第 508 条的规定按比例受偿。

2. 受偿比例的司法考察

在参与分配程序中，原则上普通债权应按债权比例进行受偿，正如《民诉法解释》第 508 条的规定，但司法实践却与规定存在差异，主要表现为对首查封债权人给予一般不超过 20%比例的优先受偿权。[①] 例如，《浙江省高级人民法院关于在立案和审判中兼顾案件执行问题座谈会纪要》第 3 条第 4 项就明确首查封债权人可适当多分，但最高不超过 20%，[②]《重庆市高级人民法院关于执行工作适用法律若干问题的解答（一）》第 5 条第 7 项也有类似规定，[③] 又如，有的案件中法院就认为，对首封债权人来说，其在执行过程中付出了大量的劳动、时间、人力成本，且承担了一定的诉讼成本和法律风险。奖励性地给予首封债权人周小松优先分配 20%的执行财产。[④]

3. 查封债权人获偿比例差异的域外经验

（1）优先主义

优先主义指的是在执行竞合时，对首先申请强制执行的债权人赋予优先

① 马强伟：《论查封债权人的优先受偿地位及其效力限制》，载《法学》2023 年第 1 期。

② 《浙江省高级人民法院关于在立案和审判中兼顾案件执行问题座谈会纪要》（浙高法〔2009〕116 号）第 3 条第 4 项规定：“当事人申请诉前保全的，可按下列方式处理：申请财产保全的债权人成功保全被执行人财产的，在参与分配时，除扣除其为保全、处置该财产所支出的合理的差旅费用、垫付的评估费等外，还可适当多分，但最高不得超过 20%（即 1：1.2 的系数）。”

③ 《重庆市高级人民法院关于执行工作适用法律若干问题的解答（一）》第 5 条第 7 项规定：“参与分配程序中，普通债权的受偿比例，如何确定？参与分配程序中，执行所得价款扣除执行费用，并清偿应当优先受偿的债权后，普通债权原则上按照其占全部申请参与分配债权数额的比例受偿。但有以下情形之一的普通债权，人民法院应根据案件具体情况，在保证参与分配债权都有受偿的前提下，可适当予以多分，多分部分的金额不得超过待分配财产的 20%且不高于该债权总额，未受偿部分的债权按普通债权比例受偿。”

④ 参见（2020）湘 10 民终 1399 号民事判决书。

受偿的地位。代表立法例有德国法、英国法、美国法。优先主义认为，与破产程序的集中处理债务人的债务不同的是，执行程序在体系定位上仍是对个别债权的清偿程序，只不过由于国家禁止债权人私力救济，改由国家强制力实现债权而已。同时，在先申请查封或执行的债权人通常较其他债权人在调查债务人财产状况、申请执行时需要付出更多的成本，所以采用优先主义对在先查封或执行的债权人更公平。①

（2）平等主义

执行程序中的平等主义以法国法、日本法为代表，根据《法国民法典》第2093条确立的债权平等原则，法国法在执行程序中选择了平等主义立场，认为执行程序开始时未能参与分配的债权人，在执行程序未终了时可不得申请加入执行程序。这导致执行程序的久拖不决，严重制约执行效率。值得注意的是，法国也意识到了执行程序中的平等主义可能导致的效率低下和加重执行机构负担等问题，因而法国的执行分配程序已经逐步转向优先主义立场。

（3）团体优先主义

如果说优先主义注重效率，平等主义看重公平，那么以瑞士和我国台湾地区为代表的团队优先主义则尝试兼顾效率与公平。根据团队优先主义，在一定时期内申请参与分配之债权人为一个团体，该阶段财产分配优先于后申请执行的债权人，按该阶段之各债权人债权额比例。同时，前一团体的债权优于后一团体债权受偿。②

事实上，执行程序中效率与公平是一组基本矛盾，执行程序采何种分配原则与本国的立法政策相关。优先主义原则无疑与效率优先相契合，而团体主义则受制于债权平等原则，便要求在分配程序中设计复杂的异议程序，直接结果表现为执行程序成本的增加和执行效率的降低。与前述主流的立法例不同，由于一般破产主义暂未确立，我国参与分配程序在负担着部分破产功能的前提下，基于被执行人身份差异规定了不同处理规则，故而我国执行分配制度可视作混合优先主义。

① 马强伟：《论查封债权人的优先受偿地位及其效力限制》，载《法学》2023年第1期。

② 葛行军、刘文涛：《关于执行财产分配的立法思考》，载《法学研究》2001年第2期。

三、债务人处分查封财产的路径选择与债权人利益保障

（一）区分处分查封财产效力具有理论基础与现实必要性

1. 抵押权追及效力正式确立

随着社会主义市场经济的不断发展，原《物权法》第 191 条第 2 款规定的抵押财产转让规则已无法适应市场要求。《民法典》第 406 条第 1 款顺应了时代发展要求，明确规定抵押权具有追及效力，[①] 抵押权的追及效力集中表现为：第一，抵押人有权处分抵押物；第二，抵押权不因抵押人的处分而受到影响；第三，抵押物多次转让的，抵押权人仍可向抵押物的所有权人主张行使抵押权。《民法典》作为民事基础法，在肯定抵押权追及效力后，有力佐证了查封不限制处分权的制度基础，[②] 同时也为保障债权人权利提供了制度规范供给，因为债权人基于查封可获得查封担保物权人地位。

2. 区分原则的应然结果

尽管我国在立法上对物权变动模式选择债权形式主义模式，但自原《物权法》第 15 条确立区分原则以来，再到《民法典》第 215 条的制度沿袭，区分原则已成为物权变动的一项基本原则。根据区分原则，买卖合同效力不受物权变动是否完成的影响，无权处分亦不影响合同效力，[③] 因此在查封并未剥夺或限制债务人对查封财产处分权能的情况下，处分查封财产的合同效力应当依据《民法典》关于法律行为效力的有关规定进行判断。需检讨的是，处分查封财产的合同是否落入《民法典》第 153 条第 1 款规定所涵盖的范围，回答应是否定的，正如前文所述，《民法典》关于查封财产不得抵押以及《房地产管理法》对查封房产不得转让的规定均非效力性强制性规定。

---

① 王利明：《论抵押权的追及效力——以〈民法典〉第 406 条为中心》，载《政法论丛》2023 年第 1 期。

② 毋爱斌：《民事执行查封相对效的体系展开》，载《法律科学（西北政法大学学报）》2022 年第 6 期。

③ 王轶：《区分原则：区分什么?》，载《东方法学》2022 年第 4 期。

3. 物尽其用的必然要求

整体观之，被查封财产通常具有较大经济价值。对债务人而言，认可其处分查封财产合同的效力，不仅是现代社会鼓励商业交易、活跃市场经济的必然结果，且有助于增强债务人的对外融资能力，进而将有效提高债权人受偿可能性。反之，若一味地禁止债务人对查封财产进行处分，将造成社会资源浪费，产生降低其流通价值的消极影响。允许债务人处分查封财产能提升查封财产的流通性，实现物尽其用，提升社会整体福利。这也正是最高人民法院出台《关于在执行工作中进一步强化善意文明执行理念的意见》的原因所在。

4. 权利受损的非必然性

允许处分查封财产，是否必定损害债权人利益？对此答案是否定的。一方面，司法实践中部分案例表明，债务人处分查封财产前就已经取得债权人同意，这与债务人处分财产后能提高其偿债能力有关。另一方面，债务人处分查封财产所得对价可用于清偿债权，也可以用于提存以供将来清偿。事实上，对债权人而言，其最关心的问题乃是债务人处分查封财产后的债权如何受偿，而绝非债务人能否未经同意处分查封财产。因为即使债务人未经同意处分了查封财产，但债权最终获得清偿，债权便得到实现，债权人实无追究之必要。

（二）债务人处分查封财产背景下的债权人利益保障

1. 引入债权人对查封财产的追及效力

《查封规定》第 24 条第 1 款规定债务人处分查封财产不得对抗债权人。对该条可结合《民法典》第 406 条第 1 款的抵押权追及规则作目的解释，即债权人可获得查封担保物权。因此，今后的立法或修法方向应着重探讨确立债权人对查封财产追及效力的可行性。《中华人民共和国民事强制执行法（草案）》（以下简称《民事强制执行法（草案）》）第 108 条第 1 款的规定与《查封规定》第 24 条第 1 款的规定大致相当，对此，本文认为《民事强制执行法（草案）》的规定对保障债权人利益尚不周延。

单从《民事强制执行法（草案）》第108条第1款的文义来看，似乎仅被执行人不得对抗，而未明确第三人取得查封财产后可否对抗，而在被执行人未将处分查封财产所得之价款用于清偿债权或提存的情况下，债权人的债权缺乏有力保障，此为其一。《民事强制执行法（草案）》第108条第1款未区分查封是否完成公示，考虑到查封系以国家强制力作为后盾保障，具有公法属性，故而对未经公示的查封应当侧重动态交易安全。具体而言，根据《查封规定》第24条第3款之规定，查封没有公示的，不得对抗善意第三人。对此有观点认为，该条应类推适用善意取得制度。事实上，在查封未经公示的情况下，无需适用善意取得制度，因为法院所作查封裁定与控制查封财产并公示作为查封生效的两个要件，未经公示查封未生效，① 不产生任何限制处分的效力，此时无善意取得的适用空间，更何况查封并没有剥夺债务人的处分权，此为其二。在司法实践中，存在大量债务人故意掩盖财产已被查封的情形。若第三人与债务人存在共谋损害债权人利益的，应当依据《民法典》第154条认定债务人对查封财产的处分无效，其他情形则不受影响，此为其三。

2. 构建债务人处分查封财产的通知规则

诚然，查封并未使债务人丧失处分权，但债务人任意处分的，必将增加债权受偿风险，故有必要通过处分程序上的制度安排，加强处分查封财产过程的透明性及公开性，从而最大限度地保障债权人权益。《民法典》第406条第2款第1句规定了抵押财产转让通知规则，却没有规定未履行通知程序的法律后果，所以通知规则理解为劝勉性规范较为妥当。② 但与抵押财产处分不同的是，因查封具有公法上的效力，若债务人可任意处分查封财产，不仅会损害债权人的利益，还会损害国家强制力。尽管《民诉法》第114条第1款第3项规定了处罚规则，但是，在肯定处分查封财产合同效力前提下，与其直接对处分查封财产的行为进行处罚，不如对《民诉法》第114条第1款第3项规范施以改造，改造为“债务人处分查封财产而未通知人民法院和债权人的，人民法院可对其处以罚款、拘留”，将规制重点放在通知程序上。同时，

① 刘哲玮：《论民事司法查封的效力》，载《国家检察官学院学报》2019年第4期。

② 孙宪忠、朱广新：《民法典评注·物权编（4）》，中国法制出版社2020年版，第170页。

对通知后处理结果的处理，则参照《民法典》第406条第2款之规定，要求将处分所得用于清偿或提存。[①]

四、赋予查封债权人优先受偿权的必要性证成

（一）查封债权人享有优先受偿权的比较法介绍

1. 英美法系

在英国，债权人基于查封行为仅能获得强制执行程序上的优先权，具体而言，获得生效判决的债权人可以通过向法院申请设定担保权益，但如果法院经审查认为债务人将要或已经丧失偿还能力，便可以驳回债权人的申请，并转入破产程序。[②] 相较于英国法仅在执行程序中赋予债权人优先权，美国法赋予了债权人实体法上优先权。美国法的查封优先权可分为两类，一类是部分州基于保全查封赋予债权人优先权，该类优先权在强制执行时可得行使；另一类则是部分州法院基于判决而赋予债权人优先权。基于判决而享有优先受偿权须同时具备两个要件，第一是判决生效，第二是判决确认内容已完成登记。此外，美国法为将执行程序与破产程序进行有效衔接，基于执行程序本质上仍属个别清偿，因而针对无清偿能力的债务人取得扣押担保权益的情况，设置了债权人的撤销权。[③]

2. 大陆法系

（1）德国法

概括而言，德国法赋予了查封债权人以查封担保物权。对动产扣押，《德国民事诉讼法》第804条规定了扣押质权，[④] 明确了扣押质权作为法定担保物

---

① 李泓霖：《〈民法典〉第406条（抵押财产转让规则）评注》，载《南大法学》2022年第3期。

② 严银：《执行程序中的查封优先权》，载《人民司法（应用）》2017年第10期。

③ 葛行军、刘文涛：《关于执行财产分配的立法思考》，载《法学研究》2001年第2期。

④ 《德国民事诉讼法》第804条规定：“（1）扣押后债权人在扣押物上取得质权。（2）在与其他债权人的关系上，扣押质权使债权人得到与因契约取得动产质权时同样的权利；破产时，扣押质权优先于不视为动产质权与优先权。（3）扣押在先所产生的质权优先于扣押在后所产生的质权。”

权与意定质权拥有同等效力，可得优先受偿，扣押质权间的受偿顺位依扣押时间先后确定。对不动产查封，《德国民事诉讼法》第 866 条第 1 款、第 867 条第 1 款规定了强制抵押权，强制抵押权应当办理登记，并应在登记时将生效执行依据予以登记，① 同时，《德国强制拍卖与强制管理法》第 11 条第 2 款规定了强制抵押权受偿顺序以采取查封措施先后为准。② 此外，《德国民事诉讼法》第 932 条第 1 款第 1 句规定诉前财产保全同样可以取得假扣押抵押权，假扣押抵押权在执行程序中将自动转为扣押质权或强制抵押权。③ 值得注意的是，德国法的扣押质权与强制抵押权均系实体权利，在债权人进入破产时可得优先受偿。毫无疑问，德国法赋予查封债权人以优先受偿权与其执行体例有关。德国实行的是“个别式”执行体制，在该执行体制下，债权人需要积极参与执行工作，并向执行法院提供明确的财产线索方能启动执行程序。为尊重申请人的劳动成果，德国在优先主义原则下赋予查封以优先受偿权。④

（2）法国法

有趣的是，法国法作为平等主义立法例代表，仍赋予查封债权人实体层面的优先权。法国关于查封优先权统一规定在《法国民法典》中，《法国民法典》第 2093 条确立了优先权制度，并就优先权制度体系进行了详细规定，具体到因查封而获得优先受偿权，修订后的《法国民法典》第 2123 条规定，债权人可基于生效判决或仲裁裁决而获得裁判上的抵押权，该抵押权可以进行

① 《德国民事诉讼法》第 866 条第 1 款规定：“（1）对土地强制执行，以登记债权上的担保抵押权、强制拍卖与强制管理的方式实施。”第 867 条第 1 款规定：“（1）担保抵押权，依债权人的申请，登记于土地登记簿；此项登记应将有执行力的名义明确记载。抵押权经登记而成立。应由债务人负担的登记费用，也应由土地负担。”参见《德国民事诉讼法》，丁启明译，厦门大学出版社 2016 年版，第 207 页。

② 《德国强制拍卖与强制管理法》第 11 条第 2 款规定：“（2）在（第 10 条第 1 款-译注）第五顺位的诸债权中，按照采取查封措施的先后顺序受偿。”参见《德国强制拍卖与强制管理法》，杨柳译，人民法院出版社 2010 年版，第 6 页。

③ 《德国民事诉讼法》第 932 条第 1 款规定：“（1）对土地或对适用关于土地的规定的权利执行假扣押，以登记债权上的担保抵押权的方式实施。”参见《德国民事诉讼法》，丁启明译，厦门大学出版社 2016 年版，第 220 页。

④ 朱昕昱：《执行体制视野下我国参与分配制度之反思——兼与大陆法系参与分配制度相比较》，载《东北大学学报（社会科学版）》2020 年第 6 期。

登记，并在裁判抵押权登记后，债权人对执行前债务人所获得财产都将享有优先受偿权。①

(3) 我国的程序性优先受偿

目前，在查封财产可得清偿所有债权的情况下，依查封顺序确定受偿顺位，并允许首查封债权人适当多分，此为执行程序上的优先受偿权，但不足以清偿所有债权而转入破产程序或参照参与分配制度的将按债权比例参与分配，从而丧失优先可能。② 在探索构建统一破产制度的时代背景下，优先主义较之于平等主义更为符合执行效率原则的要求，此为执行程序本质系个别清偿所致，在统一破产主义制度下，执行程序应当与破产程序进行严格区分，各自保持独立性。而优先主义原则框架内，在提高执行效率并维护实质公平的目标导向下，我国应认可查封担保物权。

（二）当事人面向：有效激发债权人意识

提升债权人执行工作参与度势必提高执行效率，而对积极进行财产调查并提供准确财产线索的债权人进行“奖励”又势必提升债权人积极性。首先，债权人在调查债务人财产状况方面存在先天不足。在实践中，为逃避执行，债务人以各种方式转移资产已经成为常态。由于原则上禁止私力救济，债权人无法采取强制调查手段，这增加了债权人财产调查成本，所以对积极进行财产调查并提供准确财产线索的债权人需予以正向激励。其次，对履行了勤勉义务的债权人予以实质“奖励”更符合实质公平。假设对穷尽调查手段后查封到债务人财产的债权人，使其在参与分配时与其他债权人按债权比例进行受偿，无疑将纵容搭便车行为，这对提升债权人积极性显然不利，有违实

① 《法国民法典》第 2284 条规定：“债务人的全部财产是对其债权人的共同担保；除债权人之间有优先受偿的正当原因外，价金在债权人之间按债额的 例分配。”第 2412 条规定：“裁判上的抵押权（判决设立的抵押权），依据终局的或者先予执行的对席判决或缺席判决，为取得该判决的人的利益而设立。裁判上的抵押权，亦因取得执行令的仲裁裁决以及在国外作出并经法国法院宣告具有执行力的判决而产生。除债务人得在诉讼过程中或者在其他任何时候主张第 2444 条及随后条款的规定外，享有裁判上的抵押权之利益的债权人得就现在属于其债务人的所有不动产登录其权利，但应当遵守第 2426 条之规定。债权人得在相同保留条件下，就以后归入债务人概括财产内的不动产登记其权利。”

② 马强伟：《论查封债权人的优先受偿地位及其效力限制》，载《法学》2023 年第 1 期。

质公平。最后，首查封债权人可适当多分的做法起到了良好效果。由于首查封债权人在参与分配制度中可以适当进行多分的实践，有效地刺激了债权人对执行程序参与的积极性，提升了执行效率。

（三）执行法院面向：减轻执行法院压力

近年来，执行工作借力智慧法院系统、网络执行查控系统、联合信用惩戒体系以及执行标准流程，已经基本解决执行难的问题，不断巩固和完善中国特色执行制度机制。但随着执行案件数量进一步增加，执行法院的压力也在持续上升，截至 2023 年 4 月 24 日，全国法院执行案件数量已达到了 522 万件，不断攀升的执行案件考验着我国法院执行工作效能。面对与日俱增的执行案件，执行模式变革仍是解决当前执行工作中存在突出问题的关键。[①] 目前，我国执行工作中的债权人参与度较低，尽管《最高人民法院关于民事执行中财产调查若干问题的规定》第 2 条规定申请执行人应当提供财产线索，但该条性质上属于倡导性规范，即便申请执行人未提供财产线索的，法院仍需开展工作，此举加大了执行难度。而通过赋予债权人查封担保物权，以此提升债权人对执行工作的参与度与贡献度，或能实现执行工作中债权人与法院间的良性配合，在发挥我国执行制度优势的基础上，进一步提升执行效果，缓解法院执行压力。

五、赋予查封债权人担保物权的实施路径

（一）创设查封担保物权制度的可能性

第一，我国的物权法定原则呈现缓和倾向。伴随着我国社会主义市场经济的不断发展，商业实践不断产生新型担保方式，而囿于原《物权法》所奉行刚性的物权法定原则，相当多的新型担保类型无法获得正常的发展空间，从而在某种程度上抑制了融资市场的有序扩张。《民法典》顺应时代要求，基

① 韩煦、孙超：《中国执行模式的发展现状与展望》，载《法律适用》2018 年第 23 期。

于功能主义考量，对物权法定尤其是担保物权的法定性要求呈现缓和态势，[①]《民法典》第388条第1款规定的“其他具有担保功能的合同”即为物权法定原则缓和的集中体现。

第二，现有制度规范能为创设查封优先受偿权提供规范支撑。在物权法定原则呈现缓和趋势的背景下，对“法”的理解尤为重要。本文赞同为确保物权制度能顺应高速发展市场经济的要求，对“法”的理解不应再持狭义理解的见解，[②] 但应当认为仅限行政法规及司法解释均可设立物权，原因有二：首先，行政法规及司法解释立法制定层级相对较高，且均在全国范围内有法律约束力，而部门规章或地方性法规要么立法层级相对偏低，要么其适用范围相对有限。从物权法侧重静态财产安定视角观察，即便物权法定出现缓和倾向，也不应过分扩大物权之种类，因而以行政法规及司法解释作为创设物权种类之补充法律依据足矣，既能保持灵活性，又不失慎重性。其次，实践中已有部分司法解释就物权种类进行了补充，其中最为典型的例子便是《执行异议规定》第28条、第29条关于事实物权的确认。

（二）确切落实查封财产统一公示制度

权利需要通过一定表征方式加以彰显，交易者需要知道其可以信赖的权利表征方式和权利的具体构成。[③] 物权公示原则是通过具有公信力的方式将物权变动向社会公示，使第三人清楚知晓物上权利的现状，以起到保障交易安全、避免交易冲突的作用。若在规范层面认可查封担保物权，势必需要通过一定方式进行公示公告，进而维持交易秩序。

首先，查封未经公示的不发生效力。前文已提到查封未经登记的不发生效力，其法理依据在于，查封通常由查封裁定与控制查封财产两部分构成，仅有查封裁定的而未经登记的，无法完成公示程序，这无疑增加了潜在交易风险，不利于交易安全。这也是《查封规定》第24条第3款规定未

---

① 杨立新：《物权法定缓和的绝处逢生与继续完善——〈民法典〉规定“其他具有担保功能的合同”概念价值》，载《上海政法学院学报（法治论丛）》2021年第1期。

② 朱庆育：《物权法定的立法表达》，载《华东政法大学学报》2019年第5期。

③ 叶金强：《公信力的法律构造》，北京大学出版社2004年版，第14页。

经登记不得对抗善意第三人的实质理由。当然，查封登记以被查封财产办理首次登记为前提，[①] 因而存在申请查封财产未办理首次登记即被债务人处分的情况，此时应区分债权人是否履行了勤勉义务，申请查封后积极敦促办理首次登记的，应充分保障债权人的期待利益。

其次，经登记后的查封财产不论流转至何人处，债权人均能够基于抵押权追及效力请求执行查封财产。因《民法典》第 406 条已确立抵押权追及效力，故而认可查封担保物权并完成查封登记的，即便债务人擅自处分查封财产，债权人仍可依抵押权追及效力请求以执行查封财产清偿自身债权。

最后，经登记的查封将有利于维护交易安全。从第三人视角观之，权属清晰的财产方为较为理想的交易标的，严格落实查封财产统一公示制度的，不仅可以对外公示查封财产所负担的执行债权，而且根据风险自担原则，经公示的查封还能提示第三人在交易时作出审慎决策，避免因明知已有查封而获得财产后因抵押追溯效力而申请执行的情形发生。

（三）建立查封财产适用别除权规则

根据《中华人民共和国企业破产法》第 109 条之规定，对特定财产享有担保权利的，可以优先受偿。债权人能否基于查封行为在破产程序中进行优先受偿的关键在于是否符合《中华人民共和国企业破产法》中别除权的规范，即查封是否产生担保物权或优先受偿权。诚如前述，有观点认为债权人因查封而按查封顺位进行受偿的权利为执行程序中的优先权益，尚非实体法层面的担保物权，但该观点并非没有疑问。因为若不对基于查封所获得之优先受偿顺序作实体理解，则先后受偿在实质上缺乏正当性依据，毕竟仅仅是执行案款的先后分配，那么时间上的先后便没有差异。然而，现实的问题表现在优先分配主体的债权能获得更为充分的保障。

针对《民事强制执行法（草案）》第 179 条第 1 款第 2 项规定的对执行标的享有优先受偿权的债权应当按顺序进行分配，其中的“优先受偿权”应作何种理解？本文认为，此处的优先受偿权应作宽泛解释，以涵盖因查封所

① 常鹏翱：《不动产登记法》，社会科学文献出版社 2011 年版，第 215 页。

生之优先受偿权。首先，《草案》中的优先受偿权并未指明其范围。《草案》仅对优先受偿权在执行分配中可优先受偿进行了规定，但未能明确其范围是否包括因查封所生之优先受偿权。其次，《草案》中的优先受偿权未排除程序性的优先受偿权。《草案》中的优先受偿权并未限定为实体上的优先受偿权，同时我国的民事基础法《民法典》并未像《法国民法典》一样就优先权制度予以系统性规范，事实上关于优先受偿权的规范散见于各单行法，即便认为我国关于优先受偿权究竟属实体抑或程序上的优先暂无定论，将基于查封所生之优先受偿权纳入《草案》的语义涵射范围也并无不妥。

（尹远　伍富坤：国浩律师（成都）事务所）

不动产强制执行中租赁权保护的检视与完善

刘宇昊

民事强制执行是民事审判的衔接程序，旨在确保依照胜诉判决确定的债权能够得到实际履行。但强制执行也意味着债权人对债务人已无计可施，即使手持生效裁判文书也难以实现债权，只能依靠执行求偿。故此，一套科学的执行程序对维护债权人之权益与司法裁判之权威至关重要。《中华人民共和国民事强制执行法（草案）》（以下简称《执行法（草案）》）提交全国人大常委会审议，不仅预示着民事强制执行程序的规范化与制度化，更为构建统一、协调、高效的执行法体系迈出标志性的一步。但“民事强制执行是国家公权力介入私人生活的场域”，要求对民事权利进行法律强制。[①] 人民法院在执行被执行人名下财产的同时，还要遵循适度执行、人权保障、善意文明执行等原则，以免侵害非本案执行当事人的合法权益或是对社会秩序造成不利影响。本文以不动产承租人的权益保护为切入点，分析民事强制执行中租赁权保护的现实困境与制度缺陷，阐明规范租赁权保护之法理，最后在分析《执行法（草案）》相关条款的同时围绕“执行不破租赁”提出可行性建议，望益于强制执行未来立法之妥适。

一、不动产强制执行中租赁权保护的实证分析

在民事强制执行中，不动产因较高的经济价值、便于查控等特点，极易

① 黄忠顺：《涉案外人权益的民事强制执行制度研究——以〈民事强制执行法（草案）〉涉案外人权益条款为中心》，载《河北法学》2022 年第 12 期。

成为申请执行人和执行机关的执行目标。[①] 在中国裁判文书网以“民事执行”为案由，以2019年1月至2022年12月为时间节点，输入关键词“不动产”“租赁”“异议”，共计检索出相关文书65470篇，案件数量呈现逐年增长趋势，并于2021年达到峰值。可见，当法院强制执行不动产时，越来越多的承租人以其对案涉不动产享有租赁权为由提出异议以阻却执行。法院对异议审查后的处理结果不尽相同，有的予以支持，亦有被认定为虚假租赁而予以驳回的案例。总体而言，当承租人提出异议时，法院更倾向于实现申请执行人的债权，如此做法难免对承租人权益造成侵害。此外，也有被执行人与案外人恶意串通，以虚假的意思表示订立租赁合同试图排除执行，进而有损申请执行人的合法权益。笔者选取了部分典型案例进行实证分析，试提炼出现行规范下不动产强制执行中承租权的处置方式与影响。

（一）直接适用租赁权去除

案例一：深圳市福田区人民法院（以下简称福田法院）在执行申请执行人江苏银行深圳分行与被执行人深圳多家公司、自然人杨某借款合同纠纷一案过程中，决定不带租约拍卖被执行人鸿圣基公司名下位于深圳市的房产。[②] 案外人蔡某不服，向福田法院提出执行异议，并就其享有合法、有效的租赁权提供了大量证据予以佐证，包括最为核心的租赁合同、租赁缴纳凭证、抵押权人（申请执行人）同意出租涉案房屋的说明，甚至还提交了涉案房屋的租赁登记。蔡某的异议请求有三：第一，对涉案不动产进行带租拍卖；第二，拍卖公告上披露20年租约并已付清租金的事实；第三，确认承租人蔡某享有优先购买权。福田法院审查后认为蔡某与被执行人之间的长期租赁及租金支付方式有悖于常理，且租赁权晚于抵押权设立，即使租赁关系真实亦对处分抵押物后的受让人没有约束力，遂予以驳回。蔡某不服该裁定向深圳市中级人民法院（以下简称深圳中院）复议，深圳中院依照《最高人民法院关于人民法院民事执行中拍卖、变卖财产的规定》（以下简称《拍卖、变卖规定》）

① 龚方海：《涉租赁房产执行工作的难点与对策》，载《人民法院报》2021年5月12日，第7版。

② （2021）粤执监5号执行裁定书。

第 31 条第 2 款[①]之规定认定蔡某的租赁权会对申请人之抵押权实现造成重大影响，维持福田法院的裁定。蔡某继续向广东省高级人民法院（以下简称广东高院）申诉，广东高院作出（2021）粤执监 5 号执行裁定书，驳回了蔡某的申诉请求。

诚然，租赁负担，尤其是长期租赁的存在的确可能对强制拍卖中抵押权等优先受偿权之实现产生影响，但是“可能”并非“必然”，并且租赁权对抵押权实现的影响在有无和大小上均没有客观的衡量标准。本案中法院裁定不带租拍卖是出于维护债权人权益与执行效率的考量。虽符合法律规定，却也牺牲了承租人的合法权益：第一，实践中的不动产租赁，特别是对不动产以居住、经营为目的签订租赁合同的，租赁期限较长以及一次性支付大额租金的情况并非罕见，也无任何法律规范对该类租赁方式之效力予以否认。执行法院仅以“合同约定时间较长”“一次性支付租金”等行为悖于常理否认租赁关系的存在难免有事实认定不清的嫌疑。[②] 第二，部分承租人出于生活居住、生产经营等使用需要，在征得出租人同意后会对承租不动产进行特定化装修改造。[③] 此时法院裁定去除租赁权，将对承租人造成难以估量的损失。即使承租人在实体法上可以基于租赁合同向被执行人追究违约责任，但是该权利在性质上属于债权，一般情况下只能通过金钱给付的形式受偿。但受制于民法的填平原则，承租人订立租赁合同的预期利益难以从被执行人给予的金钱赔偿中实现。第三，通常情况下，在实现金钱债权的强制执行中，法院裁定执行不动产的前提条件是被执行人无其他财产可供执行。现法院将被执行人名下仅有的不动产进行强制变价以偿还债务，很可能出现承租人向被执行人主张违约责任时无法及时受偿的情形，部分被执行人甚至无力向承租人退还租金，最终使得承租人无力再度寻房承租而陷入“无房可住”“无房可用”的局面。

① 该条款现为《最高人民法院关于人民法院民事执行中拍卖、变卖财产的规定》（2020 年修正）第 28 条第 2 款，具体规定为：“拍卖财产上原有的租赁权及其他用益物权，不因拍卖而消灭，但该权利继续存在于拍卖财产上，对在先的担保物权或者其他优先受偿权的实现有影响的，人民法院应当依法将其除去后进行拍卖。”

② （2021）粤执复 885 号执行裁定书。

③ （2020）赣 05 执异 13 号执行裁定书。

（二）认定为虚假租赁

案例二：宏×公司与昆×公司建设用地使用权转让合同纠纷一案，被告昆×公司未能履行判决义务。① 原告宏×公司向昆山市人民法院（以下简称昆山法院）申请执行，昆山法院裁定拍卖被执行人昆×公司名下位于昆山开发区郭泽路××号工业用地及地上房产（房产为带租拍卖），即（2019）苏0583执9304号执行案件。在执行过程中，案外人李某向昆山法院提出执行异议，要求涤除案涉房产的租赁负担。昆山法院审查后认定如下事实：2016年3月1日，昆×公司与承租人签订工业厂房租赁合同，将案涉房产出租。2019年5月，双方签订补充协议：1. 被执行人调整出租3400平方米的厂房给承租人，厂房租赁单价不变，年租金302000元，租期为2016年3月1日至2030年2月28日。2. 其他条款仍按照2016年3月1日签订的租赁协议履行。后承租人实际支付租金至2019年5月底。在审理（2017）苏0583民初12113号案件中，昆×公司向昆山法院陈述承租人租赁方式为一年一租，租金用于抵扣昆×公司对承租人的欠款。昆山法院认为，根据关于本案案涉房产的租赁期限及方式，被执行人提交的证据与其在另案中作出的陈述不符，且租赁合同的租赁期限为5年以上的长期租约，其约定的租金经计算每平方米月租仅为7.4元，属于明显不合理的低价租金。综上，应当依照《最高人民法院关于人民法院办理执行异议和复议案件若干问题的规定》（以下简称《执行异议和复议规定》）第31条规定，② 认定为虚假租赁，支持案外人李某去除租赁的异议请求。

通过上述案例可知，虚假租赁是被执行人与案外人恶意串通，以虚假的意思表示成立租赁关系，再由案外人以对被执行人名下的不动产享有租赁权为由妨碍执行的一种执行规避行为。通常表现为租期长、租金低廉，部分

---

① （2020）苏0583执异289号执行裁定书。

② 《最高人民法院关于人民法院办理执行异议和复议案件若干问题的规定》第31条规定：“承租人请求在租赁期内阻止向受让人移交占有被执行的不动产，在人民法院查封之前已签订合法有效的书面租赁合同并占有使用该不动产的，人民法院应予支持。承租人与被执行人恶意串通，以明显不合理的低价承租被执行的不动产或者伪造交付租金证据的，对其提出的阻止移交占有的请求，人民法院不予支持。”

“承租人”还会声明一次性支付了多年甚至全部租金。法院也多是基于“低租金”“长租期”以及“一次性付清”来判断是否属于“虚假租赁”。这种判断方式存在将真实、合法的租赁关系认定为“虚假租赁”的风险，因为承租人与被执行人订立租赁合同属于当事人意思自治的民事法律行为，二者在订立租赁关系时被执行人未必处于个人资不抵债的状态，因此难言双方一定存在主观上的“恶意”和“虚假意思表示”。如果此时该租赁权还先于抵押权成立，则仅依据《执行异议和复议规定》第31条将之认定为“虚假租赁”，有滥用自由裁量权、违反司法裁判严谨性之嫌。

二、不动产强制执行中租赁权保护的制度缺陷

（一）案外人异议之诉主体不明

关于承租人在执行程序中的救济，现行《中华人民共和国民事诉讼法》（以下简称《民诉法》）规定了执行异议与案外人异议。[①] 前者的提出主体包括执行当事人与利害关系人，后者则是专门为案外人设计的救济方法。二者的区别在于异议所针对的对象不同。在执行异议中，异议人针对的对象是程序上的执行行为，与实体权利无关，因此又称之为对执行行为的异议。当事人、利害关系人对驳回异议的裁定不服的，可以向上一级人民法院复议。案外人异议则是异议人基于其对执行标的享有足以排除强制执行的实体权利，当法院的执行行为将侵害或者已侵害异议人对该标的的实体权利时，便可向法院主张排除执行的实体救济手段。除此之外，案外人还可以提起案外人异议之诉进行救济。根据《民诉法》第234条的规定，案外人异议是提起案外人异议之诉的前置程序，只有当案外人对异议裁定不服，与原判决、裁定无关的，案外人异议之诉才可能启动。法律前置案外人异议程序的优点有二：其一，增加案外人权益救济程序，赋予案外人程序选择权。由于案外人异议

① 《民诉法》及其司法解释并未对“利害关系人”作出封闭式例举，承租人可凭借利害关系人身份提出对执行行为的异议。

程序适用一审程序审理，对该判决结果不服的，还可以通过提起上诉、申请再审的方式维权；其二，案外人是否对执行标的享有足以阻却法院强制执行的权利需要经过法院审查判断，异议程序前置便于法院提前了解异议焦点并进行初审，实现案件分流。

然而，承租人是否可以在案外人异议被驳回后提起案外人异议之诉，仍是一个尚未确定的问题。案外人异议之诉是指案外人在对执行标的物享有足以排除强制执行的权利时，可以通过异议之诉阻止对该标的物的执行。通过概念可以梳理出该诉之提出须满足时间、主体以及事由三大要素，其中事由要素属于主体要素的延伸。[①] 时间要素要求案外人须在案外人异议裁定送达之日起 15 日内提起；主体要素是指提出者必须是与执行案件无关的案外人；事由要素则强调异议原因，要求案外人必须对执行标的物享有足以排除强制执行、阻止标的物转让及交付的实体权利。至于何种实体权利足以排除强制执行，案外人可以基于享有何种实体权利提起案外人异议之诉，《民诉法》及其司法解释并未作出明确规定。这就导致实践当中执行法院对案外人异议之诉中原告是否享有足以排除强制执行的实体权利进行审查时享有过大的自由裁量权，而承租人在提出案外人异议之诉时还须承担主体不适格而不予受理的风险。对于自身合法权益能够得到保护的期待是承租人选择救济途径的出发点，而案外人异议之诉主体资格的不明确将使承租人更倾向于选择执行异议，这在实质上剥夺了承租人的救济程序选择权，亦不利于案外人异议之诉制度效用的发挥。

（二）除权程序中利益衡量不当

经济交往的复杂化会导致“一物多权”现象的常态化。具体到执行程序中，作为执行标的的不动产上抵押权与租赁权相冲突的情况屡见不鲜。然而，我国的权利冲突处理规范并不完善，参考傅×、富邦华一银行有限公司苏州分行等借款合同纠纷执行复议执行裁定书中之裁判要旨，执行法院认为人民法院拍卖财产时出现抵押权与租赁权冲突的，应当依据《拍卖、变卖规定》

① 江伟：《民事诉讼法》，高等教育出版社 2016 年版，第 423 页。

第 31 条第 2 款（现为第 28 条第 2 款）规定，可以保留租赁权，也可以涤除租赁权。[①] 是否涤除该权利取决于该权利对在先的担保物权或者其他优先受偿权的实现是否有影响。有影响的应当去除。但《拍卖、变卖规定》第 28 条仅对租赁权去除程序做了原则性规定。[②] 至于去除程序的启动是依职权还是依申请，法院应当如何理解“有影响”并决定是否去除租赁权、租赁权去除后是否允许承租人进行救济等方面并无具体的法律规范。当作为执行标的的不动产出现权利冲突时，执行法官只能基于办案经验、对《拍卖、变卖规定》第 28 条的不同理解进行裁量，以致结果不一、实践混乱。最高人民法院在 2018 年印发的《最高人民法院关于加强和规范裁判文书释法说理的指导意见》中明确，人民法院应当在裁判文书说理论证中坚持法理情相统一的要求。据此，执行法官在面对权利冲突的案件时，应当秉持利益衡量的原则，从各方当事人利益最大化的角度出发进行裁量，以实现政治效果、法律效果、社会效果的三个统一。[③] 利益衡量原则是一种指导主观分配利益的科学逻辑，它不以绝对公平为恒定标准，而是要求法院必须深入到个案中进行具体分析。遗憾的是，从裁判文书网能够检索到的执行裁定来看，虽然在事实认定部分各不相同，但就“有影响”的判断标准而言，执行法院大都倾向于依据《中华人民共和国物权法》第 190 条或《中华人民共和国民法典》（以下简称《民法典》）第 405 条的规定，即否认抵押权设定后的租赁权之对抗效力。甚至在申请执行人明确同意的前提下，法院依旧未能支持承租人带租拍卖的请求。[④] 这种不分具体情况研讨即对租赁权采取一律去除的做法在一定程度上保障了执行效率，维护了申请执行人与买受人的权益。但其完全无视承租人利益的价值取向极易激化承租者与申请执行人之间的矛盾，是一种罔顾利益衡量原则的倾斜式裁判。

---

① （2020）最高法执复 112 号执行裁定书。

② 秦梦琪：《论强制执行中不动产租赁权负担之处理》，西南政法大学 2021 年硕士学位论文，第 17 页。

③ 陈明灿：《从博弈到共存：执行程序中租赁权的保护范围及限度——以善意执行视角下利益衡量论为视角》，载《法律适用》2020 年第 21 期。

④ （2021）苏 0402 执异 114 号执行裁定书。

三、不动产强制执行中租赁权保护的基本原则

民事执行是以债务人不履行义务、债权人申请为条件的私权实现程序。出于对司法公信力的维护，人民法院在执行程序中会以尽快实现申请人的给付请求权为工作目标。但过分追求效率难免出现审查不到位、适用法律错误的情形。例如在（2021）粤执复885号执行裁定中，广东高院认为复议申请人请求中止对涉案房产的执行或者带租约拍卖的主张属于对执行标的的异议，应当适用《民诉法》第234条进行审查。深圳中院（执行法院）按照执行行为异议适用《民诉法》第232条的做法属于适用法律错误，裁定发回重审。作为公法的一种，民事强制执行法除了为执行程序提供规范指引外，还肩负保障无关第三人的生活安宁及财产安全之职责。① 在承租人与申请人权益冲突常态化的现实面前，未来的强制执行法在制度设计上应当体现比例适当、人权保障、善意文明三大原则之要求。

（一）比例原则

虽然民事执行因为存在明确的执行依据和执行范围，在自由裁量的空间上不如行政领域的行政权。但民事执行领域依旧存在权力滥用的现象，例如违法执行、过度执行等。此外，在国家公权机关不予介入的前提下，仅凭债权人的私力救济手段一方面难以实现债权，另一方面亦容易出现暴力催收、人身控制等违法现象。在此情形下，作为从价值取向上协调权力与相对人之间合理关系的比例原则，理应成为民事强制执行法的基本原则。在民事执行领域讨论比例原则，意味着强制执行权在被法院行使以实现债权时，除依法行使执行权外，还必须最小化对私权利的侵犯。通说认为，比例原则有适合性、必要性、均衡性三个子原则。适合性原则强调行使执行权方式应适合行权目的之实现，即执行法院对被执行人决定执行时，所选择的执行措施是适

① 黄忠顺：《以人民为中心的民事强制执行立法：逻辑起点、价值理念及关键环节》，载《深圳大学学报（人文社会科学版）》2022年第1期。

合实现申请人债权的正确手段，其手段之正确性在于禁止超出执行依据确定的债权数额对被执行人的财产采取查封、变卖等执行措施。必要性原则要求执行措施必须是债权人实现债权的最后手段。换言之，只要实现债权的方法并非唯一，执行机关就必须对不同方法进行利益衡量，并以侵害最小的方式实施执行。在不动产强制拍卖中，经常出现抵押权与租赁权的冲突，是否去除租赁权必须先审查租赁权的存在是否对抵押权之实现产生影响。此时法院即当以必要性原则为指导，如果带租拍卖不动产所得价款足以实现债权，且不会将买受人置于不利地位时，应裁定保留租赁权，实现三方利益之平衡。反之，应予以涤除。作为比例原则精髓的均衡性原则既强调必要性，又规制适合性。在均衡性原则的要求下，执行程序所侵害或可能侵害的权益不得超越其要维护和实现的权益，这为执行法院合理行使强制执行权设置了利益衡量标准，以充分发挥适合性原则和必要性原则之作用。以上三个子原则从不同方面表达比例原则对民事强制执行的要求，即执行措施必须恰当、必要且适度，以平衡债权人与债务人的权益，确保执行程序的公正合理。在实务中，基于这三个子原则，执行法院可以根据具体情况灵活采取执行措施，兼顾效率和案外人权益，实现执行程序的良性发展。

（二）人权保障原则

2004 年，“国家尊重和保障人权”以宪法修正案的形式第一次载入《中华人民共和国宪法》，这对我国人权事业与人权制度的发展具有里程碑式的意义。基本人权在宪法上的规定包括人身自由、人格尊严、住宅安宁以及通信秘密。其中，人身自由及人格尊严应当视为公民自立的前提和基础，住宅安宁和通信秘密则是公民维持幸福生活的保障。受制于根本法的性质，宪法只能对人权及其保障作出原则性规定。在实施上仍有赖于民法、刑法等实体法进一步具体化，以及民诉法、刑诉法等程序法来强制。就程序法而言，作为民事审判的衔接程序，民事强制执行在制度设计上应服务于实体权利之实现。此处对“实体权利”有“狭义”与“广义”两种解释：第一，仅指申请人的债权；第二，执行程序中所涉全部私主体在法律上所应当享有的权利。在人权法治保障事业飞速发展的背景下，为契合完善人权司法保障之要求，对执行法与执行程序所保护与实现的“实体权利”应该采取广义理解。第三人作为可能在执行程序中被涉及的主体，其合法权益之保护应与申请执行人债权之实现同等重要。我国司法执行业绩考核以执行结案率为主要考核指标，导致负有强制执行权的法院及其执行工作人员为尽快实现执行终结而侧重于保护申请人的债权。然而，这种“偏向式”裁判思路并未体现对案外人权益的尊重，反倒是形成了以债权人保护为借口的“话语霸权”。[①] 须知某些债权人与案外人冲突激烈的案件背后，恰恰是法院对债权的支持严重损害了第三人的权益。我国在实体法上已经许可第三人基于所有权、租赁权等权益对抗债权人。相应地，程序法上也应充分体现宪法尊重和保障人权的要求，实现从诉讼到执行全过程的人权法治保障。[②] 具体而言，即应以最大化执行程序效益为出发点，在《民事强制执行法》立法中将人权保障作为基本原则一以贯之，以实现规范指引上债权人的债权实现和第三人权益保障的平衡。[③]

（三）善意文明执行原则

善意文明执行原则是善意文明理念在强制执行领域的具体化，包含“善意”与“文明”两个要件。“善意”考察执行机关的主观判断，“文明”要求具体的执行行为。作为司法权力体系的组成部分，执行机关在行使民事强制执行权时是否贯彻“善意”“文明”的要求，是评价一个现代化法治国家司法文明程度的重要标尺。2019 年 7 月，中央全面依法治国委员会印发《关于加强综合治理从源头切实解决执行难问题的意见》（以下简称《切实解决执行难意见》），明确提出了“善意执行、文明执行”理念。2019 年 12 月，最高人民法院印发《关于在执行工作中进一步强化善意文明执行理念的意见》（以下简称《善意文明执行意见》），提出人民法院在执行中充分认识到善意文明的重要性质和精神实质，严禁超标的查封和乱查封，依法适当采取变价措施等要求。

---

① 汪振林、肖仕卫：《民事强制执行原则研究》，载《云南大学学报（法学版）》2003 年第 2 期。

② 田平安、马登科：《民事强制执行中的人权保障》，载《政治与法律》2005 年第 3 期。

③ 李燕、高星阁：《论民事执行程序中的人权保障》，载《重庆大学学报（社会科学版）》2022 年第 6 期。

可见，善意文明执行原则在我国民事强制执行领域已经得到充分重视。

学界有观点认为，善意文明执行原则就是比例原则在执行层面的具体化，不必将之单独确定为一项民事执行原则。[①] 其论证不无道理。例如，《善意文明执行意见》中对于“善意文明执行”的表述为“要坚持比例原则，找准双方利益平衡点”。但是，两者的内涵并不完全相同。从程序法意义上讲，善意文明执行原则既强调执行法院在作出主观的执行裁定时必须摒弃“倾斜保护”“盲求效率”等“非善意”裁判思路，又要求在实施的查封、扣押、变价等法定执行措施中执行人员的具体行为必须符合文明社会的基本要求。而比例原则要求执行时的程度和对象要相互匹配，执行的方式和手段应依法合规，并且以实现债权人的合法权益为目的。一言以蔽之，上述两个原则都旨在保护被执行人、第三人的合法权益，但侧重点有所不同。前者注重执行过程中的合理性和人道性，后者更加关注执行的方式和手段的适度性。此外，善意文明执行原则还附带有一定的政治属性。人民法院在执行工作中强化善意文明执行理念，是坚持以人民为中心发展思想的必然要求。[②] 可以说，善意文明执行原则既是对比例原则的补充，又是司法领域体现政治文明的重要原则。鉴于十四届全国人大常委会在公布的立法规划中，已将《民事强制执行法》列入第一类立法项目。[③] 为推动执行工作持续健康高水平运行，善意文明执行原则也应当作为一项民事执行的基本理念，纳入未来的《民事强制执行法》当中。[④]

四、不动产强制执行中租赁权保护的完善建议

（一）客观化租赁权影响力的判断标准

当被法院裁定拍卖的不动产上设有抵押权时，往往引起抵押权与租赁权

① 陈杭平：《“善意执行”辨》，载《华东政法大学学报》2021 年第 2 期。

② 黄忠顺：《善意文明执行理念研究——以金钱债权执行标的之确定为中心》，载《广东社会科学》2023 年第 5 期。

③ 立法“第一类项目”是指条件比较成熟、任期内拟提请审议的法律草案。

④ 陈杭平：《“善意执行”辨》，载《华东政法大学学报》2021 年第 2 期。

的激烈冲突。在确认租赁关系真实有效的前提下，执行法院主要判断租赁权和抵押权何者设立在先。对于“先租后抵”的案件，我国现行法律存在比较完善的规定，即遵循“买卖不破租赁”，由法院裁定对案涉不动产带租拍卖。然而，在“先抵后租”的情形下，我国尚还缺乏明确的法律规范及其配套制度。《最高人民法院关于适用〈中华人民共和国担保法〉若干问题的解释》（以下简称《担保法解释》）第66条、《民法典》第405条均未明确该种情形下租赁权是经特定程序去除还是当然无效，《拍卖、变卖规定》第28条仅明确了人民法院对有影响的租赁权应当去除，未涉及“有影响”的具体判断方式及标准，导致实践中做法不一，造成执行乱象。从笔者检索到的裁定文书来看，主流的裁判观点认为“先抵后租”下，租赁权之存在必然影响抵押权实现，应当由法院依职权将租赁权去除。也有学界观点认为，出于权益保护平衡的考量，既然法律已经对“先租后抵”中租赁权进行了保护，那么“先抵后租”应当侧重于抵押权的实现。《执行法（草案）》第131条第2款规定：“不动产查封前设立的用益物权及租赁权，不因变价而消灭；但是该权利继续存在于不动产上，对在先的担保物权或者其他优先受偿权的实现有影响的，人民法院应当依法将其除去后进行变价。”从该条的内容可以看出草案实现了对《民法典》第405条“买卖不破租赁”，以及《拍卖、变卖规定》第28条第2款的继受，但仍未明确租赁权影响抵押权的标准。如果未来的《民事强制执行法》对该问题没有妥善处理，执行法院在面对“先抵后租”时仍然会陷入“无法可依”的局面。如果任由当下裁判思路发展，又可能造成对抵押权人过度保护进而损害无辜承租人权益，以至司法公信力受损的局面。基于此，在《执行法（草案）》中增加租赁权影响力判断条款有其必要性和正当性。首先，建议立法机关参考瑞士的“双重报价”制度建立我国自己的“市场判断法”。即案涉不动产第一次拍卖时，允许带租拍卖，若拍卖结果足以实现抵押权，则租赁无须去除。若第一次拍卖的结果不足以实现抵押权的，则法院依职权将抵押权去除后进行二次拍卖，如果所得价款足以实现抵押权，证明租赁权对抵押权产生了影响。其次，《执行法（草案）》还应当突出对当事人处分自身权益的尊重。在先抵后租的情形下，如果承租人与抵押权人达成协议，向执行法院提出同意将案涉房产带租拍卖的，法院在考察协议是否为抵押权人真实意愿的前提下应予以尊重。而不能以必然损害买受人利益为由予以驳回，因为是否“有影响”应当取决于不动产交易市场，即使出现因租赁而导致案涉不动产流拍、抵押权难以实现的情形，也应将此后果带来的不利影响归责于抵押权人自甘风险行为，而不能以必然牺牲承租人合法权益的方式为抵押权人处分自身权益的行为买单。将“有影响”的判断交给第三方市场，通过市场交易情况来反映租赁权的存在是否影响到抵押权之实现。这种做法避免了因法院主观判断失灵而损害承租人利益的可能，提高了法院去除租赁之裁定的社会认可度。虽然一定程度上延长了执行时间，但在未以牺牲抵押权人利益为代价的前提下，实现了对承租人利益的最大化保护。从长远来看，可起到有效减少承租人异议的作用，总体上提高了执行效率。

（二）允许变更、追加承租人为执行当事人

原则上，强制执行所涉及的主体仅包括负有给付义务的执行依据所确定的债权人及债务人，不涉及执行案件无关的第三人。这种执行“一对一”的模式在于纠纷只限于双方当事人，鲜有牵涉到第三人的。但是，我国进入市场经济时代以来，为最大化发挥物之经济价值，产权关系出现了“所用”到“利用”的变更。[①] 同一财产所有权人、使用权人、占有人并非同一主体的情况屡见不鲜，在此基础上出现的纠纷多有涉及第三人利益的情形，过去“审执合一”的执行体制已难以实现高效解纷。基于此，我国于 20 世纪 90 年代开启了“审执分离改革”。在此背景下，执行依据的范围不再局限于法院作出的生效判决书，执行力的主观范围也应以克服当下执行中出现的阻碍执行的现实问题为出发点而有所扩张。《执行法（草案）》第 19 条至第 21 条对变更、追加执行当事人的范围、程序及其救济做了明确规定。其中第 19 条第 2 款明确规定了可被执行的主体范围，包括承担清偿责任的出资人、未缴纳或者未足额缴纳出资的有限合伙人、承担连带清偿责任的普通合伙人等。可见，《执行法（草案）》不再局限于既判力相对性原则的范围，而是可以基于与

① 胡云鹏：《既判力主观范围扩张的法理探析》，载《河南社会科学》2009 年第 5 期。

执行依据确定的负有给付义务的被执行人在实体法上存在特定关系的标准来确定可被追加、变更的主体。近年来，无论是动产还是不动产的执行，案外人以租赁关系主张排除强制执行的案件日益增多。此类案件的执行结果往往牵涉到对第三人权益的保护与实现债权人给付请求的利益平衡问题。在众多承租人异议的案件中，“买卖不破租赁”原则经常被承租人视作维权的“救命稻草”。如果执行法院的裁定不能体现对该原则的尊重，一方面会降低公民心中对法律及法院的信赖，影响司法公信力，另一方面也容易导致市场主体对租赁的限制物之经济价值的完全发挥。建议未来立法时在《执行法（草案）》第 19 条第 2 款基础上将承租人纳入“可被变更、追加为被执行人”的主体范围。因为根据民事实体法，承租人亦属于与被执行人之间存在特定法律关系的主体之一，符合第 19 条确定变更、追加当事人主体的设计标准。当然，案外人与当事人之间是否存在实体法律关系需要经过司法审查或确认，未经审查或确认的案外人不应当成为执行当事人。[①] 强制执行法不能盲目地赋予执行法院权力以裁定变更、追加承租人为执行当事人。为满足实体法律关系经过审查这一前置条件，可将增加的条文表述为“基于租赁权提出异议，经审查确认存在租赁关系，但予以驳回的承租人”。如此既遵循了民事强制执行立法应当警惕追求执行效率而无限制干预第三人的要求，又为因虚假租赁的立法不足而导致的法官自由裁量权过大问题提供了规避途径，还实现了“执行不破租赁”以保护合法租赁权的效果，为化解承租人与申请执行人、买受人之间的矛盾供给更为明确的指引，减少因执行引起另案纠纷的可能。

结　语

不动产租赁权作为一项实体性权利，在民事强制执行中没有得到足够的重视与保护。我国虽然在实体法上明确了“买卖不破租赁”规则，但执行程序中对其该如何理解与适用，现行法律中缺少明确、系统的规范，实务中法

① 黄忠顺：《涉案外人权益的民事强制执行制度研究——以〈民事强制执行法（草案）〉涉案外人权益条款为中心》，载《河北法学》2022 年第 12 期。

院的裁判亦存在“重效率，轻保护”的惯性做法。因其关涉民生，可借助此次民事强制执行单独立法之良机，从租赁权对抵押权等优先受偿权实现的影响力判断标准、执行当事人范围两个方面对不动产上租赁权负担之处理作出明确、具体的程序规范，在不影响债权人给付请求实现的前提下争取法律上对承租人权益的最大化保护。

（刘宇昊：中南大学法学院）

论指定遗产管理人程序启动的优化

蒋文涛

随着社会经济的快速发展和人口老龄化的加速，遗产继承问题日益凸显，逐渐成为法律界和社会关注的焦点。遗产作为个人财富的重要组成部分，其妥善管理与分配不仅关系到继承人的切身利益，也直接影响到社会的和谐稳定。因此，建立和完善遗产管理人制度，确保遗产得到公正、有效的管理，具有重要的现实意义。《中华人民共和国民法典》（以下简称《民法典》）通过新增遗产管理人制度，从实体上规定了担任遗产管理人顺位。然而，程序上如何指定遗产管理人始终处于缺位状态，导致法院在实践中面对此类问题时处理混乱。2023 年 9 月 1 日，第十四届全国人大常委会第五次会议审议通过了《全国人民代表大会常务委员会关于修改〈中华人民共和国民事诉讼法〉的决定》，自 2024 年 1 月 1 日起施行。新修正的《中华人民共和国民事诉讼法》（以下简称《民事诉讼法》）在特别程序部分新增了指定遗产管理人案件程序，从程序上完善了指定遗产管理人制度。遗产管理人制度的完善不仅保障了被继承人与其他民事主体间的交易安全，也维护了继承人的利益以及与继承人交易的第三人之利益和交易安全。①

虽然《民事诉讼法》新增了指定遗产管理人程序，然而由于其程序启动规定比较模糊，其仍然存在不完善之处。遗产管理人制度不仅仅涉及实体方面，也有程序方面的内容。② 本文目的是解决指定遗产管理人程序启动存在的

① 陈苇、石婷：《我国设立遗产管理制度的社会基础及其制度构建》，载《河北法学》2013 年第 7 期。

② 马丁：《遗产管理人的地位与功能阐释——实体与程序规制互济的视角》，载《交大法学》2022 年第 3 期。

问题。在研究思路上，本文通过实证研究方法，分析司法实践中此类问题的案例，通过体系解释、适用其他程序之规定弥补遗产管理人制度启动程序上的不足，在无法通过法律解释解决问题时，提出进一步立法完善的建议。

一、指定遗产管理人程序启动的规范解读

在《民事诉讼法》直接规定指定遗产管理人程序之前，指定遗产管理人程序的启动主要基于《民法典》及《民事诉讼法》的相关规定。实体法部分是《民法典》第 1145 条[①]和第 1146 条。[②] 第 1145 条规定了遗产管理人的产生方式，包括遗嘱指定、继承人推选、继承人共同担任、民政部门或村民委员会担任，以及在有争议时由法院指定；第 1146 条进一步明确了在遗产管理人的确定有争议时，利害关系人可以向人民法院申请指定遗产管理人。程序法部分是《民事诉讼法》第 194 条[③]规定了指定遗产管理人申请人、管辖地域法院及管辖法院层级。

就启动程序而言，主要包括以下几个方面：首先是程序的启动条件，需遗产管理人的确定存在争议。在遗产管理人的确定存在争议的前提下，利害关系人可以向人民法院申请指定遗产管理人。对利害关系人的认定，不仅让司法行政机关困扰，也让审判机关困扰。[④] 就指定遗产管理人程序中利害关系人的界定问题，下文会详细分析，此处不再赘述。在申请时需提交相关材料，如申请书、身份证明、遗嘱（如有）、财产清单等，以证明申请的必要性和合理性。其次是管辖法院，指定遗产管理人案件的管辖法院为被继承人死亡时

① 《民法典》第 1145 条规定："继承开始后，遗嘱执行人为遗产管理人；没有遗嘱执行人的，继承人应当及时推选遗产管理人；继承人未推选的，由继承人共同担任遗产管理人；没有继承人或者继承人均放弃继承的，由被继承人生前住所地的民政部门或者村民委员会担任遗产管理人。"

② 《民法典》第 1146 条规定："对遗产管理人的确定有争议的，利害关系人可以向人民法院申请指定遗产管理人。"

③ 《民事诉讼法》第 194 条规定："对遗产管理人的确定有争议，利害关系人申请指定遗产管理人的，向被继承人死亡时住所地或者主要遗产所在地基层人民法院提出。申请书应当写明被继承人死亡的时间、申请事由和具体请求，并附有被继承人死亡的相关证据。"

④ 刘立柱、何志才：《对"利害关系人"的困惑——从一起公证申诉案谈起》，载《中国司法》2003 年第 10 期。

住所地或者主要遗产所在地基层人民法院。这一规定有利于遗产的及时管理和保护，也有利于对遗产享有权利的债权人等利害关系人的利益维护。最后是特殊情形的处理，如果被指定的遗产管理人出现死亡、终止、丧失民事行为能力或其他无法继续履行遗产管理职责的情形，人民法院可以根据利害关系人或本人的申请另行指定遗产管理人。这一规定确保了遗产管理程序的连续性和稳定性，且这种情形多数是自然人担任遗产管理人的情形。这也引申出一个问题，如果出现作为法定遗产管理人的单位无法履行遗产管理人职责的情形时，能否另行指定遗产管理人，又能指定谁为遗产管理人？该问题有待深入思考。

指定遗产管理人程序的启动，是基于《民法典》和《民事诉讼法》的相关规定而进行的。该程序一经启动，利害关系人的意志就不在法院考察范围内。① 该程序旨在解决遗产管理人确定过程中的争议，确保遗产得到妥善管理和分配。通过明确管辖法院、指定原则及遗产管理人的职责等事项，该程序为遗产管理人制度的实施提供了有力的法律保障。

二、指定遗产管理人程序启动的问题检视

（一）利害关系人范围不明

从此次修订的《民事诉讼法》关于新增遗产管理人制度的条文的内容来看，申请指定遗产管理人程序的启动，几乎是完全照抄《民法典》中关于利害关系人可以申请法院指定遗产管理人的情形。②

在利害关系人申请法院指定遗产管理人的司法实践中，各级法院对利害关系人范围存在不同理解，进而导致出现许多问题。其中主要指的是对民政部门或村委会是否可以作为利害关系人，向法院提出申请自己作为遗产管理人，实践中存在争议。按照《民法典》规定，只有在没有继承人或继承人都

① 罗师：《〈民法典〉视域下遗产管理人制度实务问题研究》，载《社会科学动态》2022 年第 7 期。

② 《民事诉讼法》第 194 条。

放弃继承的情形下，才由被继承人生前住所地的民政部门或村民委员会担任遗产管理人。司法实践中，有法院认为民政部门不属于利害关系人，无权申请自己为遗产管理人，驳回了民政部门的申请。① 也有村民委员会主动申请自己为遗产管理人，法院同意该村民委员会为遗产管理人，也就是认为村民委员会属于利害关系人。② 各地法院做法不同，可以看出各地法院对民政部门以及村民委员会是否为利害关系人的理解存在争议。除此之外，利害关系人是否可以包括无财产纠纷，又不具有亲戚关系的人，这也存在问题。实践中存在被继承人的邻居与被继承人无财产纠纷，只是出于与被继承人的情谊，为了维护其利益，作为申请人申请指定民政部门为遗产管理人的情形，法院也同意了申请人的申请，将民政部门指定为遗产管理人。③ 此案中法院虽然没有驳回申请人的申请，但与实践中多数作为被继承人的近亲属或对遗产享有利益的主体申请指定遗产管理人不同，此案申请人对遗产不享有任何利益，值得思考。

（二）启动指定遗产管理人程序的条件不明

利害关系人申请法院启动指定遗产管理人程序，需要前提条件，那就是对遗产管理人的确定存在争议。此处的争议，指的是对遗产管理人的确定争议，不同于民事权益争议。民事权益争议的对象都是与民事实体权利相关，而指定遗产管理人涉及对遗产管理人确定的争议。有学者认为，此处的“争议”应包括积极冲突与消极冲突，其中消极冲突指的是无人担任遗产管理人的情形。④ 消极争议情形通常包括无遗嘱执行人、继承人都争当遗产管理人，无继承人或继承人都放弃继承、民政部门或村民委员会不愿意担任遗产管理人等情形。

在实践中，存在错误适用指定遗产管理人程序的现象，将担任遗产管理

① 参见（2022）云 2901 民特 4 号民事判决书。

② 参见（2022）赣 0321 民特 2 号民事判决书。

③ 参见（2023）沪 0115 民特 44 号民事判决书。

④ 王葆莳、吴云煐：《〈民法典〉遗产管理人制度适用问题研究》，载《财经法学》2020 年第 6 期。

人理解为必须经过法院指定。即便对确定遗产管理人不存在争议，利害关系人也向法院提出申请，法院也予以同意。例如虽然对遗产管理人确定无争议，但利害关系人为了弄清楚谁是遗产管理人，在不存在被申请人的情况下，向法院提出指定遗产管理人的申请，即在只存在申请人，不存在被申请人的情况下，法院将村民委员会指定为遗产管理人。① 也存在着相反的判例，虽然有利害关系人申请，有被申请人，被申请人未明确放弃继承权，但在申请人申请被申请人为遗产管理人情形下，法院驳回了申请人的请求，缘由是不存在对遗产管理人确认有争议的情形。② 还有同为第一顺位的继承人，对担任遗产管理人不存在争议，只是同为第一顺位的继承人年纪已高，不适宜担任遗产管理人，故另一第一顺位继承人申请自己担任遗产管理人，法院同意了申请人的申请。③ 尽管《民法典》第 1145 条规定了遗产管理人担任的顺位，但这种遗产管理人的担任是当然担任还是必须经过法院指定才具有效力仍有实践争议，这也体现不同法院对确定遗产管理人存在争议的不同理解。

（三）在诉讼程序中可否指定遗产管理人不明

对于确定遗产管理人存在争议，这本身不属于对民事权益有争议，因此不应当适用诉讼程序指定遗产管理人。在此之前的司法实践中，对遗产管理人确定有争议通常通过三种方式解决。第一种是通过特别程序确定。在 2020 年修订的《民事案件案由规定》里就新增了一个二级案由，即“指定遗产管理人案件”，各级法院主要是通过特别程序解决此类案件。第二种是适用诉讼程序在“遗产管理纠纷”中指定遗产管理人。这种情形下，指定遗产管理人通常会在诉讼程序中作为原告或被告的一个诉讼请求提出，由法院对其进行认定。司法实践中也存在即便原被告未提出指定遗产管理人诉讼请求，但基于化解遗产管理纠纷需要，法院也会在判决书中指定遗产管理人的情形。④ 第三种是在其他诉讼纠纷程序中指定遗产管理人。例如在债权债务纠纷中，债

① 参见（2021）皖 1021 民特 8 号民事判决书。

② 参见（2023）辽 0703 民特 58 号民事判决书。

③ 参见（2023）沪 0113 民特 259 号民事判决书。

④ 参见（2021）京 0115 民初 14928 号民事判决书。

权人直接起诉被继承人的继承人要求偿还债务，但继承人都明确表示放弃继承，法院虽然未明确指定放弃继承的继承人担任遗产管理人，但裁判结果却客观上让继承人承担了遗产管理人的义务。[①]

虽然新《民事诉讼法》明确了指定遗产管理人程序属于特别程序，不适用诉讼程序，但这也只能对部分适用诉讼程序审理指定遗产管理人的案件有影响，这种案件原告起诉主要诉讼请求就是要求指定遗产管理人，新《民事诉讼法》施行后这类案件适用特别程序。但对于未在诉讼中作为诉讼请求提出、法院在审理案件过程中需要指定遗产管理人的诉讼案件，这类案件即便在新《民事诉讼法》施行后，依然会继续适用诉讼程序审理。

三、指定遗产管理人程序启动遇困的成因分析

（一）利害关系人概念本身模糊

解释法律，应尊重法条文义，始能维护法律的尊严及其安定性价值。[②] 利害关系人这一名词，从文义解释上来说，内涵就非常不明确。何谓利害，包括利益与害处，利害关系人即有利益或害处关系的人。利益，包括金钱利益与非金钱利益，对害处也可作相同的解释。因此，利害关系人这个词语本身是内涵非常模糊的，需要在具体法律情景中进行解释。

关于利害关系人的范围的界定，实体法与程序法也有所不同。就《民法典》实体法本身内部而言，其关于利害关系人的界定在不同情景下也不相同。在申请法院宣告失踪场合，利害关系人包括近亲属，依据民法典第 1128 条、第 1129 条规定对被申请人有继承权的亲属。[③] 而在申请确认婚姻关系无效的利害关系人主体里，还包括了基层组织。[④] 可以看出，即便在实体法内，不同

---

① 参见（2021）湘 01 民终 14093 号民事判决书。

② 梁慧星：《论法律解释方法》，载《比较法研究》1993 年第 1 期。

③ 参见《最高人民法院关于适用〈中华人民共和国民法典〉总则编若干问题的解释》第 14 条。

④ 参见《最高人民法院关于适用〈中华人民共和国民法典〉婚姻家庭编的解释（一）》第 9 条。

规定下对利害关系人解释也就不同，其对应的主体范围也不尽相同。在民事诉讼程序上，根据诉讼程序与非讼程序的区别，利害关系人范围也可作不同解释。在诉讼程序中，利害关系人与当事人关系难以分清；在非讼程序中，利害关系人凭借着利害关系在当事人与案外人之间游离。利害关系人范围界定不清不仅影响当事人资格生成和诉权行使，还影响民事审判权作用范围。①

（二）遗产管理人担任前提条件不明

上文分析遗产管理人概念时，提到我国遗产管理人产生方式包括意定与法定方式。意定就是指由被继承人在遗嘱中指定的遗嘱执行人担任遗产管理人或由继承人推选出遗产管理人。法定方式产生的则是上述方式之外产生的遗产管理人。在我国通过法定方式产生的遗产管理人就包括两个主体，一是民政部门，二是村民委员会。而目前无论是《民法典》还是新《民事诉讼法》都未对遗产管理人的担任程序作出规定。遗产管理人担任是否一定需要经过法院的指定遗产管理人程序才能生效，法律并未给出具体规定，只是规定了对遗产管理人的确定有争议时，利害关系人可以申请法院指定遗产管理人。这也导致实践中，遗产管理人为了增强其任职的权威性与便利性，在没有对遗产管理人确定存在“争议”的情况下，由利害关系人向法院提出申请指定被申请人为利害关系人。被申请人完全同意担任遗产管理人，法院也同意利害关系人的申请将被申请人指定为遗产管理人。对于这些不存在“争议”却启动的指定遗产管理人案件，当事人以及法院都对遗产管理人的担任程序产生了误解，认为遗产管理人的担任必须经过法院指定才有效，否则不能担任遗产管理人。此时忽视了《民法典》规定的只有在对遗产管理人确定存在争议的情况下，利害关系人才能申请法院指定遗产管理人。

（三）诉讼中指定遗产管理人的现实需要

在新《民事诉讼法》修正之前，特别程序中不存在指定遗产管理人的程

① 李喜莲：《民事诉讼法上的“利害关系人”之界定》，载《法律科学（西北政法大学学报）》2012 年第 1 期。

序，多数指定遗产管理人的案件适用特别程序是各地法院在实践中的通行做法，但并未在立法层面明确指定遗产管理人适用特别程序。因此，这也导致了部分利害关系人直接通过诉讼程序要求指定遗产管理人，法院继而予以指定遗产管理人的做法。有学者认为《民法典》第1146条规定不明确，利害关系人向人民法院申请指定应依什么程序，是通过特别程序单独提起申请，还是在审理继承案件时一并提起未予以明晰。①

诉讼程序中可以指定遗产管理人，特别程序也可以指定遗产管理人，似乎两者存在重叠，导致指定遗产管理人特别程序形同虚设，未能正确认识在诉讼程序中指定遗产管理人的性质。诉讼程序中“指定”遗产管理人的性质不同于特别程序中指定遗产管理人。诉讼程序中的“指定”更确切地说是对事实的认定，与通过特别程序指定的遗产管理人不同，其是通过判决的形式在裁判结果里指定的遗产管理人。且在诉讼中“指定”遗产管理人需要的前提是对遗产管理人的确定不存在争议，如果对遗产管理人的确定存在争议，就应该适用特别程序指定遗产管理人。这是一种现实需要，一方面，在诉讼中碰到对遗产管理人确定无争议的情形，此种情况下不能启动指定遗产管理人程序，而法院解决纠纷又需要确定遗产管理人，因此法院可以在事实认定部分确定遗产管理人。另一方面，对于间接确定遗产管理人的情形，法院在事实认定部分也确定遗产管理人，却在判决书中要求被告承担相当于遗产管理人职责的情形，这种情况不宜启动指定遗产管理人的程序。此种情形下，通常是继承人都放弃继承，但仍然占有遗产或只有继承人担任遗产管理人合适的情形，法院根据《最高人民法院关于适用〈中华人民共和国民法典〉继承编的解释（一）》第32条规定，继承人放弃继承行为无效，但也不会将其指定为遗产管理人，而是要求其承担遗产管理人的职责。因此法院遇到此种情形时，基于现实需要在诉讼程序中间接指定遗产管理人，而不宜再适用指定遗产管理人的特别程序。

① 吴国平：《民法典遗产管理人制度的规则适用与立法完善》，载《法治现代化研究》2022年第2期。

四、指定遗产管理人程序启动的优化对策

(一) 明确利害关系人范围

对于申请指定遗产管理人特别程序的利害关系人，由于司法实践中会出现上述提到的问题，因此也有必要通过司法解释进行明确，以减少实践中因利害关系人范围不明确产生的法律适用问题纠纷。对此，我国相关立法已有成例。在利害关系人向法院申请宣告失踪的特别程序中，公民下落不明满两年，利害关系人可向法院申请宣告失踪。该程序中也存在利害关系人内涵不明确导致司法实践中对何为利害关系人的范围产生争议，进而通过《最高人民法院关于适用〈中华人民共和国民法典〉总则编若干问题的解释》第 14 条对该利害关系人范围进行明确。① 对于《民事诉讼法》中新增的指定遗产管理人程序中的利害关系人，也可通过适用《民事诉讼法》的司法解释对利害关系人范围进行明确，以减少因该问题引起的争议。

遗嘱执行人及继承人应当可以作为利害关系人在遗产管理人确定有争议时向法院提出申请指定遗产管理人，这应当是毫无争议的。有争议的是上文提到的民政部门以及村民委员会，是否可以作为利害关系人，向法院申请指定遗产管理人。由于民政部门及村民委员会担任遗产管理人的前提条件是无继承人或继承人均放弃继承，在司法实践中基本上是被法院指定为遗产管理人的，很少存在其主动去承担遗产管理人的职责。一方面，民政部门或村民委员会对于如何担任遗产管理人缺少相关规定，导致其不知如何履职，害怕失职承担责任，甚至需要承担民事赔偿责任。② 对此，也应该完善民政部门或

---

① 《最高人民法院关于适用〈中华人民共和国民法典〉总则编若干问题的解释》第 14 条规定："人民法院审理宣告失踪案件时，下列人员应当认定为民法典第 40 条规定的利害关系人：(一) 被申请人的近亲属；(二) 依据民法典第 1128 条、第 1129 条规定对被申请人有继承权的亲属；(三) 债权人、债务人、合伙人等与被申请人有民事权利义务关系的民事主体，但是不申请宣告失踪不影响其权利行使、义务履行的除外。"

② 王改萍：《论遗产管理人民事责任的承担》，载《山西高等学校社会科学学报》2015 年第 6 期。

村民委员会担任遗产管理人的配套措施，这对实现遗产管理的目的，维护各方当事人的利益有好处，法律应当允许。① 另一方面，因为现阶段我国行政机关普遍存在缺乏主动行政的积极性，很少愿意主动履行职责。民政部门或村民委员会可以作为利害关系人，向法院申请作为遗产管理人，而不是被动地被指定为遗产管理人。民政部门或村委会可以作为利害关系人的理由有如下：一是发挥两者社会管理职能的主动性。民政部门作为行政机关，本身具有行政属性，其职能就包括社会组织管理与社会救助。村民委员会作为自治组织，也承担着管理村民集体内部的职责。《民法典》将两者作为最后担任遗产管理人的主体，也是希望两者更多地承担社会管理的职能，并且更加积极主动地行使职能。因为如果是作为被申请人，被法院指定为遗产管理人，这意味着被动担任遗产管理人，而作为利害关系人申请自己主动作为遗产管理人，这体现积极主动性。二是更加有效地维护遗产。尤其对于村民委员会来说，其与被继承人的距离可能相对于民政部门而言更加亲近，能够更加了解遗产状况，在遗产可能面临毁损风险时，主动提出担任遗产管理人，能更加有效保护遗产。三是在一些遗赠案件中，受遗赠的民政部门或村民委员会此时对遗产享有利益，如果将其排除在利害关系人之外，将使其不能很好维护自身利益以及被继承人意愿。

除此之外，债权人、债务人、合伙人等与被继承人有权利义务关系的民事主体，可以作为利害关系人向法院申请指定遗产管理人。与被继承人有民事权利义务关系的民事主体能作为利害关系人，是因为需要在遗产管理人确定后才能向遗产管理人行使权利或履行义务。赋予这些人作为利害关系人申请指定遗产管理人的权利，一方面有利于保护被继承人的利益，另一方面也有利于维护这些主体的权利。

（二）明确指定遗产管理人的程序启动条件

我国《民法典》只规定了遗产管理人的职责，却并未对产生遗产管理人

① 吴国平：《论遗产管理人产生变更规则的法律完善》，载《福建江夏学院学报》2022 年第 1 期。

的条件进行明确。根据《民法典》规定，我国遗产管理人的产生方式有三种，一种是被继承人自行选定，即通过遗嘱指定遗嘱执行人。二是继承人推选，这是在被继承人未自行选定的情形下，由继承人推选产生。三是法院指定，这是在遗产管理人无法达成一致或都放弃继承前提下，对遗产管理人确定有争议，由利害关系人申请法院指定。对于申请法院指定遗产管理人的情形，必须是对遗产管理人确定存在争议。对此处争议的理解，应当包括积极争议与消极争议。积极争议指的是有作为遗产管理人资格的主体都争当遗产管理人，于是对遗产管理人确定存在争议，需要申请法院指定遗产管理人。消极争议是有作为遗产管理人资格的主体都不想担任遗产管理人，相互之间推脱责任。尤其是担任遗产管理人可能涉及民事、行政、刑事责任承担,[①] 更是让有关主体不敢担任遗产管理人，于是利害关系人可以申请法院指定遗产管理人。

对于上文分析的案例，不存在“争议”却申请启动遗产管理人程序指定遗产管理人，也即对遗产管理人确定存在消极争议，其中的案例既包括意定遗产管理人，也包括法定遗产管理人。其中法定遗产管理人，主要是民政部门以及村民委员会担任遗产管理人，这两类案例占比很大，因为司法实践中很多法院以及利害关系人都认为法定遗产管理人的担任都需要法院的指定才能担任。如何回应实践争议，这需要回到《民法典》第 1145 条的规定。该条规定了担任遗产管理人的顺位，所确定的遗产管理人就具有担任遗产管理人资格，而无需再通过指定遗产管理人程序指定。如果曲解立法者设立指定遗产管理人程序的目的，担任遗产管理人都需要经过法院指定，会造成大量司法讼累，让目前本就案多人少的处境雪上加霜。除此之外，这还违反了《民法典》第 1146 条规定，即对遗产管理人确定存在争议时才能申请法院指定遗产管理人，只有在确定遗产管理人发生争议时，才能申请法院指定遗产管理人。

综合上述分析可以得出担任遗产管理人不需要法院指定才能生效，只有在对遗产管理人确定有争议时，才需要由法院指定。这有利于促进民政部门或村民委员会担任遗产管理人的积极性，而不是消极地等待法院将其指定为

① 王改萍、王勇：《论遗产管理人监督机制的构建》，载《山西高等学校社会科学学报》2014 年第 6 期。

遗产管理人，有利于保护继承人或利害关系人的利益。

（三）发挥诉讼程序中指定遗产管理人的作用

诉讼程序不同于特别程序，诉讼程序主要用于处理民事权益争议，特别程序不处理民事权益争议。在新《民事诉讼法》施行后，新增了指定遗产管理人程序，就有了专门指定遗产管理人的程序，诉讼程序似乎不能发挥指定遗产管理人的作用。虽然诉讼程序与非诉程序是解决不同问题的程序，但两者并非完全孤立的，法律明确规定存在着非讼程序向诉讼程序流转的途径。诉讼程序中也并非完全不能发挥指定遗产管理人的作用，而是需要正确认识诉讼程序中指定遗产管理人的性质。诉讼程序不能作为指定遗产管理人的主渠道，其不同于指定遗产管理人的特别程序，但在部分情形下也能发挥指定遗产管理人的作用。

诉讼中指定遗产管理人的性质，更确切地说是确定遗产管理人，是对事实的一种确认。如上文分析的遗产管理人的担任条件，对于遗产管理人确认有争议时才能适用指定遗产管理人程序指定遗产管理人。在诉讼程序中对遗产管理人确定没有争议，但法院对案件解决又需要确定遗产管理人，可以直接根据《民法典》第 1145 条确定的遗产管理人的顺位确定，这是对谁担任遗产管理人事实的一种确认，属于对事实的认定。因此，通常也是在本院认为部分对遗产管理人进行确认“指定”，而不同于指定遗产管理人程序中在裁判结果部分指定遗产管理人。这种情形下确定遗产管理人是基于诉讼程序推进的需要，明确遗产管理人，有利于诉讼的顺利进行，有利于法院最终判决责任承担。除此之外，诉讼中指定遗产管理人还有种特殊情形，那就是诉讼中需要间接确定遗产管理人。所谓间接确定遗产管理人，指的是不明确将继承人指定为遗产管理人，但是要其承担遗产管理人的职责。间接确定遗产管理人的情形是继承人放弃继承，由于放弃继承导致不能履行法定职责，法院可依据《最高人民法院关于适用〈中华人民共和国民法典〉继承编的解释（一）》第 32 条规定,① 让继承人继续承担遗产管理人的职责，却不直接指

① 《最高人民法院关于适用〈中华人民共和国民法典〉继承编的解释（一）》第 32 条。

定其为遗产管理人。在此种情形下，无法启动指定遗产管理人程序将其指定为遗产管理人，因为其已经放弃继承，只有在诉讼程序中，可以让其继续履行遗产管理人职责，让其间接担任遗产管理人。综上所述，虽然诉讼程序不能作为指定遗产管理人的主渠道，但是在部分情形下，诉讼需要对遗产管理人这一事实进行确认才能顺利进行，在诉讼程序中确定遗产管理人，或确定承担遗产管理人职责的主体，可以促进诉讼程序顺利进行，有助于纠纷得以解决。

结　语

本文通过查阅实践中的案例，对指定遗产管理人程序启动在实践中的问题进行分析，发现实践中存在利害关系人内涵不明、不存在“争议”却启动指定遗产管理人程序以及在诉讼程序中指定遗产管理人的问题，并分析这些问题形成的原因，针对这些问题提出应对措施。本文局限在于分析样本案例数据不够，导致发现的问题可能不具备代表意义。本文研究意义在于通过对指定遗产管理人程序启动在实践中的问题予以分析，为新《民事诉讼法》施行后正确适用指定遗产管理人的特别程序提供参考，并为司法实务工作者提供启发。

（蒋文涛：湘潭大学法学学部）

实体与程序交互视阈下
指定遗产管理人的规则完善

肖凯龙

2023 年 9 月 1 日，第十四届全国人民代表大会常务委员会第五次会议通过《关于修改〈中华人民共和国民事诉讼法〉的决定》，本次《中华人民共和国民事诉讼法》（以下简称《民事诉讼法》）修订的一大亮点是新增指定遗产管理人程序，以回应《中华人民共和国民法典》（以下简称《民法典》）中新设立的遗产管理人制度在法院指定遗产管理人方面无程序法可依的现实需要。修订后的《民事诉讼法》在第十五章“特别程序”第三节后增加一节，作为第四节——“指定遗产管理人案件”，第 194 条至第 197 条对指定遗产管理人程序作出了系统性规定。其中第 195 条规定：“人民法院受理申请后，应当审查核实，并按照有利于遗产管理的原则，判决指定遗产管理人。”根据此条规定，人民法院在指定遗产管理人时，不必严格根据利害关系人的申请进行指定，而应当对利害关系人的申请进行审查核实，结合案件事实，选择有利于遗产管理的当事人进行指定。此规定契合遗产管理人制度妥善管理遗产、及时清理遗产债权债务关系、实现遗产公平分配以及保障交易安全①的制度目的，也有利于发挥人民法院在确定遗产管理人时的最终确定作用，使得我国的遗产管理人制度在程序法与实体法两方面协同贯通。

不过，结合遗产管理人制度的价值追求及指定遗产管理人过往的司法实践，新的《民事诉讼法》第 195 条所规定的审查规则及指定原则存在着一些值得深思的问题：首先，仅规定“审查核实”过于粗疏，哪些案件事实是必

---

① 最高人民法院民法典贯彻实施工作领导小组：《中华人民共和国民法典婚姻家庭编继承编理解与适用》，人民法院出版社 2020 年版，第 617 页。

须审查核实的并没有作出说明。其次，“审查核实”就意味着法院仅对当事人提供的证据材料进行审理，那是否意味着利害关系人在提出申请之前就需要承担寻找继承人这一难题呢？倘若真是如此，这势必会在一定程度上妨碍利害关系人通过指定遗产管理人程序来维护自己的合法权益。最后，如果法院根据有利于遗产管理原则选定的继承人拒绝担任遗产管理人，那么此时继承人的拒绝是否有效便有待探讨。

一、指定遗产管理人的程序规定与实体制度不相契合

根据《民法典》第 1145 条至第 1146 条，[①] 遗产管理人有以下几种产生方式：遗嘱产生、继承人推选、根据法律规定产生以及法院指定产生，以上四种产生方式的设置均基于遗产管理人制度高效处理遗产、维护遗产债权人以及继承人合法权益的价值追求，因此，作为与遗产管理人制度相配套的程序，指定遗产管理人程序同样需要与遗产管理人制度的价值追求相契合，否则难以形成程序与实体的良好互动。然而，对新《民事诉讼法》第 195 条所规定的审查规则及指定原则进行深入研究，会发现前文所述问题与遗产管理人制度的价值追求存在一定程度的冲突，有待进一步完善细化。

（一）未将审查核实的内容细化而难以规范实践

《民事诉讼法》第 195 条规定人民法院应当对申请人的申请进行审查核实，但是此规定过于宽泛与粗疏，无法回答法院在审理此类案件时究竟应当对哪些案件事实进行审查核实这一问题。加之担任遗产管理人的主体多样，指定遗产管理人又需要多方面考虑（如公序良俗、遗产债权人利益保护以及继承人合法权益保护）从而导致指定遗产管理人难度颇高，司法实践做法混乱，容易出现损害相关利害关系人合法权益的现象。

---

① 《民法典》第 1145 条规定：“继承开始后，遗嘱执行人为遗产管理人；没有遗嘱执行人的，继承人应当及时推选遗产管理人；继承人未推选的，由继承人共同担任遗产管理人；没有继承人或者继承人均放弃继承的，由被继承人生前住所地的民政部门或者村民委员会担任遗产管理人。”第 1146 条规定：“对遗产管理人的确定有争议的，利害关系人可以向人民法院申请指定遗产管理人。”

笔者认为“审查核实”这一规定过于粗疏，其原因在于遗产管理人这一制度的主体及其所对应的各种需要审查核实的案件事实较为复杂。根据《民法典》中关于遗产管理人的相关规定，遗产管理人可能从以下主体中产生：第一，在存在遗嘱执行人时，遗嘱执行人为遗产管理人，在此种情况下遗产管理人的产生依据是被继承人通过遗嘱作出的意思表示。第二，没有遗嘱执行人的，继承人应当及时推选遗产管理人，继承人未推选的，由继承人共同担任遗产管理人。在此种情况下，遗产管理人或由继承人推选，或由继承人共同担任。第三，没有继承人或者继承人均放弃继承的，由被继承人生前住所地的民政部门或者村民委员会担任遗产管理人。此种情况下，民政部门或者村民委员会担任遗产管理人的前提是没有继承人或者继承人均放弃继承。根据《民法典》第 1146 条规定，在对遗产管理人的确定发生争议时，利害关系人可以申请法院指定。综上所述，对于法院指定遗产管理人应当审查哪些内容可作如下讨论。

首先，在指定遗产管理人案件中，有些案件事实无论是上述的哪种情况法院都应当进行审查核实：一是申请人适格问题，申请人必须是利害关系人，法院对于此类案件的第一审查要务便是申请人对于遗产管理人的确定是否具有实体法上的利害关系；二是被继承人及遗产问题，指定遗产管理人，必然需要存在遗产，因此法院还需要审查核实被继承人及遗产是否真实存在；三是遗产管理人资格问题，虽然《民法典》未对担任遗产管理人作出明确的要求，但是综合其职责及日常生活经验，遗产管理人起码应当符合《民法典》规定的代理人的一般条件，并要能够履行遗产管理人的工作职责。[①]

其次，在有遗嘱执行人的情况下，如申请人申请指定遗嘱执行人为遗产管理人，则法院毫无疑问需要审查遗嘱的真实性与有效性。

再次，在指定继承人推选的遗产管理人或者继承人共同担任的情形中，法院需要审查核实继承人身份、继承人推选的有效性问题。对于继承人，既包括法定继承人也包括遗嘱中指定的继承人以及受遗赠人。在实践中，由于

① 吴国平：《民法典遗产管理人制度的规则适用与立法完善》，载《法治现代化研究》2022 年第 2 期。

《民法典》仅规定了由继承人推选，但是却未明确说明继承人之间可否推选继承人以外的人为遗产管理人，从而可能导致继承人共同推选律师或者公证人员作为遗产管理人。① 由于《民法典》并未对此类主体作出规定，如出现此种情况，则法院更应对推选的有效性以及此类主体担任遗产管理人的可行性进行审查。

最后，在没有继承人或者继承人均放弃继承，由被继承人生前住所地的民政部门或者村民委员会担任遗产管理人的情况下，法院首先应当审查核实被继承人是否已无继承人或者继承人是否均已明确作出放弃继承的意思表示，值得注意的是，这里的继承人包括前述所论的三种情形。同时，法院还应当审查申请人所申请指定民政部门或者村民委员会是否在被继承人生前所在地。

在此规定颁布之前，指定遗产管理人程序已有初步实践，因此有必要对实践进行考察，而实践数据同样反映了这一程序的混乱。笔者以中国裁判文书网作为数据平台，以“《中华人民共和国民法典》第1146条”和“指定遗产管理人”为关键词进行检索，针对全部检索结果中不同主体担任遗产管理人的案件法院审查核实内容整理了以下表格：

表1　不同主体担任遗产管理人时法院审查核实的内容

	总数	申请人资格	被继承人及遗产	被申请人能否胜任	遗嘱真实性	推选有效性	无继承人或继承人均放弃继承	继承人身份	其他
遗嘱执行人	1	1	1		1				
继承人	8	8	7	7	1			8	1
民政局或村民委员会	10	10	8	10			9		

通过对中国裁判文书网上的19篇指定遗产管理人的判决书进行分析不难发现，法院在指定不同主体担任遗产管理人时，上文讨论的各类主体担任遗产管理人均应进行审查核实的内容，表格中呈现的法院均对申请人资格进行了审查。但是，对于被继承人及遗产是否真实存在以及被申请人能否胜任这

① 周军、汪晓迅：《评〈民法典〉第1145条至第1149条——兼论律师担任遗产管理人之方案设计》，载《贵州警察学院学报》2021年第5期。

两类案件事实，有的法院进行了审查，而有的法院却直接根据申请人的申请作出了判决。在不同主体担任遗产管理人的情形下，不同法院审查核实的内容亦与法律规定的略有出入。在郭某1、郭某2等继承纠纷民事二审①的判决书中，法院认为《民法典》中由人民法院指定遗产管理人的前提是遗产范围明确，在继承人对于由谁担任遗产管理人存在不同意见无法达成一致时，由利害关系人向人民法院提出申请。由此便产生了一个疑问，法院在指定遗产管理人时，需要审查核实遗产范围吗？

综上所述，无论是对《民法典》中的规定进行文义解释，抑或对司法实践案例进行考察，都不难发现，在法院应当审查核实的内容方面，新《民事诉讼法》第195条法院应当对申请人的申请进行审查核实是过于粗疏的，在具体案件中难以发挥规范指引作用，容易出现损害当事人合法权益的现象。

（二）审查核实规则可能损害当事人合法权益

对于申请人的申请，法院应当进行审查核实，但新《民事诉讼法》第195条对于如何进行审查核实没有进一步的规定。新《民事诉讼法》中除此条规定外，还有第67条、第203条、第248条以及第291条②使用了“审查核实”这一表述。在这几条规定中，审查核实的方式均为对当事人提供的证据材料的真实性、合法性及关联性进行审查与核实。因此，根据体系解释，法院在申请指定遗产管理人的案件中的审查核实应当与前面所提及的条款保持一致，在《民事诉讼法》修改之前的司法实践中法院也是如此操作。但是，如果仅对申请人提供的证据材料进行审查核实，在无继承人或者继承人均放

① 参见（2021）冀09民终7520号民事判决书。

② 《民事诉讼法》第67条规定：“当事人对自己提出的主张，有责任提供证据。当事人及其诉讼代理人因客观原因不能自行收集的证据，或者人民法院认为审理案件需要的证据，人民法院应当调查收集。人民法院应当按照法定程序，全面地、客观地审查核实证据。”第203条规定：“人民法院受理申请后，经审查核实，应当发出财产认领公告。公告满一年无人认领的，判决认定财产无主，收归国家或者集体所有。”第248条规定：“对依法设立的仲裁机构的裁决，一方当事人不履行的，对方当事人可以向有管辖权的人民法院申请执行。受申请的人民法院应当执行。被申请人提出证据证明仲裁裁决有下列情形之一的，经人民法院组成合议庭审查核实……”第291条规定：“对中华人民共和国涉外仲裁机构作出的裁决，被申请人提出证据证明仲裁裁决有下列情形之一的，经人民法院组成合议庭审查核实……”

弃继承的情况下容易对遗产债权人造成损害，根据《民事诉讼法》规定，当事人应当对其主张的事实提供证据证明，那么在无继承人或者继承人均放弃继承的情况下，申请人申请法院指定民政部门或者村民委员会为遗产管理人，申请人应当对其所主张的“无继承人”或者“继承人均放弃继承”的事实提供证据。这就要求作为申请人的遗产债权人在提出申请之前，对被继承人可能存在的继承人进行搜寻查找，甚至还需要进行意见征求。在日常生活中，个人在搜寻他人的继承人方面的能力是有限的。如在最高人民法院发布的人民法院贯彻实施民法典典型案例（第一批）中的欧某士申请指定遗产管理人案中，继承人散布国内外，一般公民搜寻难度极大，且一般民众难以理解《民法典》中所规定的第一顺位、第二顺位继承人以及受遗赠人。如果将搜寻继承人的职责全部交给遗产债权人，显然是过于苛刻的。

且法院若以此为由驳回遗产债权人的申请，则显然不利于债权人的权益保护。陈杭平教授对此持类似观点，[①] 实践中也确实存在此种情形。在黄东林遗产管理纠纷案[②]中，法院以暂不确定是否存在其他继承人或者遗嘱执行人为由驳回了遗产债权人黄东林的申请。如果根据此判决，债权人只有将所有可能的继承人全部一一确定，法院才能指定遗产管理人，遗产债权人方能起诉遗产管理人以实现其债权。如果当真如此，那基本上就如陈杭平教授所称“债权人求告无门”。

同时，倘若实际存在继承人，但是法院仅根据利害关系人所提交的证据材料进行审查核实后，指定民政部门或村民委员会为遗产管理人，这无疑也会损害法律赋予继承人担任遗产管理人的权利。

（三）“利于遗产管理原则”易导致法院忽视当事人意愿

根据新《民事诉讼法》第 195 条规定，法院应当根据有利于遗产管理原则指定遗产管理人，此原则无疑高度契合遗产管理人制度的价值追求。但是倘若法院认为有利于遗产管理的人选明确拒绝担任遗产管理人，则此时有利

---

① 陈杭平：《论债务人的继承人放弃继承之程序进行》，载《现代法学》2020 年第 2 期。

② 参见（2023）豫 1502 民特 9 号民事判决书。

于遗产管理原则和继承人的拒绝权何者优先的问题有待讨论。此类情况在司法实践中已经出现，如在安建勋、于景兰等继承纠纷案①中，被申请人于景兰明确放弃继承且在庭审中明确拒绝担任遗产管理人，但是法院却认为被申请人是被继承人的配偶，对于遗产范围与种类更为熟悉，因此指定其担任遗产管理人。法院在此案中认为利于遗产管理原则优先于继承人的拒绝权。虽然上述案件判决时《民事诉讼法》并未修改，但是当前第 195 条规定的“利于遗产管理原则”难以规范上述问题，甚至可能会进一步导致上述情况的发生。笔者认为法院强行要求“有利于遗产管理”的被申请人担任遗产管理人而忽视继承人的拒绝权并不妥当，容易导致程序法与实体法相冲突。

第一，从遗产管理人制度出发，民事实体法允许继承人拒绝担任遗产管理人。《民法典》明确规定，在无继承人或者继承人均放弃继承时，由民政部门或者村民委员会担任遗产管理人。由此可以看到，即使存在继承人，法律也不强人所难，允许继承人通过放弃继承的方式一并放弃担任遗产管理人的权利。

第二，如忽视继承人的拒绝权，可能导致实体法规定空置。《民法典》规定，如继承人均放弃继承，则由被继承人生前住所地的民政部门或者村民委员会担任遗产管理人。如法院在指定遗产管理人程序中固守利于遗产管理原则而忽视继承人的拒绝权，那么民政部门或村民委员会则很难被指定为遗产管理人。在我国，大部分继承人与被继承人是共同生活的，因此很多情况下，遗产是由继承人所占有的，其对遗产情况更加熟悉。而民政部门或者村民委员会本身就肩负其他职责，在履职能力上必然不如继承人。如果机械地按照有利于遗产管理原则忽视继承人的拒绝权，民政部门或村民委员会担任遗产管理人这一兜底规定可能被搁置。

第三，从遗产管理人的职责出发，遗产管理人必须具备一定的履职积极性。遗产管理人的职责主要有明确遗产范围、管理处分遗产、清除遗产上的债权债务关系以及公平分配遗产，通过遗产管理人的积极履职才能有效地保护遗产债权人的利益，避免遗产损毁丢失，维护继承人的合法权益。目前我

① 参见（2021）津 0104 民特 327 号民事判决书。

国对于遗产管理人的限制监督程序较为粗疏，仅在修订后的《民事诉讼法》第197条规定“遗产管理人违反遗产管理职责，严重侵害继承人、受遗赠人或者债权人合法权益的，利害关系人可以向作出指定的人民法院申请撤销遗产管理人资格，并另行指定遗产管理人”。遗产管理人若消极履职，其责任微乎其微，难以从制度层面制约遗产管理人消极履职，但是被指定的遗产管理人消极履职的确会对遗产的安定性、遗产债权人和继承人的合法权益造成极大的影响。因此，如果被指定者明确拒绝担任遗产管理人，其内心明显是抗拒的，难以在制度约束缺位的情况下保证其履职积极性，很难说此类人是有利于遗产管理的。更进一步来说，倘若法院所指定的遗产管理人履职积极性不高，同样违背了遗产管理人制度高效处理遗产的价值追求。

综上所述，目前新修订的《民事诉讼法》规定的利于遗产管理原则容易导致法院在指定遗产管理人时忽视继承人的拒绝权，极易在实践中出现程序法规定与实体法规定不一致的情形，影响法秩序的稳定与统一，有待进一步细化。

二、程序规定与实体制度不相契合的归因分析

新《民事诉讼法》第195条所规定的审查规则与指定原则出现上述与实体法规定衔接不融洽的情况是可以理解的，不过“法律就像旅行一样，必须为明天做准备”，因此有必要分析上述不足出现的原因，以提出完善之策。

（一）指定遗产管理人程序实践不足

实践是认识的基础，任何一项法律规定的诞生必然是基于一定的司法实践。实践越是充足，则暴露的问题越多，法律规定也越准确、全面。新《民事诉讼法》第195条出现上述不足的一个根本原因就是当前指定遗产管理人程序的司法实践还不够充足。遗产管理人制度是《民法典》的新增制度，设立时间不长，且我国民众当前对于遗产管理人制度了解不多，向法院申请指定遗产管理人的情形并不常见，导致法院指定遗产管理人的案例较少。从此制度诞生至今，中国裁判文书网上仅能找到19篇法律文书。同时，我国指定

遗产管理人程序在此次修改之前一直处于法律空白的状态。虽然《民法典》规定当事人对遗产管理人确定有争议的可以向人民法院申请指定，但是法院应当以何种程序进行指定并没有任何的法律或者法律解释进行明确规定。仅2020 年最高人民法院印发修改后的《民事案件案由规定》① 中将指定遗产管理人案件归入非诉程序案件案由，但对于此类案件程序的具体运行并未涉及，缺乏足够多的样本来检视制度运行并为制度构建提供经验，所以此条规定作为初创，难免因为缺乏实践经验而有待完善。

（二）遗产管理人制度本身尚待完善

遗产管理人制度是一个实体与程序并重的制度，实体规制与程序规制紧密联系，因此实体法中的制度规定若存在不足，也会影响程序上的制度设计。目前遗产管理人制度在我国设立时间较短，整个制度在实体法层面都尚未构建完善。如现行遗产管理人制度缺乏对遗产管理人的法律地位的明确规定，当前学界亦对此问题存在异议，有学者对此采“代理说”，认为遗产管理人以代理人的身份行使职责；② 有的学者则对此采“机构说”，认为遗产管理人独立于继承人并以自己的名义为他人利益对遗产进行处分和管理，拥有独立的法律地位。③ 在法律没有明确规定的情况下，对于遗产管理人法律地位的不同认识会影响立法者在设立指定遗产管理人程序时对于各方当事人利益的衡量。遗产管理人制度除了前述问题外，还存在未规定制约监管模式、履行职责的方式与时限设置以及遗产管理人报酬规定不明确的问题。④ 对于上述问题，学界亦在激烈讨论中，尚未达成高度统一的共识。因此，指定遗产管理人程序作为遗产管理人制度的配套程序制度，在程序构建过程中必然会受到一定的影响。

---

① 《民事案件案由规定》第十部分非诉程序案件案由中，第二级案由“三十五、指定遗产管理人案件”项下的“406. 申请指定遗产管理人”。

② 张平华、刘耀东：《继承法原理》，中国法制出版社 2009 年版，第 364 页。

③ 叶玮昱：《〈民法典〉遗产管理人规则解释论》，载《湖湘法学评论》2022 年第 4 期。

④ 陈翔、葛腾：《遗产管理人制度下遗产债权人债权保护研究》，载《太原城市职业技术学院学报》2022 年第 9 期。

（三）对遗产管理人制度的特殊性认识不足

新《民事诉讼法》第195条在设定时未充分考虑到遗产管理人制度的特殊性，遗产管理人制度的价值追求在于高效地处理遗产，维护遗产债权人以及继承人的合法权益。因此，在指定遗产管理人程序的设计上，也必须遵循遗产管理人制度的价值追求。法院所指定的遗产管理人应当能够有利于遗产管理，但同时法院也必须在指定程序中高度重视继承人的拒绝权，以及遗产债权人维护自身合法权益的权利。对于遗产债权人而言，在我国当前的法律制度下，倘若继承人放弃继承，其除了向法院申请指定遗产管理人，而后再起诉遗产管理人清偿其债权外已经别无他法。因此，应当认识到指定遗产管理人程序对于保护遗产债权人合法权益的重要性。对于继承人而言，担任遗产管理人涉及情感、个人能力等多方面因素，继承人可能出于各种原因拒绝担任遗产管理人，且《民法典》亦充分尊重继承人的选择权，允许继承人通过放弃继承的方式放弃担任遗产管理人的权利。同时，《民法典》在尊重继承人意愿的前提下，为保障遗产债权人的合法权益，规定了由民政部门或村民委员会进行兜底，不至于出现无人担当的情形。正是对遗产管理人制度特殊性的把握不足，导致了此条文中的“审查核实”这一不利于遗产债权人合法权益保护的设定，以及可能损害继承人拒绝权的绝对表述。

（四）受指定监护人程序的影响

在我国当前的民事诉讼体系中存在与新《民事诉讼法》第195条规定高度相似的程序，即指定监护人程序。根据司法解释规定同样适用特别程序，[①]法院在指定时应当遵循《民法典》第31条第2款“应当尊重被监护人的真实意愿，按照最有利于被监护人的原则在依法具有监护资格的人中指定监护人”，且法院对指定监护人程序同样采取审查核实的方式。如此高度类似，很

---

① 《最高人民法院关于适用〈中华人民共和国民事诉讼法〉的解释》第349条第2款规定：“有关当事人依照民法典第31条第1款规定直接向人民法院申请指定监护人的，适用特别程序审理……”

难说第 195 条在构建时没有借鉴已经较为成熟且已经实践检验的指定监护人程序。但是，虽然二者都是指定程序，指定监护人程序与指定遗产管理人程序二者在双方当事的关系以及程序所追求的法律目的上均不相同，直接借鉴指定监护人程序设计条文略有不妥。

三、基于程序与实体相协调的指定遗产管理人规则完善

（一）细化审查核实内容以规范司法实践

指定遗产管理人案件适用特别程序，一审终审，当事人没有上诉的机会。倘若法院在指定遗产管理人时未对相关的法律事实进行正确、全面的审查核实，可能导致遗产难以得到高效的管理与处置，遗产债权人的合法债权难以快速实现，继承人的权益遭受损害，这些情况的发生都有悖于遗产管理人制度高效处置遗产、清除遗产债权债务关系以及公平合理分配遗产的设立初衷。因此，明确法院在指定遗产管理人程序中的审查核实的内容是切实且必要的。

法院审查核实的内容在前文已结合遗产管理人制度的价值追求，并根据《民法典》的相关规定作了详细讨论，这里不作赘述，仅对实现路径作初步探讨。笔者认为，如将具体的审查核实内容放在第 195 条内会导致法条的臃肿，最高人民法院可以通过制定司法解释，明确规定对于指定遗产管理人案件法院应当对申请人的主体资格、被继承人死亡事实、被申请人适格、无继承人事实以及继承人均放弃继承的事实进行审查核实。

（二）探索建立公告搜寻程序

针对现行的审查核实的规定在确定无继承人或者继承人均放弃时可能损害债权人或继承人的合法权益的情形，笔者认为，此情形的本质问题是将寻找继承人的问题交给了利害关系人，从而给利害关系人在提出申请时造成了阻力，也使得法院在针对此类判决时产生犹豫，并存在损害继承人合法权利的风险。因此，解决此问题的关键在于如何高效合理地寻找可能存在的继承

人。笔者认为，可以参考《民事诉讼法》第 203 条①认定财产无主案件中的公告程序，增设公告搜寻程序，具体可作以下规定：针对无继承人或者继承人均放弃的情况，人民法院应当发布继承人申报公告，被继承人生前所在地民政部门或者村民委员会应当予以协助。公告满三个月无人申报的，认定为无继承人。设定此公告程序具有高度的必要性及可行性，原因如下：

首先，通过设立公告程序协同民政部门或者村民委员会搜寻继承人，有利于保护遗产债权人与继承人的合法权益。设立了此程序，一方面可以防止法院以“暂不确定是否存在其他继承人或者遗嘱执行人”为由，驳回利害关系人的申请，从而导致遗产债权人利益保护受阻；另一方面，可以防止法院只根据申请人提交的证据认定无继承人或者继承人均放弃继承，从而损害继承人的合法权益。同时通过公告程序，且有被继承人生前的民政部门或者村民委员会协助公告，有利于在最大范围内通知潜在继承人行使自己的权利，“法律不保护权利上的睡眠者”，倘若潜在继承人不出现，为了保护遗产价值和交易秩序的稳定性，有必要根据《民法典》指定民政部门或者村民委员会接管遗产，尽快清除遗产债权债务关系，并妥善处理剩余遗产，从而维护各方当事人的合法权益，维护交易秩序稳定，避免程序空转。

其次，设立公告搜寻程序寻找潜在的继承人在域外已有实践检验其有效性。如在日本，不确定是否还存在继承人时，法院会根据利害关系人或者检察官的申请对选任遗产管理人进行选任公告，如公告期满后无继承人出现，则管理人开始向遗产债权人清偿。②

复次，被继承人生前所在地民政部门或者村民委员会予以协助是必要而且有一定实践依据的。理由如下：第一，根据《民法典》规定，在无继承人或者继承人均放弃继承的情况下，由被继承人生前住所地民政部门或者村民委员会担任遗产管理人。因此，在此种情况下民政部门或者村民委员会实质上已经可以看作是遗产管理人的候选人，且本身就承担社会救济、社会福利事业、社区服务等工作，予以必要协助合法合理。第二，被继承人生前所在

① 《民事诉讼法》第 203 条规定：“人民法院受理申请后，经审查核实，应当发出财产认领公告。公告满一年无人认领的，判决认定财产无主，收归国家或者集体所有。”

② 赵莉：《实体与程序并驾驱动遗产管理人制度》，载《法治现代化研究》2023 年第 3 期。

的民政部门或者村民委员会相对比较了解辖区内公民的家庭关系、财产状况，在寻找继承人方面具有一定优势。第三，部分地区的民政部门或者村民委员会已有相关的公告实践经验，如北京市东城区民政局就曾在受理担任遗产管理人的申请后，发出遗产管理人受理公告，确定一定的异议期限，异议期满后无人异议，则其发出担任遗产管理人公告。①

最后，设立公告程序有利于降低错判风险，且能提高法官对于此类案件判决的积极性，避免程序空置。由于指定遗产管理人案件适用特别程序，一审终审且无异议等救济程序，倘若在确定无继承人方面只审查申请人的材料，存在一定的错判风险。如后续继承人出现，认为法院指定的行为侵害了其权益，则有可能引起审判监督程序，最后有可能被认定为错判。部分法官碍于追责可能性，在处理此类案件时可能会以“暂不确定是否存在其他继承人或者遗嘱执行人”为由，驳回利害关系人的申请，从而导致遗产管理人制度空置。而设置公告搜寻程序则能很好地解决上述问题，提高遗产管理人制度的适用效率，发挥其价值。

（三）明确尊重继承人意愿原则

针对前述此条文存在有利于遗产管理原则可能忽视继承人的拒绝权，进而导致程序法与实体法的冲突的问题，笔者认为可以对此条文作出进一步的细化规定，如“人民法院受理申请后，应当审查核实，并按照有利于遗产管理的原则，判决指定遗产管理人，但应当尊重当事人的意愿”。

在此，我们可以与指定监护人程序进行对比，二者在条文规定上高度类似，不过被指定的监护人是不能拒绝的，那么是否法院指定的遗产管理人也不能拒绝呢？笔者以为不然，首先，两种制度所保护的权益和追求的价值不相同，指定监护人是为了保护被监护人的人身、财产权益，目的是保护弱势者。被指定人身上肩负着一定的抚养责任，权利可以放弃，但是责任不能推脱。而指定遗产管理人是为了高效管理遗产、维护遗产价值、维护遗产债权

---

① 宋毅、史智军：《民政部门之遗产管理人角色相关疑难问题辨析》，载《法律适用》2023 年第 5 期。

人以及继承人的财产权益，追求效率与公平，且我国在继承方面采取限定继承原则，继承人可以放弃继承，从而免去处理遗产债权债务的责任。那么基于遗产继承的遗产管理人制度同样适用此原则，继承人同样可以放弃继承，从而免于担任遗产管理人。其次，在法律上规定的顺位中，被指定的监护人均是平等顺位，已无兜底，倘若允许放弃则会导致被监护人处于无保护状态。而在指定遗产管理人中，继承人处于第二顺位，且随后还有民政部门与村民委员会兜底，即使继承人放弃，亦不会出现无人管理的僵局。因此，笔者以为虽然二者在规定上高度相似，但是在尊重被指定人的意愿上，二者不能等同。

需要注意的是，明确尊重继承人意愿原则，有利于实体法与程序法的协调运作。如前文所言，《民法典》中明确规定继承人均放弃继承由民政部门或者村民委员会担任遗产管理人。由此可以看出，实体法明确赋予了继承人放弃担任遗产管理人的权利。虽然有学者认为继承人即使放弃继承，仍然是更适宜的遗产管理人[①]，但是笔者认为，作为一项私法领域的制度，在不违背公序良俗，不侵害国家利益、社会公共利益、第三人合法权益的前提下，应当充分尊重个人意思自治。倘若未明确继承人意愿优先原则，则前述安某案的情况可能会继续发生，如此便出现了程序法规定与实体法规定的脱离，不利于法秩序的统一与协调。

结　语

本次修订后的《民事诉讼法》第 195 条创造性地对指定遗产管理人程序的审查方式以及指定原则作出了规定，在总体上与实体法中的遗产管理人制度相契合，填补了遗产管理人制度缺乏程序法规定的空白，对于促进遗产管理人制度的进一步发展意义非凡。但是作为一项新设规定，由于司法实践经验较少，且尚未经实践检验，不可避免地存在一些与遗产管理人制度衔接不

① 马丁：《遗产管理人的地位与功能阐释——实体与程序规制互济的视角》，载《交大法学》2022 年第 3 期。

融洽的地方，私以为需要对此条规定作出进一步细化，以增强其规范指引作用。也需探索建立公告搜寻程序，避免将搜寻继承人的重担转移至利害关系人，以维护遗产债权人与继承人的合法权益，同时也可提高法官的判决积极性，进一步促进程序运行。还需在确立有利于遗产管理原则的同时明确尊重继承人意愿原则，避免程序法与实体法相冲突，促进程序法与实体法协同发展。

（肖凯龙：湘潭大学法学学部）

【刑事诉讼】

数字司法场域未成年人个人信息保护研究

——以刑事程序法为视角

钱 程

一、问题的提出

为应对激增的涉网犯罪以及提高刑事办案质效，刑事诉讼领域积极推进信息化数字化改革，吸纳科技发展的成果，运用先进的技术手段提升司法效能。① 公安司法机关广泛应用大数据、人工智能等技术，处理个人信息的能力显著提高，所能干预的个人信息主体范围扩大，干预的个人信息规模激增，干预个人信息的程度加深。无论是刑事诉讼程序前的预测警务应用、公安司法机关数据库建设应用，还是刑事诉讼程序中侦查机关采取的信息搜查、信息监控等各种侦查措施，法院在线诉讼对个人信息的收集与使用，抑或刑事诉讼程序后涉案信息留存、裁判文书等信息公开，均不同程度限制公民个人信息权利，存在危害公民个人信息权与隐私权、诱发数据泄露、侵蚀程序正义等方面的风险。

未成年人个人信息具有高度敏感性，此类信息不当处理对未成年人合法权利以及健康成长具有严重危害。在刑事诉讼中，未成年人个人信息的敏感程度因涉及刑事案件进一步提升，公安司法机关不当处理未成年人个人信息的风险在各个程序阶段均有体现，相较于成年人个人信息不当处理的风险，未成年人个人信息不当处理风险更突出体现为信息采集后不当公开、使用引

① 卞建林：《立足数字正义要求，深化数字司法建设》，载《北京航空航天大学学报（社会科学版）》2022 年第 2 期。

发的不利后果。如不当开示已封存的未成年人犯罪记录，侵犯未成年人隐私权的同时，影响其后续求学、就业。如 2020 年上海市长宁区“未成年人检察社会服务中心云平台”收到小吴求助，小吴未成年时的犯罪记录被泄露导致其无法正常入职。[①] 又如，2020 年 11 月，江苏省仪征市小李因其未成年时犯罪记录被入职单位违规获取而失去工作机会。[②] 数字司法场域中，不同程序身份的未成年人的个人信息受到干预的程度不同，但权利保护的方向存在共性，即未成年被追诉人、未成年被害人均应得到更高程度的信息保护，防止过度干预造成隐私权侵害，避免信息不当处理影响其后续生活。如性侵案件中未成年被害人因个人信息被过度披露，人格尊严与心理健康遭受重创，在精神二次伤害下无法回归正常生活，甚至结束自己的生命。又如江苏省苏州市小沈犯罪记录被不当处理事件中，当地检察机关介入协助处理此问题，但事后小沈担心犯罪记录这一敏感信息再次被查询，不敢在社会面继续求职。[③] 这种对未成年人隐私权造成的侵害难以通过解决其直面的就业、求学障碍完全消除，因隐私信息被不当干预造成的未成年人心理恐惧会影响其正常生活的信心与能力。

在司法高度数字化的现实背景下，刑事司法场域亟待加强未成年人个人信息保护，以刑事程序法为未成年人健康发展保驾护航。本文从刑事程序角度出发，对数字司法场域未成年人个人信息保护展开研究，厘清我国刑事诉讼领域未成年人个人信息保护规范样态，阐明缘何现行制度在面临实践中公安司法机关日益增多增强的信息干预行为时应对不暇。在对制度特点进行剖析的基础上，明晰我国刑事诉讼领域未成年人个人信息保护制度层面的困境，进而针对性提出应对策略，探索我国数字司法场域中未成年人个人信息的刑事程序法保护路径。

---

① 《上海：凝聚合力落实未成年人犯罪记录封存制度》，载最高人民检察院官网，https://www.spp.gov.cn/dfjcdt/202207/t20220706_562157.shtml，2022 年 12 月 23 日最后访问。

② 《江苏仪征：未成年时的污点不应成为入职“拦路虎”》，载最高人民检察院官网，https://www.spp.gov.cn/dfjcdt/202206/t20220621_560445.shtml，2022 年 12 月 23 日最后访问。

③ 《未成年人犯罪记录封存：让他们“无痕”回归》，载最高人民检察院官网，https://www.spp.gov.cn/zdgz/202205/t20220505_556125.shtml，2022 年 12 月 23 日最后访问。

二、数字司法场域未成年人个人信息保护的规范分析

我国刑事诉讼法律规范整体上生成于物理性社会环境，尚未注入数字信息保护理念，《中华人民共和国刑事诉讼法》（以下简称《刑事诉讼法》）直接涉及公民个人信息保护的条款数量不多，涉及未成年人个人信息保护的条款则更少，刑事程序法中未成年人个人信息保护现行规范主要采取消极的、禁止或限制披露方式进行保护。现行规范呈现以下三个特点：生成于物理环境，而非数字环境；倚重消极性保护，而非积极保护；关注结果性保护，而非过程保护。以上特点可以解释缘何现行刑事诉讼制度难以满足数字司法时代未成年人个人信息保护的要求，呈现对个人信息权益干预过度而保护不足的现实样态。

从刑事诉讼法律规范条文的表述来看，很少有对当事人个人信息保护直接进行规定的内容，而是在具体刑事诉讼制度规定中以例外性、补充性方式进行信息保护，如保护未成年犯罪嫌疑人、被告人的隐私信息是公开审理制度的例外，又如在技术侦查措施中以补充性方式要求对公民隐私信息保密，将涉及无关信息的材料及时销毁。这种附带性保护在法律规范形式层面体现为规定缺乏独立性和体系性，既不以专门的章节、条文形式呈现，也没有按照诉讼阶段有序展开，而是散见于不同章节、不同诉讼阶段，在公安司法机关干预公民人身自由、财产等权利附带产生干预隐私权的情况下，要求公安司法机关以保密、不公开披露这种消极的、相对不作为的方式附带性保护隐私信息。①

刑事诉讼中对未成年人个人信息公开进行较为明确的限制，以限制披露方式进行消极保护。根据我国《刑事诉讼法》第 188 条、第 285 条规定可知，刑事案件一审程序以公开审理为原则，不公开审理为例外。对于涉及公民个人隐私的案件以及审判时被告人不满 18 周岁的案件，采取绝对不公开审理方

① 涂欣筠：《多元视角下刑事诉讼当事人的隐私权保护》，载《中国政法大学学报》2021 年第 6 期。

式，起到对公民隐私信息以及未成年人个人信息进行保护的作用。刑事诉讼法律规范有关公民个人隐私的案件采取不公开方式审理，刑事诉讼文书采取化名等方式保护公民隐私信息。另外，制度层面规定封存符合特定条件的未成年人犯罪信息，通过对犯罪记录查询设定严格程序以限制对未成年人犯罪信息的披露，保护犯罪信息这一敏感隐私信息。最高人民检察院《人民检察院案件信息公开工作规定》也对未成年人信息公开进行限制，明确检察系统信息公开采用关涉重大社会利益的案件信息可以公开的标准，即对具有一定社会影响、引起社会广泛关注或者具有示范引领效果、促进社会治理的案件进行信息公开。但是，对于涉及国家秘密、商业秘密、个人隐私和未成年人犯罪的案件信息，以及依规定不应公开的信息，检察机关不予公开。①

同时，我国《刑事诉讼法》目前存在删除技术侦查措施信息资料以及封存未成年人犯罪记录的规定，但是适用范围与适用对象较窄、适用方式限于公权机关履行删除与封存职责。《刑事诉讼法》第 286 规定对特定年龄犯罪的未成年人进行犯罪记录封存，公安司法机关有义务保护未成年人敏感信息。刑事诉讼程序中其他信息干预措施适用后存在广泛的信息留存情况，信息主体缺乏主张被遗忘权的权利机制，无法通过主动申请实现信息删除。但是，刑事诉讼制度对特定未成年人犯罪进行犯罪记录封存，一方面未封存犯罪信息处于可查询状态，另一方面已封存未成年人犯罪信息在司法机关为办案需要或者有关单位根据国家规定也可进行查询，即属于刑事诉讼中信息另作他用，用于刑事诉讼程序外非刑事司法目的，不利于未成年人涉案信息保护。

三、数字司法场域未成年人个人信息保护的现实困境

（一）数字司法场域未成年人个人信息权利保护相对缺位

刑事诉讼领域公民权利保护应当以宪法权利确认为基础，但是宪法层面

---

① 张新宝、魏艳伟：《司法信息公开的隐私权和个人信息保护研究》，载《比较法研究》2022 年第 2 期。

并未明确公民享有个人信息权，宪法层面对个人信息权利的保护规范零散分布，呈现间接性、碎片化保护的状态。《中华人民共和国宪法》（以下简称《宪法》）中只有第40条与个人信息保护直接相关，其规定公民通信自由和通信秘密受法律保护，对公民通信信息得以进行直接保护，同时通信秘密保护能够将公民部分敏感隐私信息纳入保护。但是个人信息的内容范围远远超过通信信息与敏感隐私信息范畴，《宪法》第40条对通信权利的保护难以涵盖内容更丰富、范围更广泛的个人信息权。《宪法》第39条保护公民住宅不受侵犯，禁止非法搜查等不当干预行为，此保护针对具有物理属性的住宅，不包括虚拟空间的公民信息数据，难以援引此条款对抗刑事诉讼中公权机关对公民信息的不当搜查。《宪法》第38条规定公民人格尊严不受侵犯，能够为个人信息保护提供支持，但是禁止以任何方式侮辱、诽谤、诬陷公民条款对"人格尊严不受侵犯"条款保护空间进行了一定程度的限制，未以侮辱、诽谤、诬陷方式呈现的侵犯公民人格尊严的不当行为难以获得人格尊严保护条款的直接支持与保护。可以看出，目前我国宪法层面并未对公民个人信息权或信息隐私权予以直接保护，具有相关性的保护规定呈现碎片化状态，保护内容为间接性保护。与德国等域外国家不同，我国个人信息权并未成为宪法性权利，也未以宪法判例方式肯定个人信息权，尽管人权保障条款与人格尊严条款具有进一步解释的空间，但是概括性与限制性条款难以直接发展为个人信息保护条款。①

我国《刑事诉讼法》没有直接肯定公民在刑事程序中享有个人信息权与隐私权，而是通过科以国家机关信息保密义务的方式间接保护公民的个人信息与隐私。② 刑事诉讼法律规范中对公民的赋权条款远不如对公权力机关干预公民权利的授权条款数量多、内容丰富，刑事诉讼法层面存在忽视信息权利保障的现实问题，公权力对个人信息干预过度而保护不足。公民个人信息权利在制度层面的失语状态使得间接性保护的条款缺乏公民权利保护的实质支撑，附带性保护的方式难以引起信息保护义务主体的重视。宪法层面个人信

① 蒋勇：《大数据时代个人信息权在侦查程序中的导入》，载《武汉大学学报（哲学社会科学版）》2019年第3期。

② 王仲羊：《刑事诉讼中个人信息的权利保护》，载《中国刑事法杂志》2022年第3期。

息权利的地位不明影响刑事诉讼领域对个人信息权的接纳与保护，目前刑事诉讼相关法律规范中与个人信息相关的内容主要围绕侦查阶段侦查机关刑事取证程序中信息收集行为展开，如 2016 年最高人民法院、最高人民检察院、公安部印发《关于办理刑事案件收集提取和审查判断电子数据若干问题的规定》（以下简称《电子数据规定》），2019 年公安部发布《公安机关办理刑事案件电子数据取证规则》主要规定刑事诉讼中电子数据的审查判断规则，重在通过此规则保障侦查机关获取电子数据的完整性和真实性，但是对电子数据取证行为的合法性和程序的规范性并未进行有效建构，也未从电子数据取证干预对象的角度解决此行为在侦查措施体系中的类型归属与程序控制问题。事实上，侦查机关收集调取电子数据的行为对公民个人信息权与隐私权可能产生限制甚至侵害，电子数据取证的合法性与合理性对于公民个人信息保护具有重要影响。在公民个人信息权利规范缺失的情况下，公安司法机关处理公民个人信息行为的程序规范也比较粗糙，干预行为的程序控制机制存在不足，通过规范信息干预行为发挥间接、附带保护公民个人信息的作用不明显。

（二）刑事诉讼场景未成年人个人信息干预行为规制不足

我国《中华人民共和国个人信息保护法》（以下简称《个人信息保护法》）未对公安司法机关处理公民个人信息的行为进行针对性规则设定，而是概括性地规定国家机关处理个人信息规则，且未将刑事诉讼中国家机关处理个人信息行为排除适用。刑事诉讼中公安司法机关处理个人信息具有特殊性，《个人信息保护法》对国家机关处理个人信息的规定难以直接适用于刑事司法领域。另外，目前国家机关处理信息的规定多以概括性方式存在，难以起到有效规制具体干预行为的作用。刑事诉讼法律规范中对个人信息采取附带保护方式，对公权力干预个人信息的行为规制稍显不力，难以遏制实践中信息不当收集、不当使用与不当公开行为。

1. 干预行为的法律属性不明

刑事诉讼中公安司法机关干预个人信息的行为主要包括收集调取、分析使用、存储保留、披露公示几种类型，刑事诉讼制度层面对干预行为的授权集中于信息收集调取行为，未对信息分析行为与信息留存行为进行独立授权，信息分析使用与存储保留往往依附于收集调取行为存在，缺乏独立的法律地位。公安司法机关通过大数据技术等信息技术能够留存、传输海量数据，对一般信息、碎片化信息进行深度整合分析，这种信息处理行为干预公民隐私权与个人信息权的范围广、程度深，信息处理侵害公民权利的风险性显著提高。信息留存与信息分析行为依附于信息收集行为，缺乏独立法律属性，以信息收集行为的合法性证成信息留存与分析行为的正当性，使得信息收集行为其后阶段的信息干预行为的法律规制处于真空状态，易滋生公安司法机关过度留存、过度分析公民个人信息的不良行为。

在制度规范与实践运行中，信息收集行为的属性混淆，导致程序适用存在错位情况，影响刑事程序规范对信息干预行为的有效规制。刑事诉讼中公安司法机关不同类型信息干预行为属性难辨主要体现为侦查机关不同类型的信息收集行为法律属性难辨，目前刑事诉讼法律规范层面存在多种能够实现信息收集目的的侦查措施与方式，如调取、搜查、技术侦查措施、网络远程勘验、收集提取电子数据等多种。我国任意侦查与强制侦查的界分方式相对模糊，未形成德日以基本权利干预程度作为侦查措施分类标准的严格界分，使得我国侦查措施属性判断相对困难。伴随信息技术应用于刑事侦查程序，判断干预个人信息的侦查措施属性还需结合关联性、数据量及其维度、挖掘强度等因素，侦查机关适用的不同类型信息收集行为存在属性难辨、程序混用的问题。①

2. 干预措施适用程序设置不当

刑事诉讼中侦查机关个人信息干预行为最为密集，对公民隐私权与个人信息权干预程度较深。但是制度层面侦查机关个人信息干预行为存在发动要件设置不当、干预行为的程序控制比例不调的问题，使得实践中侦查机关发动干预行为的法定门槛较低，干预行为的程序控制效果不佳。

第一，侦查机关个人信息干预行为发动要件设置模糊，程序控制宽严失衡。以刑事调取为例，《刑事诉讼法》第 54 条第 1 款对公安司法机关调取数

① 何军：《数据侦查行为的法律性质及规制路径研究》，载《中国人民公安大学学报（社会科学版）》2021 年第 1 期。

据作出概括性授权，未阐述调取行为的适用范围与启动条件，未作出具体程序规定。从立法语义来看，调取行为与收集行为不同，收集应当界定为直接收集，调取类似于间接收集，调取行为的相对方为刑事诉讼中的第三人。《中华人民共和国数据安全法》第35条对数据调取的目的要件“维护国家安全或者侦查犯罪的需要”予以明确，侦查机关依职权启动的干预措施均具有此目的，以过于笼统方式设定具体干预措施的目的要件难以发挥目的要件的限制功能。2016年最高人民法院、最高人民检察院、公安部印发《关于办理刑事案件收集提取和审查判断电子数据若干问题的规定》与2022年最高人民法院、最高人民检察院、公安部发布《关于办理信息网络犯罪案件适用刑事诉讼程序若干问题的意见》对数据刑事调取作出相对具体的程序规定，但适用范围与启动条件仍不明确，以书面形式、通知程序、审批程序进行技术性限制，以保障所调取数据的完整性与真实性，并未关注调取过程中信息主体权益。

第二，侦查机关信息分析行为程序控制不足，不符合比例原则。信息分析行为不同于信息收集行为，在行为对象、行为起止时间以及权利干预方式方面具有其特殊性。相较于信息分析行为，信息收集行为的起止时间、行为对象比较明确。原因在于信息分析行为的对象通常是不特定的非结构化数据，受存储成本、处理技术等多方面因素影响，信息分析的起止时间也难以确定，一般情况下信息主体很难知晓其个人信息被采取挖掘碰撞、解析整合等分析措施。[①] 信息分析行为的特殊性使得其长期处于被忽视的状态，缺乏独立的程序地位，处于程序规制的真空状态。事实上，很多场景中，侦查机关的信息分析行为对公民权利的干预程度并不亚于侦查机关信息收集行为的干预强度，甚至持续性、深度的信息分析行为对公民隐私领域侵入程度更高。制度层面以信息收集行为的合法性作为信息分析行为合法性的依据并不妥当，目前对侦查机关信息分析行为的程序规制并不符合比例原则，干预行为的程度与其受到的程序规制程度不合比例。

---

① 王仲羊：《科技定位侦查与隐私权的层级保护——以美国Carpenter案为视角》，载《河北法学》2021年第3期。

第三，侦查机关信息使用行为的程序控制不符合比例原则要求。目前刑事诉讼中个人信息使用行为大多缺乏程序规范机制，信息使用行为依附于信息收集行为，处于程序规制的相对真空地带。刑事诉讼中存在大量公权机关超越初始目的使用公民个人信息的情况，在公法领域通常以“必要性”原则评价超目的的信息处理行为，而刑事司法活动往往天然构成“必要”之情形，惩罚犯罪的必要性毋庸置疑，但是不能以必要性为所有超目的的信息处理行为背书，必要性不能消解所有的正当性质疑。在刑事程序法缺乏对刑事诉讼中个人信息使用行为进行明确规制、个人信息保护规则难以对其产生约束的情况下，容易造成公权力机关恣意使用公民个人信息，侵害公民权利。

第四，公安司法机关对于已经留存的未成年人信息进行不当使用、公开，有违未成年人个人信息处理规则，对未成年人权利形成不当限制。刑事审判程序后公权机关对公民个人信息的处理行为聚焦于长期留存并保有使用信息的可能性，以及以文书公开、犯罪记录开示等方式进行的信息公开。在实践中，最为明显体现为留存未成年人犯罪信息，国家犯罪记录制度是基于公共利益的追求，限制犯罪群体的部分权利和资格。但是这种限制是在适度范围内进行的，限制对象、限制期限、限制程度都是适当的，而非完全地、永久地、绝对地剥夺犯罪群体的权利。[①] 社会公众对于“犯罪人”的态度往往是恐惧与歧视并存，刑罚执行或有期限终会结束，但“犯罪人”标签带来的伤痛却可能没有期限终生伴随。刑罚执行完毕意味着犯罪人为其触犯刑事法律犯下的过错受到惩罚，但是多数未成年犯罪人面临回归社会的困难，如前科规范的设置通常会限制甚至禁止刑满释放人员进入特定领域从业。在刑罚执行结束后，不当处理公民犯罪信息会让犯罪人面临更严重的社会歧视，因被查询或公开有犯罪信息而无法享有劳动权等其他合法权利，导致其更加与社会隔离，无法顺利回归。

四、数字司法场域未成年人个人信息保护的制度突围

我国《个人信息保护法》已经出台，但刑事诉讼领域个人信息保护制度

① 于志刚：《犯罪记录制度的体系化建构》，载《中国社会科学》2019 年第 3 期。

仍处于发展的初级阶段，数字司法场域未成年人个人信息的刑事程序法保护不力，存在干预过度的现实问题，需要通过制度完善实现困境突围。

（一）构建刑事诉讼领域未成年人个人信息权利保护机制

目前刑事诉讼制度层面仅对公民隐私信息给予必要保护，在对公民个人信息权利有效确权的基础上，应当拓宽个人信息保护范围，综合运用消极保护与积极保护方式、结果性保护与过程性保护方式，实现对个人信息的全面、综合保护。具体而言，以隐私权与个人信息权共同作为个人信息保护基础，建立“隐私权—个人信息权”复合型权利保护模式，即保留现有刑事诉讼中隐私权保护的制度建设，以隐秘性、私密性作为标准，将公民个人信息划分为隐私信息与一般信息，对隐私信息予以高强度保护，对一般信息予以一般强度保护。在全面确权基础上，对未成年人个人信息予以全面、高强度保护。

“隐私权—个人信息权”复合型模式能够兼顾保护隐私信息安全与个人信息自由双重目的，防止刑事诉讼中公民隐私信息被不当收集、留存、披露、使用，防止公民一般信息被非法处理、不当干预。“隐私权—个人信息权”复合型模式能够兼顾两种权利保护优势，沿用隐私权这一权利基础契合我国制度传统与客观现实需求，将个人信息权纳入权利基础能够发挥此权利对个人信息全面保护、积极保护的优势。个人信息权具体内容包括信息主体享有信息知情权、信息决定权、信息访问权、信息更正权、信息删除权以及解释说明权，信息主体通过直接、主动行使以上权利能够在信息处理前、处理中、处理后进行信息全程性保护，弥补隐私权消极防御的不足。

（二）完善刑事诉讼领域未成年人信息干预行为程序规范

完善刑事诉讼领域未成年人信息干预行为程序规范，应当以程序法定原则与比例原则为规范工具，重点从以下两方面展开。

一方面，完善侦查机关强制性侦查措施的具体授权条款。近年来，数字信息技术广泛应用于刑事侦查活动，传统侦查措施的授权条款难以为新型信息侦查措施提供法律支持和程序规范，目前侦查领域具体授权条款的数量和规范密度不足，应适当增加具体授权条款的数量，提升具体授权条款的规范密度，对侦查机关干预个人信息的行为进行有效的程序规制。① 其一，应当通过具体授权条款解决侦查措施法律属性问题，避免制度层面授权不明造成实践中侦查措施程序混用。在我国现有制度框架内，依然采取任意性侦查与强制性侦查措施的法律属性界定方式，在此框架内对侦查机关信息干预措施进行有效授权。其二，侦查机关处理个人信息的具体授权条款应当依据权力干预行为的强度进行层级化设置，具体授权条款应当对权力行使的主体、目的、对象、方式、程序等方面作出明确规定，在适用条件、适用对象、适用程序等方面进行符合比例原则的设置，以发挥程序规范对公权力干预个人信息行为进行层级规制的作用。典型的干预行为包括信息调取措施、信息搜查措施、信息监控措施、信息分析措施，这些措施受个人信息类型、相对人是否同意、干预措施持续时间等不同因素影响，在不同适用场景中存在任意性侦查措施与强制性侦查措施两种属性，此类信息处理措施的具体授权内容相对复杂，应当予以明确的程序规定。

另一方面，强化刑事诉讼中个人信息公开的程序规制，设定更加合理的刑事司法信息数据公开制度，在向社会公众公开的同时，强化保护公民个人信息，重点保护未成年人个人信息。具体而言，其一，识别公民敏感隐私信息，选择适用不公开规则与限制公开规则。如果敏感隐私信息具有可分割性，则仅敏感隐私信息不应公开，案件整体仍处于可公开状态，涉及敏感隐私信息隐去或删除即可。其二，强化刑事司法公开中未成年人个人信息的隐名处理与去标识化处理。在刑事司法信息公开中，以隐名处理、去标识化处理等方式切断信息数据与特定主体的识别关系，则信息公开行为不会侵害信息主体隐私利益与信息利益，同时也并不影响刑事司法公开欲达到的外部监督效果。其三，完善对未成年人犯罪记录留存开示的程序规制。国家留存公民犯罪信息，进行集中管理与合理适用具有正当性，但是并非无限度。未成年犯罪人群体权利让渡的内容与时间均有限制，且犯罪人群体利益的让渡不包括回归社会的基本权利。应当完善犯罪记录开示制度，未成年人犯罪记录信息开示程序依申请启动，特定主体申请开示犯罪信息需要明确申请理由、开示

① 艾明：《刑事诉讼法中的侦查概括条款》，载《法学研究》2017 年第 4 期。

的信息范围、所获信息的适用范围，留存信息的司法机关对开示申请进行实质性审查，批准后提供相关信息。

（三）有效衔接个保法与刑诉法中未成年人信息处理规则

公民个人信息受宪法与法律保护，刑事诉讼领域公安司法机关也不得任意、不受限制地处理公民个人信息，刑事诉讼中未成年人个人信息具有高度敏感性，应当重点予以保护。《个人信息保护法》对未成年人个人信息处理规则进行特殊规定，但是《个人信息保护法》对刑事诉讼中公安司法机关信息处理行为缺乏明确规制态度与直接适用规则，《个人信息保护法》中未成年人信息处理规则与《刑事诉讼法》难以有效衔接。在未来刑事诉讼领域个人信息保护制度的构建与完善中，应当在《个人信息保护法》中明确公安司法机关处理公民个人信息的基本原则与一般性规则，有效衔接《个人信息保护法》与《刑事诉讼法》。《个人信息保护法》中多数个人信息处理原则与刑事诉讼中公安司法机关处理公民个人信息要求相契合，应当在刑事司法领域确立并在实践中加强贯彻。但是刑事诉讼存在高度强制性、适度封闭性等特征，个人信息处理中的原则与规则需要结合刑事诉讼活动的特殊性进行适当调整，比较典型地体现为目的限制原则、公开透明原则与知情同意规则需限缩适用。应当有效落实刑事诉讼中未成年人个人信息处理规则，在有效推进刑事程序的同时，强化未成年人个人信息保护，避免不当处理未成年人个人信息，损害其个人信息权、隐私权等合法权益。

（钱程：大连海事大学法学院）

制约与协同：检察机关法律监督路径现代化探析

吕　青　张　晨

作为中国式现代化的法治篇章，中国式法治现代化是国家治理的一场深刻革命，而检察工作现代化亦是这场深刻革命中的重要一环。[①] 作为宪法定位的法律监督机关，以检察工作现代化服务中国式现代化的应有之义，是不断推进法律监督理念、体系、机制、能力现代化。其中能力是主体，理念是主观方面，体系是客体，机制是客观方面，四个要素的现代化共同构成了法律监督乃至检察工作现代化，亦形成了法律监督的第一位概念，即本体性要素，而在法律监督实施的过程中则衍生了第二位概念，即法律监督的具体路径。若把法律监督比作一艘船舰，能力好比舵手，体系是船舰的构造，理念是航行的策略，机制是航行的方法，而这艘船舰的航道就是法律监督的具体路径。当发现现行的航道有可能触礁无法抵达检察工作现代化的彼岸时，应当在现代化的理念指引下及时调整航向，重新定义并激活检察权的法律监督属性，重塑检察机关的法律监督模式。在中国法治现代化的宏观叙事下，以“制约型监督+协同型监督”的现代化路径完成检察工作现代化的章节绘制。

一、反思：当前检察机关法律监督路径问题审视

（一）刑事检察与侦查监督的定位迷茫导致检警关系的错位发展

长期以来，我国基本的刑事诉讼构造为公、检、法三机关分工负责、互

① 贾宇：《以检察工作现代化助推中国式法治现代化》，载《人民检察》2023 年第 1 期。

相配合、互相制约的线型结构，侦查与检察之间呈配合制约的关系。然制约非真正监督制约，检察机关因无法获取足够的监督线索，尤其是关于立案端口的监督信息而无法对侦查实施充分的法律监督；配合亦非真正配合，侦查机关的表面配合下是对检察监督的软抵抗和信息回避，从而出现检察机关为考核而对监督数据高度需求，公安机关为考核与检察机关“勾兑式”“乞讨式”被监督的畸形发展态势。而在以审判为中心的诉讼制度改革背景下，承接侦查与审判的刑事检察，应当更侧重于发挥刑事司法居中调控的枢纽功能，还是检侦一体化的审前主导作用，理论界和实务界尚无定论。当前，无论是依法引导侦查取证还是重大案件听取检察机关意见办案机制，检察机关提前介入案件的被动性以及监督范围的受限性始终未能得到根本改观。[①] 以审判为中心的诉讼制度改革，实为中国司法制度和诉讼制度建构思想上的一种理性回归，刑事检察审前职能的发挥距该项制度价值目标的实现仍有差距。

（二）行政违法行为现有救济途径的局限性为检察监督的介入预留了空间

当行政机关违法行使职权或者怠于行使职权侵犯公民合法权益时，行政相对人可以寻求的最直接救济途径是行政复议，但行政复议是源自行政系统内部处理的行政救济制度，这种救济因行政系统内部权力的牵连性而难以保证复议机关监督的客观性和独立性，从而影响监督结果的公正性。当此种救济受阻时，行政诉讼就构成了第二道救济防线——司法救济，但是行政诉讼门槛高、耗时长、成本大、成功率低，直接影响行政违法行为司法救济的有效性和时效性，导致实践中很多权利遭受侵害的行政相对人不愿、不敢拿起司法救济的武器，司法审判权对行政权监督制约的局限性由此凸显。而在现行法律框架下检察权只能以对行政诉讼活动的监督间接制约行政权的运行，无法进入行政诉讼程序的行政违法行为因不能接受司法审查而已然处于法律监督和权利救济的真空地带。审判权“不告不理”的被动制约属性和现行行政检察监督依托于诉讼的间接监督特质导致直接的行政监督缺位而衍生的阙

① 刘华：《国家治理现代化背景下刑事检察职能的拓展路径》，载《国家检察官学院学报》2021 年第 2 期。

亏始终未能弥合。

（三）审判监督尤其刑事审判监督呈底气不足、能力不足而未达监督的应然效果

底气不足，源自检察机关作为控诉机关和法律监督机关身份混同而产生的监督底气不足。作为刑事诉讼中审判前段程序的审查起诉，因其结果受制于审判，致使拥有此项权力的检察机关在对审判机关行使法律监督职能时，总是顾虑于自身控诉机关的角色而无法坚定地实施抗诉等审判监督活动。能力不足则表现为获取监督信息和发现抗诉线索的能力欠缺。监督信息的匮乏以及抗诉线索发现依赖于检察官个人能力的客观现状，导致司法实践中基层检察机关之间的抗诉数量和质量参差不齐；审判监督往往局限于个案，难以形成更大范围的类案监督；抗诉监督多发于案件评查专项行动，难以形成常态化监督。现阶段，检察机关的审判监督能力还无法契合其“法律守护人”的角色。

（四）检察机关法律监督职能中多元共治的内涵尚未被充分发掘

一方面，未甄别检察机关法律监督权能的不同类型而一味强调增加检察监督的刚性，在对侦查机关、行政机关、审判机关的法律监督失灵时，以监督手段刚性的补足作为解决问题的唯一手段，忽视了法律监督的协同性、共治性。另一方面，传统考核模式的压力致使司法实践中的检察监督更多地呈单方性、强制性，易造成被监督方的抗拒和回避，从而难以形成信息共享，使监督方陷入“监督信息壁垒—无法全面、有效开展法律监督—进一步增加强制性—被监督方回避更甚”的恶性循环。此外，很多基层检察机关的法律监督更多地停留在针对个案纠正法律未正确统一实施的情况，较少地涉及类案监督乃至法律统一正确实施的源头治理，法律监督局限于个案矫正，以监督权促社会多元主体“协同治理”的职能内涵未予充分释放。

二、重塑：检察机关法律监督路径现代化的内涵与理念

上文所述，实践中往往未甄别检察机关法律监督权能的不同类型而一味

强调增加检察监督的刚性，然检察机关的法律监督权能并非内容单核、方式单一，欲找寻现代化的法律监督路径，需解构检察权的多重内涵。

（一）检察权之法律监督内涵现代化

关于检察权的本质属性，理论界素有争议，持久的博弈最终演化为“一元论”与“多元论”的学说阐述。“一元论”将法律监督看作一个具有宏观属性的权力概括，诸多具体职责皆流觞于此；“多元论”则认为，检察机关通过行使诉讼职能、监督职能（有学者认为在诉讼和监督职能之外，还有司法审查职能），维护国家法律的统一实施。① 事实上，二者虽有博弈但并不冲突。“一元论”触及的是检察权的本质或本源，即检察机关是宪法规定的国家法律监督机关，法律监督是我国检察制度最基本的特色和内涵，迥异于域外的公诉职能定位。国家权力机关为了维护国家法制的统一，为了提高监督的专门性与独立性，依法将权力授予专门的法律监督机关，由人民检察院行使。② 人民检察院在行使法律监督职能时，利用刑事公诉、民行公益诉讼、再审检察建议、督促履职等手段，维护国家宪法和法律的统一正确实施；而这一系列法律监督手段即构成了“多元论”的理论支撑，“多元论”阐述的是检察权和检察职能的表征，即检察权的功能具象化为诉讼和监督两种形态，诉讼主要体现于刑事公诉和公益诉讼，监督则涵盖诉讼监督和非诉讼监督，前者在刑事、民事、行政诉讼的框架内展开，侦查监督、审判监督（执行监督）均发展于此，非诉讼监督脱离诉讼程序而展开，主要指狭义的行政监督。

笔者认为，应当坚持检察权的“一元论”，即强调检察权的法律监督属性，将法律监督看作一个宏观叙事的权力本体，形态多样、功能各异的具体检察权能皆流觞于此，以法律监督为其权能本质，即便诉讼权能，亦非纯粹意义上的控诉权能，是具有监督性质的以检察官客观义务为背书的控诉权能，其通过终结程序结点而搭建起诉讼流转的前后制约关系，以对诉讼程序的控制实现对侦查权、审判权、行政权的监督制约。“多元论”概念范畴中的诉讼

① 李奋飞：《检察再造论——以职务犯罪侦查权的转隶为基点》，载《政法论坛》2018 年第 1 期。

② 樊崇义：《检察机关深化法律监督发展的四个面向》，载《中国法律评论》2017 年第 5 期。

和监督统归为法律监督职能，有学者将其称为基本式监督和发展式监督，前者指立案监督、侦查活动监督、刑事执行监督、行政监督等游弋于诉讼推进的主线索之外，具有建议性质的非刚性监督，后者指公诉、批捕等以对程序结点的把控监控诉讼程序运转，具有司法属性的刚性监督。具体而言，一旦被监督主体存在程序性失范行为，检察机关便可动用基本式监督权能加以警示；在未能奏效的情况下，则可进一步利用发展式监督手段将其纳入诉讼程序之中。[①] 基本式监督是发展式监督的前期基础，发展式监督是开展有效监督的延续，是强度升级的监督成果，二者的交替运用，保障了诉讼公正目标的维系和国家法律的统一实施。

（二）法律监督路径之理念现代化

在检察权“一元论”的公示语境下，建议构建“协同型监督+制约型监督”的法律监督格局。协同型监督，即上文所述的基本式监督，因基本式监督系建议性质的非刚性监督，理论界和实务者总是苦于此种监督刚性不足而设法增其刚性。制约型监督，即上文所述的发展式监督，应当增强对诉讼程序结点的把控，强化此种监督的司法属性和制约效果，通过程序结点的开关拦截质量有问题的案件，对侦查权和审判权形成有效制约，守护实体和程序的公平正义。笔者认为，新时代检察机关法律监督职能的发展，恰恰需要弱化此种监督的刚性，走协同型法律监督的道路。

强化检察权对侦查权、审判权、行政权的监督制约不能通过检察权的扩张实现，无界限、过于强硬的监督制约只会导致侦查权、审判权、行政权的软抵抗和消极回应，从而无法实现监督制约的预期效果。唯有通过处于适度范围和谦抑态势的检察权运行以及合乎侦破案件、审理裁判、行政管理目的，满足侦查权、审判权、行政权行使需求的监督方式，方能使被监督方对检察监督保持开放、积极的态度。检察机关可以运用柔性监督，改变刚性监督可能造成的“零和博弈”局面，避免检察权与侦查权、审判权、行政权的对抗。

① 李奋飞：《检察再造论——以职务犯罪侦查权的转隶为基点》，载《政法论坛》2018 年第 1 期。

所谓“零和博弈”，是博弈论中的一个子概念，是指参与博弈的各方，进行策略选择以促使己方受益而对方损失，博弈各方的收益和损失相加总和永远为零，整个社会的利益不会增加一分。与“零和博弈”相关的还有“囚徒困境”，即两个共同实施犯罪的人被抓，警方因缺乏证据而将其隔离囚禁，若二人均不承认罪行，则由于证据不充分，每人仅入狱一年；若一人揭发，另一人沉默，则揭发者因立功而免予刑事处罚，沉默者因不合作而获刑十年；若互相揭发，则因证据确凿，二人均获刑八年。被隔离囚禁的犯罪嫌疑人为了自保，通常选择揭发而非沉默，从而导致二人遭受最严惩处的“囚徒困境”，[①] 反映的是当下个体的最佳选择并非团体最佳选择，个人作出理性选择却往往导致集体的非理性。无论是“零和博弈”还是“囚徒困境”，均是非合作博弈或对抗博弈的呈现，换算至检察监督模式下，若检察机关的法律监督过于强硬，就有可能引发作为被监督方的非合作博弈，为了自身利益而选择拒绝接受检察监督的策略，从而出现侦查、审判、行政行为违法而得不到纠正的“囚徒困境”。鉴于此，检察机关在对侦查权、审判权、行政权开展法律监督时，应当采取柔性监督方式，遵循协商型监督路径，塑造合作共赢的博弈局面，以接受监督的“纳什利益均衡点”吸引被监督方的合作，使被监督方知悉接受监督并非对其不利，而能获得免予被百姓信访、媒体曝光，增强侦查能力、审判水平、行政管理质效，提升司法权威和行政公信力等隐性、实质性利益，共同实现善政、司法公正与社会和谐等终极利益。[②]

三、建构：检察机关法律监督路径现代化的具体模式

（一）侦查监督路径现代化（广义的侦查监督）

这里的侦查监督指涵盖诉前羁押监督及其他侦查活动监督的广义的侦查

① 王则柯：《博弈论平话》，中信出版集团 2017 年版，第 32 页。

② 美国数学家约翰·纳什发明了一个关于博弈论的重要定理：在任何一个多人有限博弈中，至少存在这样一个策略组合，使得对于每位博弈者来说，只要其他博弈者都不改变自己的策略，那么他在该组合中的那个策略就是最优策略，这个策略组合即被称为纳什利益均衡点。

监督，系覆盖一切侦查行为而展开的法律监督。针对司法实践中凸显的侦查监督困局：一方面，侦查监督中制约型监督强度不足，对侦查入口（立案端口）、侦查中端（诉前引导侦查和诉前羁押）都缺少足够的制约；另一方面，基本式监督（侦查活动监督）距协同型监督模式尚有差距，检警关系错位发展，导致侦查监督中的“零和博弈”，司法实践中出现“勾兑式”监督数据，“协同型监督+制约型监督”路径可破解该困局。

1. 协同型监督——侦查活动监督

(1) 引导型监督

检察机关在实施侦查活动检察监督时，应当采取引导型监督方式，遵循协同型监督路径，塑造合作共赢的博弈局面，以共同构建以审判为中心、以证据为核心的刑事指控体系，共同提升指控、证明与治理犯罪的能力为纳什利益均衡点吸引作为被监督方的侦查机关的合作，实现检察侦查共同体的共同成长、司法权威与社会和谐等终极利益。

具体来说，对于能够纠正的侦查违法行为，可以以口头通知的方式要求侦查机关及时予以纠正，拒绝纠正的，则应制发纠正违法通知书；对于不能纠正的侦查违法行为，若系对案件质量影响微小的瑕疵行为，可不制发纠正违法通知书，进行口头警示并记录在案，再犯者制发纠正违法关注函，多发者制发纠正违法通知书；针对证据收集、固定等对案件质量影响较大的问题，通过座谈、培训、会议纪要、会签文件等形式对侦查机关提出整改、完善的思路和措施，并以纠正违法通知书、纠正违法检察建议作为情形严重者之监督手段。

(2) 治理型监督

以公诉权为核心的刑事检察权连接侦查与审判，把控开启审判之门的钥匙，具有调整侦诉司法资源的制度功能。传统诉讼结构呈现侦查中心主义，起诉与审判事实上受制于侦查，侦查决定了启动刑事追诉的范围以及程度，对特定犯罪的侦查方向以及配置强度往往决定了一个地区刑事犯罪的整体查办情况。然而，侦查在诉讼结构前端的局限性以及侧重打击犯罪的单一性，导致重打击、轻治理，重数量、轻效果。检察主导责任更加强调构建契合社会发展要求的犯罪治理模式，从服务社会发展的大局、体现人民群众的司法诉求，实现刑事法治推进国家治理现代化的层面调控侦诉资源的投向。例如，通过对办案数据的分析来把握不同类型犯罪的类案特征、成因和发展趋势，结合社会条件的变化和时代变革的背景，落实宽严相济刑事司法政策，因地因时制定刑事指控或者公诉政策，从而调节刑事犯罪的治理策略。

（3）评价型监督

在一些实行检警一体制的国家，检察机关对辖区承担侦查职能的司法警察拥有人事管理权和考核任免权，我国检察侦查一体化中的检警关系是以"引导+监督"为链接而形成共同体的具有一定张力的检警关系，并非警隶属检、浑然一体的检警关系，不能直接将侦查机关或侦查人员的考核任免权交由检察机关，但检察机关可对侦查机关在刑事诉讼中的表现予以记录和评价，作为公安机关进行考核任免时的重要参考。

2. 制约型监督——诉讼结点的把控

（1）侦查入口的控制

侦查机关办理刑事案件，正如将原始材料置入流水加工线，使其历经侦查入口（立案）—侦查中端（批捕）—侦查出口（起诉）三个"加工线"结点，检察机关通过对案件审查逮捕和审查起诉，对后两个程序结点予以把控，拦截过滤"不合格的半成品"（事实不清、证据不足的案件），从而对侦查行为予以合程序法的监督，对侦查行为结果（侦办案件）予以合实体法的监督。在司法实践中，检察机关对侦查入口却缺乏应有的控制，导致对应立案而未立案或不应立案而立案的现象监督不足。

建议将立案监督由现在的基本式监督转化为发展式监督（制约型监督），对侦查机关设置立案报告义务，同时将刑事立案决定权交由检察机关。检察机关通过行使对侦查阶段刑事诉讼程序流转结点的开启权限，而实现对侦办案件和侦查活动的全方位监控。同时也确保在刑事诉讼启动伊始就奠定司法公正和高效的基础。

（2）诉前引导侦查

案件进入刑事诉讼程序后，侦查机关可依据案件是否重大疑难复杂而进行分流：非重大刑事案件，侦查机关自主侦查；重大刑事案件，进入全程检察指挥、引导侦查模式。

对于重大刑事案件，公安机关自侦查活动开始，即通知检察机关派员参加，检察官可以对证据的搜集、提取、固定，侦查取证的方式、方向以及法律适用问题提出意见和建议，指挥侦查机关切实围绕庭审的要求，开展有针对性的侦查活动，引导侦查由“抓人破案”向“证据定案”转变，并在监督、引导的过程中及时排除非法证据，及时制止错误的侦查方向和取证方式。从指控犯罪的角度，是由公诉来引导侦查的方向，使其面向审判、服从审判要求，形成合力指控犯罪；从法律监督的角度，是将监督关口前移，变事后、被动监督为事前事中监督、主动监督。

建议赋予检察机关汇集犯罪信息权、指挥引导侦查权、亲临现场勘验权、纠正侦查行为权等检察权能，相应地应增设侦查机关的报告义务。法国刑事诉讼法即规定了警方对检方的报告义务，如知悉犯罪时的报告义务、调查中的报告义务、拘留及讯问中的报告义务等，可借鉴植入我国检察侦查一体化机制的建设中。

（3）诉前羁押的监督控制

提请批准逮捕，是侦查阶段的刑事诉讼程序中的一个重要中端结点，检察机关对此结点能否实现实质化监督把控，决定了案件侦诉的方向是否沿循正确轨道。在“捕诉一体”模式下，要完善构建具有司法化属性的审查逮捕、羁押必要性审查办案机制，在审前羁押的审查程序中构建侦查、被追诉方充分抗辩、检察居中裁决的程序性裁判结构。对于社会影响较大、关注度高的案件，引入公开听证程序，同时吸收体现审判中心主义的直接言词、证据裁判原则，使检察决定建立在对犯罪事实、刑罚要件以及社会危险性的证明机制之上，促进诉前羁押的检察监督趋向于司法控制。

（二）行政监督路径现代化

这里的行政监督指狭义的行政监督，即行政违法行为检察监督，检察机关对行政机关违法行使职权或者不行使职权的行为直接开展的非依托于诉讼的法律监督。现代化的行政违法行为检察监督，应当遵循程序、平衡、有限、非刚性监督原则，与行政行为的自我纠正相结合，以行政争议实质性化解为目的，以“成熟”的行政违法行为作为监督对象的协同型监督之路。

1. 程序监督原则——与行政行为的自我纠正相结合

检察机关对行政违法行为开展法律监督时，并非直接决定行政行为合法与否及其效力，是通过检察监督手段促使行政机关启动自我纠正的程序。检察机关在履行法律监督职责中发现行政机关违法行使职权或者不行使职权的，不能如行政公益诉讼诉前程序直接建议行政主体撤销、纠正该行政违法行为或要求其限期履职，不能轻易评价行政自由裁量权的内容和效力，更不得代替行政主体作决定，可以提出充分的事实和依据，建议行政机关重新审查行政职权行为并作出决定。① 这种行政检察监督产生的是一种程序上的法律效果，搭建起检察监督与行政内部监督的衔接程序，促使行政主体重新审查已经作出或未作出的行政行为，进而开启行政行为自我纠正或瑕疵治愈的程序。

行政主体自我纠错的手段，涵盖了为恢复行政行为合法、适当状态所采取的一切改正、补救措施，以及使被违法行政行为破坏的法律关系恢复至初始状态的一切救济方式：

（1）行政主体行使行政职权的行为明显违法的，如应当依法履职而未履职的，应当依法、依规作出相应的行政行为；违法行使职权且无法进行补救的，应当撤销已经作出的行政行为，重新作出合法的行政行为。

（2）行政主体行使行政职权的行为合法但不合理的，或虽然违法但可以补救的，可以采取瑕疵治愈的方式，包括追认、补正和转换。追认，指有权限的机关对无权限机关作出的行为及其他违法行为所作的事后确认；补正，指对欠缺合法要件的行政行为进行事后补救，从而使违法的行政行为因补足要件，成为合法的行政行为，继续维持其效力；转换，指违法行政行为与另一合法行政行为具有相同的目的且具备作成该行为所必需的方式、程序及实质要件的，将违法行政行为转变为另一合法、无瑕疵的行政行为。②

（3）前两点主要是行政主体对违法或不当行政行为本身进行纠错，除此以外还可对行政行为引发的后果进行补救，如赔偿、补偿、救助、返还原物、恢复原状等，即采取有效措施使行政相对人受损的权益获得最大限度补偿，

---

① 陈家勋：《行政检察：国家行政监督体系中的补强力量》，载《现代法学》2020 年第 6 期。

② 张峰振：《违法行政行为治愈制度的比较法考察》，载《贵州警官职业学院学报》2015 年第 6 期。

弥合行政行为对社会秩序造成的裂痕使之恢复如初。

2. 平衡监督原则——以行政争议实质性化解为目的

平衡原则，是指检察机关在对行政违法行为进行法律监督时，应当在维护行政权运行的完整性、高效性与保护公民合法权益、使受损权益及时得到救济间达到平衡。若天平向保护公民合法权益上过度倾斜，就有可能导致检察权对行政权的肆意扩张和干预；若天平向行政权运行的完整、高效性过度倾斜，就可能无法补救行政权对公民利益造成的侵害。作为诉源调控者参与国家治理体系的行政争议实质性化解就成了平衡天平两端的重要砝码，即当行政检察监督职能的行使以行政争议实质性化解为目的时，方能达到行政权在法治轨道内运行及人民权益保障的平衡。换言之，检察机关对行政活动开展法律监督时，不能一味追求对行政主体作出的行政行为予以纠错，亦不能无条件地采取各种措施救济行政相对人的受损权益，而应以涵盖公民权益保护、行政行为监督、尊重生效裁判既判力和行政自由裁量权等多元价值取向的行政争议实质性化解为其目的，以平息争议纠纷、修复社会秩序、让人民群众在每一个行政案件中感受到公平正义为其终极目的。

依据平衡监督原则，检察机关决定是否启动行政违法行为检察监督时，应当以行政行为对行政相对人利益的侵害程度和相对人权益损失大小作为首要考量标准。其次需要考察行政行为的违法程度和社会危害性，评价行政检察监督介入后的预期效果，包括行政检察监督实施后可能产生的负面影响和积极效果，是否会影响行政执法的权威性和公定力等。同时要充分评估行政行为纠错的成本，以及是否存在其他可替代救济措施。[①]

3. 有限监督原则——以成熟的行政违法行为为监督对象

为了防止检察监督对行政权的过度干预，需要对检察监督介入行政权运行的时机进行严格限制。若在行政程序尚未完结、行政决定尚未作出之时，检察机关就迫不及待地提前介入行政程序，会妨碍行政权的正常运行，损害行政管理与行政执法的效力和效率，甚至可能对相对人的合法权益造成负面影响。建议引入美、日行政法中的行政成熟原则，即检察机关启动对行政行

① 陈家勋：《行政检察：国家行政监督体系中的补强力量》，载《现代法学》2020 年第 6 期。

为的直接法律监督须以行政行为成熟为前提条件。行政行为成熟之时，方为检察监督权得以介入之时。检察机关对行政违法行为开展的直接监督应当局限于事后监督，应当保证行政行为的独立开展和行政决定的独立作出，待行政行为完成之后，方能启动检察监督。

那么在满足行政成熟原则的前提条件下，哪些行为可以成为行政违法行为检察监督的对象？笔者认为，当三类具体行政行为——无法进入行政诉讼程序接受司法审查的行政行为（排除《中华人民共和国行政诉讼法》（以下简称《行政诉讼法》）第 13 条规定的行政行为）、进入过行政诉讼程序获得终局裁判但仍有争议的行政行为，以及能够但尚未进入行政诉讼程序的行政行为，满足行政成熟原则的前提条件时，即可成为行政违法行为检察监督的对象。

无法进入行政诉讼程序的行政违法行为（排除《行政诉讼法》第 13 条规定的国家行为、抽象行政行为，对行政机关工作人员的奖惩、任免决定等）系行政检察监督的主要客体，实践中多表现为“过期之诉”，包括人民法院以超过起诉期限为由不予受理的行政争议和超过救济时效的行政违法行为。此类行政行为因不能接受司法审查而已然处于法律监督和权利救济的罅隙地带，需要检察监督权的介入以弥合罅隙。如果将其排除在行政检察监督的范畴之外，因违法行政行为而导致公民或企业权益受损的侵害状态会一直持续，从而出现人民利益被政府行为侵害而无法救济的负面形态。行政违法行为检察监督则为权利遭受行政行为侵害却“求助无门”的相对人打开了一扇“窗”，填补了行政执法领域公民权利救济的真空地带，因应了以人民为中心的司法价值取向。此外，已经进入过行政诉讼程序获得终局裁判但仍有争议的行政违法行为，如程序空转的行政争议，与无法进入行政诉讼程序的行政争议具有同质性，均系相对人无从救济的行政争端，亦应纳入行政违法行为检察监督的范畴。

4. 非刚性监督原则——协商型监督

检察机关可遵循以下方式和程序对违法行使职权或怠于行使职权的行政主体开展法律监督：

第一，会商。即检察机关通过私下交流、座谈等形式与被监督主体平等协商，促使被监督主体接受监督意见，双方就是否纠正行政行为以及如何解决行政争议形成共识。

第二，检察关注函。即检察机关运用相对平和的方式对违法行使职权或怠于行使职权的行政主体进行提醒，提示行政主体对自己行使行政职权的情况以及行政相对人权益受损的情况予以密切关注。检察关注函是一种效力较弱的法律文书，是一种相对平和、柔性的监督方式，多适用于行政行为并不违法但有不合理之处的情形。

第三，检察意见书。目前的检察意见局限于向被不起诉人的主管机关提出给予行政处罚、行政处分的意见。笔者建议，扩充"检察意见"的内涵和应用途径，检察机关可以向违法行使职权或怠于行使职权的行政主体发出检察意见，提出对已作出或未作出的行政行为重新审查并决定是否进行自我纠正的意见，重新审查期间原行政行为的效力处于中止状态，期间届满前被监督主体应当回复检察机关是否对行政行为重新审查并予以自我纠正，未予纠正的应当说明理由。

第四，检察建议。这里的检察建议指社会治理类检察建议，若行政机关违法或怠于行使职权的行为并非个案，已经成为某一领域社会治理中的共性问题，则应当向有关部门制发社会治理类检察建议，协同其从根源上治理行政管理或行政执法活动中的"顽瘴痼疾"，超越个案矫正的阶段而趋向于推进善政。

第五，支持行政起诉。《中华人民共和国民事诉讼法》第15条规定，机关、社会团体、企业事业单位对损害国家、集体或者个人民事权益的行为，可以支持受损害的单位或者个人向人民法院起诉。这里的"行为"并未特别限定，理应包括损害个人民事权益的行政行为。检察机关支持民事起诉时通常关注的是相对弱势、困难的群体，特别是诉讼能力偏弱的群体，运用国家检察权来为特定群体、特定当事人提供诉讼保障。在诉讼地位相对平等的民事法律关系中，检察机关尚且可以支持一方起诉；在诉讼地位相对不平等的行政法律关系中，检察机关更有理由支持作为弱势一方的行政相对人，就损害其合法权益的行政行为提起行政诉讼。此种监督方式只适用于尚未进入且能够进入行政诉讼的行政行为。

第六，评价与报告。对于拒不接受检察监督，无理由不纠正违法行政行为的行政主体，检察机关可以以人大监督作为检察监督的后盾，遏制行政权的恣意。一方面对行政机关在行政检察监督中的具体表现记录在案，包括是否接受监督，接受监督的态度、速度和程度，是否对违法或不当行政行为予以及时纠正以及纠正的效果等，于年终进行统计和评价，形成报告提交人大及人大常委会；另一方面将行政违法行为检察监督中调查发现的问题，主要指行政执法中普遍存在的问题和难以解决的社会治理性问题，向人大及人大常委会反映。

根据行政违法行为检察监督对象的不同，可以依循不同的监督路径：若检察监督的对象是能够进入行政诉讼程序的行政行为，那么检察监督的介入为行政相对人提供了一个相较行政诉讼更为灵活的纠纷解决途径，也为行政机关提供了一个可以在行政诉讼启动前相对缓冲的自我纠正区域，若行政机关不接受检察机关的柔性检察监督，不进行行政行为的重新审查和自我纠正，那么检察机关可以运用更为刚性的发展式监督权能——支持行政相对人提起行政诉讼，促使行政违法行为进入司法审查程序。若检察监督的对象是无法进入行政诉讼程序的行政违法行为，此种情形下检察机关须穷尽以评价与报告机制为隐性后盾的柔性、协商型监督手段，以谦抑、合作的态度争取行政机关的共识，督促行政行为的自我纠正，打破法律监督中的“零和博弈”和“囚徒困境”，共同实现区域社会治理现代化。

（三）审判监督路径现代化

1. 制约型监督——抗诉

针对传统刑事审判监督工作模式存在的抗诉线索发现难、少、局限于个案等弊端，有必要搭建现代化的审判监督路径，即通过构建刑事抗诉模型或刑事审判监督智能辅助办案系统，以大数据赋能审判监督工作，通过普适性刑事审判监督规则的提炼和应用，助力抗诉线索的发现和抗诉工作的开展。具体而言，依托刑事审判监督成功案例提炼抗点，在此基础上按照“一抗点一规则”的方法构建刑事审判监督规则，从统一业务系统数据库采集一审判决书作为数据来源，通过 NLP 语义分析技术和 OCR 图文识别技术，抓取被告人自然情况、前科情况、判项等关键要素并转化为比对数据，进而针对不同罪名适用不同规则筛查线索、碰撞比对，根据预设监督规则智能研判是否属于法律适用错误、应当开展刑事审判监督的范畴。最终实现更大范围、更加智能的刑事审判监督，以大数据促进审判监督质效的提升，确保法律正确统一适用。

（1）数据来源及获取方式

监督模型从检察统一业务系统中抓取数据，以刑事判决书为数据来源，比对是否存在刑事审判监督线索。

（2）数据分析方法

通过统一业务系统采集电子版刑事判决书，通过 NLP 语义分析技术和 OCR 图文识别技术，抓取被告人自然情况、前科情况、判项等关键要素并转化为比对数据，进而开展分析研判，根据预设监督规则智能研判是否属于应当开展刑事审判监督的范畴。

第一步：识别转换。纸质判决书扫描上传后，形成 PDF 格式文件，通过 OCR 图文识别技术，转化为基础文本文档。第二步：要素采集。采用 NLP 语义分析技术、关键词抓取技术对识别出的基础文本文档进行要素抓取，根据输入内容智能识别生成被告人自然情况、前科情况、审判程序情况、基础犯罪构成情况、判决情况等六大类 54 个要素，同时自动推送识别矛盾要素供人工复核。第三步：碰撞比对。根据预设监督规则对已采集要素进行比对计算，对符合监督规则的自动发出监督线索预警。第四步：线索流转。按照预设路径，自动将监督线索推送至承办人、案管部门、承办部门负责人分别进行线索复查。

（3）监督规则

第一类：罚金刑计算错误。该类包括 21 个规则，分别涉及盗窃罪、组织卖淫罪、容留卖淫罪等常见罪名。数据获取及分析规则如下：对刑事判决书识别关键词“犯罪数额”“共计价值”等提取要素，确定涉案犯罪数额。在此基础上，分析识别刑事判决书判处罚金刑提取要素。比对上述两个要素，对其中罚金数额与犯罪数额比例不符合法律、司法解释相关规定的判决书即为审判监督线索。

第二类：禁止令适用错误。该类包括 8 个规则，分别涉及生产、销售假药罪、生产销售有毒有害食品罪等常见罪名。数据获取及分析规则如下：对刑事判决书识别“假药”“食品”“污染环境”等关键词，筛查获取涉假药、涉有毒有害食品、污染环境等罪名的刑事判决书。对上述判决书以关键词“判决如下”识别判项，获取罪名、刑期等数据要素。进而分析识别判项中包含“缓刑”，且不含“禁止令”的判决书，即为审判监督线索案件。

第三类：剥夺政治权利适用错误。该类包括 2 个规则，分别是剥夺政治权利期间错误、数罪并罚漏判。监督规则如下，对判决书识别前科判决要素，并抓取关键词“剥夺政治权利”，筛选获取具有剥夺政治权利前科的案件。在此基础上识别前科判决执行要素及剥夺政治权利年限要素，计算出剥夺政治权利起止日期，同时抓取本次判决日期及本次强制措施日期要素，分析比对本次判决日期在前罪剥夺政治权利起止日期内，同时本次判决未援引数罪并罚的，即为数罪并罚漏判抗诉线索；本次判决数罪并罚期限与前科判决期限减去已执行日期不一致的，即为剥夺政治权利期间错误抗诉线索。

第四类：刑期计算错误。该类包括 1 个规则，即数罪并罚减刑折抵刑期错误。监督规则如下：对刑事判决书搜索关键词“漏罪”“犯新罪”“数罪并罚”，或者援引法条带有《中华人民共和国刑法》第 70 条、第 71 条的刑事判决书，或者可能存在减刑，且属于又犯新罪和发现漏罪被数罪并罚的案件。对于确属在假释、监外执行期间发现漏罪、又犯新罪，直接将前罪剩余刑期与漏罪、新罪数罪并罚，将减刑刑期计入已经执行的刑期的案件，即为审判监督线索案件。

通过上述规则，筛查出法律适用确有错误的刑事判决书，依法按照《中华人民共和国刑事诉讼法》第 217 条、第 243 条的规定，通过提出抗诉的方式开展刑事审判监督工作。

2. 协同型监督

检察机关对审判程序中审判人员违法行为开展的监督，类同狭义的侦查监督和行政监督，亦应当采取柔性监督方式，遵循协商型监督路径，塑造合作共赢的博弈局面，以“共生逻辑”为基点，创造“法律职业共同体的共生系统”，以“共生价值”吸引被监督方的合作，当作为被监督方的审判机关意识到检察机关的协同型监督并非强势、敌对，亦不会影响其考核，反而能帮助其发现审判和执法中的错误和瑕疵，提升审判和执法水平，保证案件质量，增强司法公信，自然会以开放的姿态接受检察监督。

具体的监督方式涵括：私下提醒法官、向法官移送关注函、检察长列席审委会或法检两院通过座谈会提出意见、向法院制发社会治理类检察建议/纠正违法检察建议、向法官惩戒委员会移交线索。在司法实践中，应当根据审判活动违法的性质、程度以及被监督方的接受度、整改度，遵循此监督强度递增的路径开展协同型审判监督。

关于检察长列席审委会监督，自实施以来该项制度有被强制推行之嫌，而未产生制度设计所期望产生的价值和效果。笔者认为，通过该项制度的重新定位和重塑模式，可以使之成为协同型审判监督的重要手段。建议采取普通会议由检察机关专职检委列席监督，重大会议由检察机关检察长或副检察长列席监督的模式，法院审判委员会召开会议审议与检察机关有关的案件或事项，均应通知检察机关列席。

模式一：普通会议由检察机关专职检委列席监督。如果审判委员会审议与检察机关有关的普通案件或事项，则由检察机关的专职检委列席即可。专职检委列席时只对审委会的审议过程进行程序监督，监督的内容包括：参加会议的审判委员会委员人数是否符合规定，人员是否适格；承办法官的准备材料是否充分，汇报提纲制作是否规范，汇报案件是否全面和客观；审委会委员的发言是否客观中立，是否按照法定的顺序进行发言；审判委员会是否遵循了回避原则、民主集中制原则，是否存在“一言堂”的情况，审判委员会的决定是否是法定多数人的意见；审委会会议是否按照法律规定的程序进行；是否存在影响审判权独立行使的案外因素介入。[①] 专职检委列席审委会进行监督的方式，是以一个旁观者的身份进行监督，无需发表意见，审委会审议程序不当甚至违法的，专职检委应当当场提出意见或事后向法院发出检察建议。

---

① 高松林：《检察长列席审判委员会制度的价值分析与完善路径》，载《中国检察官》2018 年第 23 期。

模式二：重大会议由检察机关检察长或副检察长列席监督。如若审委会审议的是与检察机关有关的重大案件或事项，如可能判处被告人无罪的公诉案件，检察院提出抗诉的案件，检察院提出再审检察建议的民事、行政案件，检察院起诉的具有重大社会影响的案件，法院与检察院对案件有重大分歧的案件，法院与检察院会签的重要规范性文件等，在这些情况下，检察长应当列席审委会会议，不能列席的应委托副检察长列席。检察长或副检察长列席审判委员会时，一方面，要对承办法官没有汇报到位的案件内容或公诉人出庭时没有在法庭上阐述的内容进行补充说明，针对审议案件的事实、证据、法律适用等关键性实体问题发表意见，为审委会提供决策参考；另一方面，要对承办法官的汇报进行法律监督，监督承办法官的汇报是否全面、客观、真实，监督合议庭采信的证据是否符合证据裁判规则，监督案件的办理是否遵循“以审判为中心、以庭审为中心”原则。检察长或副检察长列席审委会时，检察院的专职检委依然要共同列席，对审委会的审议过程进行程序监督。

（吕青　张晨：江苏省徐州市经济开发区人民检察院）

检察机关直接侦查权的基本理论与运行研究

于祖胜　杨　川

《中华人民共和国刑事诉讼法》（以下简称《刑事诉讼法》）第 108 条规定“……（一）‘侦查’是指公安机关、人民检察院对于刑事案件，依照法律进行的收集证据、查明案情的工作和有关的强制性措施……”，第 109 条规定“公安机关或者人民检察院发现犯罪事实或者犯罪嫌疑人，应当按照管辖范围，立案侦查”，《人民检察院组织法》第 20 条规定“人民检察院行使下列职权：（一）依照法律规定对有关刑事案件行使侦查权……”，可见具有侦查权的主体为公安机关和检察机关，对属于法定管辖范围之内的案件有立案侦查职能，启动法定侦查程序。[①] 检察侦查权指在刑事诉讼过程中，检察机关为收集证据，查明案情，追究犯罪嫌疑人刑事责任，依法采取一系列专门侦查手段和强制性措施的权利。

2016 年始，党中央为了加强党对反腐工作的统一领导，整合反腐败资源力量，形成集中统一、权威高效的反腐败体制和严密的法治监督体系，实现推进全面依法治国目标，作出了深化国家监察体制改革的重大决策部署，将检察机关的反贪、反渎和职务预防部门转隶到各级监察委员会，对检察侦查工作产生了深远的影响，至此检察机关形成了直接侦查、机动侦查、自行（补充）侦查“三位一体”的侦查权体系。同时细化了监察、警察、检察之间的权力界限，形成了“三察鼎立”式侦查（调查）格局。[②] 直接侦查对象特殊、条件严格，准确把握其内涵，了解其困境，精准侦查，对提升司法监

① 王祺国：《试论检察侦查》，载《法治研究》2021 年第 6 期。

② 张建伟：《监察至上还是三察鼎立——新监察权在国家权力体系中的配置分析》，载《中国政法大学学报》2018 年第 1 期。

督整体效能有着举足轻重的作用。

一、直接侦查权的范畴变更

检察侦查权的范围是随着国家法制健全和检察侦查工作的开展逐步变化的，大致经历了四个阶段：初创时期（1949年至1968年）、中断时期（1968年至1978年）、快速发展时期（1978年至2016年）、重塑变革时期（2016年至今）。[①] 其间检察机关直接侦查权呈现出波动的特点，权力的扩张和收缩都呈现出鲜明的时代性与政治性。[②] 1996年、2012年《刑事诉讼法》涵盖了"贪污贿赂犯罪，国家工作人员的渎职犯罪，国家机关工作人员利用职权实施的非法拘禁、刑讯逼供、报复陷害、非法搜查的侵犯公民人身权利的犯罪以及侵犯公民民主权利的犯罪"，2018年修改的《刑事诉讼法》大幅减少该部分权力，保留了对司法工作人员部分职务犯罪侦查权。

（一）立案侦查的对象条件

2018年10月26日，第十三届全国人大常委会第六次会议通过的《关于修改〈中华人民共和国刑事诉讼法〉的决定》，调整了人民检察院的直接侦查职能并修改了相关程序规定，修改后的《刑事诉讼法》第19条第2款规定"人民检察院在对诉讼活动实行法律监督中发现的司法工作人员利用职权实施的非法拘禁、刑讯逼供、非法搜查等侵犯公民权利、损害司法公正的犯罪，可以由人民检察院立案侦查……"可见，直接侦查权的主体限于司法工作人员。[③] 根据《中华人民共和国刑法》（以下简称《刑法》）第94条规定"本法所称'司法工作人员'，是指有侦查、检察、审判、监管职责的工作人员"。

侦查对象需符合以下条件：一是犯罪嫌疑人在于"职责"而非"身份"，

① 张智辉：《检察侦查权的回顾、反思与重构》，载《国家检察官学院学报》2018年第3期。

② 秦前红：《检察侦查权的制度逻辑与时代走向》，载《政法论丛》2023年第4期。

③ 国家监察委员会、最高人民法院、最高人民检察院、公安部《关于加强和完善监察执法与刑事司法衔接机制的意见（试行）》第1条规定："司法工作人员以外的公职人员利用职权单独实施的非法拘禁、虐待被监管人、非法搜查等侵犯公民权利、损害司法公正的犯罪，由监察机关管辖。"

不以身份判断，与《刑法》第93条第1款规定“本法所称国家公务人员，是指国家机关中从事公务的人员”类同，以“公务”判断国家工作人员，不以身份判断。故户籍管理、组织人事等具有正式编制的人员不是此处的“司法工作人员”，但辅警、人民陪审员、合同制职工（含聘用制书记员）等，依照规定履行司法职责、开展司法监督等，属于“司法工作人员”。二是具体包括四类人员：（1）有侦查职责的人员，包括公安机关、国家安全机关、检察机关、军队保卫部门、监狱、海关缉私部门等依法对犯罪嫌疑人的犯罪行为侦查职能的人员；（2）有检察职责的人员，是指各级人民检察院承担刑事检察（含职务犯罪侦查）、民事检察、行政检察和公益诉讼检察的人员；（3）有审判职责的人员，是指人民法院负责审判工作的人员；（4）有监管职责的人员，是指对处于强制措施和刑事执行措施中的对象进行监督管理的人员。[①] 三是限定在“对诉讼活动实行法律监督中发现”，诉讼活动并不限于检察机关直接办理的案件，应指广泛意义上对诉讼活动的法律监督范围和方式，如受理控告、举报、申诉中发现的相关职务犯罪案件线索，接受其他单位移送的司法工作人员相关职务犯罪案件线索等。“可以”立案侦查，“可以”是授权性规定，不是“应当”强制性规定。

（二）立案侦查的具体罪名

2018年11月1日最高人民检察院第十三届检察委员会第八次会议通过《关于人民检察院立案侦查司法工作人员相关职务犯罪案件若干问题的规定》，明确了适用直接侦查的14个罪名：非法拘禁罪，刑讯逼供罪，非法搜查罪，暴力取证罪，虐待被监管人罪，滥用职权罪，玩忽职守罪，徇私枉法罪，民事、行政枉法裁判罪，执行判决、裁定失职罪，执行判决、裁定滥用职权罪，私放在押人员罪，失职致使在押人员脱逃罪，徇私舞弊减刑、假释、暂予监外执行罪。其中前5个罪名侧重于侵犯公民权利，后9个罪名侧重于损害司法公正。由于这14个罪名分别规定在刑法的“侵犯公民人身权利、民主权利

① 陈国庆：《刑事诉讼法修改与刑事检察工作的新发展》，载《国家检察官学院学报》2019年第1期。

罪”和“渎职罪”这两章之中，故沿袭过去的简称，可称这些犯罪为“司法人员侵权、渎职犯罪”。[①]

另外，基于办案质量、案件数量、办案阻力等考虑，明确对上述 14 个罪名的管辖，由设区的市级人民检察院立案侦查，基层人民检察院发现犯罪线索的，应当报设区的市级人民检察院决定立案侦查；设区的市级人民检察院也可以将案件交由基层人民检察院立案侦查，或者由基层人民检察院协助侦查；最高人民检察院、省级人民检察院发现犯罪线索的，可以自行决定立案侦查，也可以将案件线索交由指定的省级人民检察院、设区的市级人民检察院立案侦查；在检察机关内部，具体由负责刑事检察工作的专门部门负责侦查。

二、保留直接侦查权的现实意义

检察机关大部分职务犯罪侦查权转隶后，保留了对司法人员职务犯罪侦查权，但是也有观点指出没有必要保留检察机关这部分职权。[②] 但笔者认为保留的侦查权能够增强法律监督的刚性、权威性和实效性，检察机关对司法工作人员职务犯罪侦查具有先天优势，能够更好地补充反腐败力量。

（一）强化法律监督刚性的现实需要

国家监察体制改革以来，检察制度经历了新一轮“自我定位的危机”。[③]“八二宪制”下的国家机构体系已经完成了从人大之下“一府两院”到“一府一委两院”的转变，但宪法修正案并未触及“中华人民共和国人民检察院是国家的法律监督机关”这一规定（第 134 条），修改的《中华人民共和国人民检察院组织法》也未改变“法律监督机关”的定位（第 2 条）。[④] 同时 2021 年 6 月《中共中央关于加强新时代检察机关法律监督工作的意见》明确指出：

① 朱孝清：《检察机关如何行使好保留的职务犯罪侦查权》，载《中国刑事法杂志》2019 年第 1 期。

② 高一飞：《司法职务犯罪侦查权也应当转隶监委》，载《河南财经政法大学学报》2020 年第 1 期。

③ 姚岳绒：《监察体制改革中检察院宪法地位之审视》，载《中国政法大学学报》2018 年第 1 期。

④ 黄明涛：《法律监督机关——宪法上人民检察院性质条款的规范意义》，载《清华法学》2020 年第 4 期。

人民检察院是国家的法律监督机关，是保障国家法律统一正确实施的司法机关，是保护国家利益和社会公共利益的重要力量，是国家监督体系的重要组成部分，在推进全面依法治国、建设社会主义法治国家中发挥着重要作用。宪法及中央文件肯定和强调了检察机关作为法律监督机关的地位。

作为国家法律监督机关，检察机关法律监督的主要任务是对诉讼活动进行监督，包括刑事诉讼监督、民事诉讼监督、行政诉讼监督，诉讼监督的方式包括两类：一种是较为刚性的方式，比如抗诉，强制性启动诉讼程序，但启动抗诉的程序性权力无法产生实体上的约束力；另一种是相对柔性的方式，对诉讼中的违法行为和错误决定提出纠正意见，具体包括发出检察建议、纠正违法等，但提出意见或者建议，监督对象是否纠正、如何纠正，都由其自行决定，这就使得此类监督因刚性不足而效果不好。① 保留直接侦查权是在契合侦查便宜主义基础上避免检察建议效能空置与强化诉讼监督的有效路径。现在检察侦查权逐渐由传统“追诉型”侦查权演变为“监督型”侦查权，是在公安机关侦查和监察调查情况下，符合侦查权总体配置逻辑，是对传统“追诉型”侦查权在价值追求、侦查范围、侦查方式等方面作出一种更加契合“法律监督机关”机构本位的调整。②

监督与被监督是一对难以内部调和的矛盾，这就要求监督者具有对监督对象直接进行处理的权力。职务犯罪侦查权的划转，并非弱化检察机关的法律监督地位，而是给法律监督“减负”，而保留检察机关对司法工作人员职务犯罪侦查权，是与法律监督理论形成逻辑内洽，给法律监督实践效果带来契机，主要与人民检察院实行法律监督职权密切相关。③ 保留直接侦查权是强化法律监督的有力保障，侦查是最有法律威慑力、强制性的法律监督方式，因为侦查可以对涉案财物实行查封、冻结、扣押，对犯罪嫌疑人可以采取强制措施等，使得检察机关对于公安机关、审判机关的诉讼监督才能由软变硬，

① 陈国庆：《刑事诉讼法修改与刑事检察工作的新发展》，载《国家检察官学院学报》2019 年第 1 期。

② 秦前红：《检察侦查权的制度逻辑与时代走向》，载《政法论丛》第 2023 年第 4 期。

③ 卞建林：《检察机关侦查权的部分保留及其规范运行——以国家监察体制改革与〈刑事诉讼法〉修改为背景》，载《现代法学》2020 年第 2 期。

更好地履行诉讼监督职能，及时纠正违法行为，维护司法公正，同时，有利于节约办案资源，保证诉讼活动顺利进行。①

（二）优化侦查资源配置，作为监察体制的补充

职务犯罪侦查模式体现了国家治理体系中职务犯罪侦查权力结构配置。2018 年 3 月 20 日，第十三届全国人大一次会议审议通过《中华人民共和国监察法》（以下简称《监察法》），第 3 条规定“各级监察委员会是行使国家监察职能的专责机关，依照本法对所有行使公权力的公职人员（以下称公职人员）进行监察，调查职务违法和职务犯罪，开展廉政建设和反腐败工作，维护宪法和法律的尊严”。2018 年 10 月 26 日修改的《刑事诉讼法》第 19 条第 2 款规定对司法工作人员部分职务犯罪“可以”由人民检察院立案侦查，而非“应当”。由此形成监察机关对公职人员职务违法和职务犯罪监察全覆盖与检察机关对部分司法工作人员在诉讼中利用职权实施的职务犯罪可以立案侦查的共存共管局面，对司法工作人员实施的相关职务犯罪，监察委员会与人民检察院都有管辖权。②

检察机关职务犯罪侦查是在司法领域，在发现此类职务犯罪线索方面具有天然优势，保证获取线索的及时性、侦查事实的便捷性以及处理结果的完整性等独特优势，特别是对监管场所等特殊场合发生的监管人员侵犯公民权利、损害司法公正的犯罪线索，具有明显的职能便利，是对监察制度全覆盖的有效补充和配合，避免将案件移送监察机关重新进行调查造成资源浪费，有助于监察机关集中力量查办贪污贿赂等严重腐败案件，最大程度提高司法资源的利用效率。③ 总的来看，这些犯罪不是典型的“腐败型”犯罪，对这些在诉讼监督中发现的司法工作人员不严格执法、违背司法公正、侵犯当事人权利的犯罪，由检察机关行使侦查权，不仅有利于检察机关有效履行法律

① 万春、王佳：《中国特色刑事诉讼制度的重要完善——从检察机关视角学习理解修改后的〈刑事诉讼法〉》，载《中国检察官》2018 年第 23 期。

② 陈国庆：《司法工作人员职务犯罪侦查与认定》，中国检察出版社 2019 年版，第 19 页。

③ 吕晓刚：《保留检察机关部分职务犯罪侦查权的实践价值与有效实施》，载《新疆师范大学学报（哲学社会科学版）》2019 年第 3 期。

监督职能，维护司法公正和保障诉讼正常进行，也有利于监察机关集中精力“反腐败”，保证深化国家监察体制改革目标的实现，符合监察机关和检察机关的定位。①

对于监察机关与检察机关互涉、管辖竞合案件，《监察法》第 34 条规定：“人民法院、人民检察院、公安机关、审计机关等国家机关在工作中发现公职人员涉嫌贪污贿赂、失职渎职等职务违法或者职务犯罪的问题线索，应当移送监察机关，由监察机关依法调查处置。② 被调查人既涉嫌严重职务违法或者职务犯罪，又涉嫌其他违法犯罪的，一般应当由监察机关为主调查，其他机关予以协助。”《人民检察院刑事诉讼规则》第 17 条第 1 款、第 2 款规定：“人民检察院办理直接受理侦查的案件，发现犯罪嫌疑人同时涉嫌监察机关管辖的职务犯罪线索的，应当及时与同级监察机关沟通。经沟通，认为全案由监察机关管辖更为适宜的，人民检察院应当将案件和相应职务犯罪线索一并移送监察机关；认为由监察机关和人民检察院分别管辖更为适宜的，人民检察院应当将监察机关管辖的相应职务犯罪线索移送监察机关，对依法由人民检察院管辖的犯罪案件则继续侦查。”可见，对于互涉案件实行“监察为主、调查优先”的原则。③ 二是对于非互涉案件，《国家监察委员会管辖规定（试行）》第 21 条第 1 款规定：“在诉讼监督活动中发现的司法工作人员利用职权实施的侵犯公民权利、损害司法公正的犯罪，由人民检察院管辖更为适宜的可以由人民检察院管辖。”可适用“谁适宜谁管辖”，最大程度形成打击合力、优势互补，实践中多是由检察机关立案侦查为主。

---

① 王爱立：《中华人民共和国刑事诉讼法释义》，法律出版社 2018 年版，第 39 页。

② 卞建林：《职务犯罪监检管辖之分工与衔接》，载《法学评论》2021 年第 5 期。

③ 最高人民检察院《关于人民检察院立案侦查司法工作人员相关职务犯罪案件若干问题的规定》规定：“人民检察院立案侦查本规定所列犯罪时，发现犯罪嫌疑人同时涉嫌监察委员会管辖的职务犯罪线索时，应当及时与同级监察委员会沟通，一般应当由监察委员会为主调查，人民检察院予以协助。经沟通，认为全案由监察委员会管辖更为适宜的，人民检察院应当撤销案件，将案件和相应职务犯罪线索一并移送监察委员会；认为由监察委员会和人民检察院分别管辖更为适宜的，人民检察院应当将监察委员会管辖的相应职务犯罪线索移送监察委员会，对依法由人民检察院管辖的犯罪案件继续侦查。人民检察院应当及时将沟通情况报告上一级人民检察院。沟通期间，人民检察院不得停止对案件的侦查。监察委员会和人民检察院分别管辖的案件，调查（侦查）终结前，人民检察院应当就移送审查起诉有关事宜与监察委员会加强沟通，协调一致，由人民检察院依法对全案审查起诉。”

三、直接侦查权弱势体现

直接侦查权在实践中运行并不顺畅，面临着多方面的问题。

（一）职责定位不清晰

新阶段检察机关已经确立了刑事、民事、行政和公益诉讼“四大检察”全面协调充分发展的法律监督新格局，并且通过十三届全国人民代表大会第二次会议所确定。在这一法律监督新格局中，并没有检察侦查独立的一席之地。同时部分人员对检察侦查权的定位把握不准，对立法赋权的本意认识不清，存在等待观望、干劲不足等情况，对检察机关在反腐败大局中作用认识不足，严重影响检察侦查自身的发展。①

（二）侦查线索匮乏

线索是启动侦查的钥匙，没有线索就无法启动侦查程序，实务中检察机关线索匮乏是检察侦查程序启动的难题。侦查线索发现难具有下列原因：一是司法工作人员具有较强的反侦查能力，对抗能力强。囿于司法工作人员具备专业的法律知识、丰富的办案经验，实施相关职务犯罪会进行事前周密谋划，方法会更隐蔽，用合理合法的形式掩盖真相。如之前办理的谢某某徇私枉法案，谢某某系公安机关民警，为他人伪造立功材料，真实的线索系外地公安机关提供，但谢某某告知请求帮忙找线索的犯罪嫌疑人邹某，伪造邹某提供立功线索的资料，最后立功情节未被法院认定，邹某遂控告谢某某犯罪行为导致案发。线索是真实的，同时鉴于谢某某的身份，能够合理地掩盖犯罪事实，发现徇私枉法的线索就是难点。即使案发，司法工作人员会尽可能通过自由裁量、办案习惯等掩饰犯罪目的，也易与他人订立攻守同盟，毁灭证据，制造矛盾，实施一系列反侦查活动，给侦查取证工作带来困难。② 二是

① 侯亚辉：《司法工作人员相关职务犯罪侦查实务研究》，载《人民检察》2021 年第 18 期。

② 高景峰：《司法工作人员相关职务犯罪侦查模式建构与完善》，载《中国刑事法杂志》2021 年第 5 期。

线索来源途径单一。检察机关对立案侦查司法工作人员相关职务犯罪的侦查职能缺乏宣传，目前，公众已熟知检察机关的职务犯罪案件侦查权划转给监察委员会，但对于保留部分职务犯罪侦查权不熟悉、不了解，切断了从群众中获取职务犯罪线索的来源，没有形成普遍的社会共识。目前该类线索大多由检察机关自行发现。① 三是涉及的罪名多是结果犯，危害结果发生之前，难以通过监管单位内部管理等方式发现，并且渎职涉及环节多，有主次责任、集体与个人责任之分等，多种责任交织，线索质量、可查性都是难点，成案可能性降低。②

（三）人员素质、机构配置不适应

监察体制改革以来，检察机关内部缺少专职人员履行直接侦查职责，相关侦查工作主要由刑事执行检察部门工作人员承担，但这些部门本身案件数量多、办案压力大、人力资源紧张，同时缺少侦查工作的经验积累，人员配置和侦查能力大幅下降，发现、经营线索以及收集、固定、运用证据能力和手段相对欠缺，难以承担侦查工作的任务。③ 目前最高人民检察院明确由刑事执行检察部门负责侦查，目前在基层人民检察院（拥有 50 个编制以上的基层人民检察院）试点的检察侦查权的行使一般由刑事执行部门的员额检察官承担，同时抽调其他刑事检察部门的人员参与。另外，由于检察侦查办案规模小，侦查队伍编制数量少，侦查缺乏可持续的人才培养机制。同时，提升侦查办案能力和侦查人才的培养最主要的途径是办案实践和积累办案经验，但办案经验的积累必须以办案数量为基础。从 2019 年、2020 年、2021 年、2022 年全国检察机关立案侦查司法工作人员利用职权实施的侵犯公民权利、损害司法公正分别为 871 人、1421 人、2253 人、1400 余人为例，平均到全国 290 余个地级市检察院，每个院平均立案侦查分别为 2.9 人、4.8 人、

① 侯亚辉：《司法工作人员相关职务犯罪侦查实务研究》，载《人民检察》2021 年第 18 期。

② 钟会兵、马文涛：《检察机关行使司法人员职务犯罪侦查权研究》，载《中国检察官》2019 年第 20 期。

③ 赵昊平：《新时代检察机关侦查权的运行与完善》，载《检察日报》2021 年 8 月 10 日，第 7 版。

7.7人、4.8人，基层人民检察院就更难有机会参与侦查办案，案件数量少，磨炼少，侦查能力更难以适应办案的需要。①

（四）强制措施适用受限

司法工作人员一般来说法律素养高，熟知刑事诉讼程序，在现有的办案条件下，适用刑事诉讼强制措施不能适应办理该类案件取证需要，特别是获取涉嫌案件的行为人的口供困难。如采取刑事拘留，时间短难以突破口供。②司法人员办案程序和时间熟悉，知道程序时间节点，进而采取对抗，与办案人员周旋，时间到了必须释放。如采取取保候审或者监视居住，不能完全隔绝串供可能，对一些建立在言词证据上定案和延伸侦查的案件，如果案件秘密一旦泄露，行为人也易于建立攻守同盟，不利于案件办理。如采取指定居所监视居住，一是适用指定居所监视居住的条件严格，需要犯罪嫌疑人在办案机关所在市、县没有固定住所；二是办案风险大，办案成本高。同时，适用强制措施的对象有局限，如办理司法人员徇私枉法案，无法对涉案的共同犯罪以外的其他相关人员采取强制措施，导致案件往往无法突破，办案效果得不到保证。

四、检察侦查权运行的完善进路

检察侦查权是反腐败斗争重要部分，是国家治理体系和治理能力现代化有机组成部分，与其他执法、监察、司法机关加强分工基础上配合、协同等，特别是坚持侦查一体化、数据等资源的共享，能够形成整体合力。

（一）树立检察侦查权独立的法律监督地位

“中国检察机关应当建立4+1的检察监督板块”，即“四大检察监督板块加上司法人员职务犯罪侦查职能板块”，检察机关应当鲜明地构建新时代法律

① 数据来源于最高人民检察院网站发布的《全国检察机关主要办案数据》。

② 吴建雄、马少猛：《司法人员职务犯罪侦查制度的基本理论与机制构建》，载《中国刑事法杂志》2020年第5期。

监督“四大检察”+“检察侦查”的4+1的体系和格局。[①] 2023年全国检察长会议提出：批捕、起诉、自侦，是刑事检察的基本职能，检察机关在高质量履职过程中，只能加强、不能削弱。要求“检察侦查重在加大力度、务必搞准”，表明检察机关逐步重视检察侦查权。

（二）不断加强检察侦查一体化机制

检察机关实行自上而下的领导体制，检察一体化是检察制度优越性的体现，检察一体化在侦查一体化上体现得更充分，形成由上而下纵向的指挥协调和左右配合横向的协同相结合的优势，在重大疑难复杂案件形成集团作战。如2022年12月，最高人民检察院印发了《关于办理人民检察院立案侦查司法工作人员职务犯罪案件加强配合制约工作的规定》，主要就检察机关相关职能部门在司法工作人员相关职务犯罪办理中的职责分工、提前介入、审查逮捕、审查起诉、出庭公诉等作了比较系统规定，是检察一体化在办理自侦职务犯罪案件更广范围内完善、应用的重要依据。

在监察体制重大改革过程中，检察机关以往自成体系的职务犯罪侦查职能、组织、人员整体上已转隶，检察侦查严重缺乏组织上、力量上、技术上的系统化，在依法立案侦查司法工作人员相关职务犯罪案件中，更应坚持侦查一体化原则。侦查一体化，不仅包括要加强自上而下的纵向侦查指挥协调系统，而且要加强与“四大检察”横向之间配合协同关系，使侦查一体化上下连接、左右贯通，从侦查职能、要素配置、专业支持、办案力量、法定措施、信息技术统筹上，形成一体合力，从整体上增强检察侦查的质效。[②]

1. 纵向优化办案力量资源

一是自上而下设立检察侦查部门，对司法人员相关职务犯罪线索进行统一研究、审查把关，实行侦查线索统一管理，办案力量统一调配模式。《关于人民检察院立案侦查司法工作人员相关职务犯罪案件若干问题的规

① 王祺国：《论确立整体检察监督观》，载《法治研究》2019年第3期。

② 王祺国：《新时代检察侦查概论》，中国检察出版社2023年版，第43-44页。

定》确定了立案侦查决定权“上提一级”制度，一般由市级检察院为办案主体，统筹全市检察机关侦查办案资源，集中力量侦办案件，原则上不交由县级检察院立案侦查，其中，规范区域内检察官统一调配。以湖南省检察系统为例，市级以上检察院设立了职务犯罪侦查科，由市级以上统筹全市人才培养计划，“围绕规范化取证、精细化初查、专业化讯问、信息化依托、预警化研判、一体化支撑”等专业化技能，提升检察侦查干警履职能力，完善侦查队伍的年龄结构、专业结构、知识结构。[①] 加快建立系统、专业的检察侦查人才库，形成组织严密、纪律严格、上下联动的独立侦查机构，建立反应快、效率高的工作机制以及组织通晓侦查知识而自成一体的专业化干警队伍。二是合理配置考核指标。加快建立绩效合理、评价科学、高效智能的司法工作人员相关职务犯罪侦查业绩考评指标体系和考评机制。在统一设定平均分的基础上，对统一调配检察官办案情况进行单独计分，推动建立以质量和效果为核心的考核评价体系。充分发挥业绩考评“风向标”作用，进一步推动将办案业绩考评情况作为侦查部门检察官选配、交流与综合考核评价的重要内容。[②]

2. 横向强化职能部门之间的信息共享与沟通

强调以侦查职能为依托，加强检察机关内部各职能部门之间横向侦查一体化建设，强化“四大检察”在发现和移送检察侦查线索的意识和能力，为检察侦查提供线索，如最高人民检察院 2022 年 5 月颁布《人民检察院内部移送法律监督线索工作规定》和《人民检察院案件管理部门开展法律监督线索管理工作实施细则》等，就如何畅通检察一体化建设和办理“四大检察”业务案件中线索移送的衔接流程作出进一步规范；加强侦捕诉在分工负责、各司其职基础上的衔接、协同、配合，形成检察机关对检察侦查整体性、系统性链条优势。

---

① 吴建雄、马少猛：《司法人员职务犯罪侦查制度的基本理论与机制构建》，载《中国刑事法杂志》2020 年第 5 期。

② 刘晖、徐伟勇、桑先军：《司法工作人员相关职务犯罪侦查机制中检察一体化的完善》，载《人民检察》2020 年第 18 期。

（三）提高侦查能力，弥补强制措施缺陷

对于采取强制措施的犯罪嫌疑人，一是提高自身侦查能力，应对司法工作人员采取有限羁押时间强制措施带来的弊端；二是加强与纪委监委的沟通，发现犯罪嫌疑人与他人存在串供等阻碍侦查的情形，如果涉及违纪违规处理，及时交由纪委监委处理；三是发现有作伪证、包庇的其他行为，予以严厉打击；四是积极提出立法建议，从根本上解决问题。

（四）探索建立大数据化侦查办案机制

全国检察长会议强调：数字检察战略是法律监督质效飞跃的重要机制，是打开法律监督新天地的“金钥匙”。针对司法工作人员相关职务犯罪信息化、隐蔽化、专业化强等特点，一是特别需要重视信息共享，打破信息壁垒，建议采用多种方式加强检察机关侦查信息数据和公共信息查询平台建设，熟悉司法工作人员办案流程，收集流程伴随的数据，对案件数据作个案、区域、跨区域的多层次研判、深度挖掘数据信息，分析与把握背后司法工作人员违法犯罪的行为特点与规律。[①] 二是要强化数据分析思维。自立案审查至侦查终结，检察机关应当注重运用数据分析，引导侦查取证方向，提升侦查取证的科学性；要注重系统研判，司法工作人员相关职务犯罪往往具有一定的连续性，要用数据去挖掘。三是注重侦查分析方法的突破。传统信息化侦查更为强调的是对电子信息的获取。如查询涉案人员的通信信息、资金财务信息等，这些信息的获取主要是为侦查取证提供方向，或直接提供基础性证据材料，但信息的数据化分析、研判并不作为重点。大数据侦查则强调对查询、检索信息的二次利用与深度分析，通过数据挖掘技术对海量的犯罪数据进行分析，发现犯罪现象背后的行为规律、特征等深层次信息，将个案侦查靶向延伸到类案治理、制度监督。[②]

如针对交警部门办理的危险驾驶类案件，需要打通医院、鉴定机构、公

① 郭哲：《大数据时代查办职务犯罪侦查模式认识论》，载《政法论丛》2019 年第 3 期。

② 徐伟勇、桑先军：《司法工作人员职务犯罪侦查机制构建的三个重点》，载《人民检察》2020 年第 13 期。

检法系统之间的信息数据，保证犯罪嫌疑人血液中检测乙醇含量在鉴定、移送起诉等各个环节的一致性，监督公安机关有无人为更改乙醇含量的行为，将犯罪事实降格处理为违法事实，法院判决是否合法等，对该类案件建立数据库，实现类案监督、类案办理。或者从案件类别上来看，涉黑涉恶案件，组织卖淫案、赌博等案件定罪空间、自由裁量大，易滋生司法人员相关职务犯罪，都需要破除信息数据壁垒。

（于祖胜：张家界市人民检察院；杨　川：张家界市永定区人民检察院）

社会治理现代化背景下的轻罪治理与检察实践

胡美艳　黄煊淇　蒋利清

一、轻罪治理的提出

（一）轻罪的含义

轻罪目前只是一个学理上的概念，并未在我国的法律法规以及司法解释中予以阐释和界定。在学理上，关于轻罪的定义主要存在以下两种争议：一是轻罪与重罪划分标准问题，二是轻罪与重罪划定的刑罚限度问题。

1. 轻罪与重罪划分标准问题

关于轻罪与重罪的划分标准，目前在学术界存在以下三种观点：（1）实质标准说。主张根据犯罪性质、犯罪危害程度等犯罪内在的特质确定犯罪的轻重等级。（2）形式标准说。主张以犯罪所适用刑法之轻重为标准来划分犯罪的轻重等级，在其内部又分为法定刑标准说和宣告刑标准说。如张明楷教授提出，如果刑法明文区分轻罪与重罪，则宜以法定刑为标准，而不应以被告人被实际判处的刑罚为标准，否则就会导致刑法中与轻罪相关的规定不具有明确性与合理性。① 卢建平教授则认为，借助司法统计口径，也即以宣告刑为标准，更为简便实用。② （3）实质与形式标准综合说。主张从实质与形式相结合的角度来划分轻重等级。

① 张明楷：《轻罪立法的推进与附随后果的变更》，载《比较法研究》2023 年第 4 期。

② 卢建平：《以犯罪现象之变“再定位”刑法治理》，载《检察日报》2022 年 5 月 25 日，第 3 版。

笔者认为应当采用形式标准说中的宣告刑标准说。第一，从轻罪与重罪的划分目的上来说，不应仅仅停留在认识层面，应当关注划分轻重罪在实体法和程序法上的独立价值。在实体法上，它应当作为累犯、缓刑等成立或适用与否的重要依据；在程序法上，也是区分管辖、办案期限、审判程序、行刑地点以及是否适用刑事和解或暂缓起诉的主要依据。[①] 因此，实质标准说和综合说忽视了划分轻重罪的独立价值，在实践过程中缺乏可操作性。第二，法定刑标准说的确具有更强的可操作性，但它存在两个问题：一是没有考虑到我国存在“本来的轻罪”与“减轻的轻罪”两种轻罪类型，对于后者显然无法在个案中机械地适用法定刑标准；二是该标准是建立在“刑法明文区分轻罪与重罪”的基础上，虽然我国轻罪圈快速扩张，但我国的重刑结构是历史形成的，而且一旦形成就很难在立法上得到根本扭转，也即在短时间内我国很难推出一部独立的“轻刑法”。[②] 第三，随着认罪认罚从宽制度的建立，检察机关就该类案件向法院提出量刑建议，为采用宣告刑标准奠定了基础。根据法律规定，法院对于量刑建议一般予以采纳，这一规定赋予了检察官对认罪认罚案件的“预审法官”地位，实践中量刑建议采纳率已达 99%。[③] 随着检察人员对量刑建议的精确性不断提升，也即量刑建议确定的刑罚会无限接近法院的宣告刑，那么采用宣告刑标准将有利于在检察这个关键节点上实现轻重分流、繁简分流，促进矛盾化解，这与轻罪治理的理念是一致的。

2. 轻罪与重罪划定的刑罚限度问题

学理上对于轻罪与重罪划定的刑罚限度分为“三年说”和“五年说”，笔者认为采用三年作为轻罪与重罪的分界线更为合适。首先，以三年作为分界线更符合我国群众的认知。“三”在我国文化中是一个特殊的数字，往往指代“多”，是一个数量上大和小的分界，我国群众也往往认为超过三年的刑罚是严重的。其次，在《中华人民共和国刑法》（以下简称《刑法》）中，三

---

① 王文华：《论刑法中重罪与轻罪的划分》，载《法学评论》2010 年第 2 期。

② 陈兴良：《轻罪治理的理论思考》，载《中国刑事法杂志》2023 年第 3 期。

③ 王俊、李业青：《新时代中国检察权的运行逻辑、范式及再思考——以检察机关协同参与社会治理为视角》，载《〈上海法学研究〉集刊（2021 年第 15 卷 总第 63 卷）——上海市域社会治理现代化文集》，第 238 页。

年是一个频繁出现的字符，是属人管辖与保护管辖中是否予以追究的分界线，也是是否适用缓刑的条件，还是许多罪名的量刑档次中最低档与第二档刑罚的分界线，采用三年作为分界线更符合我国刑法规范的架构。再次，在当前的司法实践中，“轻微刑事案件”这一名词出现频次上升，该词的含义与轻罪类似，可以作为轻罪与重罪划定的刑罚限度的参考。目前，各种规范性文件更倾向于使用三年作为轻罪与重罪的标准，如《最高人民检察院关于办理当事人达成和解的轻微刑事案件的若干意见》以及《最高人民检察院关于依法快速办理轻微刑事案件的意见》中均将“可能判处三年以下有期徒刑、拘役、管制或者单处罚金”作为适用条件。

（二）治理的含义

“治理”一词很早就出现在我国传统的政治文化中，有分工尽职、使国家安定有序的含义，如《隋书》中记载：“拯资涂炭，安息苍生，天下大同，归于治理。”而在近现代，“治理”一词被频繁提起，并越来越多地被用来解决社会发展问题。全球治理委员会将治理概念界定为：治理是各种公共和私人机构管理其共同事务的诸多方式的综合，它是使相互冲突或不同的利益得以调和，并且采取联合行动使之得以持续的过程。① 由此可见，治理的运作模式是多元的、合作的、包容的，相对管理而言，更注重其合理性。这种模式在刑法领域体现为恢复性司法的理念，侧重于发挥刑罚的预防功能和社会矫治功能。

（三）轻罪治理的必要性

1. 国家政策层面

新中国成立以来，社会领域的治理方式经历了“社会管控—社会管理”两个阶段，而随着我们进入现代化阶段，政府对国家和社会的管理模式必然要逐步转变为治理模式。2013 年，党的十八届三中全会首次提出“推进国家

① The Commission on Global Governance-Our Global Neighbourhood. The Report of the Commission on Global Governance, Oxford University Press, 1995, P2.

治理体系和治理能力现代化”。2019 年，十九届四中全会又将推进国家治理体系和治理能力现代化提升至国家重大战略的高度。2022 年，党的二十大报告中指出，国家安全是民族复兴的根基，社会稳定是国家强盛的前提，并特别强调要“提高公共安全治理水平”“完善社会治理体系”“提升社会治理法治化水平”。[①] 以上均是我国在政策上向国家治理和社会治理现代化转变的理论依据，而法治是国家治理和社会治理现代化的有机组成部分，其所包含的刑事司法也需要向“治理型司法”转变。

2. 法律规范层面

随着劳教制度的废除，我国行政处罚与刑事处罚之间存在法律空白，对部分违法行为无法规制，这部分违法行为大多属于轻罪的范畴。对于轻罪的治理，世界各国大体采用以下三种不同的立法模式：第一，将其他法律与刑法交叉的部分全部划入刑法的调整对象；第二，将其他法律与刑法交叉的部分划入行政处罚法的调整范围；第三，将其他法律与刑法交叉的部分制定单独的轻犯罪法或秩序违反法。我国目前采取的是第一种立法模式，“两高”近年来以修正案的方式增设部分轻法定刑罪名，如《中华人民共和国刑法修正案（八）》增设最高法定刑为拘役的危险驾驶罪、《中华人民共和国刑法修正案（九）》增设最高法定刑为拘役的代替考试罪、《中华人民共和国刑法修正案（十一）》中增设最高法定刑为一年有期徒刑的妨碍安全驾驶罪、高空抛物罪等。轻罪犯罪圈的扩张在预防部分严重风险、保障个人合法权益的同时，也可能影响到刑法的权威性以及造成司法资源的过度消耗。因此，建立一个系统的、多元的、合作的轻罪治理体系迫在眉睫。

3. 司法实践层面

根据 2020 年最高人民检察院工作报告，近年来判处三年有期徒刑以下刑罚的刑事案件占比约 80%，2022 年最高人民检察院工作报告数据显示，2018 年至 2022 年，全国检察机关办理的各类案件比前五年上升 40%，起诉杀人、放火、抢劫、爆炸等严重暴力犯罪为近二十年来最低，我国在总体犯罪结构

① 习近平：《高举中国特色社会主义伟大旗帜 为全面建设社会主义现代化国家而团结奋斗——在中国共产党第二十次全国代表大会上的报告》，载《人民日报》2022 年 10 月 26 日，第 1 版。

上呈现出“双升”与“双降”的趋势。笔者所在的市，轻罪案件数量庞大，近三年来，审查起诉案件位居前列的是危险驾驶罪、帮助信息网络犯罪活动罪及相关掩饰隐瞒犯罪，占审查起诉案件总数的50%以上，紧随其后的是轻伤害、小数额盗窃、交通肇事等传统型轻罪，杀人、放火、抢劫、爆炸等恶性案件极少。习近平总书记在十九大报告中指出，中国特色社会主义进入新时代，我国社会主要矛盾已经转化为人民日益增长的美好生活需要和不平衡不充分的发展之间的矛盾。相较于重罪案件，轻罪案件具有社会危险性低、行为人的主观恶性小、情节轻微等特点，然而其案件数量巨大、涉及范围广，考虑到刑法本身的严肃性和谦抑性，为顺应社会主要矛盾变化，维护社会秩序稳定，要将矛盾化解作为重要手段，对轻罪案件需要更加慎重的处理，不断提高轻罪案件的办理效率，追求“三个效果”的和谐统一。因此对犯罪进行轻重划分，并针对犯罪的轻重设定不同的处理方式，是促进社会治理的应有之义。

二、轻罪治理的检察实践

随着轻罪案件数量不断上升，轻罪治理目前在检察实践中主要以促进社会矛盾化解、提升案件办理质效为目标，不断完善相关制度，轻罪治理模式的基本框架已经建立。

（一）推进认罪认罚从宽制度修复社会关系

认罪认罚从宽制度是中国特色社会主义刑事司法制度的重大创新，是丰富了刑事司法与犯罪治理的“中国方案”的重要制度。2010年，为贯彻落实宽严相济的刑事政策，最高人民法院出台了《关于贯彻宽严相济刑事政策的若干意见》，首次明确规定了认罪认罚从宽制度。2016年，最高人民法院和最高人民检察院开始在我国部分地区开展刑事案件认罪认罚从宽制度试点工作，并与公安部、国安部、司法部联合就试点工作具体实施出台工作办法。2018年《中华人民共和国刑事诉讼法》（以下简称《刑事诉讼法》）修订，正式将认罪认罚从宽制度作为一项原则予以确立，并于次年出台《关于适用认罪认罚从宽制度的指导意见》。随着刑事案件尤其是轻罪案件的数量大幅上升，认罪认罚从宽制度在轻罪治理中发挥了重要作用，承担了修复社会关系、减少诉讼对抗、减轻诉讼负担等功能。

目前，认罪认罚适用率与确定刑量刑建议采纳率被最高人民检察院作为检察机关案件质量主要评价指标中的两项重要的通报值指标。经2023年7月大检察官研讨班披露，检察环节认罪认罚从宽制度适用率已经超过90%，量刑建议采纳率达99%，一审服判率为97.1%，这与我国目前轻罪治理的总体形势相互映衬。笔者所在的市，经过近年来深入推行认罪认罚从宽制度，除适用率高、量刑建议采纳率高、一审服判率高之外，还有一个特点就是量刑建议调整率很低。认罪认罚也是犯罪嫌疑人、被告人社会危险性较低的表征，可以帮助办案人员判断其再犯可能性，尤其在犯罪情节本就不严重的轻罪案件中，办案人员可以据此在不同阶段作出不批准逮捕的决定、通过开展羁押必要性审查及时变更强制措施以及作出相对不起诉决定等。

（二）依托侦查监督与协作配合办公室推进案件繁简分流

2021年10月31日，最高人民检察院、公安部联合印发《关于健全完善侦查监督与协作配合机制的意见》，提出健全完善侦查监督与协作配合机制的工作要求。2023年3月17日，湖南省人民检察院、湖南省公安厅印发《湖南省侦查监督与协作配合办公室工作办法（试行）》，进一步促进湖南省侦查监督与协作配合办公室的实质化、规范化、体系化运行。目前，笔者所在的市各基层检察院依托该办公室在轻罪案件的处理上提出创新做法，将办案关口前移，实行案件繁简分流。办公室当值人员对近一个月立案的刑事案件进行梳理，将犯罪事实清楚、证据确实充分、犯罪嫌疑人认罪认罚，可能判处三年以下有期徒刑、拘役或者管制的拟移送起诉轻罪案件，加盖“轻案快办”印章，集中移送审查起诉，让简易案件切实快侦快诉快审结，释放司法效能。如针对发生率较高的危险驾驶案件、涉“两卡”案件，要求公安机关分别于每周集中移送审查起诉，努力实现刑事检察干警20%的力量办理80%的简单案件，基本实现危险驾驶案4天内办结，帮助信息网络犯罪活动案10天内办结。

（三）强化羁押必要性审查体现司法温度

逮捕必要性是逮捕的三大条件之一。2015 年，最高人民检察院、公安部印发《关于逮捕社会危险性条件若干问题的规定（试行）》，进一步提高审查逮捕案件质量，要求依法准确适用逮捕社会危险性条件。《刑事诉讼法》第 95 条明确规定羁押必要性审查制度，犯罪嫌疑人、被告人被逮捕后，人民检察院仍应当对羁押的必要性进行审查。对不需要继续羁押的，应当建议予以释放或者变更强制措施。随着司法体制改革，羁押必要性审查制度逐渐完善，已经成为落实宽严相济刑事政策、推动轻罪治理的重要手段。2021 年 7 月 1 日，最高人民检察院组织开展了为期一年半的羁押必要性审查专项活动，要求承办检察官在办理各类羁押逮捕类案件时要严格把握相关法定条件和羁押必要性条件，推动社会危险性条件审查的实质化。笔者所在市 2018 年至 2023 年提捕率从 65.58%下降至 33.74%，不捕率从 27.17%上升至 37.48%，羁押必要性在轻罪领域的实质化审查不断上升。

（四）用好不起诉裁量权确保“三个效果”统一

不起诉制度尤其是相对不起诉制度在轻罪治理中发挥着重要作用，既是贯彻落实宽严相济刑事政策的表现，也能提升诉讼效率。近年来，我国在制度和机制层面均努力推动相对不起诉的适用。如，最高人民法院、最高人民检察院《关于办理妨害信用卡管理刑事案件具体应用法律若干问题的解释》第 10 条规定“恶意透支数额较大，在提起公诉前全部归还或者具有其他情节轻微情形的，可以不起诉……”，湖南省高级人民法院、湖南省人民检察院《〈关于常见犯罪的量刑指导意见（试行）〉实施细则》规定，醉酒驾驶机动车，血液酒精含量 160 毫克/100 毫升以下，不具有前款规定的情形，认罪悔罪态度好，犯罪情节轻微的，可以不起诉或免予刑事处罚。同时，在实践中积极探索轻微刑事案件赔偿保证金提存等机制，推动不起诉制度适用。笔者所在市公检法司四方联合出台《轻微刑事案件赔偿保证金提存制度（试行）》，运行良好，2018 年至 2023 年，全市检察机关不起诉率从 16.53%上升至 28.66%，决定不起诉的刑事案件中数量排名前三的罪名分别为危险驾驶罪、故意伤害案、交通肇事罪。

（五）协同治理推进犯罪预防

推进轻罪治理现代化是一项长期复杂的系统工程，涉及面广、政策性强，需“多家联台”携手推进。[①] 近年来，检察机关也在实践中积极引入社会力量，落实新时代“枫桥经验”。一是推进听证工作，加强案件释法说理。目前，检察听证已经广泛运用于拟不起诉、刑事申诉、公益诉讼、审判监督等案件中。二是以社区矫正促进再社会化，社区矫正法治化、专业化水平不断上升。三是以社会治理类检察建议促进诉源治理，落实最高人民检察院一号至八号检察建议，将办案职能向社会治理领域延伸，不断优化社会环境治理。如笔者所在的市检察院对多发、频发及已发生案件暴露的管理漏洞，提出检察建议300余份，有效地发挥了检察建议的预防功能。

三、轻罪治理中存在的难点

（一）司法理念转变不足

近年来轻罪的犯罪圈持续扩大，将过去一些属于治安管理、民法调整的行为纳入刑法的管辖范围，这些犯罪行为社会危险性本就不大，犯罪情节也相对轻微，与治安管理处罚、民法上的侵权行为界限模糊，相互交叉，加之酌定不起诉的范围、条件在法律法规层面规定得不够翔实，造成司法实践中对诉与不诉存在自由裁量标准不统一的情况。办案人员的办案理念并不仅仅因为不能及时理解适用法律法规，还因为我国轻罪治理体系不够完善，社会参与度不够等。如在采取非羁押措施时，因为缺乏合理的手段，办案人员会担心犯罪嫌疑人、被告人不能及时到案，影响侦查、起诉工作。又如法院在考虑是否需要适用缓刑时一方面受限于审前是否逮捕，另一方面又因为我国

① 王守安：《以轻罪治理现代化为切入点 在推进国家安全体系和能力现代化中强化检察担当》，载《人民检察》2022年第23期。

缺乏合理的犯罪附随后果，社会矫正机构中也缺乏合理的矫正手段，导致部分办案人员认为采用缓刑不能罚当其罪或者会影响司法公信力，往往倾向于不采用缓刑。

（二）非羁押措施监管不足

目前诉前采取取保候审措施、判决缓刑的比例仍然不高，这与轻罪治理的理念相违背，笔者认为主要原因是在监管理念和监管措施上存在问题。一是缺乏对非羁押强制措施的监管意识，相关规定未能得到有效落实。多数派出所只在被取保候审人员前去报到时谈一次话，之后很少传唤并进行教育、考察，同时也未建立工作台账，未能严格落实被取保候审人员月报到制度。二是监管措施相对滞后、监管力量不足。取保候审、监视居住的具体执行机关通常是居住地的派出所，目前的监管手段仅能依靠派出所专门人员通过传唤、电话联系等方式了解非羁押犯罪嫌疑人的监管情况，一旦被取保候审人缺乏自愿性，非羁押措施很容易导致脱管，且派出所刑事侦查、治安管理等任务较重，也没有足够力量由专人负责。同时部分被取保候审人员不在户籍地居住，但办案机关作出取保候审决定时往往会将监管地选为户籍地，容易导致户籍地派出所失管、漏管。

（三）刑行衔接机制落实难

刑行衔接对我国的不起诉制度具有重要意义，也是轻罪治理的一个重要环节。《刑事诉讼法》第177条第3款规定："……对被不起诉人需要给予行政处罚、处分或者需要没收其违法所得的，人民检察院应当提出检察意见，移送有关主管机关处理。有关主管机关应当将处理结果及时通知人民检察院。"但其仅仅是作出了原则性的规定，可操作性不强。2023年，笔者所在市检察机关作出相对不起诉案件1603件，但仅向行政机关提出检察意见94件，行政机关作出行政处罚3件，刑行衔接案件数与作出不起诉决定案件数明显不成比例，且未开展相应工作及时跟进反馈情况。① 就该问题笔者认为存在以

① 数据来自检察业务统计系统。

下三个原因：一是移送对象难以确定。在办案过程中，违法行为人的违法行为多样，涉及多个行政部门的行政管理权，办案人员难以确定移送主体和移送对象，全部移送给公安机关也会加大公安机关的工作量，效率不高。二是移送程序不具体。目前的法律法规对于移送的期限、案件材料的移送范围、未依法移送的法律责任等内容均不明确，导致检察机关与行政机关之间的案件移送存在较大的随意性。三是缺乏有效的监督手段。因为行政机关与检察机关之间缺乏有效的信息共享平台，检察机关在向行政机关发送检察意见书后便陷于被动，无法及时、准确地获取行政处罚的情况，同时对于刑行衔接的总体运行数据也难以统计，无法实现全面、有效的监督。

（四）犯罪附随效果针对性不强

首先，犯罪附随后果是刑罚处罚之外对有犯罪前科或其家庭成员、家属等适用的，是对特定的权利和资质的限制、禁止与剥夺。我国的犯罪附随后果分布广泛，从载体上来看，不仅分布于法律法规及其他规范性文件，还分布于各类社会组织、单位、企业等的管理规章中；从影响对象上来看，不仅包括犯罪人本人，还包括其家庭成员、直系亲属等。然而，随着轻罪圈的不断扩大，犯罪人数不断上升，目前存在的犯罪附随后果对于轻罪案件的犯罪人而言过于严苛，尤其是对犯罪人的家属产生的不利后果往往会给犯罪人及其家庭带来巨大的社会压力，这违背了注重矛盾化解的轻罪治理理念。其次，不加区别的犯罪附随后果会加重群众对于犯罪的刻板印象，不利于犯罪人的再社会化。如笔者所在的市检察院办理的涉民间纠纷轻微刑事案件部分被害人“犯罪即判刑”的认知根深蒂固，认为只有对方犯罪嫌疑人被刑拘、逮捕、判刑进而留下案底才是打击犯罪，甚至还有的被害人以此“漫天要价”，并在一定程度上对司法公平持怀疑态度，在判决后无正当理由上诉、申诉甚至上访，影响司法公信力。如果有合理的犯罪附随效果，相信双方可以更理智地解决矛盾。

（五）协同治理存在不足

一是检察听证并未完全发挥其实际功能。检察听证具有促进司法公开、民主监督、集思广益和释法说理等诸多功能，然而目前在实践过程中存在听证案件的选择不具有代表性、缺乏社会影响力、办案人员释法说理的能力不足、公众参与度不足等问题，这些问题弱化了检察听证的效果。① 二是社区矫正成效不足。虽然我国社区矫正法规定国家鼓励、支持企业事业单位依法参与社区矫正工作，但在实践中社会力量的参与仍然不足，主要是因为社会公众存在错误的认识，认为社区矫正工作是司法行政机关的工作，司法行政机关也只有利用自身的行政资源，自上而下地强力推进，导致社会资源不能得到有效开发和利用。② 同时，我国的社区矫正手段过于重视监管，忽视了矫正教育，并没有很好地降低矫正对象的再犯可能性。三是社会治理检察建议实效需进一步发挥。社会治理检察建议在司法实践中应用广、涉及面宽，这对检察院的监督能力和专业能力提出了较高的要求。目前在司法实践中，一方面，检察院的监督往往停留在被建议机关回复与否，缺乏对运行效果的实际调查，同时，即使检察院发现被建议机关不配合整改或者虚假整改，也只能采取报告、通报等柔性手段，保障力度不足。另一方面，部分检察建议涉及的领域专业性较强，检察院缺乏相应的专业知识，提出的建议往往缺乏可操作性。

四、轻罪治理的完善路径

（一）转变司法理念

理念是行动的先导，司法办案人员的理念应当与时俱进，时刻以推进国家和社会治理现代化为目标。轻罪时代的犯罪治理，理念上应当突出轻、快、宽。③ “轻”要求办案人员转变过去的重打击的惯性思维，提升轻罪治理意识，加强释法说理能力，坚持以法为据、以理服人、以情感人，努力实现最

① 张建伟、李子龙：《检察听证实质化：以听证功能更好实现为导向》，载《检察日报》2022 年 8 月 4 日，第 3 版。

② 连春亮：《我国社区矫正制度的“内卷化”及其破解之道》，载《犯罪研究》2020 年第 6 期。

③ 卢建平：《为什么说我国已经进入轻罪时代》，载《中国应用法学》2022 年第 3 期。

佳的法律效果、政治效果、社会效果。“快”要求办案人员推进案件繁简分流、轻重分离、快慢分道，充分利用认罪认罚制度、侦查协作与监督配合机制对案件进行分类，积极适用简易、速裁程序，缩短办案周期。“宽”要求办案人员精准把握宽严相济的刑事司法政策，在办案中做到当宽则宽、当严则严、宽严相济、宽严有度。对于公安机关，应当慎重立案，能转处的应转处，对于确实需要立案的，也应当慎重采取强制措施；对于检察院，应审慎审查批准逮捕，加强羁押必要审查，依法行使不起诉裁量权，严格、准确、规范把握逮捕、起诉、羁押的法定条件；对于法院，应当加强对于缓刑、罚金刑等非监禁刑的适用。

（二）加强对非羁押措施监管

一是改变羁押常态。对于轻罪案件，应当逐步确立以取保候审为原则，以逮捕为例外的办案导向，严格逮捕条件、严格羁押必要性审查；对于认罪认罚的案件，也应当多建议法院适用缓刑、罚金刑等刑罚。二是建立非羁押强制措施的数字监管措施。目前非羁押数字监管措施已经在部分地区由公安机关和检察院联合进行有效探索，但目前尚未在全国普遍适用。从这些地区的探索情况来看，主要是通过“非羁码”“电子手环”“非羁押数字监管平台”等方式对非羁押人员进行“云监管”，并通过公检法机关之间搭建数字监管系统进行信息衔接与数据监督，取得了良好的监管效果，可逐步推广并不断改进。

（三）进一步完善刑行衔接机制

刑行衔接机制的建立涉及行政机关、公安机关、检察机关、审判机关等多个权力主体，这些主体之间的职责划分、职能衔接、证据标准等都需要一个科学规范的衔接机制来支撑，笔者认为应当从规范和平台两个层面进行完善。一是完善相关法律法规。目前法律仅仅做了原则性规定，不同机关之间仍然存在衔接对象和层级不明确、移送的材料及证据标准不统一等情形，彼此之间仍然存在较大的壁垒。因此需要细化刑行衔接的相关规定，明确不同层级行政主体、司法机关的职责和职能，建立健全案件移送制度，加强证据材料移交、接收衔接，完善案件处理信息通报机制。二是进一步发挥刑行衔接平台的作用。一方面是加强刑行衔接平台办案一体化建设，充分利用目前的科学技术，通过该平台对“两法衔接”实行案件化处理，规范办案流转程序、文书格式等，实现对“两法衔接”信息数字化，从而加强检察机关对刑行衔接案件全流程的监督力度。另一方面是督促司法机关与行政机关能动履职，积极参与到刑行衔接工作中，行政机关与司法机关之间也应当主动加强协作沟通，凝聚轻罪治理共识，形成轻罪案件办理合力。

（四）探索建立前科消除制度

《刑法》第100条第1款规定“依法受过刑事处罚的人，在入伍、就业的时候，应当如实向有关单位报告自己曾受过刑事处罚，不得隐瞒。”这就是前科报告制度。目前，前科制度对犯罪人的影响主要有两个方面：一是再犯罪时定罪标准可能降格和作为量刑的考量因素，二是在社会生活中对个人就业甚至家属的就业造成不利影响。但随着轻罪圈不断扩大，轻罪案件犯罪人数不断上升，部分轻罪案件前科制度的存在将不利于犯罪人重新融入社会生活。对于一些社会危险性不高的轻罪案件，如部分危险驾驶案件、帮助信息网络犯罪活动案件等，前科报告制度反而不利于刑满释放人员融入社会。可以借鉴未成年人犯罪记录封存制度，在相应的处罚措施执行完毕并经过考验期后将犯罪前科予以消灭，不进行入档登记。比如犯罪嫌疑人可能被判处一年以下有期徒刑，且满足相关条件的，可以将其犯罪记录封存，不允许公司企业调阅。

（五）加强社会协同治理

一是加大社会参与度。在办理案件过程中，主动邀请其他环节办案人员、当地村委会或居委会委员、律师、人民调解员等进行调解。同时对于不起诉的案件，可以单独或集中开展公开听证，并邀请以上人员参与，将听证搬到“家门口”，加强群众对轻罪治理的了解，快速化解矛盾、减少社会戾气。二是用足用好配套的社区矫正制度和社区资源。不起诉后的刑事执行检察权运行与缓刑、管制的执行至少应当包括以下四个方面的内容，即监督与惩戒、教育与预防、修复与治理、改造与回归。[①] 在实践中应当充分利用配套社区矫正制度与社区资源建立社会服务制度、创新构建“诉前社会公益服务+”模式、“不起诉+”系列工作机制，如可以由社区矫正机构联合基层组织与第三方机构签订协议，然后由社区矫正机构、司法机关制定帮教、服务方案的方式加强对违法行为人的监督惩戒、教育改造。同时还可以通过社会公益服务考察，用对他人及社会有利的公益行为修补此前犯罪行为所破坏的社会关系。三是提升检察建议工作实效。对于被建议单位，可以通过上级督办、考核、纳入信用体系等方式加强检察建议的约束力。对于检察机关，一方面是加强检察建议的专业性，积极引入社会力量，如建立社会治理专业人才库，另一方面要优化检察建议评价指标，对于效果显著的检察建议予以激励。

（胡美艳　蒋利清：永州市人民检察院；黄煊淇：湘潭大学法学学部）

① 刘华：《国家治理现代化背景下刑事检察职能的拓展路径》，载《国家检察官学院学报》2021年第2期。

未成年人保护检察监督机制数字化研究

钟晓利　谢　飞

2022年5月20日，湖南省人民检察院、湖南省高级人民法院、湖南省公安厅及湖南省司法厅四部门联合发文《关于依法严厉惩治性侵害未成年人违法犯罪的通告》，开启“利剑护蕾”行动。检察机关在守护未成年人的过程中取得较大成就，例如长沙市检察机关牵头成立了长沙市侵害未成年人案件强制报告工作联席会议制度和协作机制，并严格落实、加强推广强制报告制度，及时发现侵害未成年人线索，主动出击保护未成年人的合法权益。在数字社会，侵害未成年人的犯罪线索以及未成年人可能涉及违法犯罪的线索更为隐蔽，但可通过数据见微知著。检察机关作为法律监督机关，应主动适应时代变化，利用好数字技术，构建主动、全面、有理又有力的未成年人保护的数字检察监督体系。

一、未成年人保护检察监督数字化的逻辑进路

（一）检察监督数字化的发展趋势

在传统检察监督模式中，监督质效存在短板，主要表现为被动性、碎片化以及浅层次。[①] 这体现在检察机关对案件或司法人员的监督主要来源于诉讼案卷审查以及案件当事人的举报申诉，致使检察机关的被动监督，无法及时对案件或程序违法的事实进行实时监督。在实践中，由于上级检察院对下级

① 贾宇：《论数字检察》，载《中国法学》2023年第1期。

检察院下达相应监督指标，但下级检察院受制于检察业务分散、检察监督方式较少、监督强制力不足等问题，存在为了监督而“监督”的情形，未使检察监督达到实质化、有效化。为推进社会治理现代化，检察机关需要努力提升业务能力水平，通过检察业务现代化推动法律监督现代化，助力构建高效有序的社会治理机制。检察机关作为国家的法律监督机关，对于推动社会治理现代化具有独特的地位和作用，其对社会的监督在于及时发现问题、分析问题并解决问题，再形成治理经验，对问题进行预防，既能通过个案实现个案公平，又能通过类案促进社会和谐。

数字技术的蓬勃发展预示着数字时代的到来，而数字时代是推动检察机关提高检察监督质效的重大机遇。自 2013 年全国检察机关统一业务应用系统 1.0 部署以来，截至 2021 年，全国检察机关共办理 5100 余万件案件，生成法律文书超过 1 亿份。[①] 全国检察机关统一业务应用系统 2.0 于 2022 年全面应用，每件案件都有固定的案卡数据需要填录，从犯罪嫌疑人的身份信息到审结罪名，从认罪认罚再到羁押必要性审查，每项案卡中的信息填录都至为重要。检察机关通过案卡中所总结的信息能够发现社会中出现的问题，譬如在办理帮助信息网络犯罪活动罪的过程中，检察机关可以通过案卡填录的缓刑与实刑比例从而判断当地的帮助信息网络犯罪活动罪是否严重，从而分析出原因是在严厉打击电信网络诈骗犯罪的司法政策下，当地帮助信息网络犯罪活动罪现象若严重，则法院对帮助信息网络犯罪活动罪判处缓刑的比例越低。这只是检察业务数字化的初步探索和应用，检察监督在数字技术的帮助下，其发展呈现综合化、主动化、前端化，通过检察业务的数据化促进检察数据业务化，形成检察业务推动闭环，将逐步建立起“个案—类案—综合治理方案”的检察监督综合治理方式与逻辑。

（二）积极监督观下的检察监督内生特点

《中华人民共和国宪法》（以下简称《宪法》）第 134 条规定“中华人民共和国人民检察院是国家的法律监督机关”，在国家根本大法上确立了检察机

---

① 金鸿浩：《数字检务：从业务数据化到数据业务化》，载《检察风云》2022 年第 24 期。

关的监督地位，明确了检察权的内涵。随着国家机构的变革，将检察机关的职务犯罪侦查职能转隶至监察委，有学者因此认为检察机关开展法律监督的力量被大幅削弱。[①] 诚然，职务犯罪侦查权的剥离使检察机关开展法律监督的能力有所下降，但《中华人民共和国人民检察院组织法》在2018年重新修订后，确立了刑事诉讼、民事诉讼、行政诉讼与公益诉讼的“四大检察”的监督格局，监督范围进一步拓宽。检察机关向着权力干预与私利保障的社会公益职能转变，逐渐成为社会公益的代表者，符合国家和政府职能现代化发展的必然趋势和结果的要求。[②] 在数字时代，传统法律监督观念在现实要求下难以满足新时代检察工作的需求，因而有学者提出积极主义法律监督观，与传统法律监督观相对应，意即：数字检察背景下检察机关积极、主动、高效地行使法律监督职能，提升刑事、民事、行政和公益诉讼等领域监督工作质效的法律监督新理念新方法新形态。[③] 在积极监督观念的要求下，检察监督内生特点在于全面化、主动化、合作化。

一是全面化。近年来，检察机关力求打破重刑轻民的监督格局，打造“四大检察”并行的监督体系，同步发展。在数据的依托下，从对个案证据审查、法律适用标准的监督逐渐转变为“类案监督”，通过办理同类型、大量次相似案件的监督来解决人民群众生活中的难点与痛点，将检察机关的监督触角延伸至其他机关尚未关注或关注力度不够的领域。二是主动化。在传统刑事法律监督状态下，对刑事监督往往依靠侦查机关移送的证据材料和案卷进行审查，若没有相关线索移送，检察机关不会也不能展开法律监督。而在数字时代，数据的流通使得检察机关能够预测到行为发生的可能性，从而筛选出有用信息进行类案监督。例如江苏省苏州市检察院通过“破产领域虚假劳资债券监督模型”，从中筛选出风险企业涉劳动纠纷线索，对涉劳动报酬纠纷的批量违法案件进行主动监督，全面纠正。三是合作化。检察机关作为法律监督机关，独立行使检察权，同时，在“分工负责、互相配合、互相制约”原则下，公安机关、法院、检察院一直以来各自泾渭分明地行使自己的权力

① 姚莉：《监察案件的立案转化与“法法衔接”》，载《法商研究》2019年第1期。

② 周新：《论我国检察权的新发展》，载《中国社会科学》2020年第8期。

③ 胡铭：《论数字时代的积极主义法律监督观》，载《中国法学》2023年第1期。

的职责。[①] 但在国家治理能力现代化建设的前提下，无论是司法机关、行政机关抑或社会公益机构都应当加强合作，信息、数据乃至人员调配都可以互通有无，避免出现互相掣肘、互不配合的情形。

（三）未成年人保护监督机制数字化的合理性

未成年人在数字时代更易遭受侵害和不良影响，一方面是未成年人心智尚未成熟，容易受到互联网不良文化影响以及不良人员的欺骗；另一方面有违法犯罪分子利用互联网欺诈或性侵未成年人，而学校及父母由于互联网的隐蔽性无法及时发现未成年人受侵害的事实。在未成年人保护监督工作中，有学者发现学界当今对未成年人保护的“综合治理”倾向于“预防—处理—救济”三步走方式，倡导家庭、学校、社区等多单位联合开展预防工作的保护模式。[②] 但问题在于，家庭、学校以及社区工作者三方之间的合作在实践中较为松散，三方由于信息差、主观能动性以及责任分配等方面的问题无法有效合作，难以发挥出对未成年人保护的综合治理效能。

当然，未成年人保护机制的运行同样需要监督。未成年人检察业务作为“十大业务”之一，不单单处理涉及未成年人违法犯罪的事项，这仅在“预防—处理—救济”三步走方式中的处理和救济阶段，无法切实发挥出检察机关的监督作用。笔者认为，在数字时代，检察机关对未成年人保护机制的监督体现在两个方面。一方面，在现有的未成年人保护机制中，家庭、学校、社区乃至政府部门都应当被监督其对未成年人的保护是否到位。譬如学校对涉及未成年人受侵害线索以及宾馆、电竞酒店经营者有无履行好强制报告义务。另一方面，在数据的加持下，检察机关对未成年人的保护有能力也有必要提前介入，通过大数据研判，对相关线索、关键词进行归类处理，有利于及早地打击侵害未成年人的违法犯罪。

---

① 吴宏耀、苗生明等：《大家谈：新时代检察基础理论的重点问题》，载《国家检察官学院学报》2021 年第 1 期。

② 尹琳、黄捷：《预防未成年人犯罪工作现状、问题与解决路径》，载《武汉公安干部学院学报》2022 年第 4 期。

二、未成年人保护检察监督机制的现实困境

（一）检警数据壁垒下的低效被动监督

公安机关是直接面向人民群众的第一线，未成年人受到侵害时第一时间一般会向公安机关寻求公力救济，因而公安机关在办理未成年人保护业务的过程中获取大量数据，但尚未形成数据建模，无法利用好数据构建监测预警机制。一方面，是因为公安机关任务重、人员少、资源不足，难以构建专门化应对未成年人犯罪或受侵害的监测预警机制。另一方面，公安机关所获取的第一手数据并未联通其他政府部门，因此其他政府部门对于当地未成年人犯罪或保护现状较为模糊。

在传统刑事监督模式中，检察机关对于公安机关的监督呈现低效性、被动性。第一，低效性体现在传统检警分工中，相关未成年人刑事案件按程序先由公安机关呈报，之后才由检察机关审查并监督，效率较为低下。同时，检察机关由于机构之间的不同分工，无法获取第一手的相关数据，因而检察机关若想主动开展关于未成年人保护的监督活动，其首要任务就是需要获取大量关于未成年人的数据。第二，被动性在于检察机关对未成年人案件的侦查介入力度不足。在未成年人刑事案件办理过程中，公安机关在侦查活动中的重大违法行为也层出不穷，而检察机关只能对移送过来的案件进行被动监督，无法在第一时间纠正公安机关的侦查违法活动。以 N 市人民检察院为例，2022 年未检部门对公安机关发送的纠正侦查活动重大违法行为的通知书 15 份，其中主要为未依法通知法律援助机构指派律师为未成年人辩护，损害了未成年人应得辩护的权利；还有公安机关立案审查期限超期的侦查活动违法行为。问题在于，上述违法行为是在审查起诉阶段检察机关发现的侦查活动违法行为，其违法事实已成，利益已被侵害，检察机关被动的事后监督难以保障侦查阶段未成年人的合法权益。

（二）家校环境存在监督空白

对未成年人的保护一方面是保护未成年人的合法权益不受侵害，另一

方面则是避免未成年人踏入犯罪的道路，而影响未成年人犯罪的首要根源在于不良家校环境。但在家校不良环境方面，检察机关没有相应的监督措施，检察机关也并非学校的直属管理部门，在发现学校出现问题时只能以缺乏刚性的检察建议方式发送给教育部门。此外，家校衔接，家校检警衔接都尚无可行方式，因此，检察机关对家校问题的监督缺乏相应能力与理由。

在家庭方面，主要有以下几个问题：一是过于紧张的家庭教育方式。如部分家长对于子女的教育唯分数论，并未重视子女的性格和三观、道德素质，对子女的教育过于紧张，轻者导致子女的性格出现问题，重者导致子女发生自杀的问题。二是留守儿童问题。留守儿童由于家庭教育力量不足，家长没有做好引导，导致辍学现象严重，使未成年人的受教育权得不到保护。而过早进入社会的未成年人由于自身生活需要，会通过不正当方式获取金钱。如王某敲诈勒索案中，案中卖淫的未成年人就是初中辍学的留守儿童，为获取金钱从而卖淫。①

在学校方面，部分学校的基础教育存在失误和欠缺。一是教育重点不符合时代发展，尤其是在基础教育阶段，只重视学生的书本知识而忽略了对学生的性教育，缺乏正规性教育的学生会通过其他渠道获取性知识，比如互联网的不良文化和错误的性知识导致学生对于性的认知出现偏差，而错误的性知识会更容易导致未成年人的性权利遭受侵害。二是学生之间的“霸凌”难以得到及时的处理和解决。在全国范围内，学生之间的霸凌事件时有发生，学校和老师应当对学生之间的矛盾解决负起主要责任。但学生之间的“霸凌”有其特殊性，由于学校环境的封闭性及学生之间的社会性，受害者往往对自己遭受霸凌的事实沉默，很少向外界求助。对此种情况而言，缺乏直达受害者本人且被受害者信任的信息渠道，使得学校、公安机关、社区等无法对其进行保护，而检察机关也无法对其进行相应的未成年人保护及开展相关监督。

---

① 该案中嫖娼人员为某校教师，与未成年女性进行卖淫嫖娼活动，犯罪嫌疑人王某以卖淫人员为未成年人对嫖娼人员进行敲诈勒索。注：本文中案件皆为 N 市人民检察院办理的实际案例。

（三）社会不良行为缺乏检察监督渠道

“近朱者赤，近墨者黑”，社会不良行为的引导是侵害未成年人权益以及未成年人走向犯罪道路的诱因。其一，互联网的高速发展使得各种文化百花齐放，而未成年人更容易受到不良文化的侵蚀。比如色情文化产品的泛滥是导致未成年人性犯罪的诱因之一，在互联网色情文化的影响下，传统优良道德文化被青少年所摒弃，解除了性与道德之间的束缚，更易滋生性方面的违法犯罪活动。未成年人在面对互联网中大量的色情文化产品时，错误地认识男女关系，最终形成诱导未成年人性犯罪或未成年人受到性侵害而尚不自知的现状。“法无许可不可为”，在互联网不良文化监督方面，尚无法律法规授权检察机关监督权力，更多地是依靠网站管理者自觉删除，因而在互联网不良文化方面检察机关难以开展监督活动。其二，不良的校园文化也是导致未成年人违法犯罪或受侵害的原因之一。在欧阳某某、邹某某组织卖淫案中，该案受欧阳某某等人管理的卖淫被害人有 8 名，被害人年龄范围在 14 周岁至 16 周岁。[①] 在本案犯罪嫌疑人欧阳某某的供述中，被害人通过校园“认哥哥，认姐姐”的“文化”将其认作姐姐，后对被害人进行洗脑，并安排被害人卖淫，在被害人不愿从事卖淫时，组织打手对其进行殴打，逼迫其卖淫。根据不同案件卷宗以及笔者调查，N 市的中学一直有着“认哥哥，认姐姐”的不良文化，即在校园内的学生将社会上的闲散人员认作为“哥哥”或“姐姐”，形成一种不良文化圈子，而社会上的“哥哥”与“姐姐”则会带学生出去玩，在需要金钱时则如欧阳某某案中逼迫未成年人卖淫或收取“保护费”，更有甚者，社会闲散人员诱使未成年人辍学，形成不良团伙进行寻衅滋事或故意伤害犯罪。如何切断校园与社会不良文化的关联，这本属于学校和教育部门的职责，但此种“认哥哥，认姐姐”的不良文化容易滋生违法犯罪行为，检察机关也应当对其主动进行监督。但就现实而言，阻断社会不良文化对在校学生的侵蚀势在必行，但检察机关对其尚无较好的监督方式。

---

① 该案中欧阳某某、邹某某等人先后以强迫、引诱或者招募的方式发展 8 位未成年女性从事卖淫活动，并对卖淫的未成年人进行一定的管理、控制。

三、检察监督机制数字化的构建路径

（一）确立未成年人保护数字检察的监督理念

未成年人保护数字检察监督机制的构建需要全程将数字思维贯穿未成年人检察工作的过程，既需要检察干警树立起从个案发现类案的线索挖掘意识，又要坚持“人机结合”的线索研判意识。[①] 树立起数字化的检察工作理念，并不意味放弃人工审查。坚持数字技术与人员并重的检察监督思路，在发挥出大数据在刑事案件类案检索中的优势，同时发挥出检察人员的经验优势，二者相互协调，将类案线索及时转化为监督线索，并通过刑事诉讼或公益诉讼的形式行使检察监督权。

有学者认为在数字时代，检察机关的定位为在网格运行中的监督者与普法者，[②] 即检察机关作为法律监督机关，在平台系统中通过大数据与检察监督工作相融合的形式办理违法案件。确立监督者定位有利于提前介入社会事件处理，通过法律监督的方式与相关职能部门将矛盾化解在萌芽状态，而确立普法者定位则有利于完成法律监督体系与社会治理体系相衔接，在预防阶段增强人民群众的法治意识。笔者认为在此之外，检察机关在数字时代的检察监督工作定位中，还应当确立主导者定位。一方面，检察机关作为法律监督机关，在监督工作中应发挥主导作用，主动引导公安机关、政府相关职能部门以及社区等主体行使职权的“合规性”，其主导地位的合法性源于《宪法》对检察机关的权力赋予。另一方面，检察机关使用数字技术成立数字检察平台作为主导，也有利于发挥检察机关的监督作用。

---

① 袁璐、吕静波：《新时代数字检察背景下的刑事审判类案监督的实践与思考——以大数据筛查判决书中法律适用、量刑错误为切入点》，载《第二届新时代优秀检察成果·智慧检务建设论文集（二）》，第 331 页。

② 赵辉、陈露：《数字检察视阈下“网格+检察”大数据分析平台的构建》，载《〈上海法学研究〉集刊（2021 年第 15 卷）——上海市域社会治理现代化文集》，第 248 页。

（二）提高侦查监督与协作办公室的权限

2021 年 10 月 31 日，最高人民检察院与公安部联合印发《最高人民检察院公安部关于健全完善侦查监督与协作配合机制的意见》（以下简称《意见》），要求在各地检察机关与公安机关成立侦查监督与协作办公室。在侦监协作办公室成立以来，N 市人民检察院派遣员额检察官入驻该办公室，通过侦监协作办公室，共监督立案 40 件，监督撤案 10 件，发现了公安机关存在承办唐某某等 37 人涉嫌非法获取计算机信息系统数据案中对犯罪嫌疑人刑讯逼供的严重违法行为。同时，依托侦监协作办公室，定期对公安机关侦查活动中存在的问题进行分析，将分析报告以通报函的形式按季度向公安机关发送。

《意见》第 3 条第 3 项规定，要求加快推进跨部门大数据协同办案机制建设，健全完善办案数据信息共享保障机制。但在侦监协作办公室实际运行过程中，现阶段侦监协作办公室常驻检察官尚无登录警综平台的权限，无法在侦查阶段开始对案件流程进行监督，不利于保障犯罪嫌疑人的合法权利和实现程序正义。笔者认为，以未成年人案件为试点，对侦监协作办公室常驻检察官开放涉未成年人案件的警综平台登录权限，使检察官提前介入部分未成年人案件的办理，有利于发挥检察机关对公安机关办理未成年人案件的监督与业务指导作用，更有利于提前保障涉诉未成年人的合法权益。

（三）构建家校检警数据融通平台

未成年人案件有其特殊性，对未成年人涉刑案件应建立常态化机制，即构建家校检警“四位一体”的数据融通平台，破除各系统、各公权力部门之间的信息壁垒，建立信息公示和共享制度是数字中国建设的重要内容。[①] 常态化机制的构建应首先加强家校检警之间的沟通，建立多主体之间的数据融通平台不可一蹴而就，应逐步建立家校衔接、检警衔接、检校衔接。在 N 市人民检察院办理未成年人案件的过程中，发现涉刑未成年人大多为“留守儿童”

① 王伟、任豪：《数字中国建设的法治保障》，载《法律适用》2021 年第 12 期。

或“辍学儿童”，发现家校衔接问题迟迟得不到解决，在未成年人保护的预防阶段中，应早日成立系统化的家校衔接数据系统。

在数字时代，检察机关在保护未成年人案件中需主动而为，构建针对未成年人保护的数据系统。如浙江省诸暨市的星海守望数字检察系统，对罪错未成年人统一建库管理，设置针对性专门矫治教育措施。对电竞酒店、酒吧接纳未成年人营业的情形采取公益诉讼的形式发送检察建议，通过监督场所的方式阻止未成年人进入不宜进入的场所。笔者认为，构建好检校衔接应利用好便捷的数字技术，有利于未成年人获得检察机关的帮助，如通过微信平台成立未成年人保护小程序，通过网络和学校进行宣传，使未成年人知晓检察机关保护未成年人的微信小程序。一方面，在未成年人遭受校园霸凌或性侵时在第一时间向检察机关求助。另一方面，在有涉及不良人员引诱未成年人时，检察机关在小程序平台开展专项栏目，与公安机关、教育部门开展专项行动，打击引诱未成年人犯罪的人员，起到预防犯罪的效果。

结 语

数字检察通过大数据模型构建以及线索研判的方式使未成年人的罪错行为以及侵害未成年人的行为在预防阶段得以发现，有利于保护未成年人权益以及检察监督工作的开展。未成年人保护检察作为数字检察的试点之一，能够开拓数字检察的更多监督理念与方式，从而适用到其他检察业务领域。数字检察的构建现今仍旧存在人才不足、数据收集难、软硬件建设力量不足等问题，但发展的问题会在发展中解决，数字检察是检察机关提高监督能力与扩大监督范围的又一次契机，也是推进政府治理能力现代化的未来样本。

（钟晓利　谢　飞：湖南省宁乡市人民检察院）

境外追赃有限引入资产分享制度的思辨与构建

——基于“超额利润分享理论”的路径设计

钟　婷

腐败引发的资产外流对各主权国家造成了极大的损失，是各国惩治腐败犯罪必须解决的问题。伴随腐败犯罪向隐蔽化和跨境化不断演化，我国贪腐人员携款潜逃境外的问题愈发凸显，在我国追赃工作进入深水区的新形势下，或需从制度层面寻求破境之道。我国现有的境外追赃模式面临缺乏国际互助条约协调机制、缺失外国刑事裁判的承认与执行制度、国家豁免下民事诉讼程序追缴受阻的困境，借鉴域外经验，可基于务实、灵活的原则，在我国现行体制框架和资产追赃模式下有限引入资产分享机制，实现境外反腐追赃工作的破冰突围。

一、实践分析：我国境外追赃的基本模式及其局限

十八大以来，我国在腐败问题多发领域和环节转为战略主动，以期最大限度破除体制障碍和制度困局，通过“天网行动”“红色通缉令”在反腐追逃追赃方面取得了初步成效。2019 年至 2023 年，抓捕外逃人员共计 7089 人，其中百名“红通人员”到案 61 人，赃款追回 352.4 亿元（见表 1）。但跨境追赃工作牵涉多个国家和地区，我国在直接追赃与间接追赃过程中也面临诸多障碍。从表 1 的谷值可见，2017 年我国追回 1300 名外逃人员，赃款仅追回 9.8 亿元。

以上现象源于境外追赃本身的复杂性，但也间接反映了当前我国境外追赃机制实效性不足的缺陷。当前我国跨境追赃的主要途径有三种：一是通过引渡条约或双边协助条约开展司法合作，将贪腐人员引渡或遣返回国并随附

移交赃款赃物；二是通过国内启动刑事没收违法所得程序，请求资产流入国予以承认和执行判决；三是通过在资产所在国提起民事诉讼请求返还或归还赃款赃物。

表1　我国2017—2023年反腐追逃追赃情况

年份	2017年	2018年	2019年	2020年	2021年	2022年	2023年
追回人数	1300人	1335人	2041人	1229人	1114人	1273人	1624人
追回赃款	9.8亿元	35.41亿元	54.2亿元	24.45亿元	161.3亿元	167.4亿元	102亿元

（一）司法协助模式因司法管辖冲突导致协调脱节

双边条约因其明确性，能对跨国反腐追赃领域的司法协助及合作形成明确指引，特别是《联合国反腐败公约》，标志着国际刑事司法互助从单一到多元化的转变，各国间以双边条约或公约为基础建立执法合作机制，形成了一种跨境追逃追赃的新模式。此模式下双边互助可包括在调查和起诉跨国犯罪过程中的信息交流和合作，或基于外国的请求实行冻结或扣押等内容。截至2023年7月，我国先后与77个国家缔结了139项司法协助的双边条约（见表2），已生效112项。[①]

表2　我国已签订的双边条约情况

条约类别	缔约国家数量	已生效国家	未生效国家	已生效数量
引渡条约	55	泰国、白俄罗斯、俄罗斯、保加利亚、罗马尼亚、哈萨克斯坦、蒙古国、乌克兰、柬埔寨、乌兹别克斯坦、韩国、菲律宾、秘鲁、突尼斯、南非、老挝、阿联酋、立陶宛、巴基斯坦、莱索托、巴西、阿塞拜疆、西班牙、葡萄牙、墨西哥等39国	澳大利亚、印度尼西亚、阿根廷、埃塞俄比亚、越南、智利、巴巴多斯、斯里兰卡等16国	39

① 根据中国外交部条约数据库信息统计，条约最新生效时间为2021年7月13日。

续表

条约类别	缔约国家数量	已生效国家	未生效国家	已生效数量
刑事司法协助条约	45	加拿大、保加利亚、韩国、哥伦比亚、突尼斯、美国、印度尼西亚、爱沙尼亚、南非、泰国、拉脱维亚、巴西、墨西哥、秘鲁、法国、西班牙、葡萄牙、澳大利亚、新西兰、日本、阿联酋、菲律宾等36国	意大利、阿根廷、波黑、英国、比利时、斯里兰卡等9国	36
民刑事司法协助条约	19	波兰、蒙古、罗马尼亚、俄罗斯、乌克兰、古巴、白俄罗斯、哈萨克斯坦、希腊、吉尔吉斯、塔吉克斯坦、乌兹别克斯坦、越南、老挝、立陶宛、朝鲜等19国		19
民商事司法协助条约	20	法国、意大利、西班牙、保加利亚、泰国、匈牙利、摩洛哥、新加坡、阿联酋、韩国、土耳其、埃及、科威特、巴西、阿根廷、秘鲁、阿尔及利亚、塞浦路斯等18国	比利时、印度	18

在国际公约的推动下，我国境外追赃工作在一定程度上取得了进步，但若仅依赖国际司法协助模式追赃，又表现出捉襟见肘的窘态。国际立法与国内司法实践存在脱节现象，缺乏有效的协调机制，不能及时启动正式的司法协助程序，对接与沟通渠道不够顺畅迅捷。

另外，绝大多数主权国家拒绝其他国家在本国管辖领域行使管辖权，跨国腐败犯罪恰恰突破了司法管辖的单一限制，加上我国与多数资产流入国的法律制度、人权观念等均存在或多或少的差异，法制的差异和文化的多样导致各国之间管辖权发生冲突，这也使得我国在境外追赃的国际刑事司法互助中步履维艰。

（二）刑事没收违法所得程序适用范围有限

我国对特别没收程序的具体范围、执行程序均没有详尽规定，没收概念和范畴比较混乱，与他国法律分歧较大等。一是多数国家是以互惠原则或双边协议作为资产返还的基础，以相互承认和执行刑事没收的司法裁判为提供刑事司法协助的先前义务。我国没有国内法相关规定作为承认和执行外国的刑事判决的法律依据，造成我国没收的生效判决在国外面临无法执行的尴尬局面。二是我国的没收规定通常是“没收全部个人财产”，但没有区分个人财产是否合法，而大多数国家的刑事立法是“只能没收同犯罪有关的财物，不能没收与犯罪无关的财物，尤其是犯罪人员的合法财产”，这一理论根基的缺位，严重阻碍我国境外资产追缴工作的开展。[①] 三是我国刑事没收制度采用的是刑事诉讼证明标准，较他国的民事证明标准更为严格，不同的界定标准更掣肘了我国对外刑事司法协助的整体发展。

（三）民事诉讼程序标准不一

根据《联合国反腐败公约》的规定，腐败受害国不仅可以寻求刑事司法互助，请求另一国采取强制措施保全和没收违法所得，还可以借助民事诉讼程序追缴资产。原告可以向资产所在地法院提起确认之诉或侵权之诉，请求该法院对资产的合法所有权进行认定，并判令侵权人返还财产。相较其他程序而言，民事诉讼程序更为便捷，证明标准也不如刑事程序严苛，还能适用缺席审判制度，但不同法系在诉讼主体资格的认定和证明标准的确定方面的差异也是无法忽视的问题。

一方面，我国在涉外实践中总体坚持主权豁免的立场，除非我国主动同意，否则我国不以国家名义参与民事诉讼，且腐败资产往往涉及多个行政机关或企业，以何单位作为原告身份参与境外民事诉讼尚没有明确立法。另一方面，在他国进行民事诉讼程序需要依照被请求国的证明标准和证明责任，任何一个证据的差异或瑕疵都将导致承担败诉的风险，而犯罪资产的跨境和规避手段，使得资产来源难以查明、转移路径存疑，为追赃的溯源和证据的固定增加了困难，加剧了国有资产流失的风险。[②]

---

① 尹振国、方明：《我国刑事特别没收手段的反思与重构——兼论〈刑法〉第 64 条的完善》，载《法律适用》2019 年第 5 期。

② 王吉文：《论我国对外国判决承认与执行的互惠原则——以利益衡量方法为工具》，载《法学家》2012 年第 6 期。

二、域外范式：不同资产分享模式的实践及启示

前述我国境外追赃的基本模式均存在其局限与不足，而参考域外经验，国际社会提出了可循范本——资产分享制度，该制度已被许多国家认可和践行。韩国、澳大利亚等国明确规定，将没收或追缴财产中支出部分用以奖励侦查机关或为追缴资产作出重大贡献的人员，以现实经济利益激发国际社会追缴腐败资产的积极性，助力请求国资产追回工作。① 通过设定和实施资产分享，能较早地发现腐败资产转移的情况，促进和鼓励国际执法行动相互合作与协助。

（一）美国“贡献等级+国内立法”的资产分享模式

美国以联邦分享制度为指引核心，各州以《州和地方执法机构公平分享指引》形成独立的资产分享制度为外缘，串联成“同心圆”的国内立法模式，在犯罪资产追缴方面开创了新局面。美国以《资产没收政策手册》为法律载体，依据贡献程度对分享给他国的资产列为三个等级：为取证、查询金融账户等行动提供了便利的系初级；在诉讼、冻结资产、引渡、遣返等行动中提供较大协助的系中级；主动为案件提供了关键证据或着重参与没收行动的系高级。

美国授权司法部和财政部对没收的资金或所得款项净额进行处置，有权决定与国际组织中参与执行的执法机构或他国政府进行分享，还可以根据司法协助贡献程度将没收的资产分享给地方执法机关。全球以瑞士、哥伦比亚、英国为代表的有超过 54 个国家与美国成功分享追缴的犯罪资产，美国将没收资产划入“资产没收基金”，用以补充与没收相关的执法活动经费、进行执法培训和奖励、支付与追赃相关的必要费用和开支等，将资产分享制度具体化、法律化。

① 陈磊：《国家监察体制改革背景下职务犯罪境外追赃追逃长效机制构建》，载《刑法论丛》2018 年第 4 卷。

（二）英国“基金管理+互惠原则”的资产分享模式

英国成立了“境外缉捕工作局”“扣押资产基金管理局”，通过设立资产分享基金并订立辅助的章程，根据互惠原则与他国进行友好合作，或依据双边司法协助条约作为分享的前提，设立专业化基金账户，通过支付“合理费用”，按照分配次序等一系列“连环招”来完成资产分享程序。

英国由“基金管理局”负责对接各国的没收和分享请求，通过创设的基金管理账户先确认被没收资产的所有权，再以基金会为国家法定代理人的名义在资产追回程序中进行诉讼活动。执行机关扣除执法费用及受害人的赔偿金额后，将剩余的资产依据法院指示的比例进行分享。① 此方式避免了在追回过程中请求国想采取直接诉讼方式追回而不受被请求国国内法律支持的尴尬境地，同时还为资产追回在后续的处分过程中提供了有力的技术支持。

基金账户中的资金可根据本国的需要向提供了司法协助追缴犯罪所得的国家或者联邦各州、各自治区进行分享；也可支付用于案件调查及法律援助；支付执行判决和履行财产经管职责时的费用；或是对遭受犯罪侵害并难以挽回损失的被害人提供适当补偿；还可运用该笔资金对追赃过程中提供帮助的个人或集体按功绩进行奖励。

（三）加拿大“贡献程度+双边协议”的资产分享模式

加拿大从推崇“无协议不分享”到以《联合国反腐败公约》为法律基础开展双边合作，积极通过APEC、G20等多边合作机制，以资金流出国的合法刑事判决为前提，在国内法允许的范围内与三十多个国家签订了双边协议处置犯罪资产。同时加拿大通过签发冻结令或扣押令，以民刑诉讼途径开展境外追赃，采取个案合作的方式进行资产分享，多措并举打出反腐追赃的“组合拳”。

加拿大依据协助国在调查和起诉中的参与度来评估其所作的贡献，依据

---

① 黄风、梁文钧：《英国〈2002年犯罪收益（追缴）法〉中的刑事没收制度》，载《中国司法》2007年第6期。

贡献程度拟定分享比例给予报酬。在涉案资产和违法所得的认定方面，也降低了其证明标准，只需达到“高度可能”标准即可，且在该资产的原始转移人以腐败犯罪取得过同类型的可替代物时（如银行存款），法院便可实行特定的转移。加拿大颁布的《被扣押财产管理法》和《被没收财产分享条例》规定，加拿大政府将犯罪所得没收后通过变卖等方式转换成资金再存入“犯罪资产分享资金账户”中，并在一个财政年度结束后的90日内完成支付，在此期间加拿大政府收到的所有来自外国政府的分享份额应存入该基金账户，再统一进行分配。

（四）“资产分享”中国化的适用选择

对于“资产分享”，我们不应拘泥于法规范的文字，而应注重其实质内涵。资产分享机制的作用在于“鼓励”，旨在提升各国对于“冻、没、还”不法资产之间的合作意愿，以及不法资产被查扣的可能性。现阶段关于资产分享制度应解决的核心问题是：国内法如何设定分享条款？分享的主体有哪些？分享的比例如何确定？此类先验性议题，我们都需要汲取各国的实践经验作为参考。

资产追返固有多元手段，但对比各国的不同模式，各有其利弊。英、美两种不同形式的分享机制在实践中取得了较好的反映，但两者与中国在反腐败法律制度上的巨大差异形成的法律“黑箱”及司法管辖壁垒使得这两种分享模式都不能直接适用于我国。[①] 我国与国际社会在跨境追赃信息上的不对称，由此产生的组织与系统层面的偶联性与晦暗性，造成无法直接适用英国的基金管理分享模式。加拿大的分享模式可对我国形成有益借鉴，但由于我国在资产分享机制领域长期空缺、与发达国家政治关系的不平衡等原因，我国缺乏建立分享制度的立法土壤，也意味着中国的分享模式有重新思考和调整的必要。

我国可依仗司法互助的双边条约或附带追赃条款的国际公约用个案分享的手段巩固跨国追赃合作关系，在反思传统模式缺陷和借鉴他国有益经验的

① 何志鹏：《国际法基本原则的迷失：动因与出路》，载《当代法学》2017年第2期。

基础上，在继承和创新的改革逻辑下引入资产分享模式，拓展跨境追赃的制度框架和范式，对资产流出国和流入国实现合作双赢进行有益探索。

三、构建基础：资产分享模式有限引入的理论辨析

如前所述，资产追赃局势提出了战略性调整的吁求，境外追赃一方面要保证国际司法合作的可持续发展，另一方面也要满足协助国基本报酬率的要求。在构建本土资产分享模式时，必须从多层次进行有效论证和有限约束，理顺分享制度的构建逻辑，从而实现分享制度权重分成的正激励目标。

（一）可行性论证

1.“成本—效益”分析

从成本角度而言，一方面，境外追赃涉及多个国家协调合作，查扣境外犯罪资产之前的证据调查、资产追踪都需要协调成本和沟通成本，资产的冻结没收还需耗费大量的经济、资源和时间成本，参与方愈多，群共识性指数愈低，而资产分享制度以具体案件为谈判基础，利益更集中具体，动态调整能力更强，能有效降低各国的谈判成本及实施成本。① 另一方面，资产分享能在国有资产零减损的前提下提升追赃的成功率。毕竟流失到他国的资产在被追缴时可能已经在资产流入国的经济建设中发挥了重要作用，这部分境外资产的返还势必损害到其经济利益，因此，资产流入国向资产流出国提出资产分享的要求是合理的必要成本，也是刺激其参与合作的经济动力。

从效益角度而言，一方面，从短期来看，各国有为反腐败国际司法协助合理费用买单的国际法义务，向其额外分享部分资产似乎对本国的经济利益造成了一定的损耗；但从长远来看，资产分享能调动被请求国的协助积极性，刺激其有效承担追回腐败资产的责任，真正履行最广泛的合作与援助义务，提高请求国腐败资产的追缴效率，使得追缴回的腐败资产金额从总体上获得

① 梅传强、欧明艳：《共同犯罪违法所得处理研究——以共同犯罪人之间是否负连带责任为焦点》，载《中国人民公安大学学报（社会科学版）》2020 年第 1 期。

增加。另一方面，分享可以直接激发和加强对跨国犯罪的调查援助，它可以起到规范行为主体的行为、消除国际合作的现实约束的作用，从而实现请求国的收益最大化，以“利益双赢”理念获得国际社会的认同从而巩固国际合作阵地。①

2.“结构—功能”分析

从结构层面而言，资产分享制度与各国的反腐败国家立法构成了实体规范与程序规则相配合的法律框架。国际反腐败公约及各国反腐败法律制度是资产分享制度实施的“土壤”，而后者能成为前者的“驱动力”，两者形成助推，增强了耦合的规范效果。我国在打击境外腐败犯罪法域存在的薄弱点，与他国在没收制度和承认、执行制度上的属性差异，使得我们无法行之有效地规制境外人员及其违法所得。我们不能无视客观规律而假想各国法律无冲突，依据公平互惠的原则在追缴境外资产过程中进行资产分享，能有效消弭司法管辖权冲突，在一定程度上起到弥补法律缺位的作用，加强国际反腐败国际合作，减少国家主权和管辖争议，凝聚共识，形成合力。

从功能层面而言，法律功能和社会功能是可见的客观后果。第一，体现了法律层面的规制功能和预防功能。资产分享制度与保安处分的“二元论”相契合，在实现刑罚报应目的的层面，请求国作为犯罪地或结果地，以资产共享为基础，保障其没收判决的域外执行，向行为人传播罪责报应观念，有利于维护社会公平正义；在实现刑罚预防目的层面，通过以资产分享为基础的刑事司法合作，能够遏制行为人犯罪产生的不法后果，对隐匿境外犯罪的行为者的资产共享及其所得充公，对国内社会潜在的犯罪具有威慑作用，切断其转移境外资产逃避刑罚的侥幸心理。第二，亦能体现社会层面的激励功能与示范功能。能形成制度化、固定化的条约模式固然理想，但同时要耗费大量时间和让渡部分权益，资产分享程序不要求以双方签署分享条款为前提，通过协助补偿、个案转让等具有高度包容性、实效性的方式呈现，能系统地、由点及面地规划长期性双边条约，形成模式化的程序。

① 杜涛：《从“法律冲突”到“法律共享”：人类命运共同体时代国际私法的价值重构》，载《当代法学》2019 年第 3 期。

（二）有限性分析

1. 以宏观原则与具体法律规范搭建制度基础

资产分享制度的运行，离不开两个维度的规范性基础。一是在宏观原则的维度上，不能脱离于国家主权原则和互惠原则。（1）分享双方应恪守国家主权平等、不干涉他国内政的基本准则，否则所有的司法合作都是一纸空谈。在尊重各国司法管辖权独立、不违反缔约国国家法律制度的前提下，我国可在适当范围内尽可能广泛地开展资产分享。（2）国际合作是国家间共同利益与互斥利益双层博弈的结果，互惠原则是国际反腐合作的发展和延伸。境外资产分享模式的选择，既能有效保护国家利益，降低跨境资产追回的司法成本，在主权与互惠的博弈中实现价值最大化，又凸显了中国司法活动的包容性和开放性，更符合中国倡导的多元化合作理念。如果过分追求单纯的属地主义、坚持“无条约不分享”，不承认和执行外国分享法院的判决，拒绝境外追赃资产的分享，反倒会导致国家资源的流失和浪费。二是在具体条文规范的维度上，资产分享制度的本体建构和立法衔接中关于分享目标、激励对象、分享比例的确定都需要紧紧围绕我国本土的法治环境进行设定，对标建立追逃追赃的长效机制为价值评价手段。（1）从整体上来看，资产分享制度具有较强的普适性。《联合国反腐败公约》是第一个明确提出缔约国可进行资产分享的法律文件，该公约目前已经有包括我国在内的 167 个缔约国。之后，《联合国打击跨国有组织犯罪公约》，欧洲委员会关于犯罪收益的清洗、搜查、扣押和没收问题以及资助恐怖主义问题的公约明确了犯罪收益类型和各国打击犯罪进行相互协助的义务，鼓励成员国采取包括分享在内的协助措施。（2）《中华人民共和国禁毒法》以立法的形式表明“可以与他国分享犯罪资产”立场，《中华人民共和国监察法》所确立的监察机关反腐败国际合作职责、《中华人民共和国刑事诉讼法》所确立的特别没收和缺席审判制度、《中华人民共和国国际刑事司法协助法》所确立的刑事司法合作程序等内容，都能为资产分享的运作方式和过程提供实体法和程序法的支撑，并不需要对现行法律体系进行大刀阔斧的修改。

2. 以四重判断明确制度适用位序

我国境外追赃问题的程序适用位序，应当运用四重判断予以审查。以贪污、挪用公款或以贪污、挪用公款罪等为上游犯罪的洗钱罪的犯罪资产为例：第一重，判定资产流入国是否加入了国际公约或签署了双边条约。以国际公约为媒介，我国可与相关国家签订司法协助协议在追逃追赃方面开展合作。对于外逃人员已归案的情形，法院可以通过刑事程序对案涉财产直接作出判决，向条约签署国请求承认和执行。① 第二重，判定能否适用刑事没收违法所得程序，请求判决认定的合法资产优先返还我国。刑事没收违法所得程序是不以定罪为前提的“对物之诉”，能有效解决在“犯罪嫌疑人、被告人逃匿、死亡”的难以定罪的情形下犯罪资产的权利归属问题。② 在外逃人员和资产均未归案的情况下，还可适用“对人之诉”的缺席审判程序，依据《联合国反腐败公约》的精神请求外国执行我国的生效判决。第三重，判定是否适用民事诉讼程序。民事诉讼程序在证据不足、送达不能等情形下即可作为补充选择。刑事没收程序和民事诉讼程序不属于先后序列关系，而是相辅相成的逻辑互嵌关系。第四重，判定能否利用现存的可行基础进行资产分享为刑事司法协助的替代选择。跨境追赃涉及追赃分享关系中各方主体的实体权益，还涉及法律程序的适用问题。在秉承国家主权优先原则的前提下，可考虑依国内法定程序或缔结的双边或多边协定，以“费用补偿”或“逐案安排”等替代措施的方式进行分享。

四、设计路径：基于“超额利润”分享机制的模式建构

资产分享模式作为国家间就跨境追赃司法协助形成的激励方案，与管理学领域的“超额利润分享机制”在制度理念和构建逻辑上相一致，以长期规划和短期考核为指标，设立目标总量，并以实际利润超出目标利润的部分作为超额利润，按贡献比例提取分享额，分配给激励对象，本质亦为一种激励

---

① 张明楷：《论刑法中的没收》，载《法学家》2012 年第 3 期。

② 张磊：《境外追逃追赃良性循环理念的界定与论证》，载《当代法学》2018 年第 2 期。

机制，可为资产分享模式的运行质效与功能价值提供启示。[①] 我们可以借鉴“超额利润分享机制”设计理论“X 定法”对我国资产分享制度的运行程序予以构建，以实现国际合作的常态化、制度化和标准化。

认知层面，在核定激励目标时，鼓励资产流入国将协助成本视同利润加回，以国际执法行动协作降低成本。在激励分配时，重点向作出突出贡献的协助国倾斜，充分体现资产分享机制引导、鼓励资产流入国加大贡献投入、激发追缴动力的作用。实践层面，建议从分享条件、适格主体、分享比例、计算节点、责任监督五方面全方位开展资产分享机制建设，促使合作国在强化正向激励背景下，构建短中长期相结合、多要素参与分配的动态的资产分享调整机制。

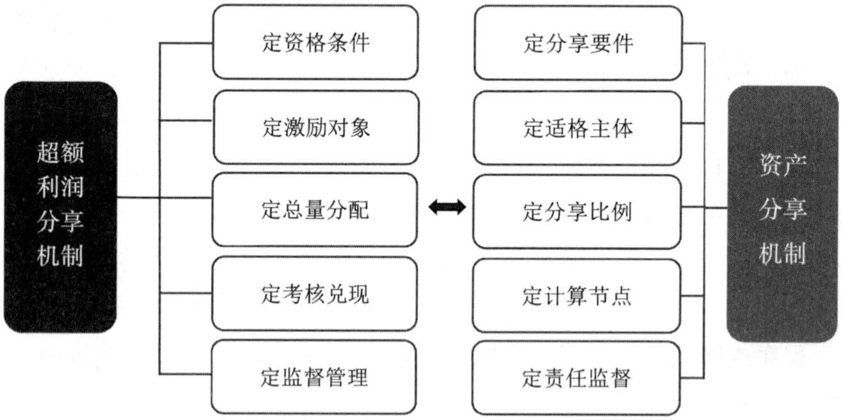

图 1　我国资产分享制度的构建逻辑

（一）“定资格条件”：资产分享的前提要件

资产分享的情况一般应同时满足以下条件：第一，尊重国家主权原则并符合国内法律程序；第二，存在互助协议或依据互惠原则，基于国家间刑事司法合作对一定数额的腐败资产进行了终局没收；第三，被分享的资产应剔除了赔偿犯罪被害人、归还合法所有人和保护善意第三人合法权益的部分；

① 陈闻博：《反腐败国际资产分享机制的本土设计》，载《武大国际法评论》2022 年第 2 期。

第四，分享的请求应以书面形式提出，并将其翻译为被请求国的语言；第五，分享是在支付合理成本后对所作贡献予以奖励的行为。[①]

需要注意的是，分享的资产范围是经济犯罪违法所得但不包含贪污贿赂所得。《联合国反腐败公约》规定，对于贪污腐败犯罪涉及的公共资产直接予以返还。从财产性质上来看，腐败贿赂犯罪的资产来源于国家公共财产，流失到境外后应通过刑事没收程序直接返还给受害国，而不作为可分享的资产。

（二）“定激励对象”：资产分享的适格主体

适格的分享主体是界定分享对象的前提，分享的主体只能是政府机构，不能是个人和非政府组织。外国政府机构作为分享激励对象，可以根据与我国签订的双边条约或个案分享协定提出，或以外交渠道向我国交涉。虽然资产分享是发生在国家间的政府行为，但并不排斥分享接受国用分享资产奖励其国内积极参与协助的个人或组织。

（三）“定总量分配”：资产分享的比例确定

借鉴超额利润分享机制，资产分享制度以鼓励价值创造和最大化追缴犯罪资产为导向，可预先向参与分享的国家设定追缴目标，将前期所需没收成本在分享总额中列支，同时依据案件的复杂程度、涉案金额、该国在此次刑事司法协助中所提供的帮助等因素作出动态规定。资产分享的上限以扣除必要合理费用（资产流入国为追回资产进行侦查、起诉、审判和司法协助活动而支出的成本）后剩余资金的50%为政策底线；下限以支付合理费用加剩余资金的5%为标准。[②]

可从以下两种方案中任择其一确定资产分享的具体比例：方案一是将分享资产的细节交由持有方酌定处理，资产持有方可依照其国内法律和政策，在所提供合作相当的范围内与请求国核定分享比例。方案二是根据提供协助

① 自正法、吴万强：《刑事缺席审判程序被告人权利的演进逻辑与规范阐释》，载《中国应用法学》2020年第6期。

② 梅传强、施鑫：《中国毒品犯罪没收资产国际分享机制的构建》，载《吉林大学社会科学学报》2020年第4期。

作用或贡献的大小，以“按劳计酬”的原则来商定分享等级：资金流入国主动实质参与资产追回工作，执行、实施和承认的没收或扣押判决为高级协助，分享比例为 35%～50%；为犯罪资产追缴积极协助参与，提供大量证据或调查资源以执行、实施或承认没收判决为中级协助，分享比例为 20%～35%；为犯罪资产追缴工作提供了基础性司法协助的为初级协助，分享比例为 5%～20%。

（四）“定考核兑现”：资产分享的计算节点

资产分享的计算节点也有两种方式，第一种是“先扣除再分享”的方式：预先扣除资产追缴过程中产生的费用开支，即由资产分享的双方共同承担没收成本，再对剩余部分进行分享。第二种是“先分享后扣除”的方式：由分享资产的接收方获得分享份额后独自承担没收成本，在移交资产时仅剔除已分享的份额。在相同的分享比例下，我国如果选择先分享后扣除的方法更有利于我国作为收管方的利益，可以使我国在分享中分得更多资产。

（五）“定监督管理”：责任部门及后续监管

跨境追赃的工作涉及国务院（包括外交部、司法部等）、国家监察委、最高人民法院、最高人民检察院等，但各机关对资产追缴和监管在职责界定上存在重叠与模糊等问题，因此在构建我国的资产分享制度时，需要明确一个牵头主管机关进行工作部署，避免降低国际司法合作的效率，拖延资产追缴的进程。我们可以借鉴美国的经验，结合我国的国情和现状，将国家监察委确立为主管机关，统筹资产分享相关事宜，在涉及具体分享合作运行的过程中负责协调各部门分工协作。

同时，为追回后资产的分享和利用进行有效监管，还可以设立国家预算模式，即整体的支出过程通过国家预算机制将资金从中央国库账户转移到具体的支出机构，通过政府问责机制接受国家监督机构的监督和审查。抑或参考英国的专门基金模式，设立享有独立行政和财务自主权的专门基金，对追回资产的利用采用“列举加兜底”的方式，在法定标准内投入国内基础项目的运营或用以奖励对追逃追赃作出中的贡献的非政府组织及个人，对追回资产实现再循环运用。[①]

结 语

反腐追赃的国际合作，涉及政治、法律、文化等各种因素，关于资产分享制度的具体适用，各国的操作细节虽有不同，但通过订立双边或多边分享协议、制定国内法分享制度等方式已成为国际刑事司法互助的新重点。就我国而言，由于未有专门的国内法对资产追回国际法律合作中资产分享问题进行明确规定，短期内难以在我国现有的刑事司法框架下构建具体分享制度。但可在与有相关制度国家签订或修订刑事司法互助协定或确立互惠原则时，积极主动以“超额利润分享机制”为技术路线构建符合我国国情的资产分享制度。立足个案协商，采取立法概括规定与个案协议分享相结合的方式，调动资产流入国在司法协助工作中的积极性，由此在国际追赃合作中形成良性循环和示范效应。

（钟　婷：湖南省益阳市赫山区人民法院）

① 黄风：《境外追逃、追赃与国际司法合作》，中国政法大学出版社 2008 年版，第 313-314 页。

人民法院刑事申诉信访案件困境之解

——基于“诉—访—诉”复归路径的考量

王慧莲　胡柏茂

刑事申诉是公民申诉权利在刑事诉讼中的具体体现，它既是人民法院发现刑事冤假错案的重要来源，又是中国特色社会主义民主法治公正司法的重要组成部分。2023 年 1 月 6 日召开的第二十二次全国法院工作会议指出，人民法院坚决纠正和防范冤错案件，切实尊重和保障人权，依法再审纠正张氏叔侄案、呼格吉勒图案、聂树斌案、张玉环案等重大刑事冤错案件 66 件 130 人。[①] 最高人民法院 2023 年工作报告数据显示，5 年来人民法院依法纠正五周案、张玉环案等重大刑事冤错案件 26 件 53 人，依法再审纠正张文中案等重大涉产权刑事冤错案件 209 件 283 人。[②] 足见“有错必纠”是我国刑事再审启动程序的基本原则，但实践中受困于刑事申诉“宏观政策供给不足、微观指引操作模糊”的现状，导致申诉主体遭遇“申诉难”，转而求助涉诉信访谋取公正；终审法院面临“申诉滥”“息访息诉”。当申诉与信访成为各申诉主体“申冤”之两翼时，却成了各终审法院裁判终局之拦路虎。如何避免申诉走向信访，如何实现信访导入诉讼法治轨道，则是纾解当前人民法院刑事申诉信访案件困境之良方。

一、人民法院刑事申诉信访案件实践样态检视

刑事申诉的目的是“申冤”，即申诉人期望通过向公权力机关（尤其司法

---

① 《人民法院 10 年来依法再审纠正重大刑事冤错案件 66 件 130 人》，载人民网，http：//society.people.com.cn/n1/2023/0107/c1008-32601639.html，2024 年 8 月 11 日最后访问。

② 《最高人民法院工作报告》，载新华网，http：//www.news.cn/2023-03/17/c_ 1129439924.htm，2024 年 8 月 11 日最后访问。

机关）陈述“冤情”，引起上述机关意识到已经生效裁判认定的事实是错误或适用法律是错误的，需要启动再审程序进行纠正。而我国为了维护生效裁判的既判力、维护司法权威、保障社会秩序的尽快恢复和司法资源的合理配置，对刑事再审程序的启动设置了严格条件。① 最直接的表现就是规定申诉只能作为人民法院、人民检察院发现错误的线索来源之一，并不能直接启动刑事再审程序。虽然《中华人民共和国刑事诉讼法》（以下简称《刑事诉讼法》）以及最高人民法院、最高人民检察院出台的各项有关刑事申诉办理的规定为人民法院、人民检察院办理刑事申诉工作提供了指引，但过于原则的法条内容极易导致产业申诉权利滥用、申诉成功率低以及“诉—访”一体普遍等现象。

（一）申诉权利滥用

当前，我国刑事申诉程序最大的特点就是“五无限”，即主体无限、时间无限、次数无限、审级无限、理由或条件无限。② 这样设置的目的是最大限度地保障当事人的申诉权利，但如此一来也极易使申诉权利滥用，尤其是重复申诉、无限申诉、无理申诉令各级法院“有苦难言”。

1. 重复申诉

根据我国《刑事诉讼法》第 252 条之规定，申诉主体是原案件的当事人及其法定代理人、近亲属。③ 但未对申诉主体行使申诉权的先后顺序作出规定，容易出现重复申诉现象。在实践中，存在不同申诉主体就同一案件同时向同一部门或不同部门提起申诉；或同一申诉主体以不同申诉理由向不同部门提起申诉；或当事人虽已接受人民法院作出的生效刑事裁判，但其近亲属却又提起申诉的现象。如此，法院极大可能就同一起案件多次受理、多次审

---

① 王旭伟、马丽莎：《我国刑事审判监督程序之立案障碍与对策分析》，载《沈阳师范大学学报（社会科学版）》2018 年第 4 期。

② 仇晓敏：《关于做好新时代刑事申诉和再审工作的几点思考》，载《人民法院报》2019 年 2 月 21 日，第 5 版。

③ 《中华人民共和国刑事诉讼法》第 252 条规定：“当事人及其法定代理人、近亲属，对已经发生法律效力的判决、裁定，可以向人民法院或者人民检察院提出申诉，但是不能停止判决、裁定的执行。”

查，导致司法资源浪费。

2. 无限申诉

最高人民法院《关于规范人民法院再审立案的若干意见（试行）》第 10 条和第 11 条对申诉主体提出申诉的时间作了刑罚执行完毕的 2 年内的原则性规定和出现新证据则不限于 2 年的例外性规定。① 这也从侧面反映了申诉人可以在生效判决、裁定作出后的任何时间提起申诉。同样，在无刑事申诉期限限制的情况下，申诉次数必然会毫无限制，即申诉人可以就生效判决、裁定无限地提起申诉，不论法院、检察院处理过几次，只要申诉人不服处理结果，就可以不断地提起申诉。

3. 无理申诉

当前我国《刑事诉讼法》只是简单规定，当事人及其法定代理人、近亲属只要不服法院已生效的判决、裁定，就可以向法院或者检察院提起申诉，至于理由暂且不论。只要申诉主体提起申诉，办案机关就必须审查，而这种低门槛准入规则，势必造成司法资源的浪费以及增加办案机关的工作负担。如×省 Y 市中级人民法院受理刘某因抢劫罪不服法院生效裁判结果申诉一案，刘某坚持认为人民法院应当以现行刑法对抢劫数额的认定，对原判刑罚结果进行改判。但“法不溯及既往”，其实施抢劫罪的犯罪构成要件依据当时的刑法规定，适用抢劫数额特别巨大这一量刑幅度，并无错误。即使办案人员多次不厌其烦地向其解释新法不溯及既往，其虽然表示理解，但仍坚持申诉，要求办案机关给予一定司法补偿。

（二）申诉成功率低

即使刑事申诉主体拥有如此“广泛”的申诉权利，但实践中“妄想”通

---

① 最高人民法院《关于规范人民法院再审立案的若干意见（试行）》第 10 条规定：“人民法院对刑事案件的申诉人在刑罚执行完毕后两年内提出的申诉，应当受理；超过两年提出申诉，具有下列情形之一的，应当受理：（一）可能对原审被告人宣告无罪的；（二）原审被告人在本条规定的期限内向人民法院提出申诉，人民法院未受理的；（三）属于疑难、复杂、重大案件的。不符合前款规定的，人民法院不予受理。”第 11 条：“人民法院对刑事附带民事案件中仅就民事部分提出申诉的，一般不予再审立案。但有证据证明民事部分明显失当且原审被告人有赔偿能力的除外。”

过此途径启动再审监督程序进行纠错，往往“事与愿违”。

1. 申诉再审占比低

我国再审的启动途径有三条：一是法院通过启动审判监督程序对错案进行自纠；二是检察院提出抗诉启动审判监督程序；三是刑事申诉主体通过向人民法院或人民检察院提起申诉，人民法院或人民检察院对申诉材料进行审核后，对符合启动审判监督程序的申诉案件进行刑事再审。虽然上述三种途径均可引发再审，但启动再审的可能性却不尽相同。为此笔者选取X省高院2019年至2022年启动再审结案情况进行可视化分析（表1）。

表1　启动刑事再审结案情况表

年份	再审结案数	监字号	抗字号	申字号
2019	200	25	158	17
2020	226	39	173	14
2021	225	170	43	12
2022	148	68	66	14

2. 申诉受理被驳回率高

尽管2015年4月最高人民法院出台了《关于人民法院推行立案登记制改革的意见》，但申诉案件被排除在立案登记制的范围之外。① 另外，我国《刑事诉讼法》和《最高人民法院关于适用〈中华人民共和国刑事诉讼法〉的解释》（以下简称《刑诉法解释》）关于刑事申诉立案标准也均未进行规定，实践中申诉案件立案标准由各法院参照再审启动标准自己把握。为此，笔者选取X省高院2019年至2022年申诉结案情况进行分析（表2），可见申诉受理被驳回的概率高。

表2　刑事申诉受理情况表

年份	申诉案件	申诉被驳回	启动再审	准予撤回申诉	其他
2019	654	605	26	9	14

① 陈艳风：《刑事再审程序启动条件辩思——以聂树斌案为焦点》，载《广西社会科学》2016年第4期。

续表

年份	申诉案件	申诉被驳回	启动再审	准予撤回申诉	其他
2020	624	585	13	2	24
2021	889	848	16	5	20
2022	737	706	8	8	15

3. 申诉结果改判少

当为数不多的刑事申诉案件进入再审程序后，再审审理结果直接决定申诉人的申诉维权之路是否画上句号。为此，笔者选取X省高院 2019 年至 2022 年刑事申诉结案情况进行分析（表 3），发现刑事申诉案即使进入再审程序，被改判的概率也难以达到 50%，相反被维持、被按撤回申诉处理以及被准予撤回申诉占比达到 50%以上，可见申诉权人试想通过申诉换取不同结果可能性不大。

表 3　刑事申诉结案结果情况表

年份	刑事申诉进入再审案件结案数	再审审理结果				
		维持	改判	发回重审	按撤回申诉处理	准予撤回申诉
2019	17	8	7	0	1	1
2020	14	6	4	1	1	2
2021	12	5	3	1	2	1
2022	14	6	5	1	1	1

（三）“诉—访”一体普遍

当申诉主体发现向法、检两院递交申诉状收效甚微时，特别是在部分申诉案件因人大、政法委、纪委或者媒体关注等外部力量的介入成功平反昭雪事迹被报道后，去多地层层上访便成了申诉主体的替代方案或者两手方案。①如：1994 年的佘祥林杀妻案，在佘祥林被法院以故意杀人罪判处 15 年后，

① 如张氏叔侄强奸案，经过媒体报道，办案机关迫于舆论压力重新审理，宣告张氏叔侄无罪才得以告终。

其哥余锁林不信其会杀人替其申诉被公安机关关押40多天，其母杨五香亦不信其子会杀人，便四处上访进行申冤，被公安机关关押竟长达9个月，后因2005年的“亡者（其妻张在玉）归来”其得以无罪释放；还有的申诉主体在申诉的过程中同时向有关部门进行上访，如：×省2022年全国法院信访信息系统中登记办理来信14435件，×省高院5764件、中级人民法院5168件，基层人民法院3503件。×省高院办理信件中上级机关交转办信件1065件，本级机关交转办信件526件，院长批转来信1334件，纪检、督察转信221件，教整办转办信件329件，其他群众来信2289件。其中初信3669件，重信2095件，重复来信率36.3%，另还在省信访信息系统中办理省信访局转信1289件。其中不乏金茂城非法吸收公众存款案，多个地区多次组织到×省高院群访，顺祥养老诈骗案集结300多个受害人喊口号堵×省高院大门闹访以及唐三銮、姚灿瑞等个案被告到×省高院缠访等实例。

二、刑事申诉信访案件摆脱困境之缘由

“看似美好”的刑事申诉制度为何会落入如此尴尬之境地？通过分析后发现，刑事申诉制度之所以会陷入运转困境，原因可以总结为“诉—访”模式权衡中的“趋利选择”、自治模式抉择下的场域效应、行政化审查模式下的“信息孤岛”、法治环境转型下的“正义追求”。

（一）“诉—访”模式权衡中的“趋利选择”

虽然，《刑事诉讼法》《人民检察院刑事诉讼规则》《刑诉法解释》对刑事申诉制度几经修改、完善，但是立法文本的低精细化特别是在申诉案件的提出、受理、审查和处理等程序上均无具体规定，极易诱发“申诉难”和“上访易”的问题。

1. 申诉立案概率随机VS信访受理结果应然

一方面，我国《刑诉法解释》虽对申诉案件提出了“应当审查处理”的

原则，对立案后审查期限也作出了规定，但却未明确规定符合申诉条件是否应予立案及立案期限。[①] 这为法官“有选择的”立案提供了自由裁量权，申诉材料即使早早提交到终审法院立案庭，也有可能陷入“石沉大海”的境地。另一方面，《最高人民法院关于办理不服本院生效裁判案件的若干规定》虽对申诉案件提出了“疑案移送”的原则，但由于缺乏明确的立案审查或者移送标准，实践中各地法院办理刑事申诉案件的做法也不尽相同。[②] 同样的申诉材料，能否踏入立案大门尚存疑虑。相反，我国《信访工作条例》对信访人反映诉求提出了“应当受理”的原则，各级机关、单位接收到信访人提交的信访材料除信访事项已经受理或者正在办理外，均应受理。[③]

2. 申诉办理效率低VS信访办理效率高

如前文所述，大部分冤假错案的申诉主体都经历过数年甚至数十年的漫长申诉过程，才得以洗刷冤屈。究其背后原因在于现行的刑事申诉程序的无序性，引发申诉办理效率低下。具体表现在三个方面：一是申诉主体无限。在实践中，各终审法院均有可能会面临不同申诉主体就同一案件同时向同一部门或不同部门提起申诉；或同一申诉主体以不同申诉理由向不同部门提起申诉；或当事人虽已接受人民法院作出的生效刑事裁判，但其近亲属却又提起申诉。为此，法院在“案多人少”的现状下只能疲于应付，无心审查。二是申诉期限、理由无限。虽然，最高人民法院《关于规范人民法院再审立案的若干意见（试行）》第10条和第11条对申诉主体提出申诉时间做了原则性和例外规定，以及我国《刑事诉讼法》第252条对申诉理由做了原则性规定。如此一来，无限申诉、无理申诉势必增加了司法机关受理申诉案件的工作压力，使得确有定罪量刑错误的案件夹杂其中，不易发现，影响真正冤假错案的及时纠正。三是申诉材料审查期限约束无力。虽然《刑诉法解释》第

---

① 《刑诉法解释》只规定了抗诉必然引起立案，第380条规定：“对于人民检察院依照审判监督程序提出抗诉的案件，人民法院应当在收到抗诉书后一个月内立案。”

② 仇晓敏：《关于做好新时代刑事申诉和再审工作的几点思考》，载《人民法院报》2019年2月21日，第5版。

③ 《信访工作条例》第17条：“公民、法人或者其他组织可以采用信息网络、书信、电话、传真、走访等形式，向各级机关、单位反映情况，提出建议、意见或者投诉请求，有关机关、单位应当依规依法处理。”

457 条对立案审查的申诉案件的审查期限规定为 3 个月，最长为 6 个月。但当前无论是《刑事诉讼法》还是最高人民法院出台的相关司法解释或配套办案细则，针对法院受理刑事申诉后到决定立案前的审查期限若未按前述规定办理，缺乏相应的监督惩戒机制，使得申诉材料积压，案子难以推进。我国《信访工作条例》第 23 条第 2、3 款对信访人提出的信访事项规定了当场告知和 15 日书面告知以及 5 日异议回复期限，保障了信访人诉求能够及时得到办结。

3. 申诉维权成本高 VS 信访维权成本低

实践中申诉人难以引起再审纠错。一方面是因申诉主体法律素养层次较低，申诉维权成本高。如从表 4 选举的 22 个申诉主体职业来看，绝大多数为农民，经济条件有限，无法聘请专业的律师代为申诉，唯一能够使用的办法就是通过长期多次反复的申诉，使审判机关重视。但这种单一的手段却是以昂贵的时间成本为代价换取低概率的再审纠错程序的启动。如念斌案中，念斌被视为凶手，房屋被砸，已经无法正常居住，其父因念斌的入狱郁郁寡欢，夜晚无法正常入睡，不到 4 个月就离世，其母受不了打击而疯癫，姐姐念建兰辞掉工作，卖掉家产，一直未嫁，进行长达 8 年的申诉。[①] 另一方面是“信访不信法”的观念深入人心，备受青睐。就现有法律规定内容来看，申诉次数不受限制，即使申诉被驳回，申诉主体也能继续向法院或检察院进行申诉，检察院或法院收到申诉材料后，按照普通民众的来信、来访进行处理。另外，刑事申诉与信访，无论从两者的目的或是两者涉案范围都难以被普通群众加以区分，加之信访无论从维权成本还是维权效率上，都胜于申诉。特别是“权大于法”的社会舆论引导，更容易驱使申诉主体倾向选择“全国两会”“重大节假日”等特殊时间节点，通过向各级人大、政协、人民政府“鸣冤”，迫使司法机关迅速成立办案专班，对申诉案件启动审判监督程序进行纠错。

① 《念斌案背后的拉锯战：4 年获死刑最终判无罪》，载微信公众号“南都周刊”，https：//mp. weixin. qq. com/s/npcnJzpg6e6ukZDixaB4yg，2024 年 8 月 15 日最后访问。

表 4　冤假错案纠错情况表①

序号	姓名	职业	案件类型	案发时间	定罪结果	纠错时间	纠正耗时	纠正因素
1	张玉环	农民	故意杀人	1993. 10	死缓	2020. 8	26 年 10 个月	证据不足
2	吴春红	农民	故意杀人	2004. 11	无期	2020. 4	15 年 5 个月	证据不足
3	张志超	学生	强奸	2005. 1	无期	2020. 1	15 年	证据不足
4	李建功	国企工人	故意杀人	2007. 12	死缓	2019. 12	12 年	证据不足
5	金哲宏	司机	故意杀人	1995. 9	死缓	2018. 11	23 年 2 个月	证据不足
6	廖海军	农民	故意杀人	1999. 1	无期	2018. 8	19 年 7 个月	证据不足
7	缪新华	无业	故意杀人	2003. 4	死缓	2017. 9	14 年 5 个月	证据不足
8	柯长桂	农民	故意杀人	2002. 6	有期徒刑 15 年	2016. 3	13 年 9 个月	证据不足
9	许金龙	农民	抢劫	1994. 1	死缓	2016. 2	24 年 1 个月	证据不足
10	聂树斌	工人	故意杀人、强奸	1994. 8	死刑	2016. 11	22 年 3 个月	真凶出现
11	呼格吉勒图	工人	故意杀人	1996. 4	死刑	2014. 12	18 年 8 个月	真凶出现
12	念　斌	个体户	投放危险物质罪	2006. 7	死刑	2014. 8	5 年 10 个月	证据不足
13	张　辉 张高平	司机	强奸	2003. 5	有期徒刑 15 年 死缓	2013. 3	9 年 8 个月	真凶出现

① 由作者根据最高人民检察院与最高人民法院官方网站公布的数据整理所得。

续表

序号	姓名	职业	案件类型	案发时间	定罪结果	纠错时间	纠正耗时	纠正因素
14	佘祥林	治安巡逻员	故意杀人	1994. 4	有期徒刑 15 年	2005. 4	11 年	亡者归来
15	赵作海	农民	故意杀人	1999. 5	死缓	2010. 5	11 年	亡者归来
16	孙宝国	个体户	故意杀人、黑社会性质组织犯罪	1996. 3	死刑	2017. 1	20 年 10 个月	新证据

（二）自治模式抉择下的场域效应

我国当前对刑事生效裁判启动审判监督程序采取非常谨慎的态度，这一点从前文介绍申诉权利人选择“诉—访”齐头并进“倒逼”申诉机关受理已生效的刑事承办案件的现状就足以窥见。尽管申诉人向原生效法院递交的申诉材料中已经明确反映了原审裁判中可能存在的问题或疑点，但司法机关在书面复核上述材料始终都离不开“错案责任制”“结案率”等利弊因素的权衡和考量。一旦刑事申诉进入审判监督程序，原生效裁判极有可能面临被推翻的结果，就会触发巨额国家赔偿、涉案人员责任倒查、负面舆论发酵、司法公信力遭质疑等一系列连锁反应。自然司法机关会滋生抵触情绪，自身纠错动力不足，更多的是当外部因素（如舆论压力、情势变更等）介入，才被动进行纠错。如表 4 中选取的 16 例中出现了“亡者归来、真凶出现、新证据”等偶然因素的介入，各地法院才重启再审程序进行案件纠错。

（三）行政化审查模式下的“信息孤岛”

当前，人民法院对当事人的申诉材料复查主要通过内部阅卷方式进行，即封闭式书面审查。这种审查过程当事人无法详细知晓，原因在于申诉审查仅在司法机关内部进行，是不公开的。[①] 这种封闭式、非公开性的审查操作其

① 胡志斌：《刑事诉讼原理与制度探索》，安徽大学出版社 2006 年版，第 245 页。

实质上就是一种行政化的审查模式。

从错案是否审查，以什么方式审查，审查程序是什么，到最后审查决定的作出，均是司法机关内部处理，申诉人一概不清楚，这更容易使申诉人重复申诉、缠诉。[①] 而人民法院和人民检察院应当通过对申诉主体的知情权和参与权进行保障，才能更好地让办案机关的职权活动在阳光下接受监督。在实践中，即使承办法官、检察官对申诉案件决定立案前和作出结案结论后，均会当面听取申诉主体及其委托的诉讼代理人的申辩意见。但“两见面”制度即使被司法机关在办案机关得到落实，依旧无法消除封闭式申诉复查程序所带来的负面影响，大多流于形式，对刑事申诉的处理结果并未产生任何实质性的作用。通常，承办法官、检察官更多的是依据与申诉案件相关的生效裁判文书、申诉材料等内容进行结案，而案件承办结果往往与申诉诉求相悖。一方面，承办人员主观轻信“二审终审制”下，原生效裁判出错的概率和复查的结论不当的概率极低；另一方面，司法资源有限与无限申诉之间“供需”不匹配的局面，也会极易造成承办人员对申诉人的诉求存在“偏见”，认为申诉人为了申诉成功有意掺杂不实言论混淆视听。最终导致“两见面”制度目的落空。另外，当前我国立法层面仅对申诉受理机关进行规定，即由原作出刑事生效裁判的法院负责处理，却未就申诉驳回后审级内部控制监督机能进行规定，即上级法院无法通过发回重新审查的方式要求终审人民法院重新进行审查，有导致终审人民法院自行其是的风险。[②] 申诉人对案件的进展过程不清楚，容易使当事人认为法院内部存在“暗箱操作、互相包庇”的行为，质疑审查结果，也极易使申诉人走上信访之路。

（四）法治环境转型下的“正义追求”

刑事申诉案件增多并建设不完全是坏事。相反，从某种意义上来看，它是法治国家建设历程中不可避免的一种现象。一是在全面推进依法治国的大背景下，国家更加注重和保障人权，人们的维权意识也不断增强，由原来的

① 陈卫东：《刑事审判监督程序研究》，法律出版社 2001 年版，第 107 页。

② 刘大海：《刑事申诉立案审查处理机制的实践思考》，载《人民司法》2023 年第 19 期。

敬畏权力到现在的敢于维权，能够通过申诉“对抗”已生效的法律判决，维护自己合法的权益，也让刑事申诉案件逐渐增多。二是随着民主法治的不断推进，从过去封建专制下的严刑峻法到新时代下的司法为民，人民群众在享受“司法红利”的基础上，也更愿意参与甚至质疑司法。所以，当事人提出申诉的现象越来越多，一方面既能体现国家对于“冤假错案”当事人权利救济的重视程度，另一方面也反映了人民群众敢为维护自己合法权益发声，是法治社会进步的一种必然趋势。三是部分“亡者归来、真凶再现”的冤假错案在社会舆论的推波助澜下，确实得到了纠正。部分群体经不住新闻媒体的大肆宣传炒作，申诉欲望蠢蠢欲动。四是刑事政策的变动，由过去的“从严从快”到现在的“宽严相济”的转变，部分申诉主体无法理解相同的犯罪事实、犯罪情节只因刑事政策的调整，适用的刑罚结果相差很大，总想以现在的法治进步和政策调整去评判之前的犯罪事实，认为生效裁判处理结果不当，向司法机关进行申诉，要求办案机关进行改判，这也是造成当前法院陈年旧案申诉不断的重要原因。

三、刑事申诉“诉—访—诉”理性复归路径探寻

习近平总书记提出，努力让人民群众在每一个司法案件中感受到公平正义。刑事申诉作为人民群众寻求司法公正的重要途径，应当得到我们重视，要对照中共中央印发的《法治中国建设规划（2020—2025 年）》中明确规定“健全刑事申诉案件受理、移送、复查机制”的标准，对刑事申诉工作痛点与难点进行突破。在识别阶段统一申诉受理入口门禁，在审核阶段保障申诉过程公正，在处理阶段保证申诉出口顺畅。

（一）“诉”实质化：细化申诉审查流程规范

通过上述分析，要想解决刑事申诉工作中“申诉权利滥用、申诉成功率低以及‘诉—访’一体普遍”三大问题，首先就需从强化有错必纠的办案理念、构建申诉登记立案机制、细化刑事申诉相关立法条文三方面入手，打开刑事申诉通往再审程序的入口。

1. 强化有错必纠的办案理念

培根曾言：一次不公正的审判，其恶果甚至超过十次犯罪。因为犯罪虽是无视法律——好比污染了水流，而不公正的审判则毁坏法律——好比污染了水源。刑事申诉作为法院发现刑事冤假错案的重要信息来源，必须引起重视。各级法院既不能盲目为了维持裁判的既判力，罔顾当事人通过申诉对生效裁判提出的质疑；也不能为了息事宁人，对当事人提出的申诉事项进行大包大揽。而要在全面审查案件情况的基础上，从是否有利于被告人的角度考虑“错误”的大小，兼顾公正与效率，对案件进行纠正，维护社会秩序稳定。

2. 构建刑事申诉登记立案机制

刑事申诉能否立案直接决定刑事申诉程序能否继续前行。因此，解决当前刑事申诉立案概率随机的问题刻不容缓。通过构建刑事申诉登记立案机制，对依法应当受理的初次刑事申诉实行立案登记，能够保障当事人的申诉权得以行使。各级法院立案庭开展刑事申诉工作应当做到以下几点：一是法院依法一律接收当事人提交的申诉材料并当场对申诉材料进行材料符合性初审；二是如遇申诉缺少必要材料，应一次性书面告知申诉人于 7 日内进行补正，若申诉人无法在规定的期限内补正，又未申请延期补正或者虽申请延期补正，但未获得法院同意的，法院应当按照申诉人送达地址确认书确认的地址退回申诉材料；三是法院办理线上平台申诉材料的接转、一次性补正必要材料告知、受理申诉或退回申诉材料，亦应按照上述规定期限；四是申诉人未能在规定的期限内进行材料补正或申诉材料遭退回，法院需告知申诉人可在申诉材料齐备时重新向人民法院提起申诉。

3. 细化刑事申诉相关立法条文

如前文所述，我国刑事申诉立法条文过于原则化、简单化、分散化的现状是导致刑事申诉程序陷入“五无限”的根本原因。为此，应当从立法层面消除这种局面，实现刑事申诉有限化。一是明确申诉主体行使权利的顺序。当事人具有排他的申诉权地位，当事人的法定代理人、近亲属只有在当事人不能提出申诉或者授权其代为行使申诉权时，才能独立向法院提出申诉。二是合理规定申诉时效。根据是否有利于被判决人的申诉区分申诉时效。对于不利于被判决人的申诉可以参照实体法上的追诉时效进行限定，对于有利于被判决人的申诉则可不限时效，只在申诉理由上进行限定即可。三是申诉理由法定化。建议借鉴启动审判监督程序的理由同时兼顾“疑罪从无”的原则，只要申诉人提供的理由和依据足以让刑事申诉审查的法院有理由怀疑原判决查明的证据、事实可能不属实，或原判决适用法律错误，或原判决结果错误即可。四是提升刑事申诉案件管辖的级别，由原生效判决的上一级法院受理和审理刑事申诉案件。五是明确刑事申诉立案之前的审查期限，可以借鉴检察系统办理来信7日程序性回复期限，毕竟申诉案件进入立案之前只进行形式审查的期限。①

（二）“诉—访”化解：强化错案救济监督机制

解决好刑事申诉案件进入刑事审判监督程序的入口问题，在案件进入实质审查阶段就需注重程序的公正、公开与后续衔接问题。通过构建异地审查机制、去行政化“书面审查”、做好异地审查与异地再审的制度衔接三方面的配套措施，确保错案救济监督机制可以发挥实效。

1. 构建异地审查机制

英国法治自然正义原则的一个基本要求是任何人均不得担任自己案件的法官，申诉人向作出原生效刑事裁判的法院提起申诉，无论该结论是一审生效还是二审生效，又或是生效法院另行组成合议庭对申诉材料进行审查，难以杜绝陷入“自我审查”的困境。② 为确保刑事申诉审查程序的中立性，就必须构建异地审查机制。审查法院级别限定在原终审法院的上级法院，或其上级法院指定与原终审法院同级别的其他法院，并可根据案件性质、社会影响等因素作出相应的限制，如对重大、疑难、复杂的案件应当“跨省”异地审查；就审查的范围可以适用于各级法院管辖的申诉案件；就审查的案件类型则可参照《人民检察院刑事申诉案件异地审查规定（试行）》第2条规定的五种情形审查；就审查的期限可根据不同的阶段设置不同的期限，在上级

① 2019年12月张军检察长在全国检察机关网上信访信息系统2.0版开通仪式上的讲话。

② 陈瑞华：《刑事诉讼的前沿问题》，中国人民大学出版社2016年版，第209页。

法院收到申诉申请之后决定立案之前，对申诉材料进行的形式审查，可参照最高人民检察院的试行规定中确立的自收到申诉人申请异地审查材料之日起2个月内作出是否立案审查的决定或因特殊情形需要延长的，可继续延长2个月；在上级法院决定立案结果送达前，对申诉材料进行的是实质审查，可依照《刑诉法解释》第457条规定，申诉案件的审查期限原则上不能超过6个月，因案件疑难、复杂、重大或者其他特殊原因需要延长期限的，按照相关规定处理；就异地法院作出驳回申诉的救济，应当严格落实“两申终申制”，即申诉人仅限于向该异地法院的上级法院再次提起申诉。

2. 去行政化“书面审查”

既然封闭式的“书面审查”饱受世人诟病，那么法院在审查的过程中，应当保障“控辩审”三方架构，要充分保障当事人及其代理人的参与权。不能单凭现有的内部“书面审查”结案，应当全程保障申诉人及其代理律师的知情权与申辩权。因此，要配套完善律师代理申诉制度，扩大法律援助的范围，为那些经济困难的申诉群体除去后顾之忧；同时保障申诉律师的阅卷权，法院在对申诉案件进行实质审查之前需为申诉律师阅卷提供方便，以确保申诉律师能够充分了解案情、清楚定罪证据，更好地代当事人行使申诉权。另外，在审查流程上可参照检察院在复查刑事申诉案件中的做法，采用公开听证、公开示证和公开答复等方式，对全案进行实质审查。但需要注意的是只有在案件重大、疑难、复杂，案件事实争议较大，法院单凭书面审查方式无法作出判断的情况下，才有必要进行听证审查。同时，在听证人员的选任上可以吸纳法律专业型人才、专门领域的专家以及社会型专家；听证过程中要保障申诉方同原办案人员的抗辩权；听证意见可作为法院处理案件的重要参考，若听证意见不被采纳，应当将案件交由审委会决定，并向听证人员作出充分的解释说明。最后，要将刑事申诉案件的基本情况及处理结果同步上传到司法机关对外公布的官网上，方便社会力量对承办机关的申诉活动进行监督。

3. 做好异地审查与异地再审的制度衔接

经过异地审查的刑事申诉案件，后期如何妥善处理关系到前期复核工作是否付诸东流，这就需要做好异地审查与异地再审之间的无缝对接。因为申诉案件进入异地审查后，即使发现符合启动刑事审判监督条件，若被发回原审法院进行再审，也难逃维持原判的结果，有悖异地审查制度设置的初衷。而完善异地审查与异地再审机制的衔接可以消除这种不利因素的影响，对审查之后的申诉案件一旦发现符合重大、疑难、复杂的条件，则由最高人民法院决定是否跨省异地审查，并结合我国巡回法庭制度的优势，进行案件承办分流，节省司法资源；否则，则由承办异地审查的法院将符合启动再审程序的申诉复核结果报决定启动该异地审查的上级法院后，再由上级法院根据复查结果决定是由本院启动审判监督程序还是指令承办异地审查的法院或与承办异地审查同级别的其他法院启动审判监督程序。

（三）“诉—访—诉”构建：刑事申诉的法治化回归

刑事申诉信访案件经过实质审查处理后的结果能否得到当事人的认可直接决定这项工作能否画上句号。因此，要注重申诉处理结果的说理和解释工作，以及在无法通过法律途径解决实际困难时可以引导申诉主体申请司法救助给予人文关怀和程序终结告知问题。

1. 落实“两见面”制度

绝大多数刑事申诉人因文化水平有限，对生效裁判所依据的法律、认定的事实以及适用的刑罚幅度难以理解和接受，执着于通过申诉改变原裁判结果。因此，司法机关在案件承办时，要重点记录不满申诉被驳回群体的意见，分析其不满的原因，并结合当前的刑事政策和现有的法律规定开展针对性的释法说理工作。严格落实“两见面”制度，需做到立案前，人民法院立案窗口要耐心地接待当事人，对当事人的申诉工作进行指引，特别是遇到当事人递交的申诉材料不齐全时，要一次性告知当事人进行补正，并告知当事人申诉材料逾期提交的法律后果和补救措施；结案后，承办法官要主动承担向申诉人释法说理的工作，尤其是那些不服申诉处理意见的当事人。要当面倾听申诉人的意见，当面解答申诉人的困惑，要根据不同申诉主体的不同诉求开展说理解释工作，让申诉主体充分感受到司法的温度，从而配合司法工作。

2. 加强书面释法说理

福柯曾言，一种力量只能用另一种力量来对抗，但后一种力量必须是情感的力量，而不能是暴力。[①] 这种“情感的力量”，即司法的温度。司法文书作为法院最重要的释法说理手段，其制作的质量直接影响当事人对裁判结果的接受程度。因此，应当提高对通知书的重视，提高通知书的质量，使当事人对裁判结果容易接受。据此，法院对申诉案件的处理结果通知书，特别是驳回申请的通知书中，应当做到以下五点：第一要阐明事理，即通知书中应当阐明并论证案件事实的认定过程；第二要释明法理，即通知书中应当说明裁判结果所依据的相关法律法规；第三要讲明情理，即通知书要将情理法三者有机结合，才能使处理结果更容易为申诉人所接受；第四要讲究文理，即通知书中的语言应当规范，表达应当准确，逻辑应当清晰，做到通俗易懂；第五要规范格式，即通知书要符合相应的法律文书格式。[②]

3. 提供司法救助

2015 年 12 月，六部委联合下发《关于建立完善国家司法救助制度的意见（试行）》，为司法机关开展国家司法救助工作提供法制依据。[③] 在实践中，法院在处理刑事申诉案件的过程中，若遇到刑事申诉主体提出的诉求无法通过现有法律途径进行解决，但其诉求又具有一定的合理性，且生活困难，可以考虑在其愿意接受国家司法救助后息诉罢访，参照执行。同时，法院也要树立“主动救助”的工作理念。法院在承办各项业务工作中，应主动发掘可能符合司法救助条件的案件线索，主动告知符合条件的申诉主体具有申请国家司法救助的权利，但不可以以“愿意接受国家司法救助后息诉罢访”作为适用司法救助的前提，杜绝申诉人滋生“会哭的孩子有奶喝”的想法。

4. 明确申诉案件终结退出机制

申诉权作为宪法赋予公民的一项基本权利，当事人适度行使能够对司法

① 〔法〕米歇尔·福柯：《规训与惩罚：监狱的诞生》，刘北成、杨远婴译，新知三联书店 2007 年版，第 120 页。

② 赵小鹏：《刑事申诉结果通知书的制作要求——以 100 份省级检察院刑事申诉结果通知书为分析样本》，载《人民检察》2021 年第 8 期。

③ 六部委：中央政法委、财政部、最高人民法院、最高人民检察院、公安部、司法部。

机关办案活动进行监督，但若被滥用则会浪费司法资源、损害司法权威。因此，针对重复申诉、无理申诉、缠诉闹诉必须进行规制，明确申诉案件终结退出机制。一是构建申诉两次复查终结机制，当事人申诉诉请，经两级法院，两级检察院或法、检两院审核处理后，若无新的证据或线索，不得以相同事实和理由再向法院、检察院进行申诉。二是搭建多部门数据共享平台，对于申诉已经两次处理后的案件要在多部门数据共享平台中进行录入，防止当事人再向人大、政府、政协、信访局以及监察委进行缠访、闹访，避免案件再次被登记和交办。三是落实多元纠纷化解机制。对于老“申诉户”，我们既要发挥法、检系统内部纠错机制和引入社会专家学者、职业律师等外部力量共同为申诉主体的合法利益保驾护航，又要发挥其所在基层调解组织和党委的力量，关注其动态，倾听其诉求，对其困难给予人文关怀，并协助配合法、检两院做好法律释明和政策解释工作。

结　语

让人民群众在每一个司法案件中都感受到公平正义是当前法院审判业务工作的出发点和落脚点。而刑事申诉仅作为启动刑事审判监督的线索来源之一，不但法律地位不高，精细化的立法现状也导致现阶段申诉立案门槛高、维权过程漫长、“诉—访”交替不断等一系列问题的出现，与我国当前慎重启动刑事审判监督程序的基本原则相悖。如何在维护生效裁判权威的前提下，做好刑事申诉与刑事审判监督的衔接，落实“错案必纠”的工作理念，保障人民群众的合法利益不受侵犯，是需要认真思考的问题。

（王慧莲　胡柏茂：湖南省嘉禾县人民法院）

电子言词证据参照适用电子数据证据规则之限缩

程　光

2016年施行的《关于办理刑事案件收集提取和审查判断电子数据若干问题的规定》（下文简称《电子数据规定》）第1条第3款采用准用性法条的形式规定“以数字化形式记载的证人证言、被害人陈述以及犯罪嫌疑人、被告人供述和辩解等证据，不属于电子数据。确有必要的，对相关证据的收集、提取、移送、审查，可以参照适用本规定”。据此可以看出，司法解释认为这类电子言词证据虽然不属于电子数据而依旧应当保持其初始的证据品格，但是由于其与电子数据在存储形式上具有类似性，故为了简洁立法，《电子数据规定》关于电子数据的证据规则均可以在确有必要时被“参照适用”电子言词证据的判断。① 然而，这种仅以证据存储形式上的类似性来设置准用性法条的规范思路能否接受证据法理论的检验是存在疑问的。笔者认为，电子言词证据虽与电子数据具有存储形式上的类似性，但其实质并不符合电子数据之内涵，前者本不应参照适用后者的证据规则。在保持司法解释现有规定不变的前提下，可以从解释论出发对该准用性法条进行限缩解读以弥补《电子数据规定》第1条第3款的方法论缺憾，应对“准用性法条之法律适用复杂与解释易生疑义的不足”，进而助益于司法实践中电子言词证据的审查判断。②

---

① 对《电子数据规定》的权威解读也同样认为，以数字化形式记载的证人证言、被害人陈述以及犯罪嫌疑人、被告人供述和辩解等证据本不属于电子数据，但考虑到上述证据材料与电子数据一样，都是以数字化形式存储的，因此可以参照适用《电子数据规定》的内容。万春、王建平、吴孟栓、高翼飞：《〈关于办理刑事案件收集提取和审查判断电子数据若干问题的规定〉理解与适用》，载《人民检察》2017年第1期。

② 王泽鉴：《民法总则》，北京大学出版社2009年版，第17页。

一、电子言词证据参照适用电子数据证据规则的方法误区

从立法技术上来看，准用性法条是指法律文本授权法律实施者在解决个案时，将原本规范 a 事项的法条 A，适用于与 a 既具有某种程度类似性又具有差异性的 b 事项的一种引用性法条形式，“比照”“参照”等表述通常是这类法条的外观标识。① 由此可见，《电子数据规定》第 1 条第 3 款电子言词证据参照适用电子数据证据规则之规定能够成立的前提是电子言词证据与电子数据之间虽不属同一证据类型，但二者具有高度的相似性。否则，电子言词证据的判断不应参照电子数据证据规则。② 然而，从刑事证据法理论言之，虽然刑事诉讼中的电子言词证据与电子数据具有相同的储存形式，即都是以数字化形式展示给公安司法机关。但是，由于电子言词证据和电子数据在根本属性等方面存在较大差异，所以二者实乃性质上迥然不同的证据类型，在立法技术上实不符合“参照适用性规定仅能适用于性质上相类似的两类制度或案型”的基本逻辑。③ 具体而言，电子言词证据与电子数据的区别包括以下四点。

第一，电子言词证据与电子数据的根本属性不同。从证据法理上来看，言词证据是以人类语言为内容和表现形式的证据。④ 电子言词证据虽然从外观上来看是由数字化形式记载下来的证据，但这些证据内容仍旧是证人、被害人、犯罪嫌疑人以及被告人语言陈述的反映，因此其仍应属于言词证据而非实物证据。⑤ 与此不同，实物证据是指以实物为内容和表现形式的证据。根据

---

① 刘风景：《准用性法条设置的理据与方法》，载《法商研究》2015 年第 5 期。

② 正如有论者指出，准用的实质是类推适用。类推适用的核心在于系争两个法律案型之间的类似性认定。只有全面权衡相似点才能够不影响类推。权衡过程中，如果相似点的分量重于相异点则可以类推，相异点的分量重于相似点则不可类推。李䶮：《准用性法条适用的法律论证——兼论其适用的程序规范》，载《山东法官培训学院学报》2019 年第 3 期。

③ 占善刚：《证据保全程序参照适用保全程序质疑——〈中华人民共和国民事诉讼法〉第 81 条第 3 款检讨》，载《法商研究》2015 年第 6 期。

④ 何家弘、刘品新：《证据法学（第五版）》，法律出版社 2013 年版，第 121 页。

⑤ 关于这一点，不少研究者也都指出，以录音录像或电子数据形式存在的实物证据，假如记录的是被告人供述、被害人陈述、证人证言等内容，则也属于言词证据。陈瑞华：《刑事证据法学（第二版）》，北京大学出版社 2014 年版，第 76 页。

《电子数据规定》第 1 条第 1 款、第 2 款的描述，电子数据是在案件发生过程中形成的，是以数字化形式存储、处理、传输的，能够证明案件事实的数据，比如音视频、电子交易记录、计算机程序等均属电子数据。显然，根据《电子数据规定》的列举式规定，电子数据所包括的具体证据种类均以“实物”为基本存在方式，故其应当属于实物证据。

第二，电子言词证据与电子数据的形成方式不同。根据《电子数据规定》第 1 条第 1 款对电子数据内涵的界定，电子数据是在案件发生过程中形成的一种特殊证据。即《电子数据规定》所指称的电子数据形成于案件发生过程中，而非形成于案件发生之后。显然，与电子数据的形成方式不同，电子言词证据是由犯罪嫌疑人、被告人、证人、被害人等主体在案件发生之后向公安司法机关进行陈述而生成。诚然，这些言词陈述确实能够在一定程度上再现案件的发生过程，为公安司法机关的刑事追诉活动提供指引。但是需要注意的是，这些陈述并非如电子数据一般来源于案件的发生过程之中，而是来源于各类陈述主体的言词表达，是陈述者主观想法的外在表现，具体内容极易受到陈述者的主观因素影响而失真，同时陈述内容还可能随着陈述主体在不同取证程序中所作陈述的不同而发生改变。[①] 这就与电子数据直接形成于案件发生过程中而完全接受案情本身的塑造形成了显著区别。这种区别代表电子言词证据因产生于陈述者的主观表述而可能存在较大误差，电子数据因产生于案件发生过程中而在没有外力影响的情况下失真概率大幅减小。因此，对于失真概率较高的电子言词证据参照适用失真概率较小的电子数据证据规则可能导致公安司法机关证据审查标准的降低，甚至因采信虚假的电子言词证据而酿成冤假错案。

第三，电子言词证据与电子数据的审查方式不同。因证据的属性不同而选择适用不同的证据调查方式，是实行当事人证据辩论主义的必要条件。[②] 从规范上来看，虽然《中华人民共和国刑事诉讼法》（以下简称《刑事诉讼法》）第 61 条只是规定证人证言这一种言词证据必须在法庭上经过控辩双方

---

① 熊志海、刘晶：《证人证言之证据属性研究》，载《中国刑事法杂志》2009 年第 6 期。

② 毕玉谦：《电子数据庭审证据调查模式识辨》，载《国家检察官学院学报》2016 年第 1 期。

质证后才能作为定案根据。但是，从证据法理来说，言词证据的根本属性和形成方式具有独特性，其自有一套专门的审查判断规则。其中最为重要的就是要求证人等言词证据作出者出席法庭审理，在审判过程中接受控辩双方的交叉询问，甚至是回答法庭提出的问题。这与电子数据这类实物证据的审查方式显然有较大区别。对于电子数据来说，由于其具有实物证据的品格，所以其审查判断方式应当符合实物证据的鉴证方法。而所谓实物证据的鉴真方法是指就实物证据的来源和提取过程提出要求而旨在鉴别实物证据真实性的审查方法，其基本方式又主要包括独特性的确认和保管链条的证明。[①] 因此，电子数据的审查判断也主要是从这两个方面进行的，《电子数据规定》的内容也基本囊括了这两方面的要求。但是，这两种方式显然与言词证据的审查判断规则存在重大区别，即对电子数据的审查不存在针对特定主体的询问程序而只需要在庭审中由控辩双方查验证据即可。

第四，电子言词证据与电子数据的违法取证后果不同。根据《刑事诉讼法》第 56 条的规定，采用暴力等非法方法收集的言词证据应当予以排除。据此，由于电子言词证据仍属于言词证据，故公安司法机关违法取证的后果为直接排除。与此不同，电子数据的违法取证后果有直接排除和补正排除两种进路。根据《刑事诉讼法》第 56 条的规定，采用不符合法定程序的方法收集的实物证据可以在作出补正或合理解释后不予排除。该条虽然没有把电子数据直接列入其中，但是因电子数据在证据法理上属实物证据，故公安司法机关违法取证的后果一般与物证和书证相同即为附条件排除。在《电子数据规定》出台以前，理论界和实务界均采此观点。[②] 在《电子数据规定》出台以后，这一观点得到了司法解释的确认和细化。该司法解释第 27 条规定电子数据取证程序存在瑕疵则可以在补正后使用，第 28 条规定电子数据取证程序存在严重违法导致无法保证真实性时则应当直接排除。可见，电子数据违法取证后果呈现层次化特点，这与言词证据违法取证后果的单一化路径是不一样的。

---

① 〔美〕罗纳德·J·艾伦等：《证据法：文本、问题和案例》，张保生、王进喜、赵滢译，高等教育出版社 2006 年版，第 219 页。

② 王敏远、祁建建：《电子数据的收集、固定和运用的程序规范问题研究》，载《法律适用》2014 年第 3 期。

综上，电子言词证据与电子数据之间仅具有储存方式上的类似性，而在根本属性、形成方式、审查方式和违法取证后果四个方面均有显著区别，故两者的相似程度实属有限。两者作为《电子数据规定》第 1 条第 3 款准用性法条的主要调整对象，其关系实乃“小同大异”而没有满足“准用部分与被准用部分应大同小异的准用性法条设置前提”。[①] 笔者认为《电子数据规定》第 1 条第 3 款不应当仅因这两种证据在储存方式上具有类似性便将二者的审查判断规则以准用性法条连接起来，该准用性法条从方法论或立法技术上来看存在误区。

二、电子言词证据参照适用电子数据证据规则的实践障碍

（一）待参照适用的条款过多

从准用性法条的立法技术上来说，以被准用法条的抽象程度为标准，准用性法条可分为具体准用与概括准用，前者的准用对象为法律文本中条、款、项的内容，后者的准用对象为法律文本中节或章的内容，有时甚至可以扩散到整个法律文本。[②] 据此，《电子数据规定》第 1 条第 3 款是概括型准用条款，即属于对《电子数据规定》的整体参照适用而没有具体到单独的法条上。由此，从适用逻辑上来说，只要是《刑事诉讼法》以及其他司法解释没有规定的内容，则公安司法机关在审查电子言词证据时均可能或者有必要参照适用《电子数据规定》。相反，如果《刑事诉讼法》以及其他司法解释对电子言词证据的审查已有规定，则公安司法机关在审查电子言词证据时不需参照适用《电子数据规定》。

综观《刑事诉讼法》及有关司法解释，其中包括了电子言词证据审查判断规则的规定主要有以下内容：其一，《刑事诉讼法》第 123 条规定侦查人员讯问犯罪嫌疑人时可以对讯问过程进行录音或录像，对于可能判处无期徒刑或死刑的案件或者其他重大犯罪案件，应当对讯问过程进行录音或录像，且

① 黄茂荣：《法学方法与现代民法》，法律出版社 2007 年版，第 192 页。

② 刘风景：《准用性法条设置的理据与方法》，载《法商研究》2015 年第 5 期。

录音或录像应保持完整性。其二，《最高人民法院关于适用〈中华人民共和国刑事诉讼法〉的解释》第93条第2款规定人民法院可以调取讯问过程的录音录像并结合录音录像、记录、笔录讯问时间等内容进行审查。其三，《人民检察院刑事诉讼规则》第187条第3款规定人民检察院讯问犯罪嫌疑人时，应当告知犯罪嫌疑人将对讯问进行全程同步录音录像并记明笔录，第190条规定人民检察院办理直接受理侦查的案件，应当在每次讯问犯罪嫌疑人时对讯问过程实行全程录音录像并记明笔录。其四，《公安机关办理刑事案件程序规定》第208条第1款和第3款规定公安机关讯问犯罪嫌疑人，在文字记录的同时可以对讯问过程进行录音或者录像。对于可能判处无期徒刑、死刑的案件或者其他重大犯罪案件，应当对讯问过程进行录音或者录像。对讯问过程录音或者录像的，应当对每一次讯问全程不间断进行，保持完整性。不得选择性地录制，不得剪接、删改。

由此可见，《刑事诉讼法》及有关司法解释中关于电子言词证据之证据规则的规定不多，仅涉及了人民法院调取权、电子言词证据制作场合、笔录同步制作与内容完整性这几个问题，且其中不少内容相互交叉重复。相较而言，涵盖电子数据收集、提取与审查判断全过程的《电子数据规定》显然更为全面。因此，单从准用性法条适用逻辑言之，且暂时排除对《电子数据规定》在电子言词证据审查场合的适用可行性的考虑，除了《电子数据规定》第2条、第7条、第27条等与现有法律或司法解释略有重合的部分规定外，实务人员可以或者说有必要参照适用的法条几乎包括了整个《电子数据规定》，其在法律适用层面的自由裁量权不小。相应地，这种范围过大的准用性法条设计也导致实务人员正确选取被参照适用法条的难度升高。如果没有合适的解释论指引，可能造成不恰当的“参照适用”结果。

（二）数个不确定法律概念理解困难

在法理学上，不确定法律概念是指未明确表示具体内涵而具有流动特征的法律概念，其多见于法规的构成要件层面与效果层面。[①] 据此，从《电子数

---

① 翁岳生：《行政法》，中国法制出版社2002年版，第225页。

据规定》第 1 条第 3 款的内容来看，该准用性法条中包含两个不确定法律概念，分别影响着该法条的适用条件与适用效果，导致该规定具有较大的不稳定性。

其一，该条中“确有必要”的规定导致准用性法条之参照适用的条件不明。“确有必要”是激活《电子数据规定》第 1 条第 3 款之准用性法条的必要条件。只有当在案电子言词证据确有必要接受《电子数据规定》的规制时，公安司法机关才能够参照适用《电子数据规定》。换言之，“确有必要”之表述代表的是对一般情况的排除和特殊情况的强调。在大多数情况下，电子言词证据的审查其实都不需参照适用《电子数据规定》，只有出现特殊情形即“确有必要”之时该准用性法条才有适用空间。然而，“确有必要”是我国刑事程序立法中软法现象的典型表达，其含义不明而存在见仁见智之可能，导致司法适用存在较大的自由裁量空间，甚至由于该语词含义不明导致该规定几无乎适用余地。① 在这种情况下，如果不对其内涵进行厘清，则很可能导致《电子数据规定》第 1 条第 3 款之准用性法条的适用条件不明。

其二，“可以参照适用”的规定导致准用性法条之参照适用的效果不彰。准用性法条中“参照适用”之表述隐含的规范意思包括“可以参照适用”和“应当参照适用”两种情形。②《电子数据规定》第 1 条第 3 款明确规定，此处准用性法条的参照适用属于不具有强制拘束力的规范，即公安司法机关可以自由决定是否参照适用。结合以上关于“确有必要”的条件性规定，从法条教义来看，“可以参照适用”的规定意指即使处在“确有必要”的情况下公安司法机关也“可以”不参照适用《电子数据规定》的内容。显然，这一方面滋生了该准用性法条的虚置风险，另一方面导致部分电子言词证据即使处在“确有必要”的情况下依旧脱离《电子数据规定》的规制，导致这类电子言词证据得不到应有的关照。

综上，在这两种不确定法律概念的影响下，该准用性法条的适用条件和适用效果均处于流动状态。这样处理虽可以赋予公安司法机关充分的自由裁

① 施鹏鹏、周婧：《刑事诉讼中的“软法”现象及解读》，载《社会科学研究》2013 年第 4 期。
② 王雷：《论身份关系协议对民法典合同编的参照适用》，载《法学家》2020 年第 1 期。

量权，但是在该条本身就存在方法误区且“参照适用”的具体规则未能完全厘清的情况下，不可否认的是这种立法形式可能导致该准用性法条的适用趋于不确定甚至是混乱。

（三）加剧言词证据审查的庭审形式化

众所周知，我国刑事司法审判一直存在言词证据审查形式化的现象。在以往电子存储技术还没有在刑事司法活动中普及开来的时期，这种形式化主要表现为多数法院在审判中仅对以书面形式记载的证人证言、被害人陈述等言词证据进行审查，并以这种方法代替证人出庭做证、被害人出庭接受询问等言词证据审查方式。[①] 对此，不少研究者都分析了其中原因和弊端。譬如，有论者对《刑事诉讼法》第 192 条第 1 款“证人有必要出庭”的规定进行了实证分析，指出多数法院认为证人证言有书面证词等其他证据印证以及书面证人证言取证程序合法是证人没有必要出庭的主要理由，这种看法是对“证人有必要出庭”之内涵的误读，造成法院惯于在证人不出庭的情况下采纳书面证人证言。[②] 同理，除了证人出庭程序遭到搁置外，书面言词证据的广泛存在同样也影响到了被害人询问程序和被告人讯问程序的有效运行。

随着电子存储技术的普及，越来越多的言词证据得以演化为电子言词证据，而更为常见的以数字化形式存在于刑事庭审中。这可能导致言词证据庭审审查形式化的现象日趋严重。因为从表现形式上来看，电子形式相比于书面形式来说显然是一种更加直观生动的言词证据展现形态，人民法院据此获知言词证据内容后将更有理由认为“证人没有必要出庭”。同理，电子化被害人陈述和被告人供述的可信度同样变高，庭审询问程序和讯问程序更显得没有必要。更为重要的是，《电子数据规定》第 1 条第 3 款无形中加剧了这种情况。若无此规定，法院本来还可能坚持言词证据的证据规则，对电子化言词证据进行实质判断。即使法院未能做到这一点而将电子言词证据的存在解读

① 吴丹红、张洁：《证人证言的形式问题反思——以庭审改革为切入点》，载《湖南科技大学学报（社会科学版）》2001 年第 4 期。

② 叶燕杰：《误区与正道：有关证人“不必要”出庭的解释标准探讨》，载《福建警察学院学报》2015 年第 5 期。

为“证人没有必要出庭”的理由，这也只是一种可供讨论的法律解释观点，控辩双方还可以对此提出自己的看法。由于《电子数据规定》第 1 条第 3 款的介入，法院得以不必从法律解释层面考虑证人是否有必要出庭等类似问题，并在规范层面有理由越过言词证据审查规则而参照适用电子数据证据规则。即直接对记载了证人证言等陈述的电子言词证据的来源、保存过程等形式要素作出审查，只要这些要素符合《电子数据规定》的要求就可以直接被认定为定案依据。如此一来，刑事庭审中原本就十分缺乏的证人出庭、被害人询问程序将更加少见，而对被告人电子化供述的直接认定也同样会造成对被告人讯问程序的日趋简略，最终加剧刑事庭审中言词证据审查的形式化现象。

三、电子言词证据参照适用电子数据证据规则的限缩解释

根据上文所述，电子言词证据与电子数据虽然在表现形式上有相同之处，但是二者实乃性质相异的两种证据类型，从立法技术上讲，电子言词证据难以直接参照适用电子数据的审查判断规则。若不对《电子数据规定》第 1 条第 3 款之准用性法条进行合理解读，不仅将进一步放大该准用性法条的方法论缺陷，还可能使公安司法机关审查判断电子言词证据时的裁量权过大，最终把电子言词证据的审查判断工作带入误区。笔者认为在保留《电子数据规定》第 1 条第 3 款的前提下，有必要结合证据法理对该准用性法条进行解读，明确电子言词证据参照适用电子数据证据规则的限度。即准用者，须加以变通而为适用，性质上可用之部分则用，不可用之部分则不用。①

（一）适用条件界定

适用条件是指公安司法机关在哪些情形下可以参照适用《电子数据规定》来审查判断电子言词证据，进而解读《电子数据规定》第 1 条第 3 款之准用性法条中“确有必要”的内涵。笔者认为应当根据电子言词证据的根本属性

① 郑玉波：《法谚（一）》，法律出版社 2007 年版，第 238 页。

来思考，并考量《电子数据规定》对电子言词证据审查工作所具有的预期功能。一方面，电子言词证据仍旧属于言词证据而非实物证据，这就要求实务人员应当采取对陈述内容进行实质审查的方式来审查判断此类证据，不能流于表面而仅对电子言词证据的数字化载体进行审查。另一方面，从预期功能上来看，《电子数据规定》对电子言词证据的审查价值并不体现在对陈述内容的判断层面，而主要体现在对陈述内容之数字化载体的形式合法性的判断层面。据此，诉讼各方对电子言词证据存在形式争议的场合乃是实务人员援引《电子数据规定》的条件。即在刑事诉讼中只有公安司法机关以及犯罪嫌疑人或被告人对电子言词证据的形式存在疑问时，实务人员才有必要援引《电子数据规定》的相关内容进行参照适用。譬如，在刑事审判环节，如果被告人及其辩护人于庭上提出作为言词证据载体的视频资料存在剪接情况，则法院应当援引《电子数据规定》的内容对电子言词证据进行审查判断。相反，如果被告人及其辩护人对供述的内容提出疑问，认为供述的内容不符合案件事实，提出要重新作出陈述，则此时《电子数据规定》并无参照适用的空间。因为即使法院参照适用《电子数据规定》认定电子言词证据的载体没有形式上的瑕疵，也无法证明被告人供述的内容在实质上是符合案件事实的，仍需要通过在审判过程中交叉讯问被告人的方式来作出实质判断。

（二）适用范围厘清

适用范围是指根据电子言词证据与电子数据的区别，剔除审查判断电子言词证据时《电子数据规定》中不适合参照适用的条款，简化准用性法条适用过程中寻找司法三段论之大前提，即“找法活动”的步骤，提高法律适用效率。[①] 笔者认为主要有以下两类条款不适合参照适用：一是从特点上说不适合参照适用的条款。这是从电子言词证据和电子数据的特点上来看的，前者不适合参照适用《电子数据规定》的情况。主要包括《电子数据规定》第1条第1款和第2款、第16条对电子数据进行侦查实验等特殊处理的规定、第19条关于对计算机病毒等特殊电子数据进行技术性处理的规定、第25条关于

① 梁慧星：《民法解释学（第四版）》，法律出版社2015年版，第267页。

网络身份与现实身份同一性的规定、第 29 条关于特殊用语含义的规定。以第 16 条为例简要说明，根据该条规定，公安司法机关可以对扣押的原始存储介质或者提取的电子数据采用恢复、破解等方式进行检查，必要时可以进行侦查实验。显然，由于电子言词证据并非实物证据，且其中所包含的陈述性内容只能够通过观看或收听的方式予以了解，而不能对这些陈述内容进行技术性处理甚至是做侦查实验。因此，该条款显然无法参照适用。

二是从方法上说不适合参照适用的条款。这是指从证据搜集、获取或审查的方式上来看，电子言词证据不适合参照适用《电子数据规定》的情况。主要包括《电子数据规定》第 8 条关于扣押电子数据原始存储介质的规定、第 11 条与第 12 条关于冻结电子数据的规定、第 13 条关于调取电子数据的规定。以第 8 条为例简要说明，根据该条规定，公安司法机关收集提取电子数据时，能够扣押原始存储介质的，应当扣押、封存原始存储介质。显然，从取证方法上来看，电子言词证据不具备事先被存储在固定介质中的特点，其是由陈述主体进行表述后再由公安司法机关在符合程序规定的情况下以数字化形式固定下来，之后才产生了存储电子言词证据的固定介质。在这种情况下，公安司法机关显然无法也没有必要对这些由本机关制作的存储介质进行扣押和封存。

概言之，在公安司法机关收集提取和审查判断电子言词证据时，《电子数据规定》中除以上条款外的其他条款可以考虑作为被参照适用的具体规定。

（三）适用效果限制

适用效果限制是指公安司法机关在参照适用《电子数据规定》来审查判断电子言词证据时，即使电子言词证据的数字化形式符合《电子数据规定》也不得如同对待电子数据一般而直接据此认定这些电子言词证据为定案根据，还需要使用相应的言词证据审查方式进一步作出判断。从电子数据的审查效果来看，《电子数据规定》第 2 条要求公安司法机关在刑事诉讼程序中应当遵守法定程序，客观及时地收集、提取电子数据，围绕证据属性来审查判断电子数据。换言之，只有符合这些要求的电子数据才可以在刑事诉讼中使用。这是关于电子数据证据规则之诉讼效果的应有之义。然而，当这种规定或者说精神被参照适用于电子言词证据的审查判断时还能否有效则存在疑问。从结果上来看，公安司法机关审查判断电子言词证据之后无非会有不符合与符合《电子数据规定》这两种情况。对于前者来说，当电子言词证据存在违反《电子数据规定》的情况时，言词证据因涉及可能存在虚假内容而自然不应当作为定案依据。疑问主要在于后者，即当电子言词证据不存在违反《电子数据规定》的情况时，言词证据是否就如同电子数据一样必然能够被适用于刑事诉讼程序。或者说，公安司法机关尤其是审判机关在面对符合《电子数据规定》的数字化证人证言、被害人陈述等言词证据时，是否能够仅以《电子数据规定》作为审查这类证据的标准，以及在使用《电子数据规定》进行审查之后是否还可以或应当采用言词证据的审查方式再次进行核实。笔者认为，从电子言词证据和电子数据的区别出发，前者为言词证据而应当遵从言词证据之审查判断规则，后者为实物证据而应当遵从实物证据之审查判断规则。因此，从适用效果上来看，即使电子言词证据在参照适用电子数据证据规则的情况下满足了实物证据审查判断规则的要求，也不应据此直接认定为定案依据，还需要适用言词证据的审查判断规则作进一步分析。从目前司法实践来看，部分法院在审判中就是按照这个思路来处理的。例如，在王某等走私、贩卖、运输、制造毒品案中，法院在观看了有关录音录像后指出，侦查人员在讯问被告人赵某及询问证人赵某的过程中均全程录音录像，二人均神志清醒且意思表达明确，对所形成的笔录均经确认无误并明确表示无刑讯逼供、诱供等非法取证情形后签字捺印，故取证程序合法，言词证据中与本案的其他证据能够相印证的内容真实可信，与待证事实具有高度关联性，应当作为定案的证据使用。[①] 显然，在该案中，录音录像仅是证明被告人陈述和证人证言获取程序合法的方式，其本身符合《电子数据规定》的要求不必然代表其中保存的言词证据就应当作为定案依据。相反，法院还需继续在此基础上对录音录像内储存的言词证据内容与其他证据资料进行对比审查，只将其中能够与其他证据相互印证的陈述作为定案依据。

① 〔2019〕桂 71 刑终 4 号刑事裁定书。

结 语

在司法信息化时代，公安司法机关的刑事追诉活动将更为依赖电子化的证据形式。其中不仅指本身具有电子数据属性的网页信息、手机短信等证据，还包括以数字化形式储存的证人证言等电子言词证据。诚然，厘清前者的证据规则十分重要。但是，我们也应当注意后者在刑事案件中仍旧占有较多戏份，在言词证据以数字化形式进入刑事诉讼日趋普遍的背景下，如何解读《电子数据规定》第1条第3款之准用性法条是明确其证据规则的关键。而除了该条款外，准用性法条还频繁出现在《刑事诉讼法》及其司法解释的其他规定中，对刑事诉讼程序的影响不小。例如，《刑事诉讼法》第242条就规定二审人民法院审判上诉或者抗诉案件的程序，除第3编第3章已有规定的以外，参照一审程序的规定进行。可见，二审人民法院的审判程序在很大程度上依赖于对该准用性法条的解读。然而，我们对于这些准用性法条不仅在制定过程中缺少立法论上的论证和考量，在适用过程中也缺少解释论上的阐释和指引，可能会造成实际上两两相异的制度或程序被强行参照适用，司法效果并不理想。希望本文的研究能够引起理论界和实务界对刑事程序法中准用性法条的重视，通过适合的法解释方法阐明准用性法条的适用路径，进而引导司法并规范立法。

（程　光：湖北省武汉市武汉东湖新技术开发区人民法院）

职务犯罪案件中隐蔽性证据的运用及风险防范研究

方　阳

我国隐蔽性证据规则最早规定于2010年“两院三部”发布的《关于办理死刑案件审查判断证据若干问题的规定》中，此后，2013年最高人民法院出台的《关于适用〈中华人民共和国刑事诉讼法〉的解释》（以下简称《刑诉法解释》）第106条以司法解释的形式首次将隐蔽性证据规则扩展到包括死刑案件在内的所有刑事案件，2021年最高人民法院出台的《关于适用〈中华人民共和国刑事诉讼法〉的解释》第141条规定沿袭了2013年的规定，指出根据被告人的供述、指认提取到了隐蔽性很强的物证、书证，且被告人的供述与其他证明犯罪事实发生的证据相互印证，并排除串供、逼供、诱供等可能性的，可以认定被告人有罪。

根据上述隐蔽性证据规则的规定，隐蔽性证据是指根据被告人的供述或指认而提取到的，通常只有作案人知晓且不易为案外人察觉的，与案件有关的物证、书证、视听资料或电子数据。隐蔽性证据规则作为证明力规则，具有明显的定罪导向，即当隐蔽性证据补强口供时，一般应认定犯罪成立。那么，在职务犯罪案件中，在监察调查中如何收集、运用隐蔽性证据，才能规避该类证据在收集、运用中可能产生的风险，从而充分发挥该类证据的作用呢？本文拟对此问题展开讨论。

一、职务犯罪案件中隐蔽性证据的作用

职务犯罪案件的证据通常较为隐蔽、调查机关掌握的证据较少，这意味着被告人的口供作为此类案件的重要证据，在案件的调查、审查起诉等阶段

发挥主要作用，而被告人的口供是由与案件有直接利害关系的嫌疑人作出的，真实性和可靠性较差，且往往具有易变性，较易发生翻供的情形。隐蔽性证据恰好具有补充证据量、补强口供以及反驳翻供等作用，其在职务犯罪案件中的收集、运用，能够突破职务犯罪案件调查、审查起诉中遇到的上述难题，对于推动反贪反腐工作、贯彻反腐倡廉建设具有重要作用。

（一）隐蔽性证据能够突破职务犯罪案件证据缺乏的难题

职务犯罪案件的证据通常较为隐蔽，能够被调查机关所掌握的证据较为缺乏，隐蔽性证据的挖掘、运用对于突破职务犯罪证据缺乏的难题具有重要价值。由于职务犯罪以权钱交易为主，往往没有直接受害人，故具有高度隐蔽性，且案发时间较长可能导致证据被隐匿、灭失等，因此即使对犯罪现场进行勘验也难以获取有价值的证据，在司法实践中往往面临证据缺失而无法定罪的困境。这意味着，在职务犯罪过程中，存在着大量唯有被调查人等极少数人才可能知道的隐蔽性信息，这些证据的提取往往需要采取“由供到证”的方式，根据被告人的供述、指认的上述隐蔽性信息来提取，所提取的证据为隐蔽性证据。具体而言，包括收受贿赂的物品包装袋、收受贿赂的地点、转账凭证等。因此，不同于其他案件，在职务犯罪案件中注重对数量庞大的隐蔽性证据的挖掘、收集，不仅能够获取大量间接证据，还能通过这些间接证据发现获取其他证据的线索，从而以更充足的证据（包括大量细节性证据）证明案件事实。另外，隐蔽性证据能够证明职务犯罪案件中很多关键的细节，使得整个案件事实更加具体，由于这些隐蔽性证据及衍生信息往往难以虚构，因此其往往具有优于普通证据的证明力和证明价值，能够结合其他证据，对被告人定罪处罚，提高反贪反腐工作效率。

（二）隐蔽性证据能够突破被调查人口供真实性较低的难题

由于职务犯罪较为隐蔽且其中某些犯罪构成要件需要被告人的口供加以证明，因此，此类案件往往对口供具有极高的依赖性，特别是贪污罪的“非法占有目的”的证明、贿赂犯罪的“攻守同盟”的瓦解等都特别需要口供等证据的支持。有调研报告显示，80%的贿赂案件、几乎所有的反贪案件都是通过口供定案的。① 然而，被调查人口供往往存在真实性、可靠性较差的缺陷，隐蔽性证据的运用恰好能够发挥其补强口供的功能，有效认定或印证口供的真实性，突破被调查人口供真实性较低的难题。

首先，隐蔽性证据作为间接证据，能够对口供的真实性进行补强。一方面，隐蔽性证据源于被告人的供述或指认，常表现为细节性的间接证据，虽然不能直接证明全案事实，但这些不被外人所知的物证、书证等一旦被提取，便建立起连接作案人与犯罪事实之间的必然联系，对被告人与犯罪行为人的同一性进行补强，从而完成客观上被告与行为人同一的证明。另一方面，正是由于这些物证、书证等不为外人知晓，且属于客观证据，由此便在很大程度上证明了被告人供述的真实性，使被告人口供的真实性、可靠性得到了补强，从而结合其他证据相互联系、相互印证，使全案证据形成一个完整的证据体系，证明案件主要事实。② 例如，在唐某受贿案中，被告人唐某在侦查机关尚未掌握的情况下主动供述收受百川公司26万元，侦查机关随后根据其供述调取了行贿人李某的银行账户明细、转账凭证等隐蔽性证据，结合侦查机关调取的行贿人李某的证言、供货合同等，印证了被告人唐某供述的真实性，从而认定了被告人唐某利用职务的便利收受百川公司26万元贿赂的事实。③

其次，隐蔽性证据的证明力较强，对口供的补强能力高于一般的间接证据，即使仅有隐蔽性证据对口供进行补强仍可认定口供的真实性。如上所述，隐蔽性证据通常只有作案人知道，其和被告人供述的必然联系决定了其具有较强的证明力，故相较于一般的间接证据对犯罪行为的补强，隐蔽性证据对被告人与犯罪行为人的同一性的补强使得口供更具有真实性、可靠性。另外，《刑诉法解释》第140条，通过规定在隐蔽性证据与其他证据相互印证且排除串供、逼供、诱供等可能性时可以认定被告人有罪，赋予了隐蔽性证据特殊的证明力。虽然《刑诉法解释》第93条规定“其他证据”也可以对口供进行

① 刘忠：《读解双规侦查技术视域内的反贪非正式程序》，载《中外法学》2014年第1期。

② 秦辉、纪思源：《口供补强规则在证据印证模式下的展开——以李某某无尸杀人案为视角》，载《中国检察官》2023年第2期。

③ 〔2017〕豫0502刑初158号刑事判决书。

补强，但对于“其他证据”的范围、补强强度等均未作出明确规定。因此，在职务犯罪案件中收集、运用隐蔽性证据，能够更加便捷地完成对口供补强的任务，完成与在案证据相互印证以证明案件主要事实的任务。

（三）隐蔽性证据能够突破被调查人易翻供的难题

由于被调查人口供是由与案件有直接利害关系的犯罪嫌疑人作出的，往往具有易变性。尤其是在职务犯罪案件中，多数被调查人具有一定的权力和社会地位，对法律有一定程度的了解，具有很强的反侦查能力和反追诉能力，顽固抵抗司法部门的调查，口供十分不稳定，例如经常出现拒不认罪或时供时翻的情形。隐蔽性证据的收集与运用，可以巩固被调查人的口供，即使在出现翻供情形时也能反驳被调查人的翻供主张，防止因被调查人翻供导致证据链断裂。

一方面，隐蔽性证据的收集、运用可以强化被调查人的供述心理，巩固被调查人的口供。在职务犯罪案件的办案实践中，一旦被调查人供述中所包含的、极易被忽略的隐蔽性信息所指向的物证和书证被收集，并向被调查人核实时，能够极大地增强被调查人的供述心理，促使被调查人的供述自始至终保持较高的稳定性。不仅如此，根据隐蔽性证据提供的线索能够收集到更多的证据，形成一个完整的证据体系，证明案件主要事实，打消被调查人欲翻供的侥幸心理。因此，及时核实被调查人供述的隐蔽情节，用隐蔽性证据印证其供述，能够提高监察机关与顽固抵抗的被调查人的对抗能力。

另一方面，隐蔽性证据的收集、运用可以在被调查人翻供时反驳其翻供主张。在职务犯罪案件这种缺少实物证据、依赖口供定案的案件中，如果被调查人翻供，可能会对案件的证据链产生重大冲击，影响最终定罪。具体而言，如果被告人在诉讼中存在时翻时供、反复自白等情况，往往容易使法官对口供的真实性产生怀疑，那么在因被告人翻供导致口供的真实性无法确定、又缺乏其他实物证据支撑的情况下，可能导致整个指控被告人有罪证据链断裂。反之，一旦被告人供述中包含的隐蔽性证据被起获，基于隐蔽性证据仅为被调查人独知的特性，监察机关就可以以其知晓只有作案人才知晓的信息为由，反驳被调查人的翻供主张。笔者通过在中国裁判文书网上对隐蔽性证据案件判决书的研究发现，在绝大部分案件中，只要存在犯罪嫌疑人、被告人翻供问题的，检察机关的指控意见和法院的裁判文书说理部分都运用了隐蔽性证据为被告人所独知的特性来反驳被告人的翻供主张。

二、职务犯罪案件隐蔽性证据运用的风险

根据上述讨论可知，隐蔽性证据在职务犯罪案件中的收集、运用，有助于突破职务犯罪案件在调查取证、审查起诉及审判程序中面临的证据缺乏、被调查人口供真实性较低以及被调查人翻供等难题。但是，隐蔽性证据的不当运用也可能会引发冤假错案或者隐蔽性证据被排除的风险。

（一）隐蔽性证据对口供虚假补强的风险

由于影响印证证明效力最重要的因素是参与印证的证据品质，其中的关键是印证证据来源的自然性，即非扭曲性，因此，一旦印证证据来源被污染，即被调查人的口供被污染，隐蔽性证据的印证就丧失了意义，而且会发生虚假补强的危险，且在虚假补强产生后难以被识别。①

1. 隐蔽性证据对口供虚假补强的风险

隐蔽性证据对口供虚假补强的风险，是指被告人作出虚假供述，从而造成根据该供述所指向的隐蔽性证据对口供的虚假补强。一方面，隐蔽性证据对口供的虚假补强可能是无罪之人作出错误的有罪供述从而被错误定罪。由于职务犯罪案件的留置措施时间长达三个月甚至可以延长至六个月，明显长于其他类型的案件，这种“监狱式的心理强制”完全可能让被调查人意志崩溃，从而作出虚假的有罪供述。一旦调查人员获得被调查人的有罪供述，受证实性偏差影响，他们会继续采用具有操纵性、暗示性和引导性的技巧对被调查人进行讯问，并在这一过程中有意无意地将隐蔽性信息植入被调查人口供，造成隐蔽性证据对口供的虚假补强，引发冤假错案。另一方面，隐蔽性

① 左卫民：《“印证”证明模式的反思与重塑：基于中国刑事错案的反思》，载《中国法学》2016年第1期。

证据对口供的虚假补强，也可能是有罪之人通过虚假供述企图隐藏重要证据。职务犯罪的犯罪嫌疑人往往对法律有一定的了解，具有极强的反侦查能力，且案发时间较长，有足够的时间进行准备，因此，其为了隐瞒更多的、更严重的犯罪事实进行串供作出虚假供述，误导调查人员，从而促成虚假补强、逃脱更严重罪责的现象也屡见不鲜。

2. 隐蔽性证据对口供虚假补强后难以救济

不仅如此，隐蔽性信息对口供的虚假补强，还会进一步造成后续救济的困难。在调查取证阶段，调查人员一旦获得被调查人包含隐蔽性证据的有罪供述之后，他们往往会将该隐蔽性证据视作确认嫌疑人有罪的证据，而忽视运用其他证据对该证据进行检验，更不会去考虑被调查人的供述是否可能是虚假的、隐蔽性证据是否可能是虚假补强的。在审查起诉阶段，检察官受其指控犯罪的职责以及其所接受的只是监察机关所提供的单方面证据等因素的影响，往往在审查过程中只注重审查与被告人有罪假设相吻合的证据，而经常忽视、排斥与认定被告人有罪相矛盾甚至无罪的证据。在审判阶段，法官在先入为主偏见的影响下，往往更愿意相信受到隐蔽性证据补强的口供为真，而忽视隐蔽性证据虚假补强风险。因此，一旦被调查人的口供被污染，无罪之人作出包含隐蔽性证据的有罪供述，实务上往往将其视作证明被调查人即为犯人的“铁证”，而这些“铁证”偏偏是口供污染的产物，这将导致后续的救济难以进行，极易造成冤假错案。

（二）隐蔽性证据被排除的风险

除了虚假口供所指向的“隐蔽性证据”可能会对口供造成虚假补强的风险外，隐蔽性证据因其特殊的证明力，对其收集程序、运用条件的限制也更为严格，不当运用隐蔽性证据规则将面临隐蔽性证据被排除的风险，极大地损害本就证据缺乏的职务犯罪案件的证据链的完整性，甚至可能造成证据链断裂而无法对被调查人定罪处罚。根据《刑诉法解释》关于隐蔽性证据规则适用的规定，隐蔽性证据规则的适用要求“先供后证”以及排除“非真实性口供”，因此，违反上述适用条件将导致隐蔽性证据面临被排除的风险。

1. 违反“先供后证”致隐蔽性证据被排除

隐蔽性证据规则主要适用于“先供后证”模式，违反“先供后证”原则将极大降低隐蔽性证据的证明力，甚至可能导致隐蔽性证据失效。“先供后证”模式是指调查人员根据被调查人的口供提取到了隐蔽性很强的证据；“先证后供”模式是指被调查人的口供所反映的情况与调查人员在犯罪现场提取到的证据或犯罪现场所表现出来的客观情况相吻合。① 根据《刑诉法解释》第140条的规定，隐蔽性证据为办案人员根据被告人供述所得，因此，原则上，隐蔽性证据规则仅可运用于“先供后证”模式，调查人员不能提前知晓或发现。这是因为，若调查人员在获得被调查人供述之前提取到了证据，仍将该证据视为隐蔽性证据，适用隐蔽性证据规则，不仅不符合法律原则，更易引发诱供、指供等非法取证行为。例如，在调查人员已经收集到了相关的物证、书证的情况下，调查人员有可能出现故意制造出被调查人口供与隐蔽性证据相印证的假象，那么这种隐蔽性证据的补强可能是通过刑讯、指供、诱供等非法方法安排出来的假象，口供虚假的可能性很高。因此，被提前发现而丧失“隐蔽性”的证据难以被视为隐蔽性证据用于补强口供，除非该口供有其他证据的强力补强以证实其真实性、可靠性，这将极大增加职务犯罪案件中监察机关的证明难度。

2. 无法排除“非真实性口供”之可能致隐蔽性证据被排除

无法排除“非真实性口供”之可能导致隐蔽性证据被排除。《刑诉法解释》第140条要求隐蔽性证据的运用应当排除串供、逼供、诱供等可能性，有学者将其视为对被调查人口供证据资格所作的要求，即口供必须系合法获取，本身具有证据能力，否则口供本身系非法证据，也就不存在被补强的价值。② 笔者认为，该条不仅仅是对被调查人口供的证据能力作出的要求，亦是对被调查人口供的真实性提出的要求。具体而言，当口供系刑讯逼供所得时，口供则成为非法证据被排除，而作为补强口供的隐蔽性证据则失去发挥效用

① 毛培宇、沙贵君：《基于隐蔽性证据规则的涉网犯罪案件侦办研究》，载《铁道警察学院学报》2022年第1期。

② 汪海燕：《印证：经验法则、证据规则与证明模式》，载《当代法学》2018年第4期。

的空间；当口供无法排除系诱供、串供所得之可能时，虽然根据非法证据排除规则不必然对其强制排除，但其真实性势必无法保证，隐蔽性证据作为口供衍生的补强证据，其补强功能亦将被大大削弱，甚至失效。因此，一旦监察机关的调查人员在讯问等程序中，采取不恰当的调查取证方式导致口供的真实性无法得到保证，那么由该口供指向的隐蔽性证据将面临被排除的风险，裁判者亦不能根据隐蔽性证据规则认定被告人有罪。

三、职务犯罪案件中隐蔽性证据运用风险产生的原因

为更有针对性地总结如何在职务犯罪案件中控制运用隐蔽性证据的风险，以下将分析隐蔽性证据在职务犯罪案件运用中存在上述风险的原因。

（一）监察机关调查取证行为不当

一方面，监察机关调查取证行为不当是造成被调查人口供被污染，进而导致被污染口供所指向的隐蔽性证据对口供造成虚假补强的最主要原因。口供被污染是造成隐蔽性证据虚假补强口供的直接原因，而口供被污染则主要是由于监察机关调查人员讯问方法、行为不当造成信息泄露。在职务犯罪案件中，被调查人往往有较强的心理承受能力、顽强抵抗监察机关的调查，因此，在监察机关调查取证阶段，调查人员为了获取被调查人的口供，往往需要运用一定的策略，从而使调查人员在与被调查人进行心理博弈的过程中占据主动权，出示证据便是其中一种策略。然而，调查人员在出示已经获得并经核实的证据迫使被调查人供述时，首先，确实能够突破对讯问采取抗拒态度的被调查人的心理防线从而有效获取真实的口供，其次，部分经验不足的调查人员过于急切地向被调查人出示证据、逼迫被调查人尽快作出有罪供述，也可能会将一些关键性的隐蔽性细节不当地透露给无辜者，而被调查人可能会基于压力作出虚假供述，并在供述中陈述调查人员向其透露的这些隐蔽性细节，使无辜者的口供受到污染，造成隐蔽性证据对口供的虚假补强，引发冤假错案。

另一方面，监察机关调查取证行为不当，也是造成隐蔽性证据面临被排

除风险的主要原因。在职务犯罪案件的刑事诉讼中，口供在证明构成贪污贿赂犯罪的证据结构中占有明显的比重，而一旦对口供形成一种制度依赖，违法获取口供、刑讯逼供等不当取证的问题在此类案件中更是难以避免。[①] 再加上，目前职务犯罪案件由监察机关履行调查职责，再移送检察机关审查起诉，即使《中华人民共和国监察法》（以下简称《监察法》）第 33 条第 2 款规定监察机关在收集、固定、审查、运用证据时，应当与刑事审判关于证据的要求和标准相一致，但出于职务犯罪特殊性和反贪反腐工作高效性的考量，职务犯罪案件的调查取证中往往更易发生非法取证的行为。因此，倘若监察机关工作人员在收集被调查人口供时，未能严格区分侦查审讯技巧与刑讯逼供等非法取证行为的界限，采取不恰当的方式，则有可能为被调查人在庭审时翻供提供契机，致使易使法官对口供真实性产生怀疑，导致口供因真实性无法确定被排除，进而导致根据口供所发现的隐蔽性证据被排除。

（二）调查人员受证实性偏差引导

调查人员证实性偏差的引导则是造成隐蔽性证据虚假补强产生后难以被识别的主要原因。随着国家层面对反贪惩腐工作的有力推进，再加上社会层面对贪污贿赂案件的不满情绪，在职务犯罪案件的调查取证阶段，调查人员较易产生先入为主的偏见，通常会通过各种证据去证实自己内心的“有罪假设”。在这个过程中，尤其在起获隐蔽性证据后，办案人员往往会更加坚定犯罪嫌疑人、被告人有罪的内心假设，并在这种证实性偏差的心理误区和假设的引导下，极力搜寻证明被调查人有罪的、对被调查人不利的证据，而对于与其假设相冲突的证据则视而不见，甚至还会认为该案件被办成了“铁案”。例如，在“聂树斌案”中，“花衬衫”这一隐蔽性证据的起获使办案人员坚信聂树斌有罪，纵使口供中作案时间相互矛盾，但办案人员置若罔闻，作出了有罪认定。另外，基于对谎言识别能力的高度自信，调查人员也就不会轻易考虑被调查人可能是无罪的可能性，更不会去质疑嫌疑人供述中的隐蔽性信息是否可靠。

---

① 李明蓉：《贪污贿赂犯罪案件口供依赖的破解》，载《国家检察官学院学报》2016 年第 2 期。

（三）发现诱供、指供等途径的缺乏

发现诱供、指供等途径的缺乏是造成虚假补强后难以被识别的另一原因。虽然目前我国《监察法》第 41 条以及《中华人民共和国监察法实施条例》第 56 条规定了调查人员在开展讯问、搜查、查封、扣押以及重要的谈话、询问等调查取证工作时，应当全程同步录音录像，并保持录音录像资料的完整性，但仍然未要求对所有调查取证工作进行全程录音录像，亦未对无完整录音录像的后果作出规定。因此，对于未要求录音录像的阶段监察机关调查人员在行使调查取证职责时是否存在诱供、骗供等污染口供、非法取证的行为仍然难以发现的问题。全程录音录像监督的缺失以及无完整录音录像被排除的后果的缺位，不仅会导致虚假补强后难以被识别，也会变相助长非法取证行为的滋生。不仅如此，由于职务犯罪案件的特殊性和调查工作的高效性，监察调查程序的运行具有高度封闭性，外界难以对取证过程进行合法有效的监督，这也更加加剧了发现职务犯罪案件调查取证中诱供、指供的难度。

四、职务犯罪案件中隐蔽性证据运用风险控制的建议

面对隐蔽性证据的不当运用所引发的隐蔽性证据虚假补强以及隐蔽性证据被排除的风险，如何合理控制风险是应当考虑的问题。针对上述所总结的隐蔽性证据运用中风险产生的原因，以下将提出几点风险控制的建议，以期更有效地规避风险，发挥隐蔽性证据在职务犯罪案件调查取证、审查起诉、定罪等程序中的作用。

（一）规范监察机关调查取证行为，避免口供污染

规范监察机关调查取证行为，防止口供被污染。监察机关调查人员讯问方法、行为不当造成信息泄露是造成口供被污染的直接原因，因此，调查人员不应采用以有罪推定为前提、以获取被调查人有罪供述为目标的控诉型审讯方法，而应当采用开放式提问的方式，从心理强制式的讯问方法转化为以收集信息、查明事实真相为目的的谈话式方法，从采取“是不是”“对不对”

等封闭式提问转化为“什么”“何时”“何地”“何人”等开放式提问，避免掌握的隐蔽性证据信息在提问中被无意泄露，导致被调查人的口供被污染。例如，调查人员在谈话中直接问“某晚你是不是在某某公园停车场收了对方用黑色皮箱装着的钱?”这就存在暗示、诱导，试图使其按照调查人员的意图交代出已被调查人员掌握的隐蔽性证据，可能污染口供，造成隐蔽性证据虚假补强。

规范监察机关调查取证行为，防止隐蔽性证据被排除。隐蔽性证据被排除的直接原因在于监察机关调查人员取证行为不当，导致隐蔽性证据违反“先供后证”或因“口供非真实性”而被排除，因此，应当规范监察机关调查取证行为，有效获取、运用隐蔽性证据。一方面，在“先供后证”模式下，重要隐蔽性证据必须向被调查人出示并核实。根据被调查人供述，监察机关取得相应的隐蔽性物证、书证后，需要向被调查人核实，查明是否属于此前交代的隐蔽性证据，防止被调查人在庭审中否认造成隐蔽性证据被排除。例如：在一起受贿案件中，被告人供述某房地产开发商向他行贿时将赃款装在某房地产项目的宣传袋里。该宣传袋属于隐蔽性证据，但调查人员未经核实，其后辩护律师通过调取“印刷合同”证实送钱时根本没印刷该宣传袋，导致该证据存在重大矛盾而被排除。① 另一方面，在“先证后供”模式下应当严格控制隐蔽性证据的知情范围。在一些职务犯罪案件中，监察机关在之前的外围取证中可能掌握了被调查人未加供述的某些隐蔽性较强的证据及信息，虽然该项证据不能适用隐蔽性证据规则，但仍然可以作为补强口供的主要根据。因此，对于这些事先掌握的隐蔽性较强的证据及信息，监察机关要做好保密工作，防止泄露，且不能在谈话、讯问中透露该信息，更不能急于向被调查人出示该证据，而应当在现有证据规则下配合调查谈话使用并有效固定该类证据，防止取证行为不当而被视为非法证据加以排除。

（二）重视证据的全面收集，克服证实性偏差

监察机关、司法机关的工作人员受证实性偏差的引导是造成隐蔽性证

① 郭鹏驰：《职务犯罪调查中收集固定隐蔽性证据探究》，载衡山清风网，http：//www. hsqf. gov. cn/gzdt/xfyd/20200827/i2128234. html，2022 年 2 月 10 日最后访问。

据虚假补强产生后难以被发现的主要原因，在这种心理误区的引导下故意忽视对被调查人有利的证据，而只注重收集不利于调查人的证据。因此，为克服证实性偏差、规避印证形式化，即使在隐蔽性证据被获取之后，监察机关调查人员仍然应当重视证据的全面收集，既要收集证明被调查人有罪的证据，也要收集证明被调查人无罪或罪轻的证据，避免印证形式化。《监察法》第40条规定，重视证据的全面收集属于监察机关工作人员的法定义务，这样有助于减少心理偏差对监察机关工作人员的影响，从而保证其作出正确判断，避免错案发生。监察机关调查人员具体做法如下：一是调查人员在谈话过程中，要尽量深挖、收集隐蔽性证据。调查人员要注重收集非被调查人本人难以知晓的隐蔽性信息，同时也要注重留意被调查人偶然透露出的隐蔽性信息，例如行贿人的外貌特征、见面地点、受贿物品特征、赃款藏匿地点等。二是调查人员要多角度谈话，对隐蔽性证据进行甄别、筛选，及时排查虚假隐蔽性证据，即使起获隐蔽性证据也要考虑被调查人是否存在虚假供述的可能。

（三）实行全程录音录像，保证隐蔽性证据来源合法真实

隐蔽性证据得以发挥效用的重要前提在于隐蔽性证据来源——被告人口供真实，这不仅是适用隐蔽性证据规则的条件，也是避免因口供失真形成虚假补强引发冤假错案的保障。因此，真正落实职务犯罪案件全程同步录音录像，隐蔽性证据来源的合法性、真实性才能得到有效保证。不同于讯问笔录仅对文字的记载，讯问录音录像不仅能清晰地再现讯问者及被讯问者的声音，还能直观记录形象；不仅能对被讯问人的口供内容进行确切记载，更能准确还原讯问场景，从而使法官能够清晰、直观地判断口供的获取是否合法，隐蔽性证据的来源是否受到污染，同时也能够督促调查人员规范讯问、取证行为。[①] 因此，为实现有效审查口供获取的真实性、合法性，识别口供污染，保证隐蔽性证据规则的良好实施，应当完善同步录音录像制度，对所有职务犯罪案件实行全程同步录音录像，并将录音录像资料随案移送至检察机关审查，

① 朱孝清：《讯问录音录像三题》，载《人民检察》2014年第12期。

再由检察机关起诉至法院。法官在审查同步录音录像资料时，一旦发现录音录像资料出现删减、拼接，与讯问笔录存在矛盾等情形，则表明口供存在被污染的可能，隐蔽性证据的来源无法保障，则应慎重适用隐蔽性证据规则。

（方阳：华南师范大学法学院）

刑事诉讼中大数据证据的审查问题研究

张智燊

人类走过了农业阶段、工业阶段，现在进入了第三次浪潮——信息化阶段，在技术的“第三次浪潮”中，大数据可能会渗透到社会的各个领域，从而改变社会。① 随着社会发展、科技创新，人类社会已步入信息时代。物理空间内一切行为和事物，将通过一定载体以数据形式记录并保存，大数据改变人类获取信息和认识世界的方式，在人类社会实践中的作用日益彰显。大数据的界定有两个维度：第一，“量”的维度，海量、庞杂的数据集合；第二，“质”的维度，大数据对海量、庞杂的数据进行存储、清洗和分析后得出相关结论。② 近年来，大数据深刻地影响着司法领域，催生智慧立法、大数据侦查、智慧法庭、数字检察等大量新兴术语和概念进入司法实践。由于证据在司法领域中的稀缺性，在案件中运用大数据技术分析得到的信息材料，往往能够仰仗其“能够证明案件事实”的理由，伴随着诉讼活动一同推进。

依据裁判文书网的判决书分析，实务界对运用大数据分析技术得到的信息材料能否同等证据、属于何种证据尚未达成共识。有的法院将运用大数据技术分析被告人车辆行驶轨迹的报告视为“电子数据”；有的法院将同样是大数据技术分析被告人行踪轨迹的报告认定为“书证”；最高人民法院发布的指导案例将分析被告人行动踪迹的结果命名为“大数据研判报告”；还有法院将

---

① 〔美〕阿尔文·托夫勒：《第三次浪潮》，黄明坚译，中信出版社 2018 年版，第 4 页。

② 2015 年国务院发布《促进大数据发展行动纲要》：大数据是以数量多、种类丰富、获取速度快、使用价值高为主要特点的海量信息资源，正迅速成长为对总量庞大、来源分散、格式多样的数据进行采集、存储和关联分析，从中发现新知识、创造新价值、提升新能力的新一代信息技术和服务业态。

大数据技术提取被告人的信息列为“鉴定意见”。[①] 可见，大数据技术运用在刑事司法领域必然会在证据种类认定方面引起争论。在司法实践中，某些可以证明案件事实、用作司法证明的材料，可能会被习惯性地排除证据范畴。新事物诞生的初期，总会使人们难以接受，如视听资料、电子数据。刑事司法已经清楚地意识到封闭式的法定证据种类不能满足日益复杂的实践情形，二者矛盾并非不可调和。问题源自法律自身固有的相对稳定性和天然滞后性之间存在内在张力，二者激化后形成的外在表现。即便如此，视听资料（1996 年）和电子数据（2012 年）也经历了一段时间才得以入法正名。当前，刑事司法再次面临带有浓厚科技属性的时代挑战——大数据证据，我国封闭式的法定证据种类形式，已无法适应现实社会的需求。[②]

正如以往视听资料和电子数据纳入刑事司法证据体系，大数据技术获得证据材料需要正视其诉讼中的表现形态、能力审查、证明力评价等基础问题。大数据证据以新型的证据形式在司法实务中出现，立法层面却没有相关规定明确大数据证据的法律地位及审查规则，未能向实务规范使用大数据证据提供指引。本文将立足证据法基础理论，着眼大数据证据内涵、法律地位、审查内容作出相关论述，尝试提出大数据证据的初步审查方法。

一、大数据证据之实质内涵界定

关于大数据证据的界定，学界众说纷纭，没有定论。有学者认为，大数据证据是基于海量电子数据使用大数据技术分析后得出报告或结果。[③] 此观点存在一定局限性，因其简单地把大数据分析报告或结果等同于大数据证据，忽视了大数据证据是海量电子数据和大数据技术的结合。大数据证据不仅可以用报告或结果的形式呈现，也可以是清洗海量数据后得到的电子数据，还

---

① 〔2018〕吉 0102 刑初 445 号刑事判决书；〔2020〕甘 01 刑初 23 号；〔2018〕粤 0891 刑初 218 号刑事判决书；《最高人民法院发布第三批 8 个依法惩处妨害疫情防控犯罪典型案例》，载最高人民法院网，https：//www. court. gov. cn/zixun/xiangqing/225681. html，2024 年 8 月 16 日最后访问；〔2019〕湘 0422 刑初 5 号刑事判决书。

② 王敏远：《论我国刑事证据法的转变》，载《法学家》2012 年第 3 期。

③ 刘品新：《论大数据证据》，载《环球法律评论》2019 年第 1 期。

可以是大数据技术本身。有学者认为，大数据证据外延指包含一切利用大数据技术获取的与案件相关的材料，以及大数据技术的算法、运用的合理性等说明材料，强调“全数据”的概念。[①] 此观点容易把大数据证据与电子数据混同。因为，我们已知的特定案件必然已经发生或正在发生于某一特定时空；大数据证据应当是大数据技术通过海量数据的挖掘，提取出与犯罪行为及案件事实具有相关性的数据，并非全部数据。

笔者认为明确大数据证据概念，应聚焦大数据证据独有特质。第一，大数据证据以海量的电子数据为基础。大数据证据源于电子数据，但是相较电子数据，它的数量和类型更丰富。[②] 因为传统证据获取来源有限、体量较小，所以简单地分析案件事实便可形成证据材料。大数据证据的多样来源以及数据源体量巨大，依赖传统方式难以及时完成数据处理，需借助大数据技术建立算法分析模型，形成大数据分析结论。第二，大数据证据具有科技依赖性。大数据证据并非对电子数据的简单罗列，是运用大数据技术将杂乱无章的数据合理排序、整合并赋予价值。可见，大数据证据是运用数据挖掘、数据分析、数据碰撞等技术手段，对浩如烟海的电子数据分析后形成的结果。[③] 第三，大数据证据以报告或结果呈现，具有直观性。大数据证据生成依赖技术和算法，虽然生成逻辑需要专业论证和说明，但是生成内容的一目了然，不需要借助专家来解释说明，这一点与鉴定意见存在明显区别。

据此，大数据证据是在特定案件运用大数据技术，基于海量电子数据存储、筛选、清洗、分析后，形成用于证明案件事实、具备证据基本属性的一切材料。包括大数据技术、海量电子数据以及大数据分析报告或结果。

二、大数据证据之法律维度检视

《中华人民共和国刑事诉讼法》（以下简称《刑事诉讼法》）明确规定证

---

① 徐惠、李晓东：《大数据证据之证据属性证成研究》，载《中国人民公安大学学报（社会科学版）》2020年第1期。

② 刘品新：《论大数据证据》，载《环球法律评论》2019年第1期。

③ 张吉喜、孔德伦：《论刑事诉讼中的大数据证据》，载《贵州大学学报（社会科学版）》2020年第4期。

据种类，其中，大数据证据显然没有相应的法律地位。大数据证据以何种证据形式发挥证明作用，上文已经介绍了学界和实务存在差异的观点。当前，有以下几种观点：有学者认为大数据证据归类电子数据或鉴定意见，有的学者则不认可大数据证据属于法定证据，有的学者表示大数据证据应作为新型证据种类看待。[①] 笔者赞同应将大数据证据视为新型证据种类，赋予大数据证据合理的法律地位，有利于大数据证据在司法实践中更好地发挥诉讼作用。

（一）大数据证据的证据种类辨析

首先，大数据证据不等同电子数据。由于大数据证据来源于电子数据，所以二者存有相同信息载体样态，具有天然亲密性。需要注意的是，大数据分析报告或者结果，本就是电子数据技术加工后的反映，不具有独立价值。虽然有学者调研发现66%法院将大数据证据认定为电子数据。[②] 但是，笔者认为两者存在本质区别。其一，电子数据形成于案件事实发生时，大数据证据形成于分析案件事实发生时的电子数据。[③] 可见，大数据证据源于案件事实，但形成于诉讼过程。其二，大数据证据动态地融入算法、人工智能等分析技术，实现赋能增值。具体而言，大数据证据基于电子数据产生的新信息，相较于静态载体的电子数据蕴含着更大价值，具有概括性、智慧性、预测性和易变性，电子证据不能相提并论。[④] 其三，大数据证据具有间接性。大数据具有价值密度低的特点，海量的电子数据需要结合大数据技术清洗、筛选等技术加工方能使用。此外，电子数据可以直接用于证明案件事实，大数据证据需经大数据技术分析才能进行案件事实认定。

其次，大数据证据与鉴定意见存在区别。专业鉴定机构的鉴定人对专业问题作出鉴别和判断的结论性意见称为鉴定意见。在专业性方面，大数据证

① 钟明曦：《论刑事诉讼大数据证据的效力》，载《铁道警察学院学报》2018 年第 6 期。

② 王禄生：《论法律大数据“领域理论”的构建》，载《中国法学》2020 年第 2 期。

③ 最高人民法院、最高人民检察院、公安部《关于办理刑事案件收集提取和审查判断电子数据若干问题的规定》第 1 条第 1 款：电子数据是案件发生过程中形成的，以数字化形式存储、处理、传输的，能够证明案件事实的数据。

④ 杜鸣晓：《大数据作为诉讼证据的可行性分析——以互联网租车行业为例》，载《南华大学学报（社会科学版）》2017 年第 1 期。

据的算法论证当然具备专业性，海量数据的分析工作也远超法官本职专业范畴。但是，法官可以借助大数据技术翻越专业壁垒，辅助事实认定。[①] 在形式方面，虽然大数据证据同样以“报告”的样式呈现，但又区别于鉴定专家出具的鉴定意见。大数据技术依赖机器深度学习，在漫无边际的数据海洋中提炼数据经验，捕捉难以依靠人工总结的客观规律和事物联系。譬如，实务中大数据运用深度神经网络对相关数据特征进行提取，发现犯罪组织的资金转移规律。[②] 人类专家在鉴定意见的生成中处于主导地位，大数据证据的形成依赖具有自主学习功能程序代码的分析技术。人类是代码编写者，程序代码更像是大数据证据的创造者。

最后，大数据证据作为独立证据类型具有合理性。大数据证据作为大数据时代技术发展的产物，与电子数据、鉴定意见存在一定相似性，也具有独特的特点。2012 年《刑事诉讼法》修改：一切可以证明案件事实的材料都可以成为证据，在法律形式上解决了以往封闭的证据种类的问题，为非法定证据种类的材料进入质证领域敞开大门。至此，司法实践众多难以在法定证据中归类的事实材料，其证据资格得到统一解决，如交通事故责任认定书、社会调查报告等。[③] 因此，大数据证据以合法的证据形式出现在司法实践不存在准入门槛。

笔者认为，大数据证据拥有与传统证据不同的特性，无法机械地套用传统证据规则予以审查。当务之急是将大数据证据作为独立的证据种类予以立法确认，才能使其在司法实践中得到广泛应用。大数据证据入法正名，一方面赋予大数据证据适用的正当基础，另一方面为构建顺应时代发展的证据规则提供思路，丰富我国证据法相关内容。

（二）大数据证据的证据属性分析

目前学界和实务界在审查证据内容上，主要关注证据的合法性、真实性、

---

① 卫晨曙：《论刑事审判中的大数据证据审查》，载《安徽大学学报（哲学社会科学版）》2022 年第 2 期。

② 刘品新、唐超琰：《穿透式取证：涉众型经济犯罪的法律应对》，载《法律适用》2022 年第 1 期。

③ 喻海松：《刑事电子数据的规制路径与重点问题》，载《环球法律评论》2019 年第 1 期。

相关性。大数据证据是新型的证据形式，应遵循证据审查的基本规则。其中，大数据证据的合法性审查应依托大数据侦查取证规则构建，遗憾的是我国大数据侦查相关法律规范仍是空白，据此，笔者重点讨论审查大数据证据的真实性和相关性。

1. 大数据证据的真实性

大数据证据作为一种全新的证据形式，其产生与发展离不开真实的基础数据。只有当基础数据是真实的，大数据的证据才能被认为是真实的。数据的真实性是对基础数据客观性和准确性的体现。审查真实性须从数据入手，数据的真实性包括宏观层面和微观层面。[①] 第一，宏观真实性。意味着所选择的数据应该是客观的和真实的。对于数据的宏观真实性，确保其得到充分验证，保障获得数据的纯净，避免重大的错误或遗漏。一旦数据存在明显的问题或遗漏，会产生误导性结论进而引起决策失误，引发冤假错案。据此，须防止数据偏见和篡改数据。第二，微观真实性。即部分数据的真实性，具体而言，由于基础数据的庞大复杂，数据的微观真实性无法一一验证。实践中通常采用"必要性验证"方法，只需确保数据达到一定规模的客观真实，就可以确定数据整体是真实的，无需审查所有数据。

大数据技术的真实直接影响大数据证据的真实性。技术真实是判断大数据证据真实性的基本依据，因此大数据技术的开发和设计应符合既定标准。[②] 一项成熟技术需通过行业技术标准的严格审查，大数据技术亦然，其开发和设计必须满足行业技术标准并在行业中得到广泛认可。一旦大数据技术存在缺陷，那么基于这项技术生成的大数据证据的真实性必然存疑。没有严格的行业标准或相关规范来约束，则无法保证大数据技术提供的报告或结果真实可靠。

2. 大数据证据的相关性

从证据相关性的深层含义来看，中国和西方国家存在某些相似之处，都认为证据与待证实的事实之间存在某种潜在的相关性。[③] 传统证据之间的因果

① 刘品新：《论大数据证据》，载《环球法律评论》2019 年第 1 期。

② 周蔚：《大数据在事实认定中作用机制分析》，载《中国政法大学学报》2015 年第 6 期。

③ 周洪波：《证明标准视野中的证据相关性——以刑事诉讼为中心的比较分析》，载《法律科学（西北政法学院学报）》2006 年第 2 期。

联系是紧密的，大数据的联系是相对较弱的。[①] 大数据技术的核心思想是在大量数据中探索可能存在的关联性。大数据证据是为了证实案件的真实情况，通过大数据技术挖掘表面上看似无关的联系，总结背后的规律。[②] 大数据时代的观察技术、数据存储技术和数据分析技术等经历了前所未有的发展和进步，为人类提供了全方位观察世界的机会。大数据证据可以在证实案件事实的过程中，收集大量案件数据，再通过大数据技术得出与案件相关的一般性规律认知。据此，大数据证据的相关性主要是体现在大数据分析的结果上，数据和案件事实之间往往存在一种微弱的关联，甚至可能是“模糊性”的关联。[③]

笔者认为，数据相关性可以从两个维度理解：首先是数据集的相关性。尽管大数据证据基于大量弱关联电子数据构建，但它与具体的案件事实之间仍然存在紧密联系。因为大数据证据采用大数据技术对大量的基础数据进行整合和清理，通过特定算法模型预测分析，可以得到无限接近案件真实的结果。进一步而言，分析结果准确性取决于抽样若干个数据集的相关性，数据集与待证事实的相关性越强，得出的分析结果的准确率便越高。反之，若数据集选择不当，便难以得出与案件事实相符的分析结论。通常若干个数据集会存在与犯罪相关的信息，当然也存在与犯罪无关的信息。实践中无需保证数据集内每一个数据都与犯罪有联系，只需要确定部分数据与待证事实存在关联，即可断定大数据证据与待证事实具备相关性。

三、大数据证据之审查路径完善

大数据证据作为新型证据，与传统证据在审查方式和内容上既存在相似之处，也存在不同之处。大数据证据是基于科学与技术、逻辑原则和经验法则产生的。[④] 只有在综合运用多种评估手段后，才有可能采用与案件相关的大

① 洪涛：《大数据证据研析》，载《行政与法》2022年第3期。

② 王燃：《大数据侦查》，清华大学出版社2017年版，第54-56页。

③ 徐惠、李晓东：《大数据证据之证据属性证成研究》，载《中国人民公安大学学报（社会科学版）》2020年第1期。

④ 徐惠、李晓东：《大数据证据之证据属性证成研究》，载《中国人民公安大学学报（社会科学版）》2020年第1期。

数据证据。

（一）明确审查主体

以审判为中心的诉讼制度改革，确保法院审查大数据证据的主导地位。法院作为裁判者应全面履行信息收集、整理与分析、判断、解释等职能，并将其贯穿于案件事实认定全过程。法院作为证据审查主体，肩负确保大数据证据的真实性和相关性，符合庭审中心主义的原则。法官还可以对证明力较弱的大数据证据适用补强证据规则和印证规则，以辅助大数据证据审查。

（二）明确审查内容

1. 合法性

由于法律尚未明确大数据证据种类及审查规定，笔者参照现行法律来设计审查大数据证据合法性的路径。具体而言，其一，审查基础电子数据的合法性。违反以下规定又不能补正或者作出合理解释的，以该原始电子数据为基础生成的大数据证据不得作为定案依据。在电子数据的搜集、获取手段、笔录、清单、标注类别等是否合法、规范。其二，审查大数据证据的合法性。目前，可以参照鉴定意见对大数据证据合法性进行审查。其三，审查证据出具机构资质、形式要件是否完备等。如果出具机构不具备相应资质、人员违反回避规定等，该大数据证据不得作为定案依据。

2. 真实性

前文提及大数据证据与电子数据之间存在一定联系，一方面，大数据证据的真实性与电子数据的真实性密不可分，进一步完善电子数据的真实性鉴定机制，对于确保大数据证据的真实性和一致性尤为关键。对大数据证据真实性的审查，应关注作为来源的海量基础数据是否可信、是否存在伪造或者误导性数据。另一方面，大数据证据是电子数据的再加工，除了要审查判断作为来源基础数据可信性，还要审查判断技术方法的可信性。从某种程度上来说，技术方法可信性的影响力甚至大于基础数据可信性的影响力。

3. 关联性

大数据证据作为分析结果可以为证明对象提供证据，如存在争议发生的概率高低。需要注意的是，数据点以数量级增加时，会出现许多看似正确但实际并非如此的相关性。① 审查大数据证据的相关性，一方面需要注意大数据证据的基础数据之间的弱关联性，另一方面需注意数据分析报告的强关联性以及因果关系构建的相关性。② 此外，还需要与时代同步和拓宽视角，接受算法和数据经验或其他特定经验的检验。

（1）加强专家辅助人和鉴定人参与审查

为了保证模型建构时提高统计结果的可信度，通常会使用多种方法进行模型稳健性的检验。③ 同理，以算法模型为核心的大数据证据，审查其可信度也应考虑检验的稳健性。若从不同角度检验生成大数据分析报告或结果的算法模型，在统计学上将得到可信度更高的大数据证据，该大数据证据用于证明待证事实的证明力自然会更强。法官审查大数据证据难免会碍于专业壁垒，此时可以考虑将专家辅助人制度引入大数据质证环节。我国法律规定专家辅助人可以就鉴定意见发表专业知识的相关意见，法律明确赋予有专门知识的人有权利就鉴定意见的专业问题提出专业意见。法律规定为专家辅助人有效帮助法官审查大数据证据提供合法依据，与此同时，适度扩大专家辅助人的职能，有利于其更好发挥功能，譬如，专家辅助人提出意见的对象应不再限于鉴定意见，还可就相关的专业问题提供专业意见。此外，还应规范专家辅助人的准入门槛。综合考量专家辅助人的执业经验、职称、行业知名度以及专业对口程度等因素。譬如，当法官判断大数据证据的算法程序源代码之真实性时，可以聘请算法模型工程师、程序代码编程专家等专业人员，识读分析算法程序的源代码。

（2）建立算法程序代码开示机制

算法程序研发人员应阐述算法生成结论的过程，标明算法设计和应用的技术要点以及可能存在的风险。④ 大数据技术的核心是算法，大数据证据正是

---

① 刘品新：《论大数据证据》，载《环球法律评论》2019年第1期。

② 洪涛：《大数据证据研析》，载《行政与法》2022年第3期。

③ 林喜芬：《大数据证据在刑事司法中的运用初探》，载《法学论坛》2021年第3期。

④ 孙清白：《人工智能算法的“公共性”应用风险及其二元规制》，载《行政法学研究》2020年第4期。

遵循算法规则诞生。开示立算法程序代码是大数据证据进入司法领域的必然要求，一方面破解“算法黑箱”难题增强司法透明；另一方面解释算法运行规则增强司法公信力。由于算法本身具有设计的专业复杂性和生成运算的隐蔽性，算法程序一直是审查大数据证据真实性的难点。普通人难以理解算法的具体内涵，对大数据分析结论的真实性存疑也无可厚非。因此应确立算法解释规则，从实质意义上提升算法的透明度，促进大数据证据的有效审查。譬如，算法开发设计者应解释算法技术原理、证据生成机理，使得案件当事人知晓算法运行的基本事实。

结　语

大数据证据是新技术革命背景下产生的证据形态，促使我国刑事司法在未解决的旧问题和出现的新难题之间进退维谷，但是我国证据制度仍处于不断发展和完善的动态过程。面对新旧问题交织的挑战，我们需要对大数据证据的审查机制进行适当的调整和创新。为保障刑事诉讼顺利进入大数据时代平稳运行，我们需要对现有法律规范中的证据规则和证明思路进行完善。大数据技术和人工智能等新技术在司法证明领域的应用，带来了大数据证据的失真风险和技术伦理上的挑战，大数据证据的审查实质是法律和科技结合的问题，精准捕抓两者之间的连接点并归纳、提炼，才能有效地抓到主要矛盾并予以解决。未来关于大数据证据的基础研究仍有巨大空间，如大数据证据概念、大数据侦查的法律法规、大数据证据的证据能力与证明力规则的构建等。在大数据、人工智能持续影响刑事诉讼发展变化的基础上，刑事司法需要实现新技术结合新问题，提出更多的建议和措施，共同迎接大数据刑事诉讼时代的到来。

（张智燊：湘潭大学法学学部）

技术赋能：人工智能的司法适用及路径优化

龚　逸

一、问题的提出

智慧法院的建设离不开人工智能与司法审判的融合，二者的结合得益于两股力量的内外驱动，分别是法院内部的建设需求与人工智能在司法领域的渗透。① 前者体现在，随着公民权利意识的增强与民商事交易的频繁，法院的受案压力随之激增，“案多人少”逐渐成为困扰法院建设的现实问题。根据国家统计局公布的数据可知，法院一审受案数量从 2011 年的 759.61 万件起激增至 2021 年的 1822.69 万件，受案数量呈现稳步增长趋势。② 此外，根据全国法院司法统计公报显示，我国法院尚未审结案件的数量从 2020 年的 210.02 万件上升到了 2022 年的 289.36 万件，涨幅近 40%。③ 审案压力激增的背后，还伴随着立案登记制对受案条件的放宽、员额制对法官人数的限制等影响因素，传统的法院审案结构已然无法满足群众的诉讼需求。后者则体现在，人工智能的司法化趋势已然成为不可阻挡的洪流，从最初的消极适用转变为如今的

---

① 李鑫、王世坤：《要素式审判的理论分析与智能化系统研发》，载《武汉科技大学学报（社会科学版）》2020 年第 3 期。

② 《2022 中国统计年鉴》，载国家统计局官网，https：//www.stats.gov.cn/sj/ndsj/2022/indexch.htm，2023 年 9 月 3 日最后访问。

③ 《2020 全国法院司法统计公报》，载中华人民共和国最高人民法院公报网，http：//gongbao.court.gov.cn/Details/0bce90201fd48b967ac863bd29059b.html，2023 年 9 月 3 日最后访问；《2022 年全国法院司法统计公报》，载中华人民共和国最高人民法院公报网，http：//gongbao.court.gov.cn/Details/20587eaef248beb61ed6596018865c.html，2023 年 9 月 3 日最后访问。

积极面对。人工智能的司法价值最初是在个案适用中被发现，它能够在数据分析、类案检索等层面极大提高司法人员的审案效率，因而在审案人员中广受欢迎。人工智能司法化走向“积极面向”的标志在于最高人民法院于2017年颁布的《最高人民法院关于加快建设智慧法院的意见》，该意见明确人民法院要运用大数据和人工智能技术为司法人员的办案需求提供精准服务，以减轻司法人员的办案压力。该意见出台后，各地法院随即开始了智慧法院的建设探索，并取得了不错的成效，初步实现了对司法大数据的搜集与运用，互联网法庭、审判辅助系统也受到了广泛推广，法院的审理效率得到提升。

信息技术与司法实务的深度融合不仅打破了诉讼必须在“法庭”这一场域内进行的固有模式，还在审判环节与司法管理环节进行了技术改造。① 在立案阶段，人工智能可对提供的文书样本进行格式化检索，并提供相应的审查报告与修改意见，便于当事人提起诉讼。在审前环节，人工智能可依据案件类型进行案由确定与案件分配，并为司法人员制定个性化的开庭通知与庭审期限。在审判阶段，人工智能可根据案件事实提炼争议焦点，制作庭审提纲与庭审笔录，并辅助法官进行法律适用、提供量刑参考等。总而言之，人工智能在司法领域的适用前景极为可观，理论界多数学者对其持赞同态度，② 甚至有学者认为它能够帮助人类文明实现当代跃迁，③ 但也有学者认为这打破了常规的审判方式与司法程序，易产生智能司法与现存司法制度不相协调的状况。④ 而过于追求对司法效率的诉求，忽视我们所立足的法治土壤，易引发对法律公正价值的质疑。诚然，在深化司法体制改革、推行高效司法的背景下，人工智能司法化能够迎合现阶段的司法诉求，但如何规避因此可能导致的司

① 左卫民：《迈向数字诉讼法：一种新趋势?》，载《法律科学（西北政法大学学报）》2023年第3期。

② 例如宋岱霖等认为，人工智能算法可以减少使用司法人员在整体裁判时间和节约裁判资源，还可以通过大数据比对确定人为经验和直觉无法准确判断出的案件数量变动带来的司法裁判模式和趋势。宋岱霖、张志莹：《量刑规范化改革的完善进路》，载《山西省政法管理干部学院学报》2022年第3期；王文玉认为，人工智能有助于进行司法改革中期和长期的有效规划。王文玉：《司法人工智能：实现裁判正义的新路径》，载《大连理工大学学报（社会科学版）》2022年第6期。

③ 刘品新：《智慧司法的中国创新》，载《国家检察官学院学报》2021年第3期。

④ 魏斌：《智慧司法的法理反思与应对》，载《政治与法律》2021年第8期。

法工具主义倾向值得深思。本文旨在对人工智能的司法适用前景进行分析，并对其可能引发的司法风险进行解构，以期在“抓住机遇”与“防范风险”间寻找到一个平衡点，提高人工智能司法化的运行效益。

二、人工智能的司法适用前景

（一）协助证据开示：“示意证据”的生成

“示意证据”是指为解说原证据或案件情况而出示的证据材料，[①] 通过图片、模型、动画等可视性材料对案发现场的环境或事实加以模拟，对言辞证据或实物证据的证明目的加以补强。[②]“示意证据”并不是来源于案件的“原始材料”，本质上属于对其他证据内容的补充或阐释，因而并不属于法定的证据种类。正如有学者指出的，既然证据的展示方式不等同于证据本身，对证明案件事实的辅助性作用亦不等同于证明本身，那么就不应当将“示意证据”理解为案件事实证明材料的“证据”。“示意证据”是英美法系上的概念，在英美法系中适用比较广泛。例如，在英国审理的一起刑事案件中，控诉方通过对受害人的头部进行X光扫描，并利用3D打印技术将其头颅的受损状况用模型图展现出来，以此使法官能直观注意到受害人被损害的事实。[③] 我国司法领域也有类似的应用，如北京一中院于2018年3月1日审理的一起故意杀人案件中，北京市检一分院使用“出庭示证可视化系统”进行了证据展示，要求目击证人戴上VR眼镜，通过操纵手柄还原凶案现场情况。[④] 毋庸置疑，这种方式能够加强法官对证人证言的直观感受，使案件证据从零散化、碎片化的状态呈现为整体化、链条式的有机整体。

人工智能司法化的过程能进一步促进“示意证据”的生成，拓宽“示意

---

① 罗维鹏：《示意证据规则建构》，载《清华法学》2019年第6期。

② 易延友：《证据法学：原则规则案例》，法律出版社2017年版，第440页。

③ 郑曦：《生成式人工智能在司法中的运用：前景、风险与规制》，载《中国应用法学》2023年第4期。

④ 张鹏、张璇：《北京一中院首用“出庭示证可视化系统”审案》，载中国法院网，https：//www.chinacourt.org/article/detail/2018/03/id/3222539.shtml，2023年9月6日最后访问。

证据”的生成方式与适用类型，从而释放司法活力与提升证据审查的科学性。“示意证据”打破了传统的从“口对口”“书面对书面”的质证模式，不同证据类型便可通过可视化模型加以立体化、多维度地呈现在法庭上，使司法人员可通过情景代入获得切实直观的感受。“示意证据”在司法领域的运用包括但不限于以下几点：其一，以文本的形式对待证事实进行说明。例如通过对证明材料加以收集与整合，生成特定的格式文本，辅助司法人员了解案件事实。其二，以雕塑、模型等形式还原特定有机物的受损状态。如前文所述，“示意证据”可通过X光扫描、3D打印等方式对受害人的受损状况进行立体展示，从而达到说服法官的目的。“示意证据”同样也可以运用到人身损害、医疗损害纠纷等民事案件中。毕竟，对于审理案件的法官而言，相对于向其提供一堆病历资料，其说服力可能远不如直观呈现在他面前的“事实”有效。其三，以图形、表格等形式对案件进行梳理、整合、排列。例如针对待证事实或法律适用问题，制作与案情同步的思维导图、流程图、思维表、特定关系图等。

（二）辅助规范量刑：“量刑幅度”的参照

司法公正离不开裁判尺度的统一，裁判尺度的统一有赖于量刑规范化的实现。量刑规范化是深化司法体制改革的重要组成部分，其核心内容在于限制法官的自由裁量权，减少行政机关、社会舆论等法外因素的干扰，追逐量刑的精细化、准确化，确保作出量刑公正、人民满意的判决。“量刑规范化”并不是一个全新的概念，本文也并非“旧事重提”，而是试图在人工智能司法化的语境下赋予其独特的时代内涵。

事实上，人工智能对量刑的辅助作用并非理论设想，而是早有实践支撑。例如湖北省检察机关自2018年以来持续研发智慧刑检办案系统的子系统——智能量刑辅助系统，致力于实现“规范计算+态势分析”的整体功能设计，以期解决检察官所面临的提出精准化量刑建议的难点问题。[①] 人工智能辅助量刑

① 《智能量刑辅助系统——让认罪认罚从宽“看得见”“落得实”》，载最高人民检察院官网，https：//www. spp. gov. cn/spp/llyj/202008/t20200822_ 477552. shtml，2023年9月10日最后访问。

的基本逻辑体现在：司法人员输入案件基本信息→人工智能对案件事实进行甄别、索引、分析→生成量刑建议的参考范围→承办人员进行选择。

此外，诸如海南省的“量刑规范化智能辅助系统”、贵州省的“法镜系统”和上海市的“智能辅助办案系统”等都包含了人工智能辅助量刑的核心功能。① 考虑到各地法院在探索过程中取得了一系列有效的积极成果，最高人民法院于 2022 年出台《关于规范和加强人工智能司法应用的意见》，该意见指出了在 2023 年之前全面建成全阶段高水平智能辅助支持的宏伟愿景。与此同时，《中华人民共和国刑事诉讼法》确立的认罪认罚从宽制度对量刑规范化提出了更高的质量要求。为了落实认罪认罚从宽制度，检察机关加快推进“量刑建议精准化、规范化、智能化”工作，充分利用人工智能提升量刑建议的精准度。

智能量刑辅助系统的优势体现在：其一，可操作性与实用性较强。司法人员在个案适用中输入案件指令时，辅助系统可在后台运行的过程中针对案件事实进行详尽梳理，针对案件存在的法定或酌定量刑情节，如自首、立功、累犯等进行调配与分析，依据对应的法律规范来智能导出量刑建议书或裁判文书。司法人员可依据生成的量刑建议样本进行相应裁量与更正，最终确定量刑建议书的内容。此外，辅助量刑系统还可将量刑幅度的范围与量刑的依据生成格式化文档，帮助司法人员进行质证工作，提升审理效率与节约司法资源。其二，量刑过程趋于精细化与科学化，且具有可视化特征。量刑辅助系统对量刑建议的生成需要经过以下几个步骤，从确定罪名的基准刑到根据量刑情节调节基准刑，再到得出案件的量刑幅度。在此期间，量刑过程可通过计算方式与影响因子以可视化的形式显示于界面，司法人员可直观感受到量刑建议得出的全过程，便于司法人员进行及时纠错与精准校正。其三，司法裁判尺度得以有效调节。量刑辅助系统以案件事实为基本依托，通过对互联网公布案例的数据进行分析与类案参照，减少因地域化所产生的量刑差异的影响。该系统根据个案的事实与量刑情节自动匹配最高司法机关、各省市

---

① 程龙：《人工智能辅助量刑的问题与出路》，载《西北大学学报（哲学社会科学版）》2021 年第 6 期。

审理的相似判决和法律文书，为司法人员提供办案指引与量刑参照，有效维护法秩序的统一性。

（三）释放司法活力："诉讼方式"的变革

随着人工智能司法化步骤的不断加快，法院内部的行政类事务可逐步由人工智能取代，诉讼文书的制作方式也在悄然发生变化。首先，在行政事务层面，以人工智能为技术支撑的"智能导诊""快捷立案小程序"为各级法院所普及，当事人可以直接通过微信小程序而"足不出户"地完成立案工作。对于立案材料有所欠缺的，人工智能会通过系统界面告知其补足。对于立案材料较为复杂且人工智能无法进行识别的，系统在及时反馈至后台后，通过人工方式予以解决。其次，以人工智能为支撑的立案辅助系统可以及时收集当事人留言，便于发起满意度调查，了解各类案件的特殊情况与即时反馈，提升对个案处理的准确度。人工智能还可在未来逐步替代庭审书记员的工作，通过内置程序与语音识别系统，对庭审现场的发言情况进行详细区分与记录，大幅提升庭审效率。

在诉讼文书制作层面，人工智能可生成的文书类型十分全面，从起诉书到量刑建议书，再到裁判文书，等等。例如上海市徐汇区人民法院引进的"诉状一体机"，当事人可利用这台机器实现常规诉状的自动生成。[①] 广州市南沙区人民检察院研发的"智能辅助量刑系统"，通过将量刑计算与大数据、云计算等现代科技相融合，为检察官提出精准型量刑建议提供参考依据。[②]

人工智能生成法律文书的逻辑在于，率先对案件事实与证据进行提炼，再到数据库中检索相近似、相匹配的法律法规，参照以往的判例与文书的格式类型，从而生成相应的法律文书。这种模式不仅能够大幅减轻律师、基层法律服务工作者的工作压力，也能缓解法院因"案多人少"所引发的文书写作负担。

① 谢钱钱、何忠婷：《AI 帮你写起诉书？上海这家法院"高科技"让社会公众直呼惊喜》，载腾讯网，https：//new. qq. com/rain/a/20220910A06ELA00，2023 年 9 月 15 日最后访问。

② 徐清宇：《智慧审判苏州模式的实践探索》，载中国法院网，https：//www. chinacourt. org/article/detail/2017/09/id/2995627. shtml，2023 年 9 月 11 日最后访问。

三、人工智能的司法适用困境

（一）技术维度：算法难题引发对司法公开与司法公正的质疑

1. 算法黑箱：与司法公开理念背道而驰

司法公正离不开对司法公开的追求，而司法公开则要求保障诉讼参与人的知情权。人工智能的设计者出于对技术保护、商业保密等因素的考量，其算法往往是封闭且不为外界所知的，这意味着当事人甚至是法官都无法得知由此所得结论的算法依据与过程。如此看来，“密闭式”裁判过程暴露了人工智能存在“算法黑箱”的风险，而“算法黑箱”则直接与司法公开相抵牾。

所谓算法黑箱，是指存在于人工智能深度学习的输入与输出之间，难以为外界所观察、理解的。算法黑箱主要存在以下几类情形：其一，因公司商业秘密或者国家秘密而产生的不透明性。其二，因技术文盲而产生的不透明性。其三，从机器学习算法的特征，以及在算法测量中产生的不透明性。我国目前的司法人工智能系统一般是由司法机关委托给人工智能公司得以实现的，而人工智能公司研发的算法本身便具有知识产权的属性，无论是出于技术保护或商业秘密保护的目的，人工智能公司往往会将这类算法进行保密。当人工智能运用到司法裁判活动中时，考虑到其算法使用的是一种黑箱式的方式，它的工作机理无法被解释或者验证，很难说明该判决的依据和判断过程，存在“机器所归纳的裁判模式、裁判标准可能连操作主体都难以理解”的窘境。① 司法裁判并不是一个唯结果论的过程，真正让判决产生信服力的往往是法官的释法说理工作。可以试想，当社会公众得知法院的裁判过程不再是基于司法人员严格进行的“三段式”演绎推理，而是基于对所谓算法“隐性决策”的盲目信任，而这种“隐性决策”的过程既不会公开，更无法接受当事人的质询与申辩，那么司法的公正性与权威性难免会受到损害。

① 左卫民：《AI 法官的时代会到来吗——基于中外司法人工智能的对比与展望》，载《政法论坛》2021 年第 5 期。

2. 算法歧视：与司法公正理念南辕北辙

算法歧视指的是人工智能算法在收集、分类、生成和解释数据时产生的与人类相同的偏见与歧视，包括且不限于种族、性别、年龄、就业和弱势群体歧视等现象，更在消费和行为分类上表现出区别对待。人工智能算法在司法领域的运作机制是基于对在先判例的学习，通过经验总结来进行预测性判断。[①] 而算法在汲取裁判经验的过程中难免会受到法官的价值偏见影响，进而在裁判时面对不同群体、不同种族、不同职业等表现出来。

虽然人工智能努力在司法裁判领域扮演着客观中立的角色，但算法歧视来源的多样性使得其在算法设计之初难以被全部清除。遑论算法是人所设计的，对算法进行编码的设计人员难免也会将自身的价值取向与偏见带入算法中。基于算法黑箱的存在，司法人员在后续算法运作的过程中难以有效检验算法歧视是否存在，而算法结果便是在这样的质疑过程中得出。在人工智能司法化的趋势下，算法歧视的隐蔽性使得其在司法裁判领域中难以为人所察觉，而它所暴露的风险却会加剧社会群体间的对立，进而诱发对司法公正的质疑。

（二）意识维度：法律人主体地位的消解

人工智能虽然不能完全替代人类的工作，也不能成为法律意义上的主体，但人类对其产生的过度依赖感可能会导致人类的法律主体性趋于弱化，也可称为自我意识的封闭与自由意志的放弃。

1. 思维庸化：自我意识的封闭

我们最初是将人工智能作为辅助手段加以适用的，根本无法联想到它能代替我们作出决策。而当我们逐渐接纳并习惯了这种方式后，人类的“惰性”促使着我们放弃自我思考的能力。长此以往，人类的主观创造力与语言组织能力都会发生退化。就像“百度”这样的搜索引擎一样，在最初引进时我们根本无法联想到其涵摄范围之广、信息获取速度之快，而当我们逐渐习惯并对它产生依赖感后，自身的思维空间就会趋于封闭。

---

① 自雷磊：《ChatGPT 对法律人主体性的挑战》，载《法学》2023 年第 9 期。

对于司法人员而言，这种依赖感将会扼杀法官的主观能动性与个案纠错能力。人工智能可以在司法判例中不断学习和提炼同类案件的处理规则，促进所谓裁判统一或类案同判的实现。但如果把这种遵循先例的做法等同于强制义务未免会有些可怕，因为它始终有被其他理由推翻的可能，例如法律条文的变更、同基本原则相抵触、各地区的风俗习惯等。特别是在司法责任制改革以来，错案追究制好似悬在司法人员头上的“达摩克利斯之剑”，时刻让他们提心吊胆。而“从众心理”却暗示他们遵循先例无疑会成为规避风险的“最优解”，内外因素的驱动下将进一步致使他们丧失自我思考的能力与个案纠错的勇气。

2. 道德钝化：自由意志的放弃

法律人的思维中永远充斥着感性色彩和理性色彩的交织，司法实践也时刻掺杂着道德价值与法律价值的判断。司法者的重要职责在于通过观点论证使民众接受某个合乎情理的观点并对其他主体提出的基于同一案情的主张进行回应。

人工智能对自由意志的侵损主要表现在两方面：第一是“信息茧房”效应。人工智能的末端信息库和语料库中设计的价值判断是单一的，那么将导致其提供的答案也会具有价值单一性。如此一来，法律人会习惯于遵从在先的常规见解，失去道德判断的能力，进而使得司法适用沦为“僵化”的过程。第二是“信息随机”效应。当入段信息库与语料库存在价值分歧时，系统输出的文本内容将会面临随机性，而使用者又缺乏发现问题的能力，这便会导致司法人员陷入将偶然等同于必然，将随机等同于客观的偏见之中。①

更为可怕的是，当司法人员习惯于接受人工智能所生成的“标准答案”时，他们的道德思辨能力逐步降低，最终生成所谓“道德无感”的现象。相较于直接采纳社会的主流观点，他们不再关注对植根于法规范背后的法理探寻。相较于个案纠正可能会引发的问题，他们更乐意于盲从对机器判决的模仿。最终可能会出现的现象是没有人愿意去关注原因，重要的只是结果，司法适用演变成“唯结果论”。

---

① 雷磊：《ChatGPT对法律人主体性的挑战》，载《法学》2023年第9期。

（三）信息维度：数据泄露导致的信任危机

随着司法信息化改革与人工智能技术的不断成熟，“数字法院”“智慧检察”的建设取得了可喜的成就。司法信息化是顺应时代潮流与缓解办案压力的必然选择，但同时也引发了一系列附随问题，数据安全风险便是关键的一环。

1. 司法数据的泄露隐患

前文提到，目前法院使用的人工智能系统大多是由外包企业所研发，而以营利为目的的企业又必然具有自利倾向。在系统的开发阶段，研发企业必然会向法院索取大量司法数据做开发的前期准备，而在收集、处理信息的过程中，这些数据很有可能因研发企业或研发人员的疏忽或逐利倾向而发生泄露事件。在系统的运行阶段，研发企业或研发人员也有可能通过预先植入“木马”“病毒”等方式截取涉案信息，进而以商业贩卖的形式牟取私利。对于人工智能的使用者而言，他们在使用系统时需要向其上传数据或是展开对话，系统在这过程中便会将这些内容作为其语料来源，并自动进行数据收集、模拟训练等工作。在司法领域同样如此，司法人员需要将涉案的个人信息、商业信息等输入系统后，系统才会发出下一步操作的指令，至于信息收集后的处理方式、数据流向却无人知晓。而一旦数据安全的保护力度不够或被他人恶意利用进而发生数据泄露事件，公民的隐私安全与国家安全将会面临严峻的挑战。

2. 数据出境的安全风险

出于对数据安全的保护，我国对数据处理采取了存储本地化的措施。《中华人民共和国网络安全法》第 37 条规定：关键信息基础设施的运营者在中国境内收集的数据信息应在境内存储，因业务需要确要提供的，应按照网信部门及国务院相关部门的规定进行安全评估。《数据出境安全评估办法》规定：数据的境外流通需要经由网信部门的专门审查，适用事前评估和持续监督、风险自评估与安全评估相结合的审查模式。对于未通过数据安全评估的，申请人应当终止数据出境活动。由此看来，我国对数据出境管理采取的是“原则+例外”的模式，即原则上收集的数据应存储在境内，例外情形下才可向境外提供，但需经过网信部门的安全评估。对于人工智能软件特别是生成式人工智能而言，基于数据处理的服务器具有跨国性特征，这意味着境内外系统的数据信息库也是共享交互的，数据在生成阶段便有流通境外的风险。如此看来，人工智能的司法适用难免会使得数据存储、数据分级保护、数据安全评估等保护措施丧失效能，进而增加数据非法出境的风险。

四、人工智能的司法适用优化

（一）技术规制：算法公开与算法监管

人工智能的司法适用前景颇为可观，但算法黑箱与算法歧视却成为其融入司法运转的最大阻碍。如若不建立一套适用司法领域的算法规制体系，人工智能司法化始终只能是一个“美好的愿景”。本文认为，人工智能的算法规制体系可从以下几个层面来构建。

1. 事前监督

事前监督是指保障司法人员在算法研发阶段的参与权与知情权。算法开发流程分为下述阶段：确定研发目标与验收标准→算法预研→算法开发→算法测试与优化→交付对接。在司法人员与研发企业对系统运转标准达成初步意向后，研发企业着手制作算法预研报告，在制作完成后需向委托法院递送算法的开发预期与可行性分析。在算法开发阶段，研发企业需就算法运作的工作机理向委托法院予以释明，并接受专门技术人员的质询与监督。在算法测试与优化阶段，研发企业需就算法运行存在的风险向委托法院予以说明，并接受法院提出的优化意见与完善建议。

2. 事中审查

事中审查是指在算法交付审查后的试运行阶段，研发企业还需接受算法的安全审查。根据《互联网信息服务算法推荐管理规定》，算法推荐服务提供者需要接受定期审查与安全评估，未通过算法安全审查的，需要及时进行整改。虽然算法生成历经事前监督环节，但该环节主要是以司法人员监督和技术人员的局部监督为主，在专业性与全面性上存在不足。因此，算法规则有必要在系统正式运行前接受法院所聘请的第三方审查组织或算法审查小组进行全面审查与安全评估。根据算法从研发到最终应用的流程，算法安全评估可依照如下顺序进行判断：算法运行机理、算法设计结构、运行缺陷与漏洞、安全风险预测等。

3. 事后公开

事后公开是指在算法正式运行后需向社会公开算法的运行规则。算法公开虽涉及研发企业的知识产权与商业秘密，但算法在司法领域扮演的角色具有其特殊之处，不仅涉及司法公开性与判决权威性的考量，而且包含司法领域中公民知情权的维护。基于比例原则与社会公益的考量，有必要迫使个人利益向公共利益让步。我国《互联网信息服务算法推荐管理规定》规定了算法的适度公开规则，但就算法在何种平台上公示并未明示。本文认为，算法的司法适用可依托法院的政务系统或信息公示平台进行公开。一方面，法院是算法规则的委托方，对算法的工作机理与运转方式具备初步的了解，便于对公示内容进行说明与阐释。另一方面，法院是算法规则的使用方，与受该算法调整的诉讼参与人关系更为紧密，便于当事人进行查阅与反馈。

（二）主体定位：人工智能司法化的二元分割

1. 基本立场：法官的主体地位

法律推理是基于演绎推理的论证过程，司法人员需要利用感性认识与理性思维对待证事实与证据材料进行规范分析与价值判断。感性因素虽然在推理过程中不占主导地位，但绝对不能缺失，否则法律适用就成了一个机械适用法条的过程。人工智能确实能在部分情况下代替司法人员进行司法文书制作，但这种“代替”一定是有边界的，且不能以损害司法人员主体地位为前提。司法权来源于社会契约与人民主权，而司法人员对人工智能的权力让渡是违背法契约精神，为法律所不容许的。因此，即使以人工智能系统生成了司法文书后，仍需要由司法人员把关，这也是司法责任制的应有之义。

2. 角色定位：人工智能的从属地位

前文提到了人工智能存在的致命缺陷，但不能因此否定其存在的司法价值。在明确人工智能的从属地位后，我们可就案件类型进行分割，明晰人工智能的适用边界。

第一是程序性事项。实体性事项主要涉及事实判断，感性认识不可或缺，因而不宜由人工智能代替。而程序性事项主要是法律规范的寻找与适用过程，主要涉及的是理性判断，如上诉期限、立案管辖和非法证据排除等。而人工智能在此层面具有人类所无法比拟的优势，法院可以放手由人工智能承担，让司法者将更多的精力投入复杂案件与涉及价值判断的案件的处理中去。

第二是速裁程序与简易程序。人工智能面临着“技术—法律锁定效应”的障碍，因此复杂、疑难、新型案件仍需由司法人员办理，简单案件则可以交由人工智能进行裁判。有关数据显示，地方各级法院与专门法院于 2018 年至 2022 年间审理案件共 1.47 亿件。[①] 其中，适用速裁程序与简易程序审理的案件占据较大比例。这两类程序的共性在于都适用于案件事实较为清晰、争议不大的案件，并且这些案件的法律适用高度相似、类型化明显，通过人工智能所得出的裁判结论发生的误差较小。最后再由法官对生成文书进行实质审查，对于文书存在遗漏或误差的，及时进行纠正。

第三是法律规范的适用。演绎推理是一个“三段论”式的论证过程，推理前提由案件事实与法律规范组成。案件事实的查明是庭审对抗与证据采信的过程，双方主体通过法律论证与举证质证使案件事实逐步明确，最终再经由司法人员的自由心证进行取舍。这一环节必须由裁判者亲力亲为，否则便会陷于“庭审虚无主义”的陷阱，更是对公开审理原则的直接违背。法律适用则是在案件事实固定后进行法律检索的过程，既未涉及价值判断也不涉及感性认识，因此可交由人工智能承担。况且人工智能具有庞大的法律数据库与极强的文书检索能力，在法律适用层面具备法官所无法比拟的优势，寻找到的法律规范往往更为精准和更为全面。

---

① 《最高人民法院工作报告》，载中国法院网，https：//www.chinacourt.org/article/detail/2022/03/id/6563667.shtml，2023 年 9 月 28 日最后访问。

（三）数据保护：强化数据管理，深化数据合规

1. 建设高质高量的司法数据系统

人工智能系统以数据为基础，以算法为依托。倘若缺乏足够且高质量的数据作为支撑，人工智能决策的准确性将大打折扣。因此，为促进人工智能在司法领域的高效运行，司法数据系统可围绕以下方面进行。

第一，建立司法大数据库。我国目前司法数据除了已经公开的以外，还广泛存在于司法部门、律师事务所、法学科研部门以及司法行政部门内部。[①]而这些机构或部门存储的数据种类与数量是较为可观且准确的，若可以通过建立统一的大数据库将这些数据予以串联，进行有效整合与分类，便可为人工智能司法适用提供夯实的数据基础，促进人工智能司法化的高效运行。

第二，丰富司法数据的形式。司法数据除裁判文书外，还应当包含其他过程性司法行为，以及人民法院的内部资料。例如法院的庭审笔录、合议庭意见和审委会记录等。

第三，扩充司法数据数量。裁判文书公开制度自确立以来取得了不错的社会反响，为司法人员及法律服务人员提供了可供借鉴的办案思路，同时也为人工智能系统提供了数据支撑。最高人民法院办公厅出台的《关于建设全国法院裁判文书库的通知》中规定，为了进一步规范和深化司法公开，提升全国法院裁判文书的应用检索能力，强化司法大数据应用，拟建设全国法院裁判文书库。毋庸置疑，该通知的精神正与人工智能司法化的趋势相契合，都是通过整合裁判数据的方式，实现裁判尺度的规范化。本文认为，伴随着全国法院裁判文书库在我国的逐步确立，可探索建立其与人工智能数据库的信息互通、互享机制。因为二者的司法目标与价值意蕴具备实质的等价性，前者能为后者带来优质的信息来源，后者能助推前者目标的实现，二者是相辅相成、互相促进的辩证关系。

此外，实践中还可能存在部分法院消极履行文书上网义务，这在一定程

① 郭雪慧：《人工智能在司法审判领域的困境、定位与展望》，载《社会科学家》2021 年第 11 期。

度上阻碍了人工智能的司法适用进程。本文认为，可将裁判文书的公开数量与完成度作为法院内部的考核评价机制，对下级法院未按要求公开的，上级法院或同级检察院可依法进行批评或提出检察建议，以此促进司法人员公开文书的积极性。

2. 实行司法数据分类分级保护

《中华人民共和国数据安全法》第 21 条规定，根据数据对社会的重要程度，对数据实行分类分级保护制度。关乎国家安全、重大社会公益等数据属于国家核心数据，应适用更强的保护措施。司法领域同样可以参照上述划分逻辑对数据进行分类，依据数据类型划分为核心数据与一般数据两类。从宏观角度来看，可将关乎国家安全与公共利益的数据列为核心数据，其他数据认定为一般数据。从微观角度来看，可将关乎司法政务与涉密信息的数据列为核心数据，其他数据认定为一般数据。在确立核心数据与一般数据的分类后，我们应对核心数据采取严格的保护措施。在研发阶段，委托法院向研发企业提供司法数据时应采取技术处理措施，如采取匿名化、加密措施等。在应用阶段，禁止司法人员向人工智能系统上传核心数据，司法人员需要处理核心数据时应阐明正当用途并经过严格的内部审查程序。上述分类保护措施可以大幅降低核心数据泄露的可能性，并且能够缓解数据出境的失控风险。

3. 深化数据合规

数据合规对企业发展起到保驾护航的作用，它既是法律规定的合规义务，也有利于降低企业的运营风险，帮助企业有效监管和应诉，提高企业的合规治理水平和强化企业人员的合规意识。对于人工智能的研发企业而言，在收集到法院提供的司法数据后，如何对该数据进行合理保护，降低泄露风险是维系企业生存的重中之重。因此，研发企业必须重视数据合规建设，建立完备的合规治理体系。

从宏观角度来看，首先，企业应建立数据的分级分类保护机制，针对数据的重要程度采取不同力度的保护措施。其次，企业还应建立相应的风险识别机制与风险预警机制，针对可能存在的数据滥用、数据泄露、未经允许的访问等风险做好提前预防与准确识别。最后，企业还需建立数据安全应急预案与风险处置机制，对识别到的风险类型采取恰当的应对措施降低损害程度。

从微观角度来看，首先，企业应定期开展数据安全教育工作，加强企业人员的合规意识。其次，企业还需强调企业人员特别是研发人员的保密义务，针对工作过程中接触到的司法数据、个人隐私、商业秘密等签署相应的保密协议。最后，推行数据合规培训与考核机制，并设置相应的奖励与惩戒细则，进一步夯实企业人员的数据合规能力。

结　语

伴随人工智能技术的不断成熟，探索人工智能的司法适用成为当下热议的话题。从人工智能的司法实践来看，人工智能发挥着协助证据开示、促进规范量刑与释放司法活力等作用，大幅减轻了法院的受案压力。可人工智能在司法适用时也面临着一些问题，典型如引发民众对司法公正的质疑、冲击法律人的主体地位、易造成司法数据的泄露等。欲消除人工智能所附带的不利影响，可从算法公开与算法监管、人工智能司法适用的二元分割，以及强化数据管理等层面进行技术优化，进而提高人工智能的司法适用效能。

（龚　逸：湘潭大学法学学部）

涉罪流动人口数字化非羁押监管模式探索

蒋　卓

2021年4月，中央全面依法治国委员会把“坚持少捕慎诉慎押刑事司法政策，依法推进非羁押强制措施适用”列入2021年工作要点，这表明“少捕慎诉慎押”由司法理念上升为党和国家的刑事司法政策。[①] 根据2023年上半年的全国检察机关主要办案数据及过往数据得出结论——我国不捕率与不诉率逐年增加。[②] 同时，2022年诉前羁押率为26.7%，同比减少16个百分点，达近年来最低。前述数据一方面说明“少捕慎诉慎押”刑事司法政策对我国司法实践的影响，另一方面也说明非羁押强制措施的适用推进势在必行。其中，流动人口涉嫌犯罪后的非羁押强制措施适用是值得关注的重点。

流动人口一般是指离开了户籍所在地到其他地方居住的人口。[③] 随着经济

---

① 王勇：《从党的光辉历史看“少捕慎诉慎押”刑事司法政策》，载最高人民检察院网，https：//www. spp. gov. cn/spp/zdgz/202204/t20220418_ 554441. shtml，2023年10月12日最后访问。

② 《2021年全国检察机关主要办案数据》，载最高人民检察院网，https：//www. spp. gov. cn/spp/xwfbh/wsfbt/202203/t20220308_ 547904. shtml#1，2023年10月12日最后访问；《2022年全国检察机关主要办案数据》，载最高人民检察院网，https：//www. spp. gov. cn/xwfbh/wsfbt/202303/t20230307_606553. shtml#1，2023年10月12日最后访问；《2023年1月至6月全国检察机关主要办案数据》，载最高人民检察院网，https：//www. spp. gov. cn/xwfbh/wsfbt/202307/t20230726_ 622572. shtml#1，2023年10月12日最后访问（2021年，全国检察机关共批准和决定逮捕各类犯罪嫌疑人86.8万人，同比上升12.7%；不捕38.5万人，同比上升65%，不捕率31.2%，同比增加7.9%。共决定起诉174.9万人，同比上升11.2%；决定不起诉34.8万人，同比上升39.4%，不起诉率16.6%，同比增加2.9%。2022年，全国检察机关共批准和决定逮捕各类犯罪嫌疑人49.4万人；不捕36.6万人，不捕率43.4%。共决定起诉143.9万人，不起诉51.3万人，不起诉率26.3%。2023年1月至6月，全国检察机关共批准和决定逮捕各类犯罪嫌疑人31.6万人；不捕26.5万人，不捕率46.2%。共决定起诉71.3万人，不起诉26.5万人，不诉率27.1%）。

③ 《常住人口和流动人口如何区分》，载国家统计局网，https：//www. stats. gov. cn/zs/tjws/tjbz/202301/t20230101_ 1903796. html，2023年10月12日最后访问。

社会发展，城镇化加速推进，流动人口的数量在不断增加。第七次全国人口普查数据显示，我国流动人口已经超过 3 亿，与 2010 年第六次全国人口普查数据相比增长 69. 73%。[①] 有学者实证研究后发现，人口流动性每提高 1%大约将导致犯罪率上升 3. 6%。[②] 如此大规模的人口流动，必然导致流动人口犯罪数的增加。在司法实践中，涉罪流动人口的非羁押强制措施适用率一直处于较低的状态，其痛点在于对涉罪流动人口释放后的监管很难到位。而困境在于，正因为监管不到位，涉罪流动人口脱逃的可能性增加，反而会加剧对涉罪流动人口的刻板印象。因此，考虑到监管难度，涉罪流动人口多处于被羁押状态，这不利于实现对涉罪流动人口的人权保障，也与“少捕慎诉慎押”的刑事司法政策相违背。在此背景下，针对涉罪流动人口的非羁押强制措施监管的困境，需要探索新型非羁押监管模式。

随着数字技术不断革新，数字化赋能法律监管逐步被运用到刑事诉讼中，数字化非羁押监管系统（平台）在全国各地均有实践。例如，杭州首创“非羁押码”，由“健康码”衍生而来，通过绿、黄、红三色监管码，分级进行动态监管。[③] 且在粗略统计下，仅微信小程序以“非羁押监管”为关键词搜索出的标注为政府的非羁押监管平台就有 46 个（最后搜索时间为 2023 年 10 月 12 日）。尽管部分地区已有数字化非羁押监管系统（平台）在运行，但是目前相关理论研究更多着眼于非羁押数字监管系统（平台）的发展前景与风险规制，存在研究局限。[④] 本文聚焦涉罪流动人口的非羁押监管困境，拟论证涉罪流动人口数字化非羁押监管模式的理论基础与可行性分析，促进涉罪流动人口非羁押监管数字化。

---

① 《第七次全国人口普查公报（第七号）》，载国家统计局网，https：//www. stats. gov. cn/sj/zxfb/202302/t20230203_ 1901087. html，2023 年 10 月 12 日最后访问。

② 陈刚、李树、陈屹立：《人口流动对犯罪率的影响研究》，载《中国人口科学》2009 年第 4 期。

③ 姜涛、王藤儒：《数字化非羁押监管运用前瞻》，载最高人民检察院网，https：//www. spp. gov. cn/spp/llyj/202012/t20201216_ 489121. shtml，2023 年 10 月 12 日最后访问。

④ 吴立志、周雨薇：《“非羁码”的风险隐忧与前景展望》，载《重庆邮电大学学报（社会科学版）》2024 年第 1 期。

一、现实困境：涉罪流动人口非羁押监管难

现行《中华人民共和国刑事诉讼法》（以下简称《刑事诉讼法》）第六章规定了五种强制措施。其中，刑事拘留与逮捕属于典型的羁押强制措施，拘传虽然是非羁押强制措施，但是其问题不在监管。因此，下文将立足于取保候审和监视居住这两种强制措施来讨论涉罪流动人口的非羁押监管困境。

（一）取保候审的内生困境

目前学界关于涉罪流动人口适用取保候审的实证分析材料翔实，得出的结论也大致相同，即虽然涉罪流动人口取保候审适用率逐年上升，但仍低于非流动人口的取保候审适用率。[①] 追本溯源，传统的取保候审监管和涉罪流动人口不配套。

1. 涉罪流动人口具有流动性

流动性是流动人口最本质的特征，不仅表现为人户分离的不便，还表现为收入的两极化与无归属感。涉罪流动人口更是普遍存在受教育程度较低、收入低等问题，而这些问题互相影响。受教育程度低、人户分离等导致涉罪流动人口能找到的工作大多是一些收入不稳定的工作或者收入较低的工作。这些收入仅能用于维持生活，并不足以用于提升自身学历与专业技能，更不能在大城市定居。这也能解释在对涉罪流动人口的犯罪类型分析中发现，其涉嫌的罪名主要集中在财产类犯罪，以抢劫、抢夺以及盗窃等直接获得财产的犯罪占据了流动人口犯罪总数的70%~80%。[②] 但是现行取保候审的保证方式为提出保证人和交纳保证金这两种。提出保证人要求有“固定的住处和收入”，这与涉罪流动人口的复杂社会关系兼容困难。在实践中，公安司法

---

① 林静、饶明党：《流动人口取保候审问题研究》，载《国家检察官学院学报》2014 年第 2 期。

② 张莹：《涉罪流动人口取保候审制度存在的问题及其完善——基于 2013—2016 年宁波鄞州区调研数据》，宁波大学 2017 年硕士学位论文，第 3 页。

机关更偏向采取交纳保证金的方式,[①] 但考虑到涉罪流动人口的收入，这种方式同样适用困难。此外，有研究表明，户籍地不是管辖地的，遵守取保候审义务没有逃跑的占比较户籍地是管辖地的低了 18.4 个百分点。[②] 此条结论从实证数据角度揭示涉罪流动人口犯罪后的逃跑可能性确实高于非流动人口。

2. 传统监管流于形式

《刑事诉讼法》第 67 条第 2 款规定“取保候审由公安机关执行”。《公安机关办理刑事案件程序规定》第 91 条第 1 款则规定“公安机关决定取保候审的，应当及时通知被取保候审人居住地的派出所执行……”。因此，传统的取保候审监管方式大多采取由基层派出所进行一对多的人盯人。这种监管方式不仅效率低下且由于基层派出所本就事务繁忙，存在脱保可能。

在涉罪流动人口的取保候审执行过程中，还存在异地执行的情况。一方面，2022 年 9 月 21 日，最高人民法院、最高人民检察院、公安部、国家安全部联合下发了《关于取保候审若干问题的规定》（以下简称《规定》），将“居住地”明确为户籍所在地和经常居住地，并且规定取保候审“一般应当”在户籍所在地执行，与“可以”在经常居住地执行形成对比。另一方面，尽管《规定》在规范层面表明“暂住地”执行的可能性，即被取保候审人离开户籍所在地一年以上且无经常居住地，但在暂住地有固定住处的，可以在暂住地执行取保候审。但是《规定》出台时间较短且并未排除在户籍所在地执行，流动人口中有固定住处也并非大多数，异地执行短时间内不可避免。异地执行取保候审时，因为其监管模式存在监管责任错位、监管执行乏力、监管配合失调等问题，极易造成监管真空。[③]

综上，基于涉罪流动人口的流动性特点，司法机关并不趋向对涉罪流动人口适用取保候审。在刑事司法领域，作为典型的非羁押强制措施，取

① 高佳梨：《涉罪流动人口适用取保候审强制措施调查报告——以 Z 省 S 市 Y 区为样本分析》，西南政法大学 2018 年硕士学位论文，第 12 页。

② 张吉喜：《逮捕社会危险性条件中犯罪嫌疑人逃跑风险评估研究》，载《中国法学》2023 年第 4 期。

③ 张银洁：《异地取保候审监管困境及其破解》，载《四川警察学院学报》2023 年第 3 期。

保候审是与无罪推定原则、人权保障理念关系最为密切的“制度设置”之一，取保候审的立法技术与司法考量更是反映国家法治化和人权保障程度的重要指标。因此，推进涉罪流动人口的取保候审适用是国家法治化进程和人权保障深入必不可少的部分，涉罪流动人口取保候审监管困境的解决迫在眉睫。

（二）监视居住的监管异化

2012 年《刑事诉讼法》修改，新增条文单独规定监视居住的适用条件和范围，立法原意是将取保候审与监视居住相分离，并将监视居住定位为减少羁押的替代性措施。学界对此持乐观态度，希望监视居住能成为非羁押性强制措施与羁押性强制措施的过渡措施，既能满足某些情况下不能适用取保候审或者逮捕时的最佳措施的需求，也能实现降低羁押率的目的。但现实情况是，在 2012 年对监视居住制度进行完善后，监视居住的适用率并未如预期持续升高，而是在上升两三年后回落到 2012 年《刑事诉讼法》修改前的水平，且上升后的适用率仍旧远低于取保候审与逮捕适用率。监视居住的功能发挥十分有限，同时，在监视居住制度的实际运行过程中，其监管逐渐取保候审化或者沦为变相羁押。①

1. 监管取保候审化

依据《刑事诉讼法》第 74 条第 2 款“对符合取保候审条件，但犯罪嫌疑人、被告人不能提出保证人，也不交纳保证金的，可以监视居住”的规定。由前述可知，部分涉罪流动人口与提出保证人与缴纳保证金的取保候审保证方式并不适应。但是没有保证人或者保证金的约束，涉罪流动人口对于法律规定的义务遵守程度令人担忧。因此，根据法律规定，对这部分涉罪流动人口可以采取监视居住。监视居住被认为是比取保候审限制人身自由程度更深的一种强制措施，主要通过加强公安机关的监管职责来保障诉讼活动的顺利进行。在实践中，对于上述涉罪流动人口以及其他符合取保候审条件但监视

---

① 刘梅湘：《预期目标与理性检视：监视居住的实证研究》，载《中国刑事法杂志》2021 年第 3 期。

居住的涉罪人员，公安机关的监管与取保候审的监管方式相差不大，甚至可以说是参照取保候审方式进行监管。但这类被监视居住的人并没有类似保证人或者保证金的约束，使监视居住变成了比取保候审限制人身自由程度更轻的一种强制措施，这明显违背监视居住的立法逻辑。

2. 监管变相羁押化

与监管取保候审化相反的是，监管变相羁押化是指对被监视居住人监管过度，以至于从限制人身自由到变相的剥夺人身自由。限制人身自由与剥夺人身自由存在质的区别，两者进行区分的核心要素之一在于监视方法的选择。① 如果对被监视居住人进行人盯人轮岗式全天监视，没有丝毫自由可言，此“监视居住”与逮捕可能仅有看守地点上的差异而已。符合逮捕条件但是不宜逮捕的犯罪嫌疑人、被告人大多为此类情形。

综上，固然在监视居住的平等适用层面，涉罪流动人口与涉罪非流动人口之间不存在明显差别，但是监视居住本身的监管异化还是对涉罪流动人口的非羁押监管进程有所妨碍。监视居住的执行方式与涉罪流动人口的流动性特点相契合，因此，解决监视居住的监管问题也需考虑在内。

二、可行路径：涉罪流动人口与数字化非羁押监管契合

非羁押措施的适用通常伴随着被监管人的义务承担和公安机关的监管职责。数字化非羁押监管系统（平台）的核心是数字化，主要依托人工智能、大数据、区块链、云计算等数字技术，通过 GPS 定位、电子围栏、人脸识别等多种方式，确保公安机关实现远程动态监管。同时，被监管人能够在必要的监管下回归日常生活。

（一）契合公安机关的监管需要

根据《刑事诉讼法》第 71 条和第 77 条，数字化非羁押监管可以做到以

① 张忠柱：《论指定居所监视居住的执行》，载《山东警察学院学报》2017 年第 6 期。

下几点。①

1. 监测被监管人的轨迹

数字化非羁押监管系统（平台）可以通过GPS技术24小时定位被监管人的位置，并形成被监管人的行程轨迹图。电子围栏则可以划定被监管人的活动范围，一旦被监管人离开特定范围或者进入禁止活动范围，系统将立即自动报警。此处划定范围由监管人员根据具体案件的情况来决定。比如，可以划定证人生活区域为禁止活动区域，防止被监管人影响证人做证。若发现同案多名犯罪嫌疑人近距离停留情况，系统也将及时报警、记录，防止同案嫌疑人串供。基于轨迹监测，涉罪流动人口即使因为流动性强而造成逃跑风险增加，也可以通过扩大禁止活动范围或者缩小活动范围等方式进行监管。

2. 下达传讯任务与不定期抽查

监管人员可以明确传讯时间并指定传讯派出所，要求被监管人在规定的时间内到达指定地点接受传讯。不定期抽查则是主要针对位置和行为的抽查，防止人机分离。数字化监管中的抽查频率由办案机关决定，被监管人只负责执行，抽查的方式是通过平台进行视频连线，能够直观看出被监管人的位置和状态。通过不定期线上抽查和线下传讯，监管人员对涉罪流动人口的监管

① 《刑事诉讼法》第71条："被取保候审的犯罪嫌疑人、被告人应当遵守以下规定：（一）未经执行机关批准不得离开所居住的市、县；（二）住址、工作单位和联系方式发生变动的，在二十四小时以内向执行机关报告；（三）在传讯的时候及时到案；（四）不得以任何形式干扰证人作证；（五）不得毁灭、伪造证据或者串供。人民法院、人民检察院和公安机关可以根据案件情况，责令被取保候审的犯罪嫌疑人、被告人遵守以下一项或者多项规定：（一）不得进入特定的场所；（二）不得与特定的人员会见或者通信；（三）不得从事特定的活动；（四）将护照等出入境证件、驾驶证件交执行机关保存。被取保候审的犯罪嫌疑人、被告人违反前两款规定，已交纳保证金的，没收部分或者全部保证金，并且区别情形，责令犯罪嫌疑人、被告人具结悔过，重新交纳保证金、提出保证人，或者监视居住、予以逮捕。对违反取保候审规定，需要予以逮捕的，可以对犯罪嫌疑人、被告人先行拘留。"

《刑事诉讼法》第77条："被监视居住的犯罪嫌疑人、被告人应当遵守以下规定：（一）未经执行机关批准不得离开执行监视居住的处所；（二）未经执行机关批准不得会见他人或者通信；（三）在传讯的时候及时到案；（四）不得以任何形式干扰证人作证；（五）不得毁灭、伪造证据或者串供；（六）将护照等出入境证件、身份证件、驾驶证件交执行机关保存。被监视居住的犯罪嫌疑人、被告人违反前款规定，情节严重的，可以予以逮捕；需要予以逮捕的，可以对犯罪嫌疑人、被告人先行拘留。"

更为到位。①

(二) 适应被监管人的生活需要

数字化非羁押监管系统（平台）的主要媒介是智能手机。通过指纹、虹膜、人脸等识别方式登录，降低代签风险，可以实现线上打卡和外出等需要审批的事项申请。其中，线上打卡要求被监管人每天或者定期通过系统进行打卡，确保承担被监管人的义务。针对涉罪流动人口，则需要每天完成线上打卡，保证监管人员对其状态的实时了解，即使出现逃跑情况，也能及时被发现。至于“未经执行机关批准”的审批类事项，被监管人员可以根据实际情况进行线上申请，监管人员则通过系统记录的被监管以来表现等考虑是否批准。基于更为充分的申请理由与材料，涉罪流动人员可以外出或者安排其他事宜，切实体现司法的人文关怀。

综上，数字化非羁押监管的有利之处在于可以较好实现分级与个案监管。根据涉罪流动人口不同的情况进行不同的监管，较传统的监管方式更为灵活，与流动性特点较为契合。同时，数字化非羁押监管不仅为司法机关在适用非羁押强制措施时提供更多监管选择，更助力推进犯罪嫌疑人、被告人的权利保障实现。

三、理论证成：数字化非羁押监管的合法性与合理性

在对数字化非羁押监管进行理论证成之前，需要明确数字化非羁押监管的性质定位。尽管有学者认为可以将数字化非羁押监管定位为一项羁押替代措施，但是目前这只能成为一种立法期望。因为如果定位为羁押替代措施，需要从法律层面进行立法，与传统的非羁押强制措施兼容，达到层次性、阶梯性的要求，以实现全国性普遍适用，但是数字化非羁押监管系统（平台）还在发展过程中，在全国推广的基础设施条件就达不到要求。数字化非羁押监管的本质就是一种监管手段，与传统的人盯人甚至电子监控的本质是一样

① 张琳：《非羁押性强制措施的数字化监管问题研究》，载《电子知识产权》2022 年第 3 期。

的，所以将其定位为一项在非羁押强制措施监管执行中的辅助性措施较为合理。基于此，涉罪流动人口数字化非羁押监管的理论证成分为合法性证成与合理性证成。

（一）合法性证成

《刑事诉讼法》第 78 条："执行机关对被监视居住的犯罪嫌疑人、被告人，可以采取电子监控、不定期检查等监视方法对其遵守监视居住规定的情况进行监督。"此条款属于对执行机关的明确授权。而针对取保候审则无类似规定。当然，这并不意味着对被取保候审人适用数字化非羁押监管不具有合法性，理由如下。

1. 法律的滞后性

法律的滞后性是指国家法律一经制定都具有一定的稳定性，而法律所调整的社会关系总是不断变化发展的。[①] 2020 年 9 月，杭州首创"非羁码"，是数字化非羁押监管的开端，目前处在各个地区试点状态。在此基础上，作为一种新型辅助非羁押监管的手段，贸然将数字化非羁押监管写入法律反而容易破坏法律的稳定性。

2. 符合强制措施适用的基本原则

虽然将数字化非羁押监管定位为辅助性手段，但是其仍属于强制措施适用的范畴，可以通过强制措施适用的基本原则来对其进行合法性证成。强制措施适用的基本原则包括法律保留原则、比例原则、自由推定原则以及司法审查原则。其中，比例原则属于合理性证成范畴，在下文进行论证；司法审查原则讨论的是强制措施的决定权与执行权应该分开行使，与本部分无关。

法律保留原则认为"未经法律明确授权和允许，任何旨在剥夺、限制公民权益的官方行为都应当被禁止实施"。此项原则的核心在于对公民基本权利中人身自由权的保护，概言之，在公民基本权利上创设新的义务需要获得国家法律的明确授权。数字化非羁押监管只是监管手段的创新，未超越法律所规定的被监管人需要遵守的义务，也未创设新的剥夺或者限制人身自由的权

① 舒国滢：《法理学导论（第二版）》，北京大学出版社 2012 年版，第 43 页。

利，并未对公民基本权利造成实质侵害。因此，可以认为数字化非羁押监管并未违反法律保留原则。

自由推定原则是由无罪推定原则衍生而来。根据自由推定原则，对嫌疑人、被告人不适用强制措施应成为一般情况，对其人身自由的限制或者剥夺则应成为例外。此项原则的核心是在承认刑事强制措施存在之必要性与价值性的前提下，对无罪推定原则的坚持。在降低羁押率、提高非羁押强制措施适用率的角度，数字化非羁押监管的适用能够在一定程度上解决前述执行过程中出现的监管困境。一方面，对已经处于非羁押状态的犯罪嫌疑人、被告人确保监管效果，以达到保障刑事诉讼活动顺利进行的目的；另一方面，对于潜在可能适用非羁押强制措施却考虑到监管难的犯罪嫌疑人、被告人，可以通过加强监管的方式对其适用非羁押强制措施，真正实现非羁押为原则、羁押为例外的目的。

（二）合理性证成

就数字化非羁押监管进行合法性证成后，还需对涉罪流动人口的数字化非羁押监管进行合理性证成。

1. 平等权

涉罪流动人口和涉罪非流动人口存在非羁押强制措施适用率不一致的现实问题，其原因在于涉罪流动人口的特性与取保候审制度之间不协调、容易逃跑等特性。虽然涉罪流动人口和涉罪非流动人口之间确实存在差别，但是这并不能构成“合理对待”。因为宪法意义上的平等权既是法律制定的平等，也是法律适用的平等。从法律制定平等的角度来看，《刑事诉讼法》并没有对流动人口区分适用的规定；从法律适用平等角度来看，即使决定机关有自由裁量权，但是羁押措施是对公民人身自由的剥夺，对公民基本权利的侵害程度远高于限制人身自由的非羁押措施。这种差别对待程度明显是不合理的，只是囿于传统监管困境，这种差别对待很难解决。数字化非羁押监管可以通过分级监管，既考虑到涉罪流动人口的特性，又不致其处于被剥夺自由的羁押状态。

2. 比例原则

数字化非羁押分级监管符合比例原则的要求。比例原则发端于德国行政法，后扩展至整个公法体系，其核心内涵是对公权力行为所选择的手段的评价。[①] 比例原则包含三项子原则，即妥当性原则、必要性原则以及狭义的比例原则。一是妥当性原则，即所采取的措施可以实现所追求的目的。公安机关对涉罪流动人口采取数字化手段的目的是实现非羁押监管，而不是羁押。前文就数字化非羁押监管目的实现已有论述，不再赘述。二是必要性原则，即除采取的措施之外，没有其他更少损害的适当措施。羁押与非羁押之间，非羁押的损害更少。在传统的人盯人监管与数字化监管中，传统的人盯人监管因为警力等无力监管，看起来比数字化监管损害小。实际上，对于涉罪流动人口，较长一段时间内数字化监管无法完全取代人力，反而是对人力监管的补充。因此，并不存在所谓其他损害更小的措施。三是狭义上的“比例原则”，即采取的必要措施与追求的结果之间成比例。此项原则要求公安机关对希望保护的利益和所可能损害的利益进行衡量，如果损害利益大于保护的利益，则不应该适用该措施。对涉罪流动人口采用数字化非羁押监管可能对其隐私权造成损害，但此种损害可以通过事前取得涉罪流动人口同意以及对数字化监管的优化等方式来降低。

四、未来面向：涉罪流动人口数字化非羁押监管模式

（一）加强数字化监管基础性、技术性工程建设

数字化非羁押监管措施在杭州的试点工作顺利开展，但这有一个重要前提是杭州已经建立了较为完备的城市大脑管理体系，对数字技术的运用排在全国前列。[②] 虽然目前国内各地区数字化发展程度不同，很难一开始就建立与杭州数字化程度相同的非羁押监管系统（平台），但是2023年2月27日中共

① 刘权：《目的正当性与比例原则的重构》，载《中国法学》2014年第4期。

② 徐凯妍：《非羁押数字监控措施及其规制研究》，浙江工商大学2022年硕士学位论文，第26页。

中央、国务院印发的《数字中国建设整体布局规划》提出，到2025年，基本形成横向打通、纵向贯通、协调有力的一体化推进格局，数字中国建设取得重要进展。这为数字化监管的基础性、技术性工程建设提供了有力支撑。此外，可以根据各地数字化水平建构适宜的非羁押监管系统（平台），再采用分区域逐步推进，分阶段全面覆盖的方式在全国推广。

（二）推进数字化监管多层次、低风险发展

以涉罪流动人口非羁押监管为例，数字化监管能够根据预设进行分级管理，但是如何进行分级管理，实现数字化监管的多层次发展，还需要进一步探索。“健全社会危险性量化评估机制”是与数字化监管相契合的。① 对社会危险性的评估是强制措施适用领域绕不开的话题。量化评估则是在大量案例数据的支撑下，为社会危险性判断提供相对统一、规范的参考标准。对涉罪流动人口的数字化非羁押监管可以参考此判断标准，形成多层次的监管模式。另外，数字化监管以被监管人员信息的采集、处理、使用为运行机制，可能存在侵害被监管人的隐私权风险，需要时刻警惕。

（蒋　卓：湘潭大学法学学部）

① 《健全社会危险性量化评估机制　提升逮捕措施适用质效》，载最高人民检察院网，https：//www.spp.gov.cn/llyj/202304/t20230424_612218.shtml，2023年10月12日最后访问。

【行政诉讼】

行政协议解除权的司法审查：基于不同类型的规则完善

刘文煜

新行政诉讼法和行政协议司法解释均未针对行政机关单方解除行政协议的类型作出差异性规定。法学界和实务部门对行政机关单方变更权和解除权进行混合分类的居多，少有对行政机关的解除权类型、特征及其行使与司法审查规则单独进行系统深入的研究。但单方变更权与单方解除权存在诸多差异，不宜混合分类，而应对单方解除权单独分类。根据行政协议的行政性与契约性特征以及行政法和民法的相关规定，行政机关的单方解除权可以分优益性解除权和合同性解除权两大基本类型，前者除具有行政优益权的特征外，还具有条件的独特性、行使期限的除斥性、效果的有偿性等特征；后者同前者相比，除具有种类多样性外，还具有基础条件的契约性、行使方式的简便快捷性、行使效果的无偿性等特征。法院应对行政机关行使协议解除权纠纷实行分类审查，并应对诉讼类型、起诉条件、举证责任、审查范围和标准、法律适用和裁判方式等方面的审查规则加以完善。

一、问题的提出

《中华人民共和国行政诉讼法》（以下简称《行政诉讼法》）在2014年和2017年先后经历两次修订，均将行政机关不依法履行、未按照约定履行或者违法变更、解除政府特许经营协议、土地房屋征收补偿协议等协议的争议纳入了行政诉讼的受案范围。2020年1月1日起施行的《最高人民法院关于审理行政协议案件若干问题的规定》（以下简称《行政协议司法解释》）则重新界定了行政协议的内涵，增补了纳入行政诉讼受案范围的行政协议类型和诉讼类型，完善了司法审查范围、标准、举证责任分配、法律适用和裁判方式等内容，从而极大促进了法院对行政协议纠纷案件的受理、审理与裁判。但是，在行政协议纠纷案件特别是行政机关单方解除行政协议纠纷案件的司法审查中，目前仍存在不少困惑，这类案件的法定诉讼类型和起诉条件、审查标准、举证责任分配和裁判方式等难以完全适应各种不同解除权行使情况，一些法官对不同类型解除权成立和行使条件、行使程序和行使后果认识模糊，审查标准和裁判方式混乱。[①] 行政机关行政协议单方解除权纠纷案件司法审查中存在上述问题的一个重要原因是，在立法和司法解释中未针对行政机关单方解除权的不同类型和内部结构，特别是不同类型解除权成立和行使的条件、行使的程序、行使的效果与善后处理等方面的差异，未针对性在诉讼类型、起诉条件、举证责任、审查范围和标准、法律适用和裁判方式等方面作出差异性具体规定。而要解决上述立法和司法解释中的不足，就需要在法理上厘清行政机关的单方解除权的具体类型及其司法审查之完善路径。[②]

我国法学界一些学者根据法国、德国等国家的行政合同理论和立法情况以及我国相关行政法和民法的规定，并结合司法机关审理和裁判行政协议争议的案例，针对行政机关在履行行政协议过程中单方行使变更、解除权的情形，将解除权连同变更权类型进行混合划分，提出了多种观点。[③]

笔者认为，合同（协议）的“变更”与“解除”是两种不同的法律行为，单方变更权与单方解除权存在明显差异。单方解除权，是指因一方当事人的意思表示而使已经成立生效但未履行完毕的合同关系归于消灭的权利，属于实体法上的形成权。它是以合同合法成立有效为前提，是合同关系的总体消灭。狭义的单方变更权（不包括合同主体的变更），是指因一方当事人的意思表示使已经成立生效但未履行完毕的部分合同内容变成新内容的权利。它行使的结果只是合同内容的局部变化，合同关系总体不变；它并不以合同全部内容合法有效为前提，对其中意思表示有瑕疵的内容也可以诉请变更或

① 王红建：《行政协议司法审查研究》，法律出版社2021年版，第2页。

② 杨科雄、郭雪：《行政协议法律制度的理论与实践》，中国法制出版社2021年版，第1-3页。

③ 熊勇先：《论行政机关变更、解除权的行使规则——基于司法裁判立场的考察》，载《政治与法律》2020年第12期。

者撤销。我国原合同法在总则中只规定了合同当事人可以协商变更合同内容和一方当事人有权诉请法院或者仲裁机构判决、裁决变更或者撤销意思表示有瑕疵的合同内容，并未赋予当事人享有直接单方变更合同的权利。现行民法典合同编在吸收原合同法上述内容的基础上也只增加规定了因情势变更双方协商不成情形下的受不利影响的当事人可以诉请人民法院或仲裁机构变更合同的权利。[①] 只有旅游法、电子商务法等特别民法分别赋予了旅行社和电子商务平台的单方变更权。[②]《行政诉讼法》所规定的行政机关对行政协议的变更行为，实际上是指行政优益权意义上的单方变更权的行使。从法律规定和实践来看，解除权的类型和行使情形要比变更权的类型与行使情形复杂得多。因此，既不宜在立法上和司法解释中将行政机关的行政协议单方变更权和单方解除权混合在一起作出统一规定，也不宜在法理上将变更权和解除权混合在一起进行类型划分，应对二者分别进行分类。对行政机关协议解除权进行分类，这既有利于行政机关根据不同类型的行政协议和不同的情况按不同的条件和方式行使协议解除权，并进行不同的善后处理，也便于在立法上和司法实践中进一步明确与完善行政协议解除权争议的诉讼类型和起诉条件、审理范围和标准、举证责任分配、法律适用和裁判方式等方面的规则。

二、行政协议中行政机关解除权的基本类型和内部结构

法学界、实务界以及立法部门认为，行政协议具有行政性和契约性双重属性。根据行政协议的双重属性和相关法律规定以及我国行政机关运用行政协议推进行政管理工作的实践经验，行政机关在行政协议履行过程中，既依法享有属于行政优益权内容的解除权，也依法享有属于合同当事人权利内容的单方解除权。《行政协议司法解释》第 27 条第 2 款规定："人民法院审理行政协议案件，可以参照适用民事法律规范关于民事合同的相关规定。"这一规定，实际上承认行政机关在行政协议履行过程中，应根据行政法并参照适用

① 严益州：《论行政合同上的情势变更——基于控权论立场》，载《中外法学》2019 年第 6 期。

② 章程：《论行政协议变更解除权的性质与类型》，载《中外法学》2021 年第 2 期。

民事法律特别是原合同法和现行民法典关于合同当事人单方解除权的规定，享有和行使行政协议解除权。因此，行政机关所享有的行政协议解除权，并非仅指属于行政优益权的解除权，还包括行政法和民法规定以及协议约定的属于合同当事人权利的单方解除权。行政机关的协议解除权，实际上首先可以分为优益性解除权和合同性解除权两大基本类型。

（一）优益性解除权的特征和内部结构

1. 优益性解除权的特征与行政优益权

优益性解除权，是行政机关在行政协议履行过程中依法享有的属于行政优益权的单方解除权的简称。[①] 所谓行政优益权，根据法学界和实务部门比较一致的观点，是指行政机关在与行政相对人（当事人）签订、履行行政协议过程中，为维护国家利益或者社会公共利益，实现行政管理或者公共服务目标而依法单独享有的、超越于协议（合同）约定的特别权力（特权）。[②] 其主要内容有行政协议内容的决定权和单方变更权、协议履行中的指导监督权、强制履约权和制裁权、特殊情况下的单方解除权等。行政优益权是行政协议"行政性"的突出表现，具有目的公益性、权利专属性、主体和程序法定性、效力高效性等特征。[③]

由上可见，优益性解除权是行政优益权的重要内容，它是指在行政协议履行过程中，当出现了新的重大公共利益的迫切需要，继续履行协议将严重损害国家利益或者社会公共利益。[④] 在此种情况下，行政主体有权单方解除协议，而不必受协议约束或者征得协议相对方的同意。[⑤] 例如，《中华人民共和国城市房地产管理法》第20条规定："国家对土地使用者依法取得的土地使用权，在出让合同约定的使用年限届满前不收回；在特殊情况下，根据社会公共利益的需要，可以依照法律程序提前收回，并根据土地使用者使用土地

① 江必新：《行政协议的司法审查》，载《人民司法（应用）》2016年第34期。

② 胡宝岭：《行政合同争议司法审查研究》，中国政法大学出版社2015年版，第245页。

③ 何彤文、刘慧娟：《行政优益权行使的合法性审查》，载《人民司法（案例）》2015年第22期。

④ 吴高盛：《公共利益的界定与法律规制研究》，中国民主法制出版社2009年版，第31-41页。

⑤ 黄贤宏：《论行政主体合同优先权》，载《法律科学（西北政法学院学报）》1999年第4期。

的实际年限和开发土地的实际情况给予相应的补偿。”《中华人民共和国城镇国有土地使用权出让和转让暂行条例》第 42 条规定：“国家对土地使用者依法取得的土地使用权不提前收回。在特殊情况下，根据社会公共利益的需要，国家可以依照法律程序提前收回，并根据土地使用者已使用的年限和开发、利用土地的实际情况给予相应的补偿。”《行政诉讼法》第 12 条第 1 款第 11 项和第 78 条第 2 款以及《行政协议司法解释》第 16 条所规定的行政机关解除行政协议的情形，实际上是指行政机关行使优益性解除权的情形。

优益性解除权具有如下独有的特征：一是条件的独特性。在行政协议履行过程中，只有出现了新的重大公共利益的迫切需要，继续履行协议将严重损害国家利益或者社会公共利益的特殊情况，这种解除权才能产生和具备行使的条件。上述条件的产生完全是由于外部原因，与行政协议当事人的行为无关。这既区别于民法规定的合同双方均可以在一定条件下享有的单方解除权，也区别于《中华人民共和国城市房地产管理法》《中华人民共和国城镇国有土地使用权出让和转让暂行条例》等法律法规所规定在相对方根本性违约的情形下，行政机关作为合同当事人所享有的带制裁性的单方解除权。[①] 二是行使期限的除斥性。优益性解除权也属于形成权，其行使也要受除斥期间的限制，除斥期间届满而未行使，解除权消灭。三是效果的有偿性。在一般情况下，行政机关行使优益性解除权，难免会给相对方造成一定损失，行政机关应当依法对相对方予以补偿；如果违法行使这种解除权，则应予以赔偿。换句话说，行政机关行使优益性解除权，要达到终止协议履行的效果，一般都是要付出一定代价的。该种代价原则上应包括相对方的直接损失和合理的信赖利益损失。《行政诉讼法》第 78 条第 2 款规定的行政机关解除行政协议的补偿，实际上是指合法行使优益性解除权的补偿。因此，行政机关行使优益性解除权时，应当贯彻比例原则和信赖保护原则，慎之又慎。上述第三个特征也是优益性解除权区别于合同性解除权的一个显著标志。

2. 优益性解除权的子类型

行政机关所享有的优益性解除权可以根据不同标准，进一步细分子类。

① 陈天昊：《行政协议变更、解除制度的整合与完善》，载《中国法学》2022 年第 1 期。

例如，根据行政协议的履行行为是否具有持续性（继续性）和解除的效力是否溯及既往，可以将优益性解除权分为具有溯及力的解除权和无溯及力的解除权。履行为一次性行为的协议为非持续性协议，如国有土地使用权出让协议、土地房屋等不动产征收征用补偿协议等。履行在一定持续时间内完成的协议为持续性协议，如特许经营协议、公共工程承揽协议、廉租房租赁协议等。非持续性协议的解除，原则上有溯及力。这种行政协议解除后，一般需要恢复原状。持续性行政协议的解除，原则上没有溯及力。这种行政协议解除后，不需要恢复原状，一般只需进行解除前的结算和解除后的补偿。

（二）合同性解除权的内部结构与性质特征

1. 合同性解除权的内涵与子类型

合同性解除权，是指行政机关根据行政法或者参照适用民事法律规定享有属于行政协议当事人在约定或者法定条件成就时产生的单方解除权。我国已有不少涉及行政协议（合同）的行政法律、法规和规章对行政机关在相对方根本性违约的情况下，享有制裁性的行政协议（合同）单方解除权。例如：《中华人民共和国城市房地产管理法》第 26 条规定行政机关可以“无偿收回土地使用权”；《中华人民共和国城镇国有土地使用权出让和转让暂行条例》第 14 条规定“出让方有权解除合同”；《市政公用事业特许经营管理办法》第 18 条规定“主管部门应当依法终止特许经营协议”等。上述法条都是规定在行政协议履行过程中相对方有根本性违约行为的情况下，行政机关享有单方解除权。如果作为行政协议当事人的行政机关有根本性违约行为，相对方也依法享有单方解除权。因此，这与前述优益性解除权存在明显差异。上述法条规定行政机关享有的解除权同《合同法》第 94 条第 3、4 项规定守约方享有的解除权并无实质性区别。

根据《中华人民共和国民法典》（以下简称《民法典》）的相关规定，行政机关在履行行政协议过程中可以参照享有和行使的合同性解除权，有“约定解除权”和“法定解除权”两类。其中约定解除权是《合同法》第 93 条第 2 款、《民法典》第 562 条第 2 款规定的。约定解除权从字面上看不难理解其含义，但实践中的情况比较复杂，行政机关在与行政相对人签订行政协议时，可能将优益性解除权或者合同性解除权在协议中作出约定。如果双方当事人在行政协议中作出上述约定，就应当认定在此种情形下优益性解除权已转化为合同性解除权，只要这类约定不违反法律、法规的强制性规定，就应当认定其约定有效，双方当事人都应按约定执行。至于法定单方解除权的具体情形比较多，《民法典》第563条实际规定了具体情形下的合同当事人单方解除权，可以归纳并简化为三种法定解除权：一是在一方当事人根本性违约（含预期违约）情形下的守约方的单方解除权，这是指《民法典》第563条第1款第2、3、4项规定的情形。二是发生不可抗力致使合同目的不能实现情形下的任何一方当事人都享有的单方解除权，这是指《民法典》第563条第1款第1项规定的情形。三是持续性不定期合同任何一方当事人享有的在合理期限生效的任意性单方解除权，这是指《民法典》第563条第2款规定的情形。《民法典》第787条和第933条还分别规定承揽合同的定作方、委托合同的委托方的任意性解除权，但这两种持续性合同的任意解除权的行使需要付出一定代价。另外，根据《民法典》第580条第2款的规定，非金钱债务履行不能时，在有解除权的当事人不行使解除权，造成合同僵局的情况下，违约方享有解除合同的权利。合同当事人依该法条所享有的解除权和《民法典》第533条所规定的解除权都属于形成诉权，在现行只许"民告官"的行政诉讼制度下，行政机关不能参照适用。

如前所述，行政机关的合同性解除权也可以根据行政协议的类型，再分为有溯及力的解除权和无溯及力的解除权，并且还可以从不同的角度进行分类，但其他分类的实际意义不大。

2. 合同性解除权的性质与特征

合同性解除权是行政协议具有契约性的突出表现，行政机关行使合同性解除权的主体、权限和其他程序，有约定的依约定，无约定的依法定。行政机关行使合同性解除权的行为，是一种带制裁性的行政行为或者带柔性的行政行为，并非民事法律行为；相对方或者利害关系人不服该行为而提起诉讼，应适用行政诉讼法及其司法解释的相关规定。同时，合同性解除权属于典型性形成权，行使期限适用约定或者法定的除斥期间。

同优益性解除权相比，合同性解除权除了具体种类多样外，主要具有如下特征：一是基础条件的契约性。合同性解除权产生和行使的基础条件主要是行政协议约定的解除条件和约定的主要义务履行情况。其中，约定解除权产生和行使条件是行政协议约定行政机关行使解除权的条件已经成熟。法定解除权产生和行使的条件是行政机关必须是守约方，相对方有根本性违约行为导致行政协议的目的不能实现，或者因发生不可抗力导致行政协议的目的不能实现，或者以持续履行的债务为内容的不定期行政协议并在合理期限之前通知了对方。二是行使方式的简便快捷性，在行政法没有特别规定的情况下，行政机关应参照适用原合同法和现行民法典的相关规定，一般采用书面通知的方式行使解除权，并约定对方的合理异议期限，行政协议自通知依法送达之日起解除，解除即刻生效。[①] 解除通知一般不需明确解除后的善后处理的具体内容，待相对方的异议期限届满后，行政机关应另行依照一般行政行为的法定程序作出善后处理决定，相对方也可另行主张权利。如果解除通知中明确了善后处理具体内容而相对方未依约或依法行使异议权，则行政机关可以将解除通知直接纳入非诉执行程序。当然，行政机关行使带制裁性的解除权，也可采用作出行政处理决定的方式。三是行使效果的无偿性。除前述两种特殊性任意解除权外，行政机关在自己没有违约行为的前提下依约依法行使这类单方解除权，不但不需要向相对方予以补偿或者赔偿，反而应依约依法追究相对方的违约责任。由此可见，在优益性解除权与合同性解除权竞合的情况下，行政机关应选择行使合同性解除权。[②]〔2017〕最高法行申3564号实际上已经确认了两类解除权竞合的情况下，行政机关应优先行使合同性解除权的规则。

在行政机关有根本性违约行为的情况下，行政协议相对方虽然依照民法的相关规定，也享有单方解除权，但行政协议涉及公共利益，其解除权的行使不能损害公共利益，并且行政机关依法不能诉请确认解除的效力。因而相对方不能以通知的方式行使解除权，只能依照《行政协议司法解释》第9条

---

① 许鹏、乐巍：《行政协议单方变更权的司法审查》，载《人民司法（应用）》2016年第22期。

② 熊勇先：《论行政机关变更、解除权的行使规则——基于司法裁判立场的考察》，载《政治与法律》2020年第12期。

第5项、第17条的规定，向法院诉请解除行政协议，即提起形成之诉，由法院进行实体审查后作出形成判决。[①] 因此，在行政协议履行过程中，相对方也依约或者依法享有的解除权属于形成诉权。这也是行政协议不同于民事合同的标志之一。

三、基于不同类型的行政协议解除权司法审查规则完善

如前所述，行政机关行使优益性解除权的行为是一种高权性行政行为，行使合同性解除权的行为是一种制裁性或者柔性的行政行为。因此，行政协议相对方或者利害关系人对行政机关上述两类解除行为不服，均可依法提起行政诉讼，这符合《行政协议司法解释》的目的。但该司法解释对行政机关行使不同类型协议解除权情形的司法审查规则未作具体规定，现有的某些规定也需进一步完善。法院应当确立和坚持对行政机关行使不同类型解除权行为进行分类审查原则，并且至少要完善以下几方面的审判规则。[②]

（一）完善行政机关行使不同类型协议解除权的诉讼类型

《行政协议司法解释》规定的诉讼类型比较适合于行政协议相对方或者利害关系人对行政机关行使优益性解除权行为不服，提起行政诉讼；但对行政机关行使合同性解除权行为不服，提起行政诉讼并不完全适合。首先，应当明确原告应提起确认之诉，即行政协议相对方对行政机关行使合同性解除权的行为不服，只能提起确认解除行为效力之诉，即确认之诉，不能提起撤销之诉。因为，根据《民法典》的相关规定，合同一方当事人行使约定或者法定解除权时，应当采用通知对方的方式，或者直接以提起诉讼或者以申请仲裁的方式行使解除权。对方对以通知方式解除合同有异议的，任何一方当事人均可以请求人民法院或者仲裁机构确认解除行为的效力。由于现行只许“民告官”的行政诉讼制度的限制，行政机关行使合同性解除权，只能采用通

① 薄燕娜、李钟：《论合同解除权的行使——〈民法典〉合同编第565条评释》，载《法律适用》2021年第6期。

② 翟冬：《行政协议单方变更解除行为的司法审查》，载《行政法学研究》2022年第3期。

知的方式。与此对应的是，如果相对方对行政机关的行政协议解除通知有异议，也应根据《民法典》的相关规定，请求法院确认行政机关解除行为的效力，而不应请求撤销解除行为。其次，应增加行为之诉的主观诉讼类型，即第三人（利害关系人）诉请行政机关依法行使行政协议解除权。在行政协议的履行过程中，既存在行政机关滥用解除权的情形，也存在怠于行政使解除权，损害第三人合法权益的情形。[①] 因此，在行政协议的主观诉讼中，应当增加第三人（利害关系人）诉请行政机关依法行使解除权的行为之诉。[②] 最后，应增加行政协议解除权行使的客观诉讼类型，即在涉及生态环境和自然资源保护、国有财产保护、国有土地使用权出让等方面的行政协议，如果行政机关怠于行使协议解除权，致使国家利益或者社会公共利益受到侵害的，检察院有权依照《行政诉讼法》第 25 条第 4 款规定的条件和程序提起行政诉讼，诉请判令行政机关依法行使解除权。[③]

（二）区分解除权类型的行使期限与起诉期限职权审查

由于行政机关的优益性解除权和合同性解除权均属于形成权，二者的行使期限都应适用除斥期间。对优益性解除权的行使期限，现有行政法律法规尚无明确规定。但《合同法》第 95 条对合同当事人单方解除权的除斥期间作出了规定，即法律规定或者当事人约定解除权行使期限，期限届满当事人不行使的，该权利消灭；法律没有规定或者当事人没有约定解除权行使期限，经对方催告后在合理期限内不行使的，该权利消灭。《民法典》第 564 条除吸收了《合同法》的上述规定外，还新增加规定：即在法律没有规定或者当事人没有约定解除权行使期限的情况下，“自解除权人知道或者应当知道解除事由之日起一年内不行使”，该权利消灭。因此，行政机关无论行使哪一类解除权，都应参照适用《合同法》和《民法典》的上述规定。虽然优益性解除权

① 李于兰、何慧敏：《行政协议中行政优益权的法律规制——以 55 篇行政裁判文书为例》，载《新西部》2019 年第 23 期。

② 沈广明：《行政协议单方变更或解除权行使条件的司法认定》，载《行政法学研究》2018 年第 3 期。

③ 张培：《司法审查视角下行政协议中的单方变更、解除权》，载《社会科学家》2020 年第 6 期。

的成立和行使超越行政协议的约定，但行政机关也可以在行使解除权之前与相对方协商解除事项时，约定解除权行使期限。值得注意的是，行政机关解除权的消灭，并不意味着行政机关以后不能再享有解除权。如果此后行政机关与相对方又约定了解除权或者发生了新的法定情形，行政机关可以重新取得解除权。①

至于行政协议相对方或者利害关系人对行政机关行使两类解除权的行为不服提起行政诉讼的起诉期限，现行《行政法》和《民法典》均无明确规定，《合同法司法解释（二）》第24条规定的异议期限因已废止而不能适用。但是，《行政协议司法解释》第25条规定对行政机关变更、解除行政协议等行政行为提起行政诉讼的，起诉期限依照行政诉讼法及其司法解释确定。这一规定应当对行政机关行使两类协议解除权行为的起诉都是适用的，法院对两类协议解除权纠纷的原告起诉期限均应当依照这一规定进行审查。同时，还应注意把原告对被告解除权行为不服的起诉期限，同解除后的善后处理产生债权请求权的行使期限区别开来；解除后产生补偿、赔偿或者违约责任等方面请求权的行使期限，应适用法定的诉讼时效或者行政赔偿时效。

新修订的《中华人民共和国行政复议法》于2024年1月1日起施行。该法将公民、法人和其他组织“认为行政机关不依法订立、不依法履行、未按照约定履行或者违法变更、解除政府特许经营协议、土地房屋征收补偿协议等行政协议”的情形列入了行政复议范围，并且将公民、法人和其他组织“对行政机关作出的侵犯其已经依法取得的自然资源的所有权或者使用权的决定不服”的情形列为“先行复议”的五种情形之一。上述新法条规定对人民法院审查行政机关行使行政协议解除权纠纷案件的起诉条件和起诉期限提出了新要求。例如，从2024年1月1日起，如果相对人认为行政机关作出的解除《国有土地使用权出让协议（合同）》的决定侵犯了其已经依法取得的国有土地使用权而直接提起行政诉讼，受诉法院就应当告知原告先依法申请行政复议并裁定不予受理。再者，对于已经过行政复议的行政机关解除行政协议纠纷诉讼案件，法院对原告提起行政诉讼的起诉期限，只能依照新行政复

① 杜月秋、孙政：《民法典条文对照与重点解读》，法律出版社2021年版，第222页。

议法及其他相关法律规定审查确定。

（三）完善两类解除权行使纠纷的举证责任规则

由于行政机关的优益性解除权的行使属于高权行为，在行政诉讼中，原告应当对其符合起诉条件以及被告的解除行为对其造成的损失承担举证责任；被告则应当对优益性解除权已经成立和行使条件已经成就（即重大而迫切的公共利益新需求确已产生）、自己具有法定职权、履行了法定程序等方面的事实承担举证责任。如果行政协议相对方对行政机关行使合同性解除权不服，行使异议权而提起确认之诉，除了要对其符合法定起诉条件和行政机关违法或者违约行使解除权所造成的损失承担举证责任外，还应对其自己履行约定义务、行政机关的解除权不成立或者因超过除斥期间而已消灭等事实承担举证责任。[①] 被告主要针对原告提供的证据提供反驳证据。由此可见，行政机关的两类解除权行使纠纷在行政诉讼中，双方的举证责任分配有明显区别，不能不加区别的一律要求行政机关承担主要的举证责任。对行政机关行使合同性解除权纠纷的举证责任，法院应参照适用民事诉讼证据规则加以确定。

（四）完善各类解除行为的司法审查范围、标准与法律适用

《行政协议司法解释》第 11 条规定："人民法院审理行政协议案件，应当对被告订立、履行、变更、解除行政协议的行为是否具有法定职权、是否滥用职权、适用法律法规是否正确、是否遵守法定程序、是否明显不当、是否履行相应法定职责进行合法性审查。"人民法院对行政机关行使两类解除权行为的司法审查范围和标准，首先应当遵守该条规定。但是，对两类解除权纠纷的司法审查，均既离不开对行政协议本身的合法有效性进行审查，也离不开对解除权成立和行使行为的合约性和合理性进行审查。虽然行政诉讼法和行政协议解释均明确规定了对行政协议案件进行合法性审查，但并未排除合

① 黄贤宏：《论行政主体合同优先权》，载《法律科学（西北政法学院学报）》1999 年第 4 期。

约性审查和合理性审查。[①] 因此，在司法审查中，法官应合理区分行政协议类型和行政机关的协议解除权类型，对不同类型解除权在不同类型行政协议履行过程中的成立条件和行使主体、行使期限、行使方式、效力状况和善后处理等方面进行合法性、合约性和合理性审查，并根据不同类型的解除权行使确定“三性”审查的侧重点，其中对优益性解除权的行使应侧重于合法性审查和合理性审查，对合同性解除权的行使应侧重于合法性审查和合约性审查。在法律适用方面，对优益性解除权纠纷，应优先适用行政法律规范；在行政法律规范没有明确规定时，可以适用不违反行政法律规范强制性规定的民事法律规范。合同性解除权纠纷的法律适用，应优先适用合法有效的行政协议约定；在没有约定或者约定无效的情况下，应适用行政法律规范；在既没有合法有效的约定，也没有明确的行政法规定的情况下，应参照适用与行政法基本原则不相抵触的民事法律规范。

（五）完善对行政机关解除权纠纷案件的裁判方式

如前所述，行政协议相对方对行政机关行使各类解除权行为不服提起行政诉讼，其起诉期限均应适用行政诉讼法及其司法解释的相关规定。因此，对此类案件原告的起诉期限，在立案环节就应当进行审查，如发现其已超过法定起诉期限，法院应当裁定不予受理。在审理环节也应依职权对原告的起诉期限进行认真审查，如发现超过起诉期限，应当裁定驳回原告的起诉。至于行政机关行使合同性解除权纠纷的裁判方式，《行政协议司法解释》对此未作出明确规定，但第 16 条规定原告可以对被告行使行政协议解除权的行为提起撤销之诉，法院可以作出撤销判决，并可以责令重新作出行政行为。该条规定的诉讼类型和裁判方式，对解除权纠纷案件来说，在逻辑与法理上存在重大问题。[②] 如果被告的解除权未成立或者解除权已经消灭，法院只需确认被告行使解除权的行为无效，并确认行政协议仍然有效，须继续履行，不应判决撤销，更不应判令重作。当然，从法理上讲，如果被告通过与相对方重新

① 房绍坤、王洪平：《公益征收法研究》，中国人民大学出版社 2011 年版，第 109 页。

② 王洪亮：《论民法典规范准用于行政协议》，载《行政管理改革》2020 年第 2 期。

协商约定或者发生新的法定情形，可以重新获得解除权。因此，上述司法解释规定值得修改完善，对行政协议解除权的诉讼类型和裁判方式应坚持从实际出发，执行“量体裁衣”的规则。

结　语

行政协议单方解除权的产生、行使、争议救济和司法审查有许多问题值得深入研究和探讨，求得在理论上形成共识，在规范上加以完善，在实践中加以改进，从而使行政协议这种当代行政管理新方式得到更好的运用和发展。碍于篇幅，笔者对前述问题进行了初步探讨，希望能引起理论界和实务界更多的关注与研究，为司法实践提供有益的指引。

（刘文煜：湖南省益阳市中级人民法院）

论高空抛物行政诉讼原告主体资格的认定

蔡沛哲

社会迅速发展，四处高楼耸立的同时给我们带来了新的社会问题。自2000年的“重庆烟灰缸案”开始，我国高空坠物事件频发，危险系数和复杂程度也显著提高，仅是进入司法系统的案件就高达3500件，高空抛物相关问题引发了全社会越来越广泛的关注。为回应社会对高空抛物问题的关切，《中华人民共和国民法典》（以下简称《民法典》）第1254条第3款规定“发生本条第1款规定情形的，公安等机关应当依法及时调查，查清责任人”。上述条款不仅规定公安机关具有调查高空抛物受害者的义务，充分发挥公权力的优势，弥补私权主体在权利保护中的缺陷，而且该条款消解了公安机关介入时间和条件的限制，以便最大程度发挥公安机关的职能。该法条规定公权部门具有救济私权的义务，为民事法律关系中权益受损的主体增加了一道行政保护机制，在制度创新上具有重大突破。法谚有云：“无救济则无权利”，该行政保护机制的意义应在于当相关主体权益受损时能够及时得到救济。理想状态下，相关主体的权益保障，有赖于公安机关积极履行其行政义务，切实查清相关责任主体。然而，当公安机关未及时查清事实或查明事实错误，并导致相关主体权益受损时，相关主体能否就公安机关的行政行为向人民法院提起行政诉讼？

一、高空抛物行政诉讼原告主体资格认定的现实需求

在以往的高空抛物案件中，受害者需自行寻找具体侵权人，无法确定具体侵权人便由所有可能的侵权主体共同担责，只有涉及治安管理或情节严重

涉嫌刑事犯罪时，公安机关才会适时介入，行使其行政管理职能或刑事侦查权。由于此前法律规定的“介入时间”和“介入条件”并不具体、明确，导致公安机关常以未影响公共利益或未涉及刑事犯罪为由不履行职责，或以适用公平责任的虚假作为来掩盖其不作为的本质。私权主体的调查能力有限，案件事实往往难以真正得到还原，可能责任人的界定范围也随之变得模糊和宽泛。这种不确定性不仅侵害了受害人和可能侵权人的合法权益，更使大众处于无端的恐惧和担忧之中，可谓“没有伦理上的公平正义性，侵害全体社会成员的自由”。而《民法典》为公安机关新增设的义务具备“及时性”和“义务性”，弥补了此前规范层面的缺陷。根据该条款，高空抛物相关主体有权要求公安机关在案件一经发生即介入调查。此时正处于案件证据尚未消失的黄金时间，公安机关积极履职不仅有利于准确锁定具体侵权人，避免无过错的人受到牵连，更能从整体上增强社会信心和公众安全感，维护社会稳定。

肯定相关主体针对公安机关调查行为提起行政诉讼的资格，能够督促公安机关实质性履职、实现立法目的并且当公安机关怠于履职导致相关主体权益受损时，相关主体亦能通过行使行政诉权维护其合法权益。笔者在对高空抛物相关案件进行检索后发现：在总数将近 3500 件的高空抛物案件中，有 3000 多件属民事案件，300 多件属刑事案件，仅有不到 100 件属行政案件，且这些行政案件中，还多以“行政机关处罚高空抛物的违法行为或处罚施工单位及管理人未尽安全管理义务”为主要案情。换言之，高空抛物相关主体的行政诉讼原告资格并没有获得学界和实务界认可，至少该问题并未引起应有的注意。如果《民法典》设置的行政保护机制无法在实践中有效发挥作用，而实践中又不认可相关主体的行政诉权，这将导致权益受损的主体难以获得救济。因此，出于落实规范内容、切实发挥制度效能、充分救济私权的考虑，应当赋予相关主体行政诉权。

二、高空抛物行政诉讼原告主体资格认定的理论困境与回应

高空抛物相关主体的原告资格之所以不被认可，可能是由于公安机关调查职责及其保护权益的特殊属性。我国《中华人民共和国行政诉讼法》（以下

简称《行政诉讼法》）第25条规定："行政行为的相对人以及其他与行政行为有利害关系的公民、法人或者其他组织，有权提起诉讼。"最高人民法院在《〈关于执行《中华人民共和国行政诉讼法》若干问题的解释〉释义》中解释道，与行政行为存在利害关系是指行政行为对公民、法人或者其他组织的权利义务已经或者必将产生实际影响。[①] 但目前我国学界对行政调查行为性质的认定学说有"事实行为说""程序行政行为说""中间行政行为说"，而无论适用哪一种学说，公安机关的调查行为都因不对相关主体权利义务产生实际影响被排除在行政诉讼的受案范围之外。

（一）过程性行为对权益影响的不确定性

《民法典》对于公安机关调查权的规定，显然是一项程序性规定，其调查结果并不直接用于确定权利义务关系，而是作为证据移交法院。如此看来，相关主体不得直接就公安机关的调查行为提起诉讼。但实际上，对公安机关的调查行为作出"阶段性、处理性"等描述仅基于其在案件整体中所处的时间点，与其能否实际影响相关主体的权利义务没有必然联系。我国××市中级人民法院就对行为的程序性与行为是否具有实际影响作出了区别性认定：在"吴某、卓某等与夹江县公安局公安行政管理案"中，为确定三原告户别性质，夹江县公安局作出《复函》。当被告以公安局作出《复函》的行为属于过程性行为质疑其可诉性时，××市中级人民法院认为：可诉行政行为的判断标准应当是能够对行政相对人或者利害关系人的权利义务关系产生调整作用的……吴某、卓某户别的改变将直接影响其在征地补偿安置中相应的待遇。因此，法院认为《复函》的作出将会对吴某、卓某权利义务产生影响，公安局作出《复函》的行为属于可诉行为。

夹江县公安局作出《复函》的行为与公安机关在高空抛物案件中的履行调查义务的行为本质相同，同属协助调查行为。公安机关在高空抛物案中的调查结果也同样直接作用于案件结论，能够间接影响当事人的权利义务。因

① 最高人民法院行政庭：《〈关于执行《中华人民共和国行政诉讼法》若干问题的解释〉释义》，中国城市出版社2000年版，第26-27页。

此，公安机关的调查行为不能因其阶段性特征而被排除在行政诉讼受案范围之外。实践中已有越来越多可能影响相对人权益的程序性行为被认定为准行政行为从而被纳入行政诉讼的受案范围。传统观点认为阶段性行为权利义务影响不确定，是指附着于“最终行为”的权利义务影响尚未最终形成和确定，但附着于阶段性行为的权利义务影响可能随着阶段性行为的完成已经形成和确定了。[①] 最高人民法院所述的“实际影响”中的“实际”，也仅代表具有“确定性”之涵，而无要求“现实性”之意。也就是说，公安机关的调查行为因能直接、确定地对当事人的权利义务造成影响而具有独立完整的意义。

（二）事实行为与利害关系的法律性

根据《行政诉讼法》第 25 条的规定，我国行政诉讼原告资格的认定采用“利害关系”标准。但由于 2000 年《行诉法解释》规定原告是“与具体行政行为有法律上利害关系的公民、法人或者其他组织”，以及保护规范理论在实践中的广泛适用，使“利害关系”被等同于“法律上的利害关系”，且在理解上仅限于法律明文规定的权益。“事实上的利害关系”是否被包含在“利害关系”范围内始终存有异议。

近年来，学界对调查行为性质的认定逐渐趋向于事实行为。如张莹莹认为，公安机关在高空抛物案件中的调查权与治安管理处罚案件中的治安调查权和刑事案件中的刑事侦查权不同，其是一项事实导向性权力。后者既要作为事实认定的工具，也要基于事实认定得出法律责任如何承担与分配的结论，担负着事实调查者与法律责任确定者的双重角色；而前者仅是查清事实的技术手段，不涉及对法律关系的认定和价值判断。[②] 但在“李光仙与黔西县公安局公安行政管理案”中，一审法院认为公安机关出具《关于李光仙户籍年龄调查情况》的行为属于行政事实行为，不在行政诉讼受案范围内；二审法院却以“黔西县教育科技局对上诉人作出解聘的决定是以该情况说明为依据的，该情况说明对上诉人的实体权利产生影响”，认可出具《关于李光仙户籍年龄

① 柳砚涛、原浩洋：《行政诉讼受案范围“权利义务实际影响”条款的应然范围》，载《人权研究》2021 年第 1 期。

② 张莹莹：《论高空抛坠物侵权案件中公安机关的调查权》，载《政治与法律》2021 年第 4 期。

调查情况》行为的可诉性。从案件中可知，事实行为仅代表公安机关在作出行政行为时没有设立、变更或者消灭法律关系的主观意图，但不能否认行政行为在客观上可能已经对相关主体的权利义务产生了实际影响。

近年来，域外司法实践的普遍趋势都已经不再局限于实体法所确定之权利，更多从事实和后果方面确定司法保护范围；我国无论理论还是实践也逐渐开始为“事实上的利益”提供保护空间，如2015年《行政诉讼法》的修改去除了“法律上的利害关系”中“法律上”的前缀，而最高人民法院将“利害关系”解释为“行政行为对公民、法人或者其他组织的权利义务已经或者必将产生实际影响”也有此方面的考虑。法律的滞后性与有限性已难以满足实践多样性的需求，在判断行政行为是否可诉时，应以是否对相关主体产生实际影响为标准，而不能局限于所谓的“法律上的利害”。因此，尽管公安机关的调查行为是一种事实行为，但是当这种事实行为能对相对人的权利义务造成实际影响时，就应纳入法院受理行政诉讼的案件范围。①

三、高空抛物行政诉讼原告主体资格认定的三阶要素

从上文可知，公安机关调查行为的自身性质已不能成为相关主体提起行政诉讼的障碍。然而，仍存在一个需要跨越的理论障碍，即高空抛物案件所保障的是私主体间的利益，而学界主流观点认为，行政权力及其运用的目的在于保障公共利益，而高空抛物案件所涉乃是私主体之间的利益纠纷，故行政权力不应插足此类案件，单纯为个人利益提起的民事诉讼也不宜获得行政法之保护。近年来随着实践的发展变化，公共事务日趋复杂化，私权保障虽也逐渐成为国家治理的重要目的以及实现国家治理现代化的关键环节，但学术界主流观点仍不是所有的个人利益都能被纳入行政诉讼保护范围内。② 其中，最为著名的学说便是所谓的保护规范理论，该理论将个人利益区分为主观公权利和反射利益，行政诉讼只救济属于主观公权利的部分个人利益，而

① 李莉：《行政调查的可诉性探讨》，载《人民论坛》2010年第17期。

② 王利明：《民法典：国家治理体系现代化的保障》，载《中外法学》2020年第4期。

不能扩张至反射利益。

保护规范理论将公民个人的反射性利益排除在行政诉讼范围之外其最初目的是限制行政诉权，方便规则适用。基于此，“法律上的利害关系”才被套上了“法律所明文规定”的枷锁。在当前时代趋势下，公民权利保障日益完备、原告资格范围不断扩张，主观公权利已被塑造为符合时代需要的开放性概念，“法律上的利害关系”也逐渐趋向于“值得和需要法律保护的利益”的解释。根据保护规范理论，当所涉及的客观法规范纯粹是为个人利益，或是在为公共利益外兼为个人利益时，该规范始生成主观公权利。[①] 总之，要想从保护规范理论的角度论证高空抛物行政诉讼相关主体是否具备原告资格，就必须回应三个方面的问题：第一，是否具有要求公安机关为特定行为的公法规范；第二，此法规范是否具有保护或满足私益的目的；第三，公安机关在行使职权过程中是否实际对法规范所保护的这部分私益产生了影响。

（一）规定公安机关调查义务的法规范

实际存在要求公安机关为特定行为的公法规范是相关主体提起行政诉讼的规范基础。若公安机关未按要求履职，拥有主观公权利的特定主体便有权要求国家履行其在宪法和法律中作出的承诺。

1. 规定公安机关调查义务的私法规范

公安机关的调查义务直接来源于《民法典》第 1254 条第 3 款。我国法律规定“私法自治”，令公权机关介入私法领域是否会对民事法律关系的运转产生影响，私法能否作为公法诉讼的法律依据，这些问题都值得商榷。

国家在原则意义上不主动干预和介入民事主体的私人事务，但很多情况下私权主体难以凭借自身的力量保障权利，甚至威胁到公共利益，此时便需要公权力机关出面协调私人事务以保障个人及公众的利益。高空抛物就属于这种典型情形。一方面，高空抛物的责任分担机制仅仅站在“保护受害人”的立场上，当无法明确侵权人时，致使许多没有过错的可能侵权人承担侵权责任，存在打击面过广、放纵实际侵权人、有违归责原理等弊端。另一方面，

① 赵宏：《保护规范理论的误解澄清与本土适用》，载《中国法学》2020 年第 4 期。

该行为的侵犯对象是任何可能途经建筑物的公民，这种复杂性和不特定性本身就对公共安全造成威胁，严重时更有可能涉嫌违法犯罪。无过错的可能侵权人难以自证清白，公民走在路上随时处在被高空抛坠物侵害的恐惧之中，面对此般困境，德国著名宪法学学者 Hans Peters 认为个人凭自己的努力无法获得利益甚至影响公益时，国家公益行为就得以介入，这是一种次要、补助性的辅助行为。① 也就是说，介入私人事务的公权机关并没有丧失其公权属性，也没有改变其维护公共利益、维持公共秩序的执法目标。公安机关通过其调查行为查明案件事实、还原事实真相，亦没有扰乱原民事法律关系的运转，反而帮助明确了民事法律关系双方当事人。对此，我国学者马怀德也认为，《民法典》离不开公权力的介入和规制。② 同时，行政诉讼当事人资格意义上的利害关系应当包括民事法律关系，否则不利于保护非直接受到被诉具体行政行为不利影响的个人、组织的合法权益。③ 公安机关的调查行为虽未直接对相关主体产生公法效果，但在行政职能的履行过程中，民事法律关系的双方主体得以确认，赔偿责任被归属于确定的个体，公安机关调查行为在实际上产生了行政法律效果。可见，无论从理论还是实际考虑，在高空抛物案件中，行政法因素都应被允许介入民法体系中，行政诉讼也应把“起因于民事法律关系，但究其根本是行政行为引起的权利义务状态发生改变，从而使当事人与行政主体之间存在行政法律关系”的部分情形纳入受案范围中。

2. 规定公安机关调查职责的公法规范

尽管《民法典》已足够支撑高空抛物行政诉讼的提起，但纵观我国法律体系，公安机关的调查职责在《中华人民共和国人民警察法》《行政诉讼法》等公法规范中也多有回应和支撑。首先，《中华人民共和国人民警察法》第 2 条、第 21 条分别规定：“人民警察的任务是维护国家安全，维护社会治安秩序，保护公民的人身安全、人身自由和合法财产……”“人民警察遇到公民人身、财产安全受到侵犯或者处于其他危难情形，应当立即救助……”。人民警察是公安机关的重要组成部分，这种法律上的连接使公安机关在民法中的调

---

① 陈新民：《德国公法学基础理论（增订新版·上卷）》，法律出版社 2010 年版，第 238 页。

② 马怀德：《民法典时代：行政法的发展与完善》，载《民主法制建设》2020 年第 7 期。

③ 马怀德：《行政诉讼原理》，法律出版社 2003 年版，第 193-194 页。

查职责有了公法上的依据。其次，《行政诉讼法》第12条第6款将“申请行政机关履行保护人身权、财产权等合法权益的法定职责，行政机关拒绝履行或者不予答复的”情形明确列在行政诉讼受案范围内。当公安机关没有积极查明案件真相时，相关主体具有要求国家履行承诺、维护其合法权益的权利。最后，根据《中华人民共和国刑法》第291条第2款与《中华人民共和国治安管理处罚法》第2条的规定可知，当高空抛物行为涉及行政违法或者刑事犯罪时，公安机关需分别行使治安管理权与刑事侦查权。虽然行使条件和效果不同，但二者与《民法典》中规定的高空抛物调查权同属调查行为，是针对同一案件进行考察、勘测的行为，可谓只有程度的差异，没有本质的不同，公安机关在民事侵权中的调查权完全可以视为在行政违法和刑事犯罪中调查权的提前行使。

（二）法规范中的个人利益保护目的

对高空抛物行政诉讼原告主体资格的证成，还需满足另一条件，即上述具备公法性质的法规范不仅以保护公共利益为目的，并且以保护个人利益为目的。

公安机关的调查行为保护的并非单一的私权利主体，而是社会公众，其所产生的社会效果亦不是使得单一的民事法律关系主体受益，而是增加了全社会的心理安全感，确保公民享有“免于恐惧的自由”。[①] 毋庸置疑，公安机关调查高空抛物的职责具有极强的公共事务属性，在于上述法规范中是否具有保护个人利益的指向。Hans Peters认为，公权力机关之所以能够介入私法领域，在于个人利益的缺失可能引发公共风险，即公权力机关在维护公共利益的同时，本身具有极强的个人保护指向。具体鉴别“个人利益”的路径，可从“利益主体的个体性”及“利益自身的私权性质”两方面着手。

1. 高空抛物案件中利益群体的独立性

从《民法典》第1254条第3款的规定来看，公安机关的履职目的是保障

① 高文英：《和谐社会警察权配置的利益考量——尊重和协助保护私权的视角》，载《中国人民公安大学学报（社会科学版）》2011年第3期。

受害人的损失最终得以弥补；公安机关的履职对象是建筑物中所有的可能侵权人；公安机关的履职效果施加于调查结果的相对方。当公安机关锁定具体侵权人或缩小侵权范围时，将会有助于以下问题和争议的解决：首先，便于受害人及时寻求救济，保障和落实其受侵害的人身和财产权益得到赔偿或补偿；其次，避免或减轻无过错责任人的担责风险，规避不合理的责任承担；最后，明确侵权人各自的责任份额及清偿顺序，理论上能够避免额外的赔偿负担。可见，虽然高空抛物行为损害的是所有可能途经建筑物的、不确定多数人的利益，但公安机关履职行为最终所保障的主体却是确定受侵害的单独个人或独特群体；虽然建筑物中的可能侵权人表现为多数人，“个人权益是指起诉人在一个案件中有独特于其他人的特殊利益存在”，建筑物中所有可能侵权人亦能够因其地理位置的独特性成为区别于公共的独立群体。①

2. 高空抛物的私权保护目的

公安机关调查目的是保障受害人受侵害的人身财产权益及时得到救济，以及追究承担人身财产损失的侵权人的正确性。人身权、财产权都是典型的私权，具备私人属性。一般来说，公法保护公共利益，私权属私法调整，但《行政诉讼法》第12条将人身权和财产权明确列举为受公法保障的权利，将其归属于公权力的执行范畴。另外，公法规范也规定了公安机关调查具备保护公民人身、财产权益的职责，如《中华人民共和国人民警察法》的相关条款。《中华人民共和国宪法》亦将人身权、财产权规定为公民的基本权利。尽管《中华人民共和国宪法》一般不单独作为借以提起诉讼的依据，但保护规范理论并不排斥将法规范采取“取向于宪法的解释”，借此将基本权利的价值辐射到法规范之中。若缺乏法规范基础，同时又涉及基本权利的“核心领域”或“宪法确定的保障领域”，则法院可例外地直接从基本权利导出诉讼权能。何况“为保障公民的基本权利承担的义务”本身就是国家公法义务的重要内容。② 因此，高空抛物案件中受害人与侵权人的人身财产权益应当在行政诉讼中予以保护。

---

① 赵宏：《保护规范理论的误解澄清与本土适用》，载《中国法学》2020年第4期。

② 王锴：《基本权利保护范围的界定》，载《法学研究》2020年第5期。

（三）基于公安机关调查行为不同情形的原告主体范围

从《民法典》《行政诉讼法》等法规范中能够推导出相关主体在高空抛物案中拥有值得行政诉讼保护的主观公权利。当公安机关处于不作为、不完全作为或错误作为的不同违法形态下，所影响的主体范围也不一样。本文最后一部分将对不同状态下拥有主观公权利的主体范围作出梳理和界定。

1. 公安机关不作为或不及时作为时的原告主体范围

在以往的高空抛物案件中，公安机关常以不涉及公共安全或不属于刑事犯罪等理由推责，加之有共同责任、公平责任作为兜底，案件事实难以真正得到还原。《民法典》规定，发生高空抛物案件时，公安等相关部门应当“及时”调查，而无需再证实影响公共利益或涉及刑事犯罪。该规定是一种强制性的义务规定，公安机关的不作为或不及时作为是一种违反实体法规定的违法行为。随着时间的推移，案发地的天气、光照以及建筑物的外观、可能的目击者都会发生变化，给案件的查明增加难度，使原本可能明确的事实变得模糊甚至不可能。这不仅会导致无过错侵权人范围的扩大，进而不利于受害人及时有效得到救济，使受害人以及所有建筑物的居民的财产权益同时处于悬空状态，还会使实际侵权人逃避应有的惩罚，将该建筑物内的居民置于随时遭受人身或财产损害的恐慌之中。因此，当公安等相关部门未履行或未及时履行调查义务时，对受害人及所有建筑物内居民的合法权益都会产生影响。在此情况下，高空抛物的受害人以及建筑物内所有居民都具备提起行政诉讼的原告主体资格。

2. 公安机关错误作为时的原告主体范围

当没有事实依据或事实不清、证据不足而导致行政机关对责任人的划定上作出了错误认定时，受害人的人身财产损失便无法得以救济和抚慰，无过错责任人被强制要求担责，真正侵权人也可能遭受一定的财产损害（如责任份额和清偿顺序的错误认定）。因此，当行政机关错误作为时，上述主体的合法权益都会受到影响。在此情况下，高空抛物案件的受害人、无辜责任人、真正侵权人都有可能作为行政诉讼的原告主体。在该情形下，同属一建筑但没有被划定为侵权人的居民，由于行政处理结果不对其产生法律效果，而被排除在原告范围之外。

结 语

行政诉讼原告主体的原告资格来源于其在特定案件中的行政诉权，而本文所论证的主观公权利恰恰就是“个人为自身利益，向国家要求为一定行为、不为一定行为或承担一定容忍义务的法律权能”。[①]《中华人民共和国宪法》《民法典》《行政诉讼法》等法律为高空抛物受害人、无过错责任人以及侵权人的人身财产权益都提供了行政保障，从而为他们生成了行政诉讼中的主观公权利。公安机关作为对该权利担责的义务主体，一般情况下只需履行相应的职责和义务，但当公安机关怠于履行或不履行职责，也即出现上文所述不作为、不及时作为或错误作为的情形使相关主体的权益遭受侵害时，他们就具有依据请求权启动司法救济程序，要求行政机关履行承诺、维护其人身财产权益的资格。一旦相关主体选择诉诸法院，这种请求权就体现为诉的利益，继而为行政诉权，高空抛物相关主体的原告资格由此得以证实。

（蔡沛哲：湘潭大学法学学部）

① 〔德〕哈特穆特·毛雷尔：《行政法学总论》，高家伟译，法律出版社 2000 年版，第 152 页。

审判管理现代化视域下行政诉讼集中管辖的改革优化

——以H省一审行政案件为样态分析

罗岳勇

“管辖”一词中的“辖”在古代汉语中是指为固定车轮而插入车轴端孔穴的销钉。“辖”体积虽小，但却能起到“寸辖制轮”的作用。作为重要起诉要件之一的“管辖”是在三大诉讼中非常重要的基础性问题。管辖不仅涉及“管”的分工和职权，还涉及“辖”的效果。管辖体制像“销钉”一样锁定司法资源和办案路径，深刻影响着司法制度的运行和功效发挥。行政诉讼管辖是评价一项新兴司法机制是否具有确定性、可预期的重要维度。在行政诉讼管辖的改革实践中，H省一审行政案件的改革无疑呈现出无规律又异常复杂的图景。本文以行政诉讼管辖改革为切入点，展现实践中的管辖模式的特点，指出在坚持与行政区划相分离的管辖改革方向的同时，行政诉讼改革应符合其目的性，行政复议的管辖与法院的管辖应该保持同步性与协调性。这样的行政诉讼集中管辖改革才能实现全力保障公正与提升效率的双重目标。

一、实践探视：行政诉讼集中管辖改革的推进

不同的学者从不同角度对行政诉讼管辖改革模式进行相应的类型划分。在行政案件集中管辖改革之初，有学者认为实践中主要存在地域集中和案件类型集中两种模式。① 有学者则将全国跨行政区划集中管辖改革模式总结为跨

---

① 李杰、张传毅：《行政案件集中管辖模式初探：理论定位与实践选择》，载《法律适用》2014年第5期。

行政区划法院集中管辖、铁路法院集中管辖、基层法院相对集中管辖、其他专门法院集中管辖、省内异地交叉管辖、当事人选择管辖等类型。[①] 就目前而言，除西藏自治区和安徽省以外，全国其余29个省、市、自治区高级人民法院以及新疆高院生产建设兵团分院均开展了不同形式、不同程度的管辖改革试点工作，即对一审行政案件的管辖采取基层法院与铁路运输法院混合型的特色模式。

（一）行政诉讼集中管辖的改革背景

作为“民告官”的行政审判制度尽管起步相对较晚，但其依然通过逐步改革以打破“主客场”现象的现状。在《中华人民共和国行政诉讼法》（以下简称《行政诉讼法》）的推动下，《中华人民共和国行政处罚法》《中华人民共和国行政复议法》《中华人民共和国行政许可法》《中华人民共和国行政强制法》等一系列行政法律制度相继建立起来，且相继予以完善，以适应新时代发展的需要。一审行政案件的改革是推动国家治理体系和审判管理能力现代化的重要突破口。

1986年10月3日，湖北省武汉市中级人民法院首开先河，建立全国第一个行政审判庭。同月11日，全国第一个行政审判庭在湖南成立。[②] 2013年1月4日，《最高人民法院关于开展行政案件相对集中管辖试点工作的通知》明确规定将部分基层法院管辖的一审行政案件，由中级人民法院确定2~3个基层法院管辖，对试点工作保障、组织领导、宣传等方面提出要求。[③]《行政诉讼法》第18条第2款规定也为一审行政案件管辖改革提供了法

① 江必新：《从跨区划管辖到跨区划法院——兼论新型诉讼格局之构建》，载《人民司法（应用）》2017年第31期。

② 《听亲历者讲述三十多年行政审判故事》，载网易网，https：//www.163.com/dy/article/E-425JRGL0514JACQ.html，2023年7月1日最后访问。

③ 《最高人民法院关于开展行政案件相对集中管辖试点工作的通知》（法〔2013〕3号）指出，各高级人民法院应当结合本地实际，确定1~2个中级人民法院进行试点。试点中级人民法院要根据本辖区具体情况，确定2~3个基层法院为集中管辖法院，集中管辖辖区内其他基层法院管辖的行政诉讼案件；集中管辖法院不宜审理的本地行政机关为被告的案件，可以将原由其管辖的部分或者全部案件交由其他集中管辖法院审理。

律依据。[①] 2015年起，各地市州法院经省高级人民法院批准，相继对一审行政案件的管辖作出规定，以有效改善司法环境，合理配置行政审判资源。H省法院于2015年、2016年开始在东南部C市、南部Y市分批次试点一审行政案件集中管辖改革工作。2019年5月1日，H省法院结合各市州地理位置、交通条件、案件数量、审判力量等因素，决定在全省11个市州采用由两家基层法院及三个铁路运输法院集中管辖一审行政案件的混合型模式。[②]

（二）充分发挥铁路运输法院的行政审判职能

由于历史原因，铁路运输法院管辖的案件逐步减少，加之其本身就具有“跨区域”的优势，部分省份充分发挥铁路运输法院的职能，将辖区范围内的一审行政案件由其进行统一管辖。[③] 2014年10月16日，最高人民法院下发了《关于开展铁路法院管辖改革工作的通知》，确定北京、上海、吉林、辽宁、江苏、陕西、广东7个省（市）在全国先期开展铁路法院管辖改革试点工作。2014年12月30日，北京市第四中级人民法院依托北京铁路运输中级人民法院挂牌成立，集中管辖以北京市区（县）政府为被告的第一审行政案件。H省法院将省会城市、两个设区的H市的一审行政案件分别由其辖区的铁路运输法院集中管辖。同时，当事人对裁判不服的，其上诉法院为集中管辖法院所在地的中级人民法院，而非铁路法院的上一级法院。

（三）结合实际阶段性推进集中管辖

由于铁路运输法院一审行政案件逐年增多及行政审判人员紧缺等因素，H省法院根据辖区地理位置，分阶段推进集中管辖，于2019年5月1日对河东片区一审行政案件实行集中管辖，10月1日起对河西片区实行集中管辖。这为铁路运输法院的行政审判设置了缓冲期。H省法院还为集中管辖法院行政

---

① 《行政诉讼法》第18条第2款规定：“经最高人民法院批准，高级人民法院可以根据审判工作的实际情况，确定若干人民法院跨行政区域管辖行政案件。”

② 《H法院交出一审行政案件集中管辖一周年“成绩单”》，载澎湃网，https：//m.thepaper.cn/baijiahao_ 7364733，2023年7月12日最后访问。

③ 马迅：《行政案件跨区域管辖改革的检视与省思——以我国〈行政诉讼法〉第18条第2款为中心》，载《甘肃政法学院学报》2018年第2期。

审判进行统一培训，以推进行政审判业务知识的规范化、系统化，稳定行政审判队伍，便于逐步适应管辖改革后的行政审判工作，做到循序渐进推进地行政诉讼集中管辖改革工作，进一步提升公正与效率。

从我国目前改革与发展的实际情况出发，改革是一项系统工程。顶层设计这一概念的提出，是对科学发展观的丰富和完善，要求行政诉讼管辖改革中必须从“战略管理”的高度统筹改革与发展。改革的顶层设计，既要有“全局”观念，又要有“重点”突破；既要有“长远”谋划，又要有“现实”考量。如一味坚持改革到底，可能会造成改革混乱，不符合行政诉讼改革的目的。因此，改革要守正创新，循序渐进，不能为“改革而改革”。

二、实效评价：行政诉讼集中管辖改革的成效

从整体上来看，行政案件相对集中管辖的改革试点工作取得了初步成功，为建立行政诉讼集中管辖制度提供了宝贵经验，搭建了基本框架，开辟了崭新道路。[①] 然而在行政诉讼管辖制度改革中，将司法管辖与行政区划适度分离这一制度设计在一定程度上存在内在局限性。自 2017 年修订《行政诉讼法》实施以来，尤其是随着行政诉讼管辖制度改革的深入推进，行政审判所面临的司法环境得到一定改善。在行政审判实践中，制约其发展的核心问题呈现出新的表现形式。在诸多因素的共同作用下，行政诉讼管辖制度的改革任务发生了重大变化，行政诉讼管辖制度改革势在必行。近年来，H 省一审行政案件混合型集中管辖改革模式取得了较丰富的改革经验和卓越的改革成效。管辖模式的运行逐步打破“主客场”现状，为我国行政诉讼集中管辖提供“H 省样本”模式。

（一）行政审判的司法环境已明显改善

以往的行政诉讼管辖制度改革，其根本任务在于通过适度分离司法管辖

① 最高人民法院行政审判庭：《行政诉讼跨区划管辖改革实践与探索》，人民法院出版社 2018 年版，第 161 页。

与行政区划，以防止地方政府，特别是案件所在地政府，利用资源分配的便利，对法院涉政府机关的行政案件裁判施加不当干预。但在目前实施集中管辖改革的阶段，行政审判的司法环境得到一定优化，主要有两方面原因：首先，当地政府掌握、控制基层法院人财物的局面得到了根本性改变。党的十八届四中全会《中共中央关于全面推进依法治国若干重大问题的决定》明确要求“改革司法管理体制，推动省以下地方法院、检察院人财物统一管理”，基层法院的院长均基本实现省级党委（组织部）管理；其他领导班子成员，有的地方由省委组织部管理，有的地方由省委组织部委托当地市级党委管理；法律审判职务则均按照省级统一提名，地方人大分级任免的方式操作，省级以下法院的编制也全部上收到省级统一管理；在财务管理方面，多数省份也实现了省级统一管理。至2017年11月，21个省（区、市）已完成省以下法院编制统一管理，中级、基层法院院长已实现由省级党委（党委组织部）管理。13个省（区、市）已在辖区内实行财物省级统管改革，部分地方法院经费保障和工资水平实现“托低保高”。因此，基层法院人财物供给依赖于当地政府的局面得到基本扭转。其次，行政诉讼抗干扰能力显著提升，司法环境正逐步摆脱外部因素的干预。就目前而言，除人财物管理体制的重大变化，还存在以下原因：一是权力制约因素有效强化。法院抑或政府在法律上都是拟制的抽象存在，实际使用权力的仍是活生生的个人。根据《行政诉讼法》规定，以县政府为单独被告的案件，不属于基层法院受理的范围，这一法律设计本质上避免了地方政府不当干扰。党的十八大以来，全面从严治党工作纵深发展，监督执纪力度空前强化，司法领域引入“三个规定填报系统”，为审判人员提供了一个独立填报干预信息的平台，即审判人员若面临政府或内部环境干扰，可对干预信息独立填报，这一制度的实施为审判人员提供保护机制，有效避免外部因素对行政案件审理的不当影响，从而推进行政审判向公正与效率发展。二是司法公开化有效推进。公众是司法机关政治力量的根本来源，同时也是检验群众对司法满意度的标尺，增加司法与行政博弈的资本。如中国裁判文书网、公开庭审网、执行信息以及2023年推出的人民法院案例库等司法公开平台，构成司法公开建设的核心体系，有效提升了行政审判抗干扰能力，减少外部因素对审判公正的潜在影响。三是立案登记制全面铺陈。立案是整个行政诉讼程序的起点，过去，政府不当干预导致部分法院对行政案件裁定不予立案或驳回起诉，进而引发立案难的问题。2017年修订的《行政诉讼法》规定，只要起诉符合形式要件，法院就应当予以立案，这一举措降低了行政诉讼的受理门槛，有效保障了公民的诉权。

（二）有效破解“诉讼主客场”难题

行政诉讼管辖制度决定全国四级法院对于第一审行政案件的管辖分工，关乎四级法院职能定位和审级设置，影响司法公正与效率目标的实现。在最高人民法院的引领与推动下，地方法院积极响应、深度参与到行政诉讼管辖制度改革中，通过提级管辖、指定管辖、交叉管辖、异地管辖、集中管辖等多种创新方式，各地法院积极探索司法管辖区与行政区划适当分离的改革路径。H省法院一审行政案件采取混合型集中管辖模式，避免地方政府以召开协调会、下发文件等方式对法院审判工作提出要求，有效防止行政机关对案件审理可能产生的影响和干扰，保障法院独立、客观中立，令当事人双方诉讼地位更加平等，消除行政相对人和利害关系人对法院受制于地方政府和被诉行政机关的顾虑。该模式运行一周年以来，H省各集中管辖法院调解撤诉案件共1673件，调撤率达20.6%，其中H省中南部Y市、东北部H市、西北部C市等地的一审行政案件调撤率超过25%；铁路运输法院判决被告即行政主体败诉案件计55件，占全部结案数的22.09%，占全部判决数量比的60.44%，通过协调促成当事人撤诉和调解的案件达71件，占28.51%，聘请驻院法律援助律师担任特邀调解员，为行政诉讼案件进行诉前和诉中的协调与调解。显然，H省一审行政案件“诉讼主客场”现象逐步被打破，行政审判公信力和实质争议化解率得到提升。从H省法院的行政审判质效来看，各级法院的“诉讼主客场”得到了消除，推进司法公正体现在每一级法院、每一件个案中，从而达到行政案件管辖改革的最终目的。

（三）持续有效整合行政审判力量

行政审判专门法院的建设旨在解决官民之间的矛盾纠纷，具有深厚的民意基础。经过三十多年的实践发展，各地已逐步形成一支革命化、正规化、专业化、职业化的行政审判队伍，能胜任行政审判专门法院的各项审判工作。H 省各市州法院秉持配齐配强行政力量的原则，致力于打造专业化、高素质的审判队伍，配足专业性强、经验丰富、综合素质较高的行政审判团队，改善法庭设备、办公硬件设施，以满足集中管辖后的案件审理及巡回审判工作的迫切需要。为着力解决铁路运输法院行政审判团队的专业性和紧缺性问题，H 省采统一招录、选调方式为其输送专业性较强的审判人才。在推进国家治理体系和治理能力现代化的进程中与审判管理现代化的视域下，加速行政审判团队集中化、规范化是必要且可行的。以 H 省为例，2019 年 5 月至 2021 年 12 月，共审结行政案件 55674 件，其中基层人民法院审结 37694 件，占 67.7%；中级人民法院审理 12469 件，占比 22.4%；高级人民法院审理 5512 件，占 9.9%。[①] 2020 年至 2021 年，行政诉讼案件结案数有所回落，稳定在 2.3 万件。

（四）行政机关负责人应诉明显提升

《最高人民法院关于行政机关负责人出庭应诉若干问题的规定》明确涉及食品药品安全、生态环境和资源保护、公共卫生安全等重大公共利益，社会高度关注或者可能引发群体事件等类型案件，裁判者应当作出应诉通知书，并明确负责人含行政机关的正职、副职负责人、参与分管被诉行政行为实施工作的副职级别的负责人以及其他参与分管的负责人。2022 年，H 省法院共发出行政机关负责人出庭应诉通知书 4228 份，行政机关负责人到庭应诉的案件为 4018 件。行政机关负责人参加调查询问 1117 件，参与案件协调化解 741 件。与 2021 年相比，行政机关负责人到庭应诉和参加调查询问等案件增加 2802 件。从地区分布情况来看，全省各地经法院通知出庭的行政机关负责人出庭应诉率均达到 90%以上。[②] 推动行政机关负责人在行政诉讼中发挥“头

① 上述数据均来源北大法宝案例库，2023 年 7 月 30 日最后访问，审结时间限定为“2019 年 1 月 1 日至 2021 年 12 月 31 日”，审理法院限定为“H 省”，案由限定为“行政案件”，由于部分文书在检索时间点可能未公开、系统识别能力有限、重复录入等原因，本次数据分析存在少许误差。

② 李果：《湖南行政机关负责人出庭应诉意识普遍提升》，载《人民法院报》2023 年 8 月 6 日，第 01 版。

雁效应”，即从“不出庭”到“出庭”，进而到“出声”，再到“出彩”的转变，有利于行政机关负责人参与调解并实质化解争议。如H省西北部L县法院加强与政府法制部门沟通，将行政机关负责人出庭应诉的工作纳入行政执法单位年度考核当中，印发《全面推进依法行政建设法治政府实施方案》，多次邀请行政机关负责人参加庭审，行政机关负责人出庭应诉率达到85%，并获得上级法院的推介。[①] 较之集中管辖制度实施前，行政机关负责人应诉意识普遍增强，积极出庭应诉，这一转变对法治政府建设、社会矛盾纠纷的化解以及行政争议的实质解决具有重要意义。

（五）行政审判质效得到提升

审判质效反映裁判者审判能力的高低，而裁判者的司法审判能力直接映射老百姓对司法公平公正的感受。H省法院为着力提升行政审判质效，印发《关于进一步统一裁判尺度、提高办案质量的规定》，在改革后，基层法院一审行政案件平均办理周期由89.4天缩短至68.3天，服判息诉率由47.9%上升至53.1%，案件发改率由8.4%下降至5.3%，且相比改革前一周年，其服判息诉率、上诉率、被发改率明显得到改善。[②] C市中级人民法院定期通报辖区法院行政审判质效，每季度制作《发回重审、重大改判基层法院评查台账》，并形成《行政上诉案件质量分析报告》；H省H市铁路运输法院结案率同比增长15.17%，服判息诉率同比增长7.1%，平均审理时间同比缩短42.2天，上诉率同比下降10.1%，发改率同比下降11.1%；C市一审行政案件审限内结案率达100%，服判息诉率2018年为67.6%，位列全省各市州第一，

① 要求行政机关负责人应积极出庭应诉，确实不能出庭应诉的，应报县政府批准。主动向县委、县政府汇报行政诉讼的新动向、行政立法的新内容，县委主要领导在很多重要的场合提出行政机关负责人主动出庭应诉的要求。在县人民政府作为被告的案件中，分管副县长亦亲自出庭，当好表率。加强与县人大常委会内司委的工作联系，定期汇报行政审判工作，及时上报裁判文书和工作动态，借人大的力量推动行政机关负责人出庭应诉。参见《L县全面推进依法行政建设法治政府实施方案》，载L县人民政府官网，https：//www.li-xian.gov.cn/zwgk/public/6616363/1168525391.html，2023年8月11日最后访问。

② 上诉率与服判息诉率明显有所改变，集中管辖法院在法定调解协调工作中，行政机关发现其被诉行政行为存在不妥的，会积极主动与当事人进行沟通，主动纠正不当的行政行为，从而与当事人达成和解，证实湖南实施集中管辖法院为保障当事人合法权益，提升司法公信力。

2019年上升至68.9%。各地区切实把习近平法治思想贯穿落实到办案过程中，从源头提升办案质效，以不同方式推动审判、执行程序标准化和规范化，规制同案不同判，规范法官自由裁量权，促进司法公正、高效、透明。

三、问题审思：行政诉讼集中管辖改革的不足

当前，最高人民法院对行政案件管辖改革作出修正，旨在坚持和发展新时代“枫桥经验”，推动行政纷争化解在当地、化解在基层、化解在初始阶段，实现行政争议就地实质化解，从侧面反映出行政案件跨行政区划集中管辖改革的复杂性、艰巨性和长期性。① 行政审判司法环境已发生深刻变化的今天，当地政府对法院行政审判的不当干预已不再是制约行政审判发展的最突出问题。行政案件集中管辖改革作为一项系统工程，缺乏综合配套保障机制，改革进程与效果显然面临一系列阻碍。

（一）行政案件受案与审级倒挂严重

在管辖层面上，不同层级法院管辖不同类型案件系由不同级别法院职能决定，基层人民法院优先是管辖的一般原则。最高人民法院《关于规范上下级人民法院审判业务关系的若干意见》明确规定，基层人民法院和中级人民法院承担主要的审理工作，最高人民法院和高级人民法院主要是业务指导机关，通过制定有关文件和司法解释，总结和推广审判经验，确保全国和全省范围裁判尺度的统一，并兼顾审理部分二审和再审案件。2017年修订的《行政诉讼法》规定提级管辖，将以政府为被告的案件纳入中级人民法院一审范围，导致大量二审案件随之向各地高级人民法院集中，行政再审程序的案件无疑涌入最高人民法院。全国行政案件数量与审级之间，已经形成了严重倒挂的局面，呈现“倒金字塔”态势，法院审级划分的意义大打折扣。高级人民法院和最高人民法院受理案件数量均创历史新高，这与新行政诉讼法提高

① 《河南省高级人民法院关于依法准确确定行政案件被告的指导意见（试行）》、《最高人民法院关于正确确定县级以上人民政府行政诉讼被告资格若干问题的规定》（法释〔2021〕5号）、《最高人民法院关于办理行政申请再审案件若干问题的规定》（法释〔2021〕6号）等。

级别管辖有关；另如 2018 年至 2019 年上半年，福建省高级人民法院、中级人民法院受理的行政案件数量占全省行政案件的 52.56%。这种自上而下整体呈“倒金字塔”型案件数量分布，打乱了四级法院的职能定位，使主要发挥审判指导功能的高级人民法院、最高人民法院淹没于案件的“海洋”中。

（二）集中管辖与配套保障机制不足的矛盾

充分的审判资源保障是案件审理公正高效的重要基础，伴随案件数量的增长，审判资源配套保障资源应作出调整、予以加强。H 省部分集中管辖法院采取便民措施，如铁路运输法院以规范性文件的方式指引当事人诉讼流程，在非集中管辖法院设立巡回法庭及便民立案窗口；H 省东南部 C 市法院均设立了专门的行政诉讼案件审查窗口，探索开展“巡回审判+简易程序”“巡回审判+便民联络卡”“巡回审判+一把手出庭”等巡回审判新方式，每年度巡回办案数均超过了 50%；H 省北部 C 市两家集中管辖法院，其中 L 县由于专用车辆未配备，需内设机构临时调度车辆用于巡回办案，在公车紧缺的情况下，巡回办案只能往后拖延。D 区虽然配备专用车辆，但该车辆系辖区财政配备，巡回办案经费需由区财政予以保障，并非按照管辖改革初衷所设置的由省财政予以保障，导致偏远地区当事人可能无法享受巡回法院提供的便民诉讼服务。因此，推进一审行政案件跨行政区划集中管辖改革，相应综合配套保障机制显得尤为重要。

法院办案经费系根据在编人员数量、案件数量等综合测算并提前纳入预算，但在行政案件领域，其复杂性与专业性要求更高的司法资源投入，而法院的办案经费却难以在现有财政预算框架下实现同步增加。集中管辖法院与非集中管辖法院并没有建立起常态化协同配合机制，如巡回办案时仅通过向辖区法院临时借用审判庭，势必增加非集中管辖法院的各项保障性支出。若遇突发紧急事件，需法警根据法律之规定采取相应的强制措施，执法权限的问题值得思考。据统计，集中管辖法院审判团队有接近 40% 的时间在路途，其办理案件的时间必然大幅度缩水，很显然与改革初衷不相符。

（三）集中管辖与府院互动不畅的矛盾

在当前行政审判体制框架下，法院与当地党委、政府的工作沟通衔接需当地党委、政府的支持与配合。行政案件跨区划集中管辖之后，集中管辖法院与辖区所在地的党委、政府之间沟通往往受到限制。① 具言之，集中管辖法院在面对延伸审判职能、发布行政审判白皮书或司法建议时往往表现出一定程度的谨慎，甚至存在顾虑，不敢贸然发布。遇有复杂疑难案件，需要当地政府配合开展协调工作时，往往由案件辖区法院与政府沟通协调。即便在沟通上有衔接，由于集中管辖法院与当地政府尚未建立常态化联系，沟通渠道不畅，难以在案件办理上取得政府实质性的支持。

一方面，行政审判团队往往需要面对与政府沟通协调的复杂性，这一挑战促使法官趋向于刚性办案，就法论法的办案方式，避免投入过多精力去与之协调，这种倾向导致部分疑难案件辖区所在地政府理解、配合缺位，限制行政争议实质性解决的可能性。非集中管辖法院因缺乏行政案件的管辖权，与当地政府互动也少，导致就当地政府及部门作出的行政行为缺乏有效性、针对性的意见、建议，互动机制逐渐弱化。而从行政机关视角来看，在跨行政区划且配套机制难以保障的情形下，行政机关负责人异地出庭应诉面临不便，致使出庭应诉积极性降低。另一方面，行政机关对裁判者缺乏信任导致府院良性互动进展缓慢。涉案政府疑虑建立沟通联系即有干预案件之嫌，一旦逾越“红线”，则可能被视为过度干预或不当影响裁判，进而引发“三个规定”的申报，损害司法公信力和政府形象。

（四）集中管辖与审判力量配置不均的矛盾

《行政诉讼法》第15条第1项规定的立法目的系以提高法院级别的方式，将以县政府为被告的行政案件提级管辖至中级人民法院，解决基层人民法院审理以区（县）政府为被告的行政案件中遇到的地方保护和行政干预之难题，以期实现公正司法。② 以区（县）政府为被告的一审行政案件由中级人民法院管辖，该项管辖改革结果必然导致行政案件的分布呈“倒金字塔”现象，

① 程琥：《国家治理现代化与行政审判体制改革——兼论跳出行政诉讼管辖改革周期率的因应之道》，载《中国应用法学》2021年第3期。

② 《行政诉讼法》第15条规定：“中级人民法院管辖下列第一审行政案件：（一）对国务院部门或者县级以上地方人民政府所作的行政行为提起诉讼的案件。”

中级、高级人民法院以及最高人民法院承受巨大办案压力，审判力量难以跟进，基层人民法院行政庭则明显“吃不饱”。根据H省法院发布2020年行政审判“白皮书”的数据，三级法院2020年行政诉讼案件收案数分别为7674件、6653件、1998件，分别占47.0%、40.8%、12.2%。相比民事、刑事诉讼案件，行政诉讼案件呈现向上级法院集中的态势，但H省法院行政二审、再审件收案数较去年下降31.4%，行政案件数量“倒三角”问题得到有效缓解，但上级法院的案件数依然长期高位运行，未能在跨区域将行政审判人员实现案件、编制、人员集中“三同步”，流动至集中管辖法院，导致“案件集中易，审判团队集中难”。最高人民法院行政案件情况分析，2015年行政案件则达到911件，2016年进一步增长为2974件，相比2015年来，其案件总数达三倍以上，相比2014年总案件的近九倍。尽管部分集中管辖法院在行政审判庭编制、人员、经费等方面集中上下功夫，但仍然维持“案件集中、人员亦未集中”状况。部分法院行政庭加挂综合审判庭，即“一套人马，两块牌子”，除了承办一审行政案件外，还需承办再审案件、非诉审查、执行、司法救助等案件，而行政审判团队面对成倍增长的案件，其工作显然长期处于超负荷状态，行政审判专业化、精细化水平亟待提高。

（五）集中管辖与就地化解行政争议不力的矛盾

实质化解行政争议是行政诉讼的目的之一，行政案件管辖改革进程中，构建一套依托案件辖区党委政府，行之有效地化解行政争议的机制尤为关键。部分行政案件，尤其涉及历史遗留问题的案件，往往根植于长期积累的行政管理矛盾，当事人难以通过正常司法渠道获得满意的解决方案，反而将积累的矛盾转化至司法机关，往往采取越级信访的方式化解争议。集中管辖法院除承办案件外，还需承担信访化解任务，必然会挫伤其参与改革的积极性，对优化改革自然不利。H省一审行政案件调撤率约20.56%，集中管辖后下降至18.21%，服判息诉率53.1%，较2019年上升4个百分点。2020年以来，全省法院通过协调促成当事人自愿撤诉率达25.4%。行政案件管辖改革的服判息诉率及调撤率提升效果不明显，以致信访案件数量激增。集中管辖改革实质上未予以明确信访维稳主体，这导致集中管辖法院与属地法院、信访维稳部门与属地法院所在地的信访维稳部门之间可能出现沟通协调衔接机制不畅，甚至相互推诿、扯皮的局面。部分集中管辖法院主动协调行政机关与行政相对人就地解决争议的意愿不强，法院涉诉信访压力增加，致使行政案件协调撤诉率低，矛盾化解效果不明显。在案件败诉后，部分当事人往往选择信访而放弃法律途径解决行政争议，“信访”不“信法”现象愈演愈烈，对改革进程形成严峻挑战与致命冲击。

四、路径追寻：行政诉讼集中管辖改革的优化

总体而言，近年来行政诉讼管辖制度改革取得巨大成效，在案件管辖、内部管理、组织结构等方面积累了丰富经验，证实由铁路运输法院及基层法院集中管辖的混合模式具备必要性和可行性。任何改革都不是一蹴而就的，行政审判管辖逐步向纵深推进，要立足现实、把握节奏、久久为功。由于突破传统行政案件管辖模式，而原有体制机制和配套措施未能及时创新或调整到位使之与管辖改革相适应，以及各地情况的差异性，管辖改革不可避免地出现一些新情况、新问题。[①]

（一）加强管辖改革顶层设计，保留当事人选择管辖的权利

对于部分区域行政诉讼司法环境尚需改善的情况，最高人民法院可依照《行政诉讼法》第18条第2款规定之法定授权，批准部分地区开展行政集中管辖改革，有效提升行政审判质效和司法公信力。鉴于行政案件集中管辖改革之复杂性及其广泛的影响力，确有必要深化调查研究，优化顶层设计，行政案件集中管辖改革政策性、法律性强，涉及面广，要进一步加强调查研究，做好顶层设计，统筹推进各项改革举措。在实践中，部分当事人基于诉讼成本考量或对本地法院地方政策熟悉度、执行度的信任，倾向于在本地法院提起诉讼，而非向集中管辖法院提起诉讼。为优化对行政诉讼管辖的顶层设计，

① 江必新：《从跨区划管辖到跨区划法院——兼论新型诉讼格局之构建》，载《人民司法（应用）》2017年第31期。

可以在人口较少或司法资源相对匮乏的地区，推动司法管辖适度向行政区划和基层法院适度回归，赋予部分地区当事人选择管辖的权利，允许当事人选择由被告所在地法院管辖。行政诉讼作为国家治理体系的重要组成部分，深化行政诉讼改革应发挥在法治轨道上把行政权关进制度笼子的特殊职能作用，必须符合改革目的和客观规律。为有效破解司法地方化难题，行政案件管辖改革从试点到推行至全面施行，将有力保障司法公正与效率，推进行政案件审判管理现代化。在行政案件管辖改革实践中，各地普遍采取混合型模式，结合地方实际，探索出一条既符合司法规律又适应地方需求的改革路径。基于前期改革成效，应确保与四级法院职能定位改革相衔接，充分利用跨行政区划管辖优势，推动行政审判理念更新，强化改革顶层设计，并结合各地区人口、面积、审判力量、行政机构改革等重要因素，出台实质化改革文件，突破基层法院管辖对一审行政案件的管辖限制，推动行政审判工作高质量发展。加强行政案件管辖的调查研究，谋划改革的总体思路、总体原则，制定一揽子改革方案，循序渐进推动行政案件改革明确化，坚持用改革制度管权、管事、管人，建立健全决策权、执行权、监督权既相互制约又相互协调的权力运行结构。

（二）配齐配强保障机制，补强基层队伍力量

其一，制度保障。提高全省法院行政审判人员专业化水平，结合当前员额制遴选改革，及时与组织部门进行对接，将讲政治、顾大局、精主业的人才选调至集中管辖法院，保障集中管辖基层法院行政审判队伍的稳定性。同时与行政审判员额法院及司法辅助人员的岗位责任制、绩效考评等有机衔接，增强行政案件工作计划性，统筹兼顾，形成科学合理的行政审判人才梯队，保障案件质效。

其二，后勤保障。行政一审案件实行相对集中管辖，部分法院行政审判庭不仅承担一审案件的审判与执行及非诉执行案件的职责，且还兼任该院的审监庭，在人员缺乏的情形下，无疑加重了审判工作量。因此，为从根本上避免地方保护主义和行政干预，集中管辖法院行政审判经费应统一划拨，结合工作需要，加快建设集中管辖法院硬件设施，尽快完成诉讼服务中心、科

技法庭和新审判庭的改造升级，为网上立案、自主立案、远程视频开庭、视频宣判等提供有力的技术保障，提供人员及物资保障，为行政案件审理工作提供必备条件，提高司法效率，保证裁判质效，助推司法公信力的提升。①

（三）建立行政诉讼复议衔接机制，推动实质化解行政争议

任何一项制度的改革，都应践行以人民为中心的发展理念为核心，运用法治思维和法治方式化解矛盾纠纷，实现行政与司法的优势互补、良性互动，从源头上预防和化解行政争议，促进行政机关依法行政，助推法治政府建设。新修订的《行政复议法》将行政赔偿、工伤认定、政府信息公开、拒不履行法定职责等案件纳入行政复议范围，且对复议机构统一归口于司法行政机关，充分发挥行政复议化解行政复议的主渠道作用。诚然，行政案件管辖改革应与行政复议机构共同推动一站式多元解纷向专业领域延伸，成立“涉铁纠纷多元化解中心”，通过返聘退休人员或是特邀专业性较强的调解员，构建“调解+司法确认”的工作模式，为当事人提供全过程解纷服务。建立健全行政审判管辖改革机制，将“穿透式”思维贯穿办案始终，准确查明案件事实，稳妥审理辖区重大公共利益、集体利益等敏感复杂案件，系统总结分析辖区类案的裁判经验，真正做到类案同判。聚焦业务知识系统化及更新传统化审判模式，与时俱进，健全事务集约、繁简分流的审判运行模式；加强和规范裁判文书的释法析理，形成规范高效，以现代化审判理念机制最大程度保障当事人的合法权益。

（四）加强沟通协调，推动信访积案化解

裁判效果呈现出的公正和效率，集中反映了人民群众对司法的期望，也是衡量行政案件管辖改革是否符合司法规律，适应时代发展的审判管理现代化程度。改革的最终目标是造福人民，始终以人民为中心，从人民的角度及时了解改革的重大问题，即社会的多数成员对改革成效作出的行为和现象所

---

① 《最高人民法院关于开展行政案件相对集中管辖试点工作的通知》（法〔2013〕3 号）。

表达的大多数接近的意见、情感和行为倾向的总称。[①] 2014 年，中央政法委制定《关于健全涉法涉诉信访终结制度的实施意见》，对信访终结的类型作出相关规定，强调法院要依法处理违法闹访行为。[②] 行政案件管辖改革，应建立在法治理念与司法规律的基础之上，并且要重点在于防范行政干预问题的解决。在这种前提下，只有正确地掌握和对待民意的追求，才能更好地建设符合现阶段实际的司法公信力，推动公众真正"信仰法律"。因此，必须不断提高行政审判人员的职业素养，提高司法审判能力，加强错案纠错的建设，把化解信访难题和提高诉讼公信力落到实处，确保当事人在每个案件中感受司法公正与效率的提升及满意度。各地区政法委可依照《关于健全涉法涉诉信访终结制度的实施意见》规定，结合本地信访类型化，细化符合其地域信访类型化的规定，提升司法公信力，减少越级信访，全面压实责任，积极处理信访积案。建立行政诉讼案件涉诉信访工作机制，对涉及社会稳定的重大复杂一审行政案件及时制定稳控息诉预案，通过坐班接访、带案下访等方式面对面沟通、交谈，解决案多人少的矛盾，做实能动履职，将行政纠纷化解在萌芽状态。明确信访纠纷属地管辖原则，力争把行政纠纷化解在基层，加强部门之间的合作，提升信访处理的效率，避免发生群体性事件。

（五）复杂疑难案件交叉管辖，确保司法公正与效率

在当前行政审判体制中，由于辖区保护和行政干预，基层法院往往"审不了"以县政府甚至乡（镇）政府为被告的行政案件。部分辖区法院在审理涉及辖区政府利益、生态环境公益、行政赔偿、土地征收、强制拆除等案件时，面临着成为行政案件"利益攸关方"的复杂局面。如辖区政府及职能部门为了尽快征收，推动项目的建成，实践中往往采用先拆后征或是以违建为由少补征收款的方式，辖区政府及职能部门以党委或是地方利益为目的，以

① 胡铭：《司法公信力的理性解释与建构》，载《中国社会科学》2015 年第 4 期。

② 中央政法委《关于建立涉法涉诉信访事项导入法律程序工作机制的意见》《关于建立涉法涉诉信访执法错误纠正和瑕疵补正机制的指导意见》《关于健全涉法涉诉信访依法终结制度的实施意见》，以上三份文件旨在推动政法机关建立健全导入、纠错、退出机制，着力解决涉法涉诉信访案件"入口"不顺、程序"空转"、"出口"不畅等突出问题。

函、提前沟通等方式干预案件的司法公正，导致裁判者不敢受理、不敢下判、违心下判的常有发生，致使法院对辖区政府及部门难以起到有效监督。就 H 省当前行政审判管辖模式局限于行政案件跨区划基层法院集中管辖改革，而中院管辖的一审行政案件无疑也应实行跨区划集中交叉管辖，助推案件的公正与效率，做实行政审判。如安徽省将区域分为皖中、皖南、皖北片区，一审行政案件实施集中交叉管辖，分别由合肥、芜湖、蚌埠三个中院以及下辖的合肥铁路运输法院、芜湖经济技术开发区法院、蚌埠禹会区法院集中交叉管辖全省一审和一审上诉行政诉讼案件，省高院管辖全省范围内重大、复杂的一审行政诉讼案件和不服三个中院一审裁判的上诉案件。① 可以看出，安徽省对全省的一审行政案件实行全覆盖管辖，上诉案件仅局限于上述三家中院，彻底打破“主客场”现象，突破市州辖区的地方干预。因此，H 省一审行政案件改革的优化，可在安徽省一审行政案件改革的基础上，结合各市州的实际情况，以洞庭湖为界，分为 H 西、H 南、H 中和 H 北片区，选取四家中院及确定辖区基层法院受理一审行政案件，落实一审行政审判的改革工作，进一步改善司法环境，提高司法公正与效率，为人民群众合法权益提供更加有力的保障，助推法治政府建设。②

结　语

法学理论界对行政诉讼集中管辖制度改革的探讨，揭示了改革的渐进性和时代性。有学者指出，全面推进行政诉讼集中管辖，只能是改革过程中的阶段性、过渡性的选择，司法管辖与行政区划适度分离的改革指导思想，是特定历史背景下的权宜之计。③ 一审行政案件集中管辖制度改革以地方试点到全国推行之过程，一如“矢志不渝”的箭矢，而非“一劳永逸”，深化改革应全面贯彻落实党的二十大精神，践行习近平法治思想，为大局服务，为人

① 《安徽：行政诉讼案件管辖将打破区划界限》，载央广网，http：//news. cnr. cn/native/gd/20160930/t20160930_ 523173480. shtml，2023 年 7 月 12 日最后访问。

② 详见后文附件。

③ 杨建顺：《行政诉讼集中管辖的悖论及其克服》，载《行政法学研究》2014 年第 4 期。

民司法，坚持监督行政机关依法行政和保护人民群众合法权益相统一，强化行政争议实的质性解决，助推法治政府建设，确保司法公正与效率，而这支箭矢，其矢端所瞄准的，正是行政审判那片广阔而深远的靶心。

附件：

关于H省一审行政案件跨区划管辖的建议稿①

为明确H省跨区划法院的管辖范围，保障审判权独立公正行使，排除地方干扰，维护司法公正，保障司法公信力，将全省市州分别设立H西、H南、H中和H北片区，有效提升我省一审行政案件的公正与效率，做实行政审判，实质化解行政争议，特作如下规定：

第一条　【管辖法院】为减轻诉讼成本，改善司法环境，一审行政案件分别确定由H西、H南、H中和H北片区的H化市、C阳市、C沙市、C德市中级人民法院以及下辖的三家铁路运输法院及C德市辖区法院集中交叉管辖全省一审和一审上诉行政诉讼案件。涉及全省范围内重大、复杂的一审行政案件由高级人民法院管辖。

第二条　【特殊管辖】H省各跨区划集中管辖法院第一审特殊案件和对裁判不服的，选择向交叉管辖跨区划法院提出上诉、申诉、抗诉的部分普通行政案件。对跨区划中级人民法院判决、裁定不服，应向高级人民法院提起上诉。

第三条　【管辖事项】涉及地方重大利益案件，经报高级人民法院准许后，可将该案件交由其他中级人民法院或其他辖区基层法院管辖：

（一）以各设区的市区县政府强拆为被告的案件（复议案件）；

（二）以各地级市区县政府机关、乡镇政府为被告的房屋拆迁引发的土地资源行政管理案件（复议案件）；

（三）提出规范性文件附带审查要求的案件；

① 该建议稿主要针对特殊或重大行政案件，为提升司法公信力，切实保障当事人诉权，各地级市集中管辖法院应实行交叉管辖，上诉案件也可以参考安徽、深圳等地予以交叉管辖。

（四）涉行政诉讼的建设用地使用权出让合同纠纷；

（五）行政公益诉讼纠纷；

（六）当地社会影响、舆论纠纷较大；

（七）区县重大引进企业资金行政协议纠纷。

（罗岳勇：湖南省澧县人民法院）

工伤行政确认类案件中排除合理怀疑证明标准的适用

陈茜静　张怡纯

我国工伤行政确认类案件审判长期存在尺度不一、效率低下之弊端，根源之一在于未能统一适用证明标准。《中华人民共和国行政诉讼法》（以下简称《行政诉讼法》）第69条、第70条也仅通过“证据确凿”“主要证据不足”从正反两个角度来判断行政行为是否达到认定事实的标准。通过对近年来的工伤行政确认类案件裁判样本进行分析发现，不同裁判者对证明标准理解存在偏差，形成了多元化的证明标准体系，导致类案不同判。主要原因：一是行政诉讼领域证明标准的理论研究仍需完善；二是司法实践对于证明对象的重视程度不够；三是证明困难下证明责任的分配混乱。统一工伤行政确认类案件证明标准，不仅应遵循证明标准理论本源，亦应回归《工伤保险条例》等相关法律法规的立法本意，并与行政执法程序有效衔接，由此确定此类案件事实调查的思维模型，为排除合理怀疑标准在具体适用时提供更为清晰的适用路径。

一、工伤行政确认类案件中证明标准适用的实践困境

笔者以“工伤行政确认”“证明标准”等关键词在中国裁判文书网及法信网站随机检索了近年来的相关裁判文书，经筛选与本次研究对象无关文书后，对检索出涉及行政证据、证明标准适用相关文书进行归纳分析，发现在上述裁判样本中存在三种不同的证明标准，即优势证据标准、明显优势证据标准、排除合理怀疑标准。

表1　工伤行政确认类案件中适用证明标准的情况

证明标准	案号	争议焦点	裁判说理
优势证据标准	（2019）鄂03行终33号	是否由于工作原因导致受伤	只要申请人提交的间接证据能够达到可能从事工作职责范围的工作的优势证明标准，社会保障行政部门就应当作出对受伤职工有利的倾斜保护①
	（2017）京0105行初378号	外出的目的是否为工作原因	不应采取排除一切合理怀疑的证明标准，而应采取优势证据的证明标准②
明显优势证据标准	（2017）湘01行终718号	与用人单位是否构成劳动关系	双方的证据对于证明邮件是否收到均不占明显优势。结合原审第三人是否认定为工伤对上诉人具有重大影响，且上诉人在诉讼中提供大量的证据证明原审第三人不是其员工③
	（2017）辽11行终26号	外出的目的是否为工作原因	死者因公外出途中发生交通事故证据的证明力明显占优势。承担举证责任的原审第三人所举证据没有达到优势证据证明标准，上诉人据此对死者作出不予认定工伤决定属证据不足④
排除合理怀疑标准	（2018）渝03行终88号	是否由于工作原因导致受伤	在被上诉人提交的证据不能排除周朝芳的受伤不是由于工作原因导致的情形下，应当作出有利于劳动者权益保护的推定，认定其为工伤⑤
	（2018）豫71行终63号	是否在工作时间、工作场所	被上诉人河南省人社厅认定“视同工伤”事实的主要证据不足，适用法规不当，乔江涛在井下被砸伤死亡的合理怀疑没有得到排除⑥
	（2021）湘0304行初1号	是否由于工作原因导致受伤	人社局没有核实程某在工作中是否有可能接触有毒有害物质，程某下班后的清洗身体（洗澡）的行为是否属于与工作有关的收尾性工作⑦

① （2019）鄂03行终33号行政判决书。
② （2017）京0105行初378号行政判决书。
③ （2017）湘01行终718号行政判决书。
④ （2017）辽11行终26号行政判决书。
⑤ （2018）渝03行终88号行政判决书。
⑥ （2018）豫71行终63号行政判决书。
⑦ （2021）湘0304行初1号行政判决书。

（一）裁判者适用证明标准不一

我国行政诉讼的证明标准见于《行政诉讼法》第 69 条和第 70 条，其中第 69 条规定的行政行为“证据确凿”可以判决驳回诉讼请求，是从正面明确行政行为是否达到认定事实清楚的程度；第 70 条规定行政行为“主要证据不足的”，人民法院判决撤销或部分撤销行政行为，则是从否定的角度判断行政行为是否属于认定事实不清。上述法律规定仅从宏观层面对证明标准作出规定，但并未从微观层面进行详细阐释，导致裁判者在具体个案适用过程中会产生不同理解，法律规定与实践操作衔接存在断层，甚至在同一法院审理的两起类似案件中适用不同的证明标准。在魏代娣、芜湖美杰特数控科技有限公司、芜湖市湾沚区人力资源和社会保障局工伤保险资格认定案中，法院认为行政机关作出《工伤认定决定》所依据的证据依法应当确凿、充分，具有明显优势，故认为行政机关行为合法。① 在芜湖市鸠江区人力资源和社会保障局与芜湖广慈医院行政确认案中，该院则认为鸠江区人力资源和社会保障局作出的工伤认定相关证据不能相互印证，不能排除合理怀疑，因此支持了原告的诉讼请求。② 经笔者梳理统计（表 1），司法实践中存在三种观点。有的裁判者认为，我国工伤保险的立法宗旨在于通过发挥工伤预防、工伤补偿和工伤康复等工伤保险的基本功能，实现维护劳动者基本权益的主要目的，故不应采取排除一切合理怀疑的证明标准，而应采取优势证据的证明标准。有的裁判者认为，工伤行政确认类案件系涉及公众人身健康、生命安全的行政确认和行政许可案件，以及对人身权和财产权等合法权益有重大影响的其他行政案件，故应当适用程度最高的证明标准，要求行政机关所认定的事实不仅有充足证据的支持，还要能够排除任何合理怀疑。还有部分裁判者，相较于优势证据标准所达到的高度盖然性，他们更倾向于采取清楚而有说服力的证明标准，即明显优势证据标准。

---

① （2021）皖 02 行终 5 号行政判决书。

② （2020）皖 02 行终 86 号行政判决书。

（二）证明标准认证说理不充分

在笔者检索的裁判样本中，不论适用何种证明标准，大部分在裁判说理部分存在论证匮乏、依据不足的现象，证明的具体标准难以把握，进而导致类案参照适用时存在操作困难。比如，盘锦市人力资源和社会保障局与李英工伤行政确认一案中，盘锦市中级人民法院作出的（2017）辽 11 行终 26 号判决书中仅写明，依据优势证据规则，死者因公外出途中发生交通事故证据的证明力明显占优势。承担举证责任的原审第三人所举证据没有达到优势证据证明标准，上诉人据此对死者作出不予认定工伤决定属证据不足。[①] 郭菲子诉河南省人力资源和社会保障厅劳动和社会保障行政管理一案中，郑州铁路运输中级人民法院作出的（2018）豫 71 行终 63 号行政判决书中写明，本案中，被上诉人河南省人力资源和社会保障厅认定“视同工伤”事实的主要证据不足，适用法规不当，乔江涛在井下被砸伤死亡的合理怀疑没有得到排除。[②] 上述裁判文书，仅简单说明裁判中适用了何种证明标准，并依据该证明标准产生何种裁判结果。但对于在何种情况下适用证明标准、适用该证明标准的缘由、如何结合个案适用该证明标准等并未进行系统阐述。

二、工伤行政确认类案件中证明标准适用遇困的原因探究

（一）证明标准理论较为薄弱

从 2022 年颁布实施的《最高人民法院关于适用〈中华人民共和国民事诉讼法〉的解释》第 108 条、第 109 条规定可知，我国民事诉讼立法领域适用的证明标准系以高度盖然性为原则，排除合理怀疑为特殊条款。从《中华人民共和国刑事诉讼法》第 55 条、第 140 条、第 200 条规定可知，刑事诉讼领域适用的是严格证明标准，即要达到的是“证据客观充分，事实确凿”的证

① （2017）辽 11 行终 26 号行政判决书。

② （2018）豫 71 行终 63 号行政判决书。

明程度。然而行政诉讼应具体适用何种证明标准，我国现行行政诉讼法和司法解释均未作明确规定。我国《行政诉讼法》第 69 条和第 70 条的规定也仅通过“证据确凿”“主要证据不足的”从正反两个角度来判断行政行为是否达到认定事实清楚的标准。德国学者认为，行政判决正确且代表公共利益的前提条件，是行政法院要全面进行事实调查，以保证判决的客观性。[①] 我们作为裁判基础的事实，是可以距离案件真相很近的，裁判者要做的就是尽量缩短他们的距离。但是由于行政行为种类繁多、情形复杂，在对行政行为认定事实是否清楚作出判断时，“证据确凿”和“主要证据不足”之间仍有很多条件或选择，且司法实践中并非适用单一的证明标准，裁判者可能综合考虑案件的性质、行政行为对行政相对人的影响程度、特定领域行政机关调查取证能力等因素，自行选择其认为合理适度的证明标准并据此作出裁判。

（二）证明对象关注相对不足

案件事实纷繁复杂，往往一个案件中既存在要件事实，也存在非要件事实，只有要件事实才是案件的证明对象，即待证事实，指法律构成要件所对应的要件事实，也就是当事人进行事实主张和事实证明的对象。[②] 在“客观真实”与“法律真实”之间，如果基于客观真实的需要，要求每一个事实都受到程序法则和证据法则的约束，则势必会导致所有的事实的诉讼证明都被虚化，因此，正确识别要件事实，方能精准确认证明的对象，进而在事实真伪不明时，正确分配证明责任。遗憾的是，司法实践中裁判者对作出工伤认定具有影响作用的要件事实并未精准地进行识别，不加区分要件事实的证明与非要件事实的证明，最终导致所有事实的证明和认定都有任意性之嫌，进而造成裁判者适用何种证明标准存在分歧。

（三）证明责任分配较为混乱

《行政诉讼法》第 34 条明确规定行政机关对作出的行政行为负有举证责

---

① 〔德〕弗里德赫尔穆·胡芬：《行政诉讼法》，莫光华译，法律出版社 2003 年版，第 542 页。

② 杨锦炎：《论诉讼证明对象——以法律方法论为启示》，载《安徽师范大学学报（人文社会科学版）》2009 年第 5 期。

任，应当提供作出该行政行为的证据和所依据的规范性文件。由此，行政机关承担举证责任长期成为我国证明责任分配的思维惯性。然而《工伤保险条例》第 18 条明确规定了申请人提出工伤认定申请时应当提交的材料。该条例第 19 条规定，社会保险行政部门受理工伤认定申请后，根据审核需要对事故伤害进行调查核实，用人单位、职工、工会组织、医疗机构以及有关部门应当予以协助。职工或者其近亲属认为是工伤，用人单位不认为是工伤的，由用人单位承担举证责任。根据上述规定可知，在工伤确认类案件中，职工、社会保险行政部门、用人单位根据各自的职责和角色均承担一定证明责任和核实义务。

在工伤行政确认类案件中，如待证事实陷入真伪不明，裁判者常常跳过证明责任分配，直接运用自由心证法则对当事人提交的证据进行认定，出于思维惯性认定行政机关应承担最终的举证不能的法律后果，导致裁判者在个案中适用标准莫衷一是。笔者认为，在遗漏证明责任分配前提下，过早适用证明标准可能源于裁判者的思维惰性，实质上仍是裁判者对证明责任的理论掌握不足，自由裁量的边界没有明晰。

三、工伤行政确认类案件中证明标准适用的理性回归

证明标准也称证明要求、证明度，是指在诉讼证明活动中，对于当事人之间争议的事实，法官根据证明的情况对该事实作出肯定或者否定性评价的最低要求。[①] 我国有部分学者认为证明标准的含义应当从当事人的角度来理解，比如江伟教授在其《证据法学》一书中认为诉讼证明标准的确立主要是给当事人在举证过程中提供方向和指引。[②] 我国还有一部分学者认为诉讼证明标准的含义应当从裁判者的角度来理解，比如王晓杰等学者则认为证明标准是法官认定案件事实所应当要达到的程度；[③] 当然还有其他学者比如孔繁华教授是将上述两种观点结合起来分别从当事人角度和裁判者的角度来分析证明

① 梁凤云：《行政诉讼法司法解释讲义》，人民法院出版社 2018 年版，第 357 页。
② 江伟：《证据法学》，法律出版社 1999 年版，第 56 页。
③ 王晓杰：《行政诉讼证明标准的重构》，载《行政法学》2004 年第 2 期。

标准的。[①] 笔者在本文中是以裁判者的角度来分析证明标准，即指法官根据当事人提供的证据在达到的一定程度内心确信，并据此作出相应的判决。

（一）证明标准适用应回归理论本源

优势证据标准与民事诉讼中“高度盖然性”的证明标准相类似，在这个标准下，如果一方当事人所提供的证据在证明力上优于对方，那么法院即会采信更具优势一方的证据，并作出对优势一方有利的事实认定。明显优势证明标准是指法院按照证明效力具有明显优势的一方当事人提供的证据认定案件事实的标准。排除合理怀疑标准是指有相应的证据能够证明案件的主要事实，同时证据和案件的主要事实之间、各个证据之间没有冲突，或是即使存在冲突但可以排除合理怀疑。“排除合理怀疑”并不意味着完全不存在反对事实，而是指按照一般人的社会常识，排除疑问存在的合理性即可。

（二）证明标准适用的决定性因素

美国著名大法官本杰明·内森·卡多佐曾指出，如果有一组案件所涉及的要点相同，那么各方当事人就会期望有同样的决定。如果依据相互对立的原则交替决定这些案件，那么这就是一种很大的不公。[②] 然而，将证明标准这一法律问题交由裁判者在个案中自由裁量，导致了司法实践中出现相同类型的行政案件所适用的证明标准却不同的问题，裁判者适用证明标准有较大或然性，不利于审判工作的有序开展，影响人民法院的权威和司法公信力。

笔者认为，行政诉讼证明标准应当与行政案件的具体性质和严重程度成比例关系，证明标准越高，裁判确定的案件事实中包含的客观事实越多，与客观事实的巧合程度就越大。工伤行政确认是社会保险行政部门根据受伤害劳动者或其近亲属、与受伤害劳动者有劳动关系的用人单位等行政相对人的申请，在职权范围内依据相关法律规范对劳动者所受伤害或者所患疾病是否

---

① 孔繁华：《略论行政诉讼中的证明标准》，载《郧阳师范高等专科学校学报》2004 年第 2 期。

② ［美］本杰明·卡多佐：《司法过程的性质》，苏力译，商务印书馆 2003 年版，第 18 页。

属于工伤进行确认的具体行政行为。因此相较于其他行政行为而言，工伤行政确认行为旨在保护劳动者合法权益、维护社会稳定以及促进社会经济发展，不仅会涉及行政相对人的社会保障权，还有可能涉及生命权，对行政相对人的人身权和财产权具有重大的影响。例如黄蕾不服雅安市人力资源和社会保障局劳动、社会保障行政确认案中，雅安市雨城区人民法院认为公民非正常死亡存在多种可能，其中也包含刑事犯罪的因素，而刑事犯罪案件只能适用排除合理怀疑的证明标准。涉及公民的生命权损害行政案件，也只能适用排除合理怀疑的证明标准。[①] 这就说明了此类案件应当适用最严格的证明标准，提高行政机关的举证责任，促使行政机关更加谨慎行使处分权，减少滥用行政自由裁量权的情况。同时避免公权力的行使对公民权益造成侵害，从而最大程度地保障人权，维护行政相对人的合法权益。

此外，就明显优势标准和优势证据这两个标准而言，裁判者需对比当事人提交证据的优势程度，何为"明显"系较为主观意向的评判，难以客观量化，极有可能导致概念的混淆，影响证明标准的准确理解和运用。故笔者认为在现有三个证明标准中，应在工伤行政确认案件中统一适用最严格的证明标准，即排除合理怀疑标准。

（三）排除合理怀疑标准的概念

参照民事及刑事诉讼领域中对于排除合理怀疑证明标准的规定，在行政诉讼法或相关司法解释中引入"排除合理怀疑"这一术语，并对其本身以适当的语词作进一步的解释，以引导司法人员把握"合理怀疑"思维的方向。明确基于工伤行政确认类案件的特性，在此类案件审理过程中必须适用排除合理怀疑标准。即"只有工伤（工亡）这一事实存在可能性的合理怀疑能够排除的，才能认定不构成工伤（工亡）"。

《行政诉讼法》第 34 条明确规定行政机关对作出的行政行为负有举证责任，应当提供作出该行政行为的证据和所依据的规范性文件。《工伤保险条例》第 19 条第 2 款规定，职工或者其近亲属认为是工伤，用人单位不认为是

① （2014）雨城行初字第 2 号行政判决书。

工伤的，由用人单位承担举证责任。合理分配证明责任有助于减少行政纠纷，尤其是在行政行为类型不断丰富的背景下，要求所有类型的行政行为均由行政主体举证，既不合理，也不科学。[①] 由上述法律规定可知，对于构成工伤（工亡）这一事实持否认态度的当事人，需对其主张承担证明责任，且该证明责任属于客观证明责任，即结果意义的证明责任，指待证事实的存在与否不能确定、真伪不明时，由哪一方当事人对不利后果进行负担的责任和风险。[②] 如果当事人的主张是没有争议的，或者法官对争议事实获得了特定的心证，不管该心证是证据调查的结果，还是从辩论中得出的结果，都不存在客观证明责任的问题。[③] 笔者在本文中所阐述的证明标准，正是基于这一证明责任分配情况下所适用，即只有持否认态度的当事人所提供证据能够达到排除合理怀疑的程度，其主张才能成立。

四、工伤行政确认类案件中排除合理怀疑标准的适用路径

通过排除合理怀疑的原理探究，可以发现排除合理怀疑标准的有效实施在很大程度上须以完善的保障机制为支撑，同时也离不开对标准本身的正确理解。由于行政行为类型的多元化，我国目前尚未在行政诉讼领域确定明确的证明标准体系，也未真正引入“排除合理怀疑”这一概念，故可能导致司法实践中部分裁判者对于排除合理怀疑的理解存在偏差，亦可能导致“排除合理怀疑”适用的随意性较大，裁判者对类似案件是否能被排除的判断有较大差别。同时，还可能导致即使裁判者在审判过程中运用了这一标准，但在裁判文书中未进行充分的释法说理或者直接回避。因此，为了消除裁判者存在的理解偏差及适用的随意性，使裁判者在审判过程中更充分地适用排除合理怀疑标准，必须构建相应体系，完善行政诉讼证明标准适用路径。

① 江必新：《完善行政诉讼制度的若干思考》，载《中国法学》2013年第1期。

② 最高人民法院民法典贯彻实施工作领导小组办公室：《最高人民法院新民事诉讼法司法解释理解与适用（上）》，人民法院出版社2022年版，第248页。

③ 〔德〕莱奥·罗森贝克：《证明责任论》，庄敬华译，中国法制出版社2018年版，第10页。

（一）厘清排除合理怀疑标准的适用规则

1. 合理怀疑要具备客观性、真实性与具体性

首先，怀疑要具有真实性、客观性。虚假的、幻想的事实不可能推翻已经收集的客观证据，只有真实的、客观的怀疑才具备这种可能，当然这种怀疑并非等同于“客观真实”，而是所谓“法律真实”，且该“法律真实”能到达内心确认的程度。例如胡海红诉攸县人力资源和社会保障局工伤行政确认一案①，死者发生意外时处于工作状态的怀疑即具有真实性和客观性，因为依据现有证据可知死者的笔记本电脑在事故发生前确有文档修改记录。其次，怀疑要具有具体性。因为概括的或者模糊的怀疑与结果之间存在多种可能性及因果关系，将导致对于案件性质的认定不具有直接性。

2. 现有证据链得出的结论不具有唯一性

裁判者对案件事实进行认定时，不能仅仅考虑单个证据的证明力，需要结合现有的所有证据，形成完整的证据链，依照逻辑规则对证据链进行分析、论证和判断，结合缜密的法律思维及经验法则探求各种可能性。如果说依照优势证据标准仅要求一方证据的证明力大于51%，即可胜诉。那么适用排除合理怀疑标准，则要求在工伤行政确认类案件中，如果不能排除构成工伤的可能性结果，则不能作出不予工伤认定的行政行为。例如，龙艳平诉茶陵县人力资源和社会保障局一案中，茶陵县人力资源和社会保障局在工伤认定调查中搜集的证据均不能充分证明死者并非受客户临时请求从事线路维护工作或出于工作需要临时自行对负责区域进行巡检，即本案现有证据链得出的结论不具有唯一性，故死者属于工亡的合理怀疑无法排除。②

3. 合理怀疑应当符合经验法则与逻辑规则

排除合理怀疑作为工伤行政确认类的重要裁判标准，合理怀疑的产生与排除均是经验法则与逻辑规则具体运用的结果。在我国证据体系下要求证据链形成闭合状态，即在无直接证据的情况下，个案中的现有全部证据之间能

① （2022）湘0281行初49号行政判决书。

② （2019）湘0281行初53号行政判决书。

够相互印证，不存在相互冲突或矛盾的情形，间接证据能够完整形成证据链。首先，合理怀疑的产生要以一般社会公众的经验、常识等为基础，通过逻辑推理探寻各种可能性结果；其次，合理怀疑的认知要具有经验性，系一般社会公众凭借日常生活经验对案件事实有理由、合乎逻辑地产生怀疑。个人经历不同、学历不同、社会经验不同，依赖相同证据认定同一事实得出的结论可能也不同。但从实践角度和群众观点来看，以一般社会公众的判断标准和经验法则更能体现公正性和大众性，也更能取得公众的信任、理解和支持，从而取得法律效果和社会效果的统一。例如谭嫦娥等诉攸县人力和社会资源保障局一案①，依据死者刘某事务长的工作性质、日常工作内容，事发当日食堂大门处于开启状态以及学校食堂钥匙有且仅有刘某持有等事实，以一般社会公众的经验、常识、知识为基础，有理由怀疑死者刘某在发病时已处于工作状态。

4. 合理怀疑应当足以动摇事实认定

排除合理怀疑是对裁判者作出不予工伤认定判决时心理状态的描述和确信，其要求裁判者根据案件当事人提供的证据质量和数量足以形成对劳动者不构成工伤的正当化的内心确信。对案件事实的认定过程，是排除各种怀疑的思维过程，因案件审理过程中，裁判者认识的基础严格依赖证据，认识过程严格程序化，再加上存在审限限制，要对案件的全部事实做到没有丝毫怀疑几无可能，但法律不强人所难，其依赖的是法律事实而非客观事实，不要求裁判者超越认知范畴和能力对案件进行认定，故只要依据现有证据对法律事实认定时具有其他结果可能性，即足以动摇事实认定基础、构成合理怀疑。

（二）明确证明对象的认定规则

证明对象也就是证明的客体，是指对诉讼请求的成立或者裁判的作出具有法律意义，从而需要运用证据加以证明的法定要件事实。② 即法律规定的裁判者为正确办理案件必须查明的案件事实。在工伤行政确认类案件中，对是

① （2022）湘0281行初40号行政判决书。

② 卞建林、谭世贵：《证据法学》，中国政法大学出版社2014年版，第391页。

否作出工伤认定具有影响的证明对象包含身份要件、时间要件、场所要件、因果关系要件，以及例外情形。案件审理过程中，职工、社会保险行政部门、用人单位根据各自的职责和角色向法院举证，裁判者要综合全部证据和辩论情况，根据证明责任分配理论，运用以下思维模型对待证事实作出判断：1. 认定身份要件。即裁判者对伤者（亡者）与用人单位是否构成劳动关系或者用人单位是否为法定的承担工伤保险责任的主体进行判定。2. 认定因果关系要件。在案件审理过程中，若身份要件成就，则要进入因果关系要件认定，即职工受伤（死亡）是否系工作原因导致，若因工作原因导致则予以认定工伤（工亡）。3. 认定时间和场所要件。若职工受伤（死亡）非工作原因导致，则需进一步进行工作场所及工作时间的认定，即职工是否系工作时间、工作场所突发疾病或者是否在上下班途中受伤等，如果符合该构成要件，则可以予以认定视同工伤（工亡）。4. 排除例外情形的认定。即依据我国《工伤保险条例》第 16 条的规定，判定上述认定工伤（工亡）或视同工伤（工亡）的情形，是否属于规定的四种不能认定为工伤的情形，若不属于才能最终作出认定工伤（工亡）或视同工伤（工亡）。无论案情如何变化，只要我们遵循这一思维模型，在待证事实的存在与否不能确定、真伪不明时，对于构成工伤（工亡）这一事实持否认态度的当事人，需对其主张承担证明责任，即其提供证据能够达到排除合理怀疑的程度，其主张才能成立。

（三）发挥配套制度的辅助作用

1. 强化类案指导制度

通过典型案例以增强司法人员对“排除合理怀疑”适用的理解、操作。案例是法治的细胞，也是裁判者经验法则和实践理性运用的结晶，通过发布指导案例、典型案例或优秀裁判文书的方式，充分对个案进行剖析和解读，明晰司法实践中的法律逻辑，并规制和完善其中所形成的基本逻辑思路，为工伤行政确认类案件的审理过程中正确使用排除合理怀疑标准提供更易操作、明白具体的方法。从而统一法院之间、法院内部审判机构之间和审判组织之间对法律的理解和适用，确保裁判者对相同或类似情形的案件作出基本相同的裁判。同时，进一步引导公众理解和接受行政诉讼证明标准，“倒逼”行政机关在行政执法过程中依法行政，有效衔接行政执法程序，充分发挥对行政权既谦抑又全面的监督作用。

2. 强化行政判决说理制度

增强司法人员自由心证的训练和体验。在案件审理过程中，裁判者适用排除合理怀疑标准进行判决时，具有一定的自由裁量权，要求其说明其判决的正当性和合理性无疑是对自由裁量权的重要制约手段，这有助于裁判者将内心确信外化于行，而非自身的隐性裁判。倘若裁判时对排除合理怀疑语焉不详、言辞闪烁、刻意回避，裁判者必然在判决说理部分难以自圆其说，因为其很难在客观事实与歪曲的理由之间形成因果链条。因此，强化判决说理制度，一方面有利于监督裁判者自由裁量权的使用，维护司法的公正，另一方面也有利于当事人对裁判结果的信服。

结 语

法律是社会现实的反映，也反作用于现实生活。正如姜明安所言，对于盖然性评估中难免涉及价值判断，其具有一定程度之主观性固属难以避免。[①] 基于法的安定性、预见性，工伤行政诉讼作为权利救济的最后一道防线，统一适用排除合理怀疑证明标准在充分监督行政机关权力的行使，保障行政相对人的权利，回应社会公众对公正与效率的要求，凸显司法能动性方面有着重要意义，因此，在工伤行政确认类案件中进行证明标准的优化和迭代，统一法律适用将是行政法律法规发展的应有之义。

（陈茜静　张怡纯：湖南省醴陵市人民法院）

① 姜世明：《证据评价论》，厦门大学出版社 2017 年版，第 110 页。

图书在版编目（CIP）数据

诉讼制度改革与理论探索．2023 年卷 / 廖永安主编．
湘潭 ：湘潭大学出版社，2024．11．-- ISBN 978-7
-5687-1593-5

Ⅰ．D925.04-53

中国国家版本馆 CIP 数据核字第 20242E77G5 号

诉讼制度改革与理论探索·2023 年卷

SUSONG ZHIDU GAIGE YU LILUN TANSUO ·2023 NIAN JUAN

廖永安 主编

责任编辑：刘文情
封面设计：张 波
出版发行：湘潭大学出版社
社　　址：湖南省湘潭大学工程训练大楼
电　　话：0731-58298960 0731-58298966（传真）
邮　　编：411105
网　　址：http://press.xtu.edu.cn/
印　　刷：长沙印通印刷有限公司
经　　销：湖南省新华书店
开　　本：710 mm×1000 mm 1/16
印　　张：24
字　　数：415 千字
版　　次：2024 年 11 月第 1 版
印　　次：2024 年 11 月第 1 次印刷
书　　号：ISBN 978-7-5687-1593-5
定　　价：90.00 元